▶ **남악탑** : 남악 복엄사에서 1킬로미터쯤 떨어진 마경대(磨鏡台) 입구 척발봉 밑에 자리한 남악회양선사 묘탑. 1996년 4월 어느 날 한 여신도가 두손 모아 참배하고 있는 남악탑은 2층 석탑으로 탑명 '최승륜탑(最勝輪塔)'은 선종 거사였던 당나라 재상 배유(裴休)의 친필이다.

▲ **남악탑명** : 당나라 재상 배휴의 친필이라는 남악 회양선사 묘탑명.

▼ **조사당 위패** : 복엄사 조사당의 역대 조사 위패. 위패 중심의 좌우로 남악회양선사와 개산조 남악혜사의 위패를 봉안했다.

◀ **달마상** : 복엄사 조사전에 봉안된 달마상.

▼ **복엄사 전경** : 남악-마조 법계를 형성한 남종선의 법원이며 남악회양선사의 행화도량인 복엄사 전경.

▲ **남대사 산문** : 석두희천선사의 행화도량이며 조동종 조정(祖庭)인 고남대사(古南台寺) 산문.
▼ **옥불** : 남대사 옥불당의 한백옥(漢白玉) 와불.

▲ **석두희천선사 존영** : 남대사 조사당의 석두희천선사 컬러 존영. 남대사는 청원-석두 법계를 형성한 석두희천선사의 행화도량으로 그 이름을 천하에 떨친 선종 고찰이다.

▲ **석두상** : 1992년 발굴된 석두희천선사의 석상(石像).

▶ **석두상 정자** : 석두희천선사 조상(造像) 출토연기를 기록한 표지판과 석두상 봉안 정자각.

▲ **남대사 제각** : 남대사 창건 연기를 밝혀주는 양나라 천감연간에 해인화상이 좌선했던 남대라는 바위. 현재는 '남대사'라는 제각(題刻) 밑으로 남대사 요사채가 들어 서 있다.

▲ **척발봉** : 남악형산에 최초로 불교 사찰을 건립한 남악혜사가 양무제의 부름을 받고 올라가 밥그릇을 던졌다는 척발봉 바위. 좌선하고 있는 스님은 복엄사 지객승(知客僧).

▲ **위산영우선사 도영** : 위산 시방밀인사 조사당에 봉안돼 있는 위앙종 개산조 위산영우선사 도영(道影).

▲ 밀인사 대웅전 : 사방이 연못으로 둘러 싸인 해자(垓字)형의 독특한 건축 양식을 자랑하는 시방밀인사 대웅전.

▼ 밀인사 산문 : 위앙종풍의 도량임을 표방하고 있는 밀인사 산문.

◀ **약산유엄선사 초상화 :** 조동종 법맥의 할아버지인 약산유엄선사 초상화.

▼ **약산묘탑 :** 약산 소봉령(笑峰嶺)의 약산유엄선사 묘탑. 묘탑 정면에 약산이 달빛을 보고 웃은 웃음이 90리까지 펴져나갔다는 전설을 상징한 달을 원형 구멍으로 조각해 '소문 90리'라는 화두를 실감나게 형상화 했다.

▲ **약산탑비명** : 약산묘탑 발굴 때 나와 현재 약산사 창고에 보관중인 탑비명(塔碑銘).

▼ **석상사 산문** : '고목중(枯木衆)' 이라는 별칭이 붙은 장좌불와 참선의 효시인 석상경저선사의 행화도량 석상사 산문.

▲ 석상사 전경 : 1996년 현재 복원공사가 한창 진행중인 석상사 전경.

▼ 협산사 패방 : 절에서 10리쯤 떨어진 곳에 협산사 입구임을 알려주기 위해 세운 패방.

▲ **협산경계** : 협산선회선사의 화두인 '협산경계(夾山境界)' 에 나오는 원숭이와 새를 형상화 시켜놓은 협산사 대웅전 앞의 협산경계.

▼ **선회묘탑** : 협산사 개산조인 협산선회선사 묘탑.

▼ **원오묘탑** : '벽암록' 을 쓴 원오극근선사 묘탑.

▲ **벽암천** : 화두 '협산경계'에 나오는 벽암이면서 원오극근선사가 '벽암록'을 쓸 때 차를 달여 마셨다는 노천 온천수가 나오고 있는 벽암천(碧巖泉).

▼ **구곡교** : 산문에서 대웅전으로 들어가는 방생지 위의 협산사 구곡교(九曲橋).

▶ **철경당** : 현재는 빈호 공원으로 이전, 보존되고 있는 국보인 옛 덕산정사의 송대(宋代) 철경당.

▲ **철경당 불상** : 철경당 탑신에 부조한 불상들.

▲ **소주법사** : 몽둥이질(棒)로 유명했던 덕산선감선사의 법맥을 오늘에 잇고 있는 비승비속의 소주(小舟)법사. 그는 아파트단지가 된 옛 덕산정사 터 근처의 한 아파트 지하실에 불단을 차려 놓고 조석 예불을 하며 식사공양 때는 대곡주를 통음한다.

▲ 녹산사 산문 : 현재 호남성불교협회 본부이기도 한 장사경잠선사의 행화 도량 녹산사 산문.

▼ 수탑(隨塔) : 녹산사 중요 유적의 하나인 수나라 때 사리탑.

▼ 녹산사비 안내판 : 호남성 문화재로 지정돼 있는 당대(唐代) 녹산사비 안내 표지판.

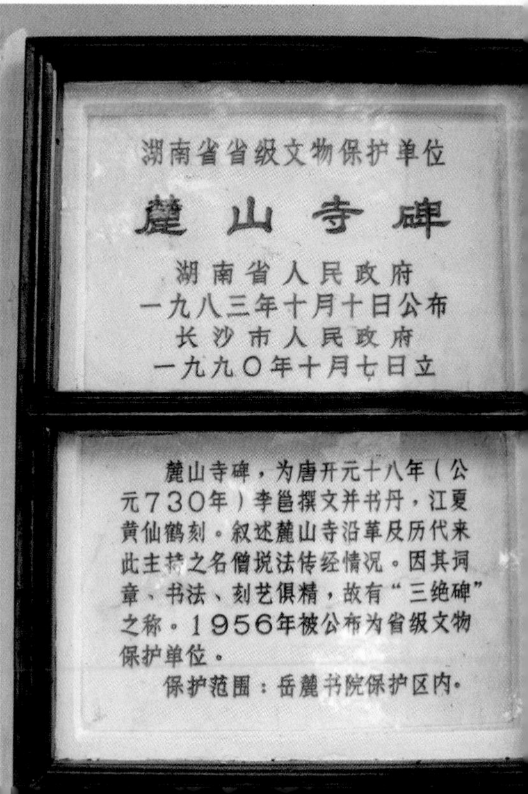

▲ **칠일문답 편액** : 단하천연선사와 방거사의 칠일(七一)선문답을 기념해 놓은 남악 단하사의 오석 '칠일유지(七一遺址)' 편액.

▼ **단하사 산문** : 검은 돌로 성벽처럼 쌓아 올린 남악 단하사 산문.

▲ **선종 5가 종판 :** 선종 5가는 각각 선방 규식용으로 사용되는 흰 나무 통판 종판(鍾板)의 모형으로 종파를 표시한다. 현재 법안종을 제외한 4개 종파(임제 · 조동 · 위앙 · 운문종)는 모두 부활돼 각 선종 사찰 선방에 소속 종파를 표시하는 종판을 달고 있다.

중국 선불교 답사기 ④

호남성편

늙은 암소여 왔는가

이은윤 지음

자작나무

중국 선불교 답사기 4권

-호남성 편-

늙은 암소여 왔는가

지은이 • 이은윤

초판 인쇄일 • 1999년 4월 20일

초판 발행일 • 1999년 4월 25일

펴낸곳 • 도서출판 자작나무

펴낸이 • 송인석

주소 • 121-160 서울시 마포구 상수동 21-1

전화 • 3142-9152~4, 3142-9150

팩스 • 3142-9160

등록 • 제10-713호(1992. 7. 7)

ISBN • 89-7676-256-8

ISBN • 89-7676-255-X

중국 선불교 답사기 4권

-호남성 편-

늙은 암소여 왔는가

이은윤 지음

자작나무

[답사 중국 선종 사찰]

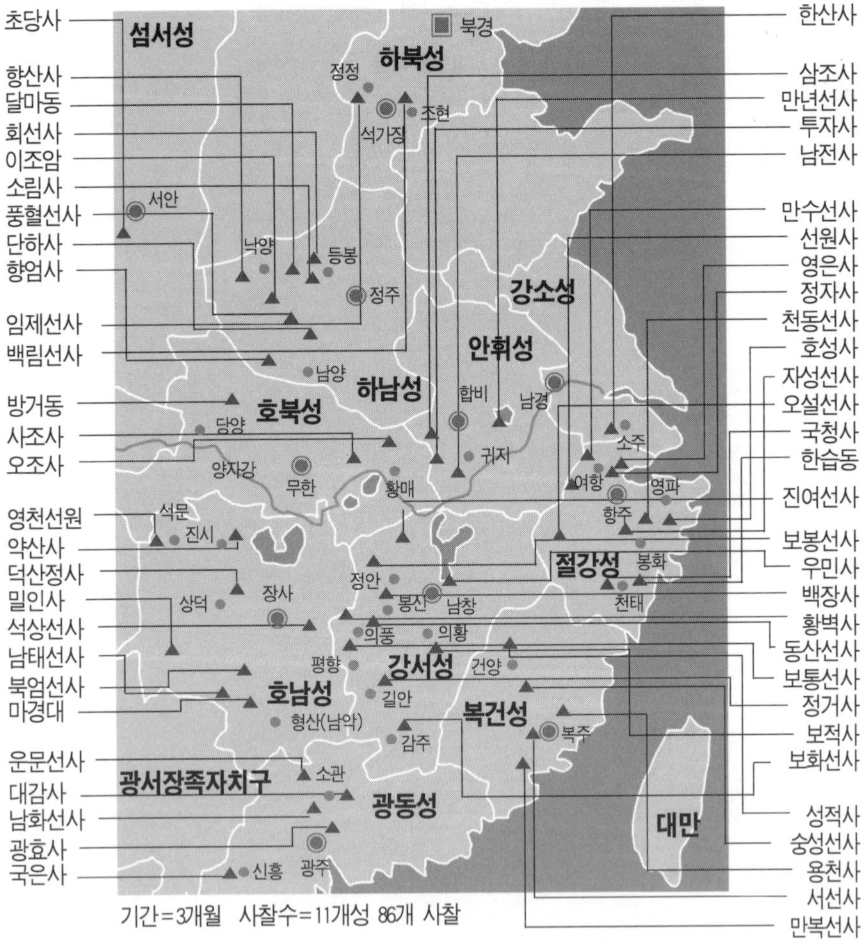

기간=3개월 사찰수=11개성 86개 사찰

[보기]
성도 = ◉ 지명 = ● 사찰 = ▲

차 례

머리말

선(禪)은 동아시아 사람들의 철학과 종교, 인생이 어우러져 빚어낸 우뚝 솟은 인류사상사의 한 봉우리다. 1500년 동안 한·중·일 3국을 무대로 꽃피워온 선사상이 이제 21세기 이후의 새로운 인류문명을 이끌 사상적 주춧돌로, 대안 사상으로 떠오르면서 폭넓게 조명되고 있다. 뿐만 아니라 선은 최근 세계적 관심을 새삼 모으면서 정신분석학·스포츠·경영학·심성(心性)산업 등 각 분야에서 널리 실용화되고 있다.

종교적으로는 선불교 또는 선종(禪宗), 사상적으로는 선사상, 학문적으로는 선학이라 불리는 선은 다른 사상이나 종교와는 확연히 구분되는 특징적인 혁명성·실천성·일상성·직관성·단순성 등을 갖고 있다.

기존 사유체계를 단연코 거부하는 동아시아 조사선(祖師禪)의 혁명성은 오늘의 세계적인 '개혁 붐'에 필요한 파격적인 발상의 전환을 제공할 수 있는 보고이기도 하다. 중국 선불교는 이미 1500

년 전 '물이 흐르는 게 아니라 다리가 흐르고(橋流水不流)' '산이 물 위로 걸어간다(東山水上行)'는 엄청난 발상의 전환을 드러내 보인 바 있다. 말하자면 인간의 기존 사유체계를 뒤엎는 일대의 의식혁명이다.

선은 또 불만족스러운 현실을 날마다 행복한 삶으로 살아갈 수 있는 방법을 가르쳐준다. 선이 이 지상에서 극락의 살림을 꾸려갈 수 있도록 가르치는 비법은 아주 간단명료하다. 바로 '마음 씀씀이'다. 선은 한마디로 마음 공부다. 마음을 어떻게 갖느냐에 따라 이 지상은 극락이 될 수도, 고해(苦海)가 될 수도 있다.

불교의 '종교혁명'이었던 중국 선불교는 그 연원을 인도에 두지만 인도불교와는 전혀 다른 동아시아적 불교이며 민중불교이고, 생활불교이다. 오늘의 한국불교를 대표하는 조계종도 자타가 공인하는 선종이다. 따라서 중국 선불교 답사는 한국불교와 한국 고유사상의 뿌리를 찾는 일이기도 하다. 선종의 경우 한·중·일 3국에 경계가 없다. 한울타리, 한집안이다. 단적인 예로 현재 한국불교 선방에서 드는 화두 모두가 당·송대에 개발된 중국 선불교 화두들이라는 점을 들 수 있다.

원래 동아시아 선불교의 발생과 행화(行化)의 중심 무대는 중국에서도 야만시되었던 주변부인 중국 양자강 이남 지역이었다. 그러니까 선불교는 발생부터가 장안과 낙양을 중심으로 한 제도(帝都)불교에 대항하는 지방불교, 황실 중심의 귀족불교에 대한 민중불교, 관념불교에 대한 실천·생활불교라는 태생적 속성을 지니고 있었다.

선불교는 중국의 전통사상인 노장사상과 기존 불교사상이 어우러져 중원(中原)이라는 중심부로부터 소외된 변방에서 문명의 발전

추세를 따라 자생적으로 분출하는 민권사상 · 평등사상 등을 흡수, 인간 존엄성과 자연친화(自然親和)를 일깨운 당시의 신사회학(新社會學)이기도 했다. 따라서 선불교는 보수세력에 대한 진보 · 혁명세력을 대표했고, 인간 삶의 질(質)을 높이려는 개혁의 몸부림을 계속해왔다.

지금 온 지구가 변화와 개혁의 목소리로 들끓고 있다. 이것은 한마디로 21세기 이후의 문명은 지금까지와는 전혀 다른, 새로운 패러다임이 아니고서는 인류의 생존을 더 이상 지탱하기 어렵다는 절규다.

현대문명의 한계를 극복하려는 변화를 향한 몸부림은 처절하기까지 하다. 우리는 지금 20세기 패러다임들이 급격히 바뀌고 있음을 두 눈으로 똑똑히 목격하고 있다. '발상의 전환' '개혁' '구조개편' '리엔지니어링' '벤치마킹' 등이 이러한 변화를 대표하는 오늘의 화두들이다. 좀더 구체적으로는 가격파괴 · 유행파괴 · 계절파괴 같은 전혀 새로운 현상들이 우리 일상생활 속에 깊숙이 파고들고 있고, 국제선 비행기 안에서 핸드폰으로 서울 집 안방의 아내와 통화할 수 있는, 이른바 정보화시대의 통신혁명을 체감한다.

다가오는 21세기 이후의 천 년은 문화의 세기, 철학의 세기, 종교의 세기, 정신문명의 르네상스시대가 되리라고 많은 미래학자들과 세계 지성들은 예측하고 있다.

서구 지성들이 현대 물질문명에 사형선고를 내린 지는 이미 오래다. 따라서 근 · 현대 물질문명을 떠받쳐온 기독교 사상과 이분법적인 합리주의 철학도 같은 운명일 수밖에 없다. 현대문명의 한계점을 극명하게 드러낸 대표적 사례의 하나가 환경오염이다. 인류는 이제 핵폭탄이 아니라 무한대의 행복을 보장해줄 것으로 기대하면서 발전시켜온 현대문명이 파생시킨 자연파괴에 의해 자멸할 위기에 처해 있다. 현대문명은 인간을 지구상의 하느님으로 자리매김하고 자연을 인류 행복을 위한 무한 정복의 대상으로 여겨왔다. 이와 같은 발상이 부른 재앙이 바로 오늘날의 환경오염인 것이다. 이제 인류문명은 정복자—피정복자라는, 인간과 자연의 대립 및 갈등이 더 이상 용인될 수 없는 절박한 문제라는 데 전적으로 동의하고 있다.

변화와 개혁, 새로운 문명의 전개에는 반드시 그 밑받침이 되는 '사상'이 있어야 한다. 이는 누구도 부인할 수 없는 역사의 법칙이다. 시대 흐름은, 물질문명에 대한 반동으로서도 정신문명의 부흥이 필연적인 추세다. 물질적 부(富)와 기계문명의 편리함만이 인간의 행복을 보장하는 필요충분조건이 아님은 인류역사 이래 누누이 강조되어온 가르침이다.

서구 지성들은 21세기 이후 정신문명의 르네상스를 이끌 대안사상을 이미 2차대전이 끝나면서부터 동양에서 찾으려는 탐색을 거듭해왔다. 서구 합리주의사상을 대신해 21세기 이후의 새로운 정신문명을 이끌 대안 사상으로 선사상(禪思想)과 노장사상이 가장 유력시되고 있다. 특히 노장을 어머니로 하고 불교를 아버지로 해태어난 중국 선불교가 강조하는 발상의 전환과 의식구조의 개혁은 오늘의 시류(時流)에 딱 맞다.

우리는 지금 파격적인 발상의 전환과 혁명적 개혁을 요구받고 있다. 그러지 않고는 살아남을 수 없다는 것이 모든 기업과 사회, 모든 나라와 인류의 절박한 외마디 소리다. 선사상의 혁명성과 개혁성, 발상의 전환은 오늘날 우리 시대가 갈구하고 있는 변혁을 받쳐줄 수 있는 사상적 보고가 되기에 전혀 모자람이 없다.

미국 프로농구(NBA)의 시카고 불스 팀 감독 필 잭슨은 92~94년 연속 우승을 이끈 비결을 '선을 응용한 선수훈련'이었다고 밝힌 바 있다(『뉴스위크』 94년 6월 24일자). 즉 승부라는 분별심을 떠난, 무심(無心)한 기량 발휘였다는 이야기다.

인간 의식구조의 혁파를 주장한 선의 파괴성은 오늘날의 가격파괴 · 유행파괴 등과도 일맥 상통하는 혁명성이다. 또 선사상의 핵심인 직관적 통찰은 최근 새롭게 부상하고 있는 '직관경영(Intuitional Management)'이라는 경영학 용어의 조원(祖源)이 되기에 충분하다. 사전 분석과 치밀한 시장조사 등에 의존하는 현대경영이 1백 퍼센트 적중하지 않고 오히려 직관력으로 내린 판단이 성공적 경영 성과를 가져오는 경우가 적지 않다는 것이 바로 직관경영이다.

선은 모든 사물과 현상을 있는 그대로 바라보는 직관력이 바로 깨달음에 이르는 사로(思路)의 요체라고 누누이 강조한다. 따라서 선에서는 이론적인 분석이나 장단 · 고저 · 흑백으로 분별하는 이분법적인 분별심을 단호히 배격한다. 선의 핵심인 직관력은 말을 바꾸면 감수성이다. 최근 각광을 받는 정보산업에서 가장 중시되는 기본적 요소가 바로 감수성이다. 97년 2월 한국을 방문한, '동양의 빌 게이츠'라는 재일동포 손정의 일본 소프트뱅크 사장은 한 신문 인터뷰에서 "정보혁명에는 아이디어와 감성이 무기"라고 말한 바 있다.

아이디어(창의성)와 감성(感性)은 선불교가 거듭 강조해 온 선사상의 본질이다. 선은 그 입문에서부터 계교적인 사량분별을 부정하고 논리적 분석을 직관적 통찰로 대치시킨다. 선가(禪家)에서는 창의성이 없는 제자에게는 절대로 법(法)을 인가하지 않는다. 선이 강조하는 직관적 감수성은 이렇게 오늘의 정보화사회가 요구하는 필요조건이기도 하다.

산업적으로도 후기산업사회의 마지막 보루인 기술산업 이후 가장 유망한 미래 산업의 하나로, 사람 마음을 편안하게 해주는 심성산업(心性産業, Mind Industry)이 꼽힌다. 선은 이런 식으로 산업적으로도 널리 활용될 전망이다. 요사이 아파트 건설 등에서 부쩍 강조되는 자연친화(自然親和)나 환경문제도 선사상 속에 녹아들어 있는 노장의 자연사상으로 해결할 수 있다.

이제 선은 미래 속의 바람직한 우리 모습을 밝혀줄 등불로, 인류 보편윤리로 다가오고 있다. 선사상의 핵심인 단순성·직관성·일상성·혁명성(개혁성) 등은 바로 오늘날 우리가 필요로 하는 정신적·산업적 보고가 아닐까 생각된다. 세계적인 정신분석학자 칼 구스타프 융은 선불교에 대한 기대를 다음과 같이 피력한 바 있다.

"선사(禪寺)들이야말로 안개에 싸인 불확실한 미래를 지켜주고 있는 산꼭대기의 횃불이다."

1996년 3월부터 3개월여에 걸쳐 중국 11개 성 86개 선종 고찰(古刹)을 현장 답사하였다. 답사 사찰은 중국 선불교의 황금기였던 당·송대 거물 선사들이 주석했던 유명 도량(道場)들이었다.

이들 사찰은 1천 년 이상의 풍상과 공산혁명·문화혁명 등의 종교 박해 속에서도 모진 생명력으로 꿋꿋이 버티면서 대체로 잘 보존돼 있었다. 더욱 놀라운 사실은 1980년대 후반부터 본격화한 개방화정책 이후 선종(禪宗)을 중심으로 한 중국불교의 부흥과 복원불사가 중국 경제성장보다 몇 십 배나 빠른 속도로 진행되고 있다는 점이다. 선불교 관련 서적들이 봇물처럼 쏟아져 나오고, 동남아 화교들의 화주(貨主)를 주요 재원으로 한 사찰 복원사업도 활발하다.

중국 선불교를 오늘에 답사하고자 한 목적은 일개 종교에 대한 단순한 관심이나, 복고적 취향 차원이 아니었다. 극렬한 변혁을 모색하고 있는 20세기 이후의 인류 문명사적 관점과 세계사의 흐름 속에서 혜성처럼 부상하고 있는 중국의 위상 등을 염두에 둔 기획이었다.

따라서 책의 내용 구성도 기행적(紀行的)인 답사기보다는 21세기 이후를 이끌어갈 인류 보편사상의 하나로 떠오르고 있는 선사상(禪思想)에 비중을 두었다. 구체적으로는 답사한 사찰에 주석했던 선사들의 선사상이 응축되어 있는 중요 공안(公案 : 일명 화두)을 나름으로 재조명하는 데 많은 지면을 할애하였다. 그리고 답사를 위해 들어간 양자강 유역 내륙지방의 향(鄕)·진(鎭)은 물론 촌(村)·조(組)의 말단 행정단위에 살고 있는 민중들의 삶도 간간이 담았다.

나는 불학(佛學) 전문가도 사상가도 아니다. 한 사람의 신문기자일 뿐이다. 따라서 생각은 크고 간절했지만 선사상의 본색을 오늘에 새롭게 조명하는 데는 역부족이었다. 결과적으로 책의 내용이 호랑이를 그리려다가 고양이를 그린 격이 되지 않았나 하는 생각을 지울 수가 없다. '선무당이 사람 잡는다'는 말이 있다. 비전문인인 주제에 감히 고도한 사상체계인 선사상에 접근하려 한 나의 마음을 이 한마디로 요약하고 싶다.

책의 내용 중에는 96년 9월부터 연재중인 『중앙일보』 테마기획

'선을 찾아서–중국 선불교 답사기'에 실린 글들도 있다. 내용에 저널리즘과 아카데미즘이 혼재하고, 특히 부분 부분 아카데믹한 접근에 문제가 있을 수도 있다. 강호제현의 많은 질책과 편달을 기대한다.

끝으로 중국 선불교 답사 비용을 기꺼이 협찬해 준 대우가족 김우중 회장께 심심한 감사를 표한다. 그리고 현장을 같이 뛴 한국 한덕항공여행사의 강철원 대리, 중국 절강성 직공우호여행사 이진석 사장의 노고에도 감사한다.

1999년 4월

이 은 윤

위산 시방밀인사 · 위산 동경사 · 의춘 서은사 · 장사 녹산사 · 협산 영천선원
덕산 고덕선원 · 석상산 숭승선림 · 약산 약산사 · 남악 형산 나찬초암 · 남악 형산 복엄사(반야사)
남악 형산 남대선사 · 남악 형산 단하사 · 남악 형산 축성사

●

늙은 암소여 왔는가

위산영우선사/앙산혜적선사
장사경잠선사/협산선회선사/덕산선감선사/
석상경저 · 석상초원선사/약산유엄선사/남악나찬선사
남악회양선사/석두희천선사/석두천연선사/승원화상

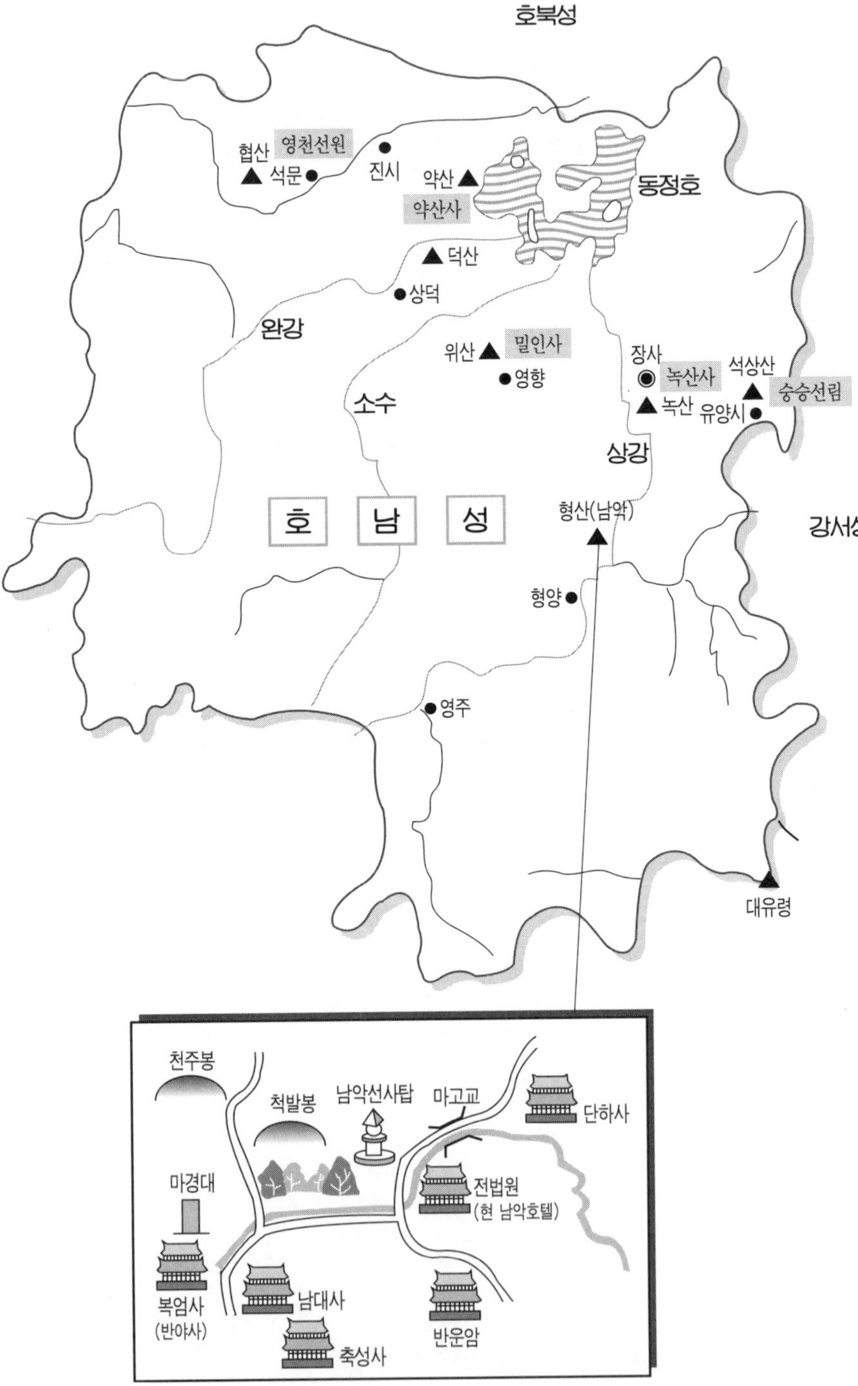
호북성
협산
영천선원
석문
진시
약산
약산사
동정호
덕산
상덕
완강
위산
밀인사
영향
장사
녹산사
석상산
숭승선림
녹산
유양시
소수
상강
호 남 성
형산(남악)
강서성
형양
영주
대유령
천주봉
척발봉
남악선사탑
마고교
단하사
마경대
전법원
(현 남악호텔)
복엄사
(반야사)
남대사
축성사
반운암

위산 시방밀인사

— 위산영우선사

1) 늙은 암소여, 왔는가!(潙山牸牛)

위산 : 늙은 암소여, 왔는가!

철마 : 내일 오대산에서 큰 불사가 있다는데, 혹시 거기에 몸소 가시는지 어쩐지 궁금합니다.

위산 : (마루에 벌렁 누워버렸다.)

철마 : (인사말도 없이 위산을 남겨둔 채 떠나가버렸다.)

어느 날 유철마(劉鐵磨)라는 노비구니가 선장(禪匠) 위산영우(771~853)를 친견하고자 위산 동경선사(同慶禪寺)를 방문했다. 노비구니는 그 이름부터가 '쇠를 갈아낸다'니 한가락 하는 선지식임에 틀림없다. 위산영우(潙山靈祐)선사는 백장회해의 사법제자로 선종 5가7종 중 맏형 격인 위앙종(潙仰宗)을 창종한 만당(晩唐)의 대선지식이다.

말하자면 두 무쇳덩어리가 부딪친 셈이다. 이러니 불꽃 튀는 법거량(法擧揚 : 선문답)이 될 수밖에 없다. 위산영우와 유철마의 선문답을 화두로는 '위산자우', 또는 '철마도위산(鐵磨到潙山 : 철마가 위산을 방문하다)'이라 한다.

얼핏 보기엔 음담패설 같기도 한 '위산자우(潙山牸牛 : 늙은 암소여, 왔는가!)'라는 화두에 담긴, 가을 계곡물처럼 맑디 맑은 선리(禪理)를 음미해보자. 위산이 철마를 맞으며 던진 첫마디는 너 같은 늙은이는 집안에나 들어앉아 따스한 봄날을 즐기는 게(자신의 내면 성찰이나 잘 하는 게) 좋을 텐데 왜 바람 난 처녀처럼 부질없이 나돌아다니는가,하는 공격이다. 철마가 위산을 찾아간 계절은 마침 봄철이었다. 문헌에 따라서는 철마가 위산을 방문했을 때 위산은 흙손을 들고 절담을 쌓는, 따스한 봄날의 흙일을 하고 있었다고 사족을 붙이기도 했다. 이때 위산은 유철마 비구니가 오자 일하던 흙손을 내던지고 절안 마루로 들어가 철마 비구니를 맞았다고 한다. 이럴 경우 위산이 흙손을 내던진 것은 부처가 되겠다느니, 선지식을 참문한다느니 하는 일체의 번뇌 망상을 던져버림을 뜻한다. 마루로 가서 앉은 것은 내면적 자성(自性)으로 회귀함을 상징하는 행동언어다.

어쨌든 위산이 철마에게 건넨 인사말은 네 존재의 근원인 내면적 자아나 열심히 성찰하지 무엇 때문에 쓸데없이 나돌아다니느냐는 힐난이다. 이는 이렇게 찾아와 공연히 흙일하는 시간이나 빼앗지 말고 당신의 절에서 나같이 흙담을 쌓는 등 일상사나 잘 돌보면서 내면자증(內面自證)을 하면 깨침을 이루어 부처가 된다는 얘기이기도 하다.

위산은 공연히 남의 흙일만 방해하는 철마 비구니를 힐난하면서 마루로 들어가 앉는 무언의 행동을 통해 '내면으로의 회귀'를 암시한다. 이로써 위산은 철마 비구니에게 불법진리가 무엇인지, 득도(得道) 공부를 어떻게 해야 하는지를 가르쳐준다. 그러나 위산의 공격적 가르침에 대한 철마의 대응이 만만치 않다. 철마의 "내일 오대산……." 운운은 다음과 같은 의미를 함축하고 있다.

'내가 지금 당신한테 온 것쯤이야 뭐 그리 대단한 일이겠는가! 나는 내일의 오대산 불사에 몇천 리 길이라도 달려가 참석하리라 마음먹었는데 위산, 당신도 나 같은 기력을 가지고 있소?'

강남의 호남성 위산서 강북의 산서성 오대산까지는 수천 리 길이라 실제로 하룻밤 사이에 그 먼 길을 간다는 것은 당시로서는 전혀 불가능한 일이다. 그러나 그만한 정신적 자세는 돼 있다는 반격이다.

다음 위산이 마루에 벌렁 누워버린 소식은 무엇일까.

먼 길을 힘들여 여행하느라 땀 흘리고 짚신 닳게 하는 것보다 나는 그저 조용히 누워서 낮잠이나 즐기겠다는 대꾸다. 위산은 이 행동을 통해 먼 길의 오대산 불사 참석만이 능사가 아니라 이렇게 마루에 누워 오수(午睡)를 즐기는 것도 세속 현실의 중대한 일에 종사하는 것만큼 대단한 일임을 보여준다. 결론적으로 위산이 마루에 누운 행동은 우리의 자성본체(진여)는 누워 있을 때도 서서 활동할 때와 똑같이 작용하고 있음을 암시한다.

이에 대한 노비구니의 대응 역시 만만치가 않다. 그는 아무 말도 없이 그냥 가버린다. 철마는 이 행동을 통해 이렇게 말하고 있다.

'그렇다면 누워서 낮잠을 실컷 즐기시오! 나는 가겠소. 굳이 당신의 낮잠을 방해하고 싶진 않소.'

철마 비구니가 아무 말 없이 떠나가버리는 장면은 선사상의 진면목을 확연히 드러내 보여주는 대목이다. 먼저 이 대목의 이미지를 영상화해 보자.

집주인이 찾아온 손님을 반가이 맞아 먼 곳의 절 이야기와 일상사 이야기로 꽃을 피우며 한동안 시간을 보낸다. 집주인이 피곤해 낮잠에 곯아떨어진다. 손님은 작별의 예를 갖출 것도 없이 떠나간다.

이 담담한 우정은 사립문을 열어놓고 시도 때도 없이 출입하던 우리네 옛날 시골 풍경을 연상케 한다.

선은 언제나 지금, 여기, 즉자(Now and Here, Self)의 문제를 다룬다. 미래나 과거에 매달리지 않는다. 내세의 극락이 아니라 현실 속의 번뇌를 보리로 바꾸어 '극락의 현실'을 살아가고자 한다. 이를 선의 일상주의라고도 한다.

그래서 선은 윤리적 사고·야망, 세속적 삶의 가치를 좌우하는 감각 따위까지도 결코 무시하지 않는다. 마음의 현상작용에 불과한 삼라만상의 근저를 깨쳐 알고 있지만 현실을 부정만 하거나 거부하지 않는다. 이것이 "도법(道法)을 버리지 않고 범부의 일을 나타낸다"고 하는 것이다.

그저 평범한 얘기 같지만 그렇지 않다. 인간의 삶과 깨달음에 이르는 길을 놓고 치열한 대결을 벌인 선문답이다.

우리 모두가 가지고 있는 육체는 그림의 재료와 도구, 음악가의 악기와 같은 것이다. 화가의 화판, 조각가의 돌과 나무·점토, 음악가의 바이올린·플루트에 해당하는 것일 뿐이다. 육신의 손과 발·혈관·머리·내장·신경세포·감각기관·사상·감정 등은 전체적인 인간을 구성하는 재료이며 도구다. 인간은 이러한 도구들을 이용해 그의 창의성을 행위나 동작으로 표현하기도 하고 인생이라는 그림을, 음악을 빚어내기도 한다. 결국 인간의 육체는 무의식 속에 잠재한 무한한 원천으로부터 창조되는 모든 이미지를 반영하는 도구다. 인간의 모든 행위는 근원 · 창조 · 생명력 있는 인격을 표현한다. 무의식 속의 창조성을 나타내는 인간의 행위에는 어떠한 인습도 상사성(相似性)도 없고, 이런 일을 해서는 안 된다는 동기 부여도 없다. 이러한 인간은 단지 그가 좋아하는 대로 행동할 뿐이다. 그의 행동은 원하는 대로 물 흐르듯, 바람 불듯 자연스럽다. 그는 단편적이고 제약적이며, 억제되고 자기중심적인 존재로만 갇혀 있는 아집스러운 '자기'를 가지고 있지 않다. 그는 형식적인 윤리와 도덕을 수호하기 위해 부자연스러운 행동을 일삼는 꼰대 같은 도덕 군자가 아니다. 그는 의식적인 자기 억제 속에 갇혀 있는 인간을 초월한다.

위산이 마룻바닥에 벌렁 눕고, 철마 비구니가 작별 인사도 없이 가버리는 행동 속에는 이와 같은 범부 초월의 자유와 창의성이 번뜩인다. 위산과 철마 비구니는 체면 · 예의 · 시간 · 윤리 등의 노예로 사는 사람이 아니라 '주인'으로서 세상을 살아가는 주체적인 인간이다. 위산영우선사의 사질(師姪)인 임제의현선사는 "어디서나 자기 자신의 주인이 되면 있는 곳이 모두 다 진리다(隨處作主 立處皆眞)"라고 설파, 자신의 삶을 진정한 인생의 예술가처럼 살아갈 것을 거듭 촉구했다. 이러한 삶이 바로 깨친 도인의 삶이다. 도인의 자아(自我)는 무한한 가능성의 원천인 '무의식'과 필적하는 에너지를 갖는다.

로마 카톨릭을 영국에 선교한 성(聖) 어거스틴(?~605)은 "신을 사랑하라! 그리고는 너 스스로가 원하는 대로 행하라"고 말했다.

신을 사랑한다는 것은 아집을 갖지 않는 것이고 무심해져서 마치 어떠한 망상도 일으키지 않는 '죽은 사람'이 되는 것이다. 쉽게 말해 의식적이거나 제약된 행동으로부터 해방되는 것이다.

이런 사람의 "안녕하십니까"라는 인사말은 세속적 · 인간적인 이해득실을 일체 떠난 무심이다. 예절 · 아첨 · 형식 등에 얽매인 인사가 아니다. 보통사람들의 인사도 으레 무심하다. 그러나 많은 경우 '인사'라는 예절 형식, 또는 눈도장이라도 찍으려는 아첨기를 밑바닥에 깔고 있는 문안 인사들이다.

무심한 인사를 나누는 사람은 적어도 표면상으론 현대 문명인이 가지고 있는 복잡한 이념이나 의식적인 계산성을 가지고 있지 않다. 그렇지만 그의 내적인 삶은 얼마나 풍부한가! 그와 같은 풍요로움은 인사를 하는 그의 행위가 엄청나게 큰 그의 내면 무의식 세계와 직접적인 소통을 하고 있기 때문이다.

중국 출신으로 재미(在美) 법사상가이며 로마 교황 포검시종이었던 오경웅박사(1899~1986)와 일본의 세계적인 선학자 스즈키 다이세쓰(鈴木大掘 :1870~1966)'는 이러한 무의식을 '우주령(宇宙靈 : Universal mind)' '우주적 무의식'이라고 불렀다.

'우주적 무의식'은 우리의 통상적이고 상대적인 의식계(意識界)를 인식 범위를 벗어난 불식(不識)의 세계로 사라지게 한다. 인간은 존재의 밑바탕을 이루는 저 불식의 세계(도 · 불성 · 자성)를 한번 자각하면 우리를 괴롭혀온 온갖 복잡한 것들을 정돈할 수 있게 된다. 우리가 그렇게 하지 않더라도 우주 통합론적인 그 '불식의 세계'에 의해 잡다한 번뇌 망상은 모두 소멸되고 만다. 이것이 바로 견성이고 깨달음이다.

위산과 노비구니 철마가 연출한 '위산자우'라는 한 편의 선 연극은 우주적 무의식을 자각하고 살아가는 해탈 도인의 무심한 삶을 구체적으로 보여주는 멋진 드라마다. 진땀 나는 호각지세의 대결이고 도토리 키 재기처럼 막상막하의 승부다. 굳이 승패를 가른다면 철마 비구니가 승자다. 송대의 정자사일선사(1107~1176)는 이 화두를 다음과 같이 평했다.

“위산 늙은이의 허리를 꺾으려야 꺾을 수 없더니 철마 비구니한테 한번 밀려 나자빠지고는 지금까지 일어나질 못한다.”

정자사일의 평은 노비구니 철마에게 판정승을 내리고 있다. 그러나 나는 두 사람의 대결을 마치 그어 놓은 선 위에다 또 선을 긋듯이 위산이 닦아 놓은 길을 철마 비구니가 다지고 다져 튼튼한 도로를 만들었다고 보고 싶다.

선은 우리의 윤리적 사고·야심·열망·세속적인 삶의 가치 등을 좌우하는 감각 따위를 결코 무시하지 않는다. 말하자면 세속을 허무주의적 관점으로 부정만 하거나 무가치하다고 보지를 않는다. 선이 목적하는 바는 ‘마음’의 현상적 활동에 불과한 삼라만상의 근저에 놓여 있는 근원(진여)에 대한 이해다. 이러한 일은 선만이 할 수 있다는 게 선철학의 자부심이다.

삼라만상의 근저를 이해하고 난 선은 현실세계를 부정해야 할 대상이나 무의미한 것으로 보지 않는다. 왜냐하면 선은 항상 일체의 진여성(眞如性) 안에 자기 자신을 넣어두려 하기 때문이다. 그 본질이 공(空)이고 모든 것이 하나일 뿐인 통합적 세계 안에서는 문화와 생멸의 이 세계도 공이고 비분별(非分別)의 초월적인 세계가 된다. 그러니까 진여의 본질인 공은 진여 자체가 공한 것이기 때문에 세속적 삶의 본체가 공이라는 사실을 절대 비관하지 않는다. 모든 게 공이니 세속 현실의 공무(空無)만 유별난 것도 아니다. 오직 세상사에 집착하지 않고 욕심내지 않으면 편안할 수 있다.

'위산자우'라는 화두가 던져주는 농염함은 인간과 우주의 신비한 교감 같은 걸 보여주기도 한다.

천만 년 전 생의 도둑에게 빼앗겼던
우리 재산을 되찾으려는 듯이
둘은 옷을 벗고 키스했다.
뒤엉킨 두 알몸은
시간을 초월하여 영원하다.
아무도 접근할 수 없다.
둘은 원점으로 돌아간다.

1990년 노벨문학상을 수상한 멕시코 시인 옥타비오 파스의 장편시 「태양의 돌」의 일부다. 8순의 노시인이 노래하고 있는 '뒤엉킨 두 알몸'은 표현 그대로 뜨거운 육체의 결합이지만 육체적 시간의 한계를 뛰어넘는 영원성을 지향한다. 그의 평론집 『활과 칠현금』은 농염한 에로스를 넘어선 인간과 인간, 인간과 우주의 절대적 교감에 대한 예찬 일색이다. 그는 멕시코의 마을에 거주하면서 거둔 삶의 경험을 "세계의 모든 마을은 그 자체로 중심부(中心部)이자 주변부"라고 요약했다. 한마디로 개개인이 세계의 중심이 되는 인간가치 중심의 세계관이다. 선사들의 세계관과 전적으로 동일한 맥락이다.

위산이 오대산 불사라는 자신의 집 밖 세계사에 전혀 관심을 보이지 않은 채 낮잠이나 즐기겠다고 마루에 벌렁 누운 것은 바로 이와 같은 세계관의 구체적 표현이다. 철마 비구니는 그저 졸리면 잠을 자는 게 생물체를 지배하는 우주섭리라고 받아들인다. 그는 이러한 우주섭리와 위산의 자기 중심적인 세계관을 흔쾌히 긍정하고 두말 없이 떠나갔다. 여기서 위산과 철마 비구니는 각자 원점으로 돌아간 것이다.

'위산자우'라는 화두를 파스의 시에 비유하면 "뒤엉킨 두 알몸"까지의 전반부는 치열한 대결상을 보인 거량의 전반부라 볼 수 있고 "시간을 초월…… 둘은 원점으로 돌아간다"의 후반부는 위산이 누워 자고 철마는 말없이 떠나가는 장면에 비유할 수 있다. 그리고 그들의 고도한 영적 교감이 오고 가는 정신세계는 누구도 근접할 수 없는 높은 경지다.

끝으로 이 화두의 자우(牸牛)는 '암소'를 뜻한다. 양자강 유역의 농우인 물소(水牯牛)의 암소를 '자우'라 한다. 선은 그 본색이 민중적이기 때문에 선문답의 용어도 일반 민중이 쓰는 비속어나 은어 등을 거침없이 사용하고 일상적인 구어체를 즐겨 쓴다. 때로는 통속적인 회화체도 많이 사용한다.

선종은 이처럼 교리공부 학습방법인 선문답과 상당법문 등에서부터 민중 친화적(親和的)인 일상의 회화체·비속어를 사용해 민중불교의 여여한 모습을 잘 드러내고 있다. 이는 선종의 가장 뚜렷한 특징이며 타종교는 물론 불교 어느 종파에서도 찾아볼 수 없는 매력이다. 욕설과 비속어가 난무하는 가운데서도 구족(具足)한 인간 자성을 직지(直指)하는 선종의 번뜩이는 섬광은 인류 역사상의 어떠한 수사학(修辭學)도 따르지 못하는 언어의 연금술이다. 수많은 선사들이 선지(禪旨)를 일깨우기 위해 짜릿한 음담패설과 염정시(艶情詩)를 짓기도 했다. 우리는 선사들의 음담패설이 단순한 통속적 성정(性情)에 머물지 않고 그 속에 오묘한 인간의 철리(哲理)를 담은 위대한 가르침으로 승화(昇華)하고 있음을 접할 때마다 음란소설의 에로티시즘을 뛰어넘은 선사들의 문학성에 감탄하지 않을 수 없다.

위산과 철마 비구니는 말과 글로 설명할 수 없는, 다시 말해 인간의 지해(知解)로는 알 수 없는 불식(不識)의 우주적 무의식을 자각했기에 자고 싶으면 자고, 가고 싶으면 가는 자유를 누리고 있다. 얼마나 멋진 삶인가!

나는 그 옛날 유철마 비구니가 살았다는 위산 시방밀인사(十方密印寺)를 찾아가면서 '위산자우'라는 음탕한(?) 화두를 차 안에서 떠올려 보고는 혼자서 킬킬거리고 웃었다. 시방밀인사 답사는 본래의 계획에서는 다소 빗나간 여로였지만 결과적으로 수확은 적지 않았다.

1996년 5월 3일.

아침 일찍 호남성 성도인 장사시 호텔을 출발, 북서쪽으로 3백여 킬로미터를 달렸다. 출발 당시의 일정은 먼저 약산유엄(藥山惟儼)선사의 도량인 약산사를 들렀다가 위산영우선사의 행화도량인 위산 동경사(同慶寺)를 답사할 예정이었다. 그런데 도중에 물어 물어 갔지만 약산사를 끝내 찾질 못했고 4시간 가까운 시간만 허송하고 말았다. 깊은 산골까지 들어갔다가 차를 돌려 원점으로 돌아와 위산으로 향했다.

호남성 영향현 위산향.

약산사를 찾는 데 실패하고 오후 2시쯤 들어선 위산향 가는 길은 도로 확장공사로 봄비에 흙탕물이 튀고 곳곳이 깊게 파인 험로였다. 배가 고파 황재진(黃材鎭)에서 차를 세우고 점심식사를 했다. 식당에서 물어보니 밀인사는 지금도 절이 있고 스님들이 있지만, 동경사는 그 자리에 진정부 청사가 들어서게 되어 옛절의 흔적이 전혀 없다는 것이다. 역시 호남성 답사 가이드가 거듭 이야기했던 것과 일치했다. 가이드는 처음부터 동경사는 없어졌으니 가볼 필요가 없다며 밀인사만 가자고 했다. 그래도 나는 동경사를 꼭 가봐야 한다고 고집했다. 우리가 점심식사를 한 황재진은 마침 동경사와 밀인사로 갈라져 들어가는 삼거리다. 동경사는 위산의 서쪽 산록에, 밀인사는 위산 동쪽편에 위치한 선종 고찰이었다. 두 절 모두 위산영우선사 관련 도량이다.

그래도 절이 있고 승려가 있다는 밀인사로 차를 몰았다. 동경사는 나오다가 시간이 허락되면 가서 그 유지라도 둘러볼 요량이었다. 황재진에서 위산향까지 80여리 길은 비포장인데다 꽤 험준한 고개도 넘어야 하는 험로(險路)였다. 도중 황토길에서 한 여인이 우리 차가 다가오자 손을 높이 들어 태워달란다. 말하자면 히치하이킹이다. 중국 시골에서는 우리가 1950~1960년대 도로변에서 지나가는 차마다 무조건 손을 들어 태워 달라고 했던 것과 같은 히치하이킹을 흔히 볼 수 있다. 워낙 민가도 없이 지루한 산길이고 해서 차를 세워 여인을 태웠다. 물어보니 복건성으로 시집을 가 살고 있는 30대 후반 주부인데 친정에 오는 길이라며 비닐봉지에 귤·사과 등을 사서 들고 있었다. 행색은 다소 초라하지만 친정을 찾아오는 필부(匹婦)의 기쁜 마음은 참으로 순박했고 가을 계곡물처럼 맑았다. 30리쯤 가더니 차를 세워 달란다. 역시 민가도 전혀 보이지 않는 산중인데 거기서 다시 걸어가야 한단다. 오솔길을 또 얼마나 걸어가야 그녀의 친정집이 있는지…….

차가 들어갈 수만 있다면 태워다 주고 싶은 마음이 일었다. 그러나 이렇게 자연스럽게 생겨나는 인정을 값싼 동정심, 또는 음흉한 흑심 등으로 치부하는 냉소적 세태를 생각하니 얼굴이 화끈 달아오른다. 여인을 내려주고 꼬불꼬불 구절양장(九折羊腸)의 고갯길을 넘어 위산향 소재지에 이르렀다. 뒤로는 큰 산줄기가 가로놓여 꽉 막힌, 막다른 산밑의 향소재지는 우리나라의 궁벽진 산골처럼 온화하고 한가로운 농촌이었다.

향 소재지 장터와 잇닿은 산밑의 밀인사는 삼문(三門) 형식의 산문이 우뚝 솟아 있어 고찰의 당당한 면모를 보여주었다. 차를 산문 앞 널찍한 장터에 세우고 내렸다. 산문 중심부 위에는 '시방밀인사(十方密印寺)'라는 돌 편액이 세로로 박혀 있고 아래 3개의 문에는 가운데에 '반야도량(般若道場)', 좌우로 '선심(禪心)' '조의(祖意)'라는 돌 편액이 나란히 박혀 있었다. 또 감실 모양 산문 출입구 양편으로는 '선종 불법의 단비가 형악으로부터 와서(法雨來衡嶽), 앙산에서 그 종풍이 열렸다(宗風啓仰山)'라는 5언2구의 돌 편액이 대련하고 있었다.

영련(楹聯)을 보는 순간 이 절도 위앙종의 발상지구나 하는 확신과 잘 찾아왔다는 보람을 느꼈다. '형악'은 남악회양—마조도일—백장회해—위산영우로 이어지는 남악법계가 중국의 동서남북과 중심을 대표하는 5대명산 중 남쪽 명산인 '남악'을 가리킨다. 그러니까 '법우래형악'은 남악회양의 주석도량인 형산 복엄사(옛이름 반야사)와 마조도일의 개오도량인 전법원(일명 마경대)이 있는 남악 형산에서 발원한 남악법계의 법맥이 이곳으로 전해져 왔다는 얘기다.

'종풍계앙산'은 남악법계를 이어 위산영우와 그의 제자 앙산혜적이 위앙종이라는 선종의 일가(一家)를 이루었고 그 가풍이 혜적 선사가 주석했던 앙산에서 크게 빛났다는 것이다. 이쯤이면 밀인사도 위앙종 도량임에 틀림없다 할 만하다. 나는 여기서 밀인사로 오면서 자꾸만 '그래도 동경사를 갔어야 하는데' 했던 후회를 떨쳐버리고 밀인사를 적극 답사해야겠다고 생각했다.

답사 결과부터 말한다면, 밀인사가 '위산자우'라는 화두에 나오는 유철마 비구니의 주석도량이었다는 사실을 답사 이틀 후 우연히 확인함으로써 전혀 몰랐던 사실을 알게 되는 현장답사의 소득을 얻었다. 철마 비구니가 살았던 도량은 선종 관련 문헌에 나오지 않기 때문에 알 수가 없었다.

산문을 들어서니 한산전(寒山殿)이라는 전각이 이어져 있다. 한산은 절강성 천태산 서남쪽 한습동(寒拾洞)에 살았던 8세기 말의 선승이다. 한산전은 현재는 사찰 관람권을 파는 사무실로 사용되고 있다.

방생지 위로 놓인 다리를 건너 대웅전으로 갔다. 마침 며칠 후면 삭발수계를 한다는 한 처녀 행자가 열심히 예불을 하고 있었다. 행자의 안내로 당가(부주지) 능명(能明) 비구니를 만났다.

방장은 박명화상으로 장사 시내 개복사(開福寺) 방장을 겸임하고 있는데 주로 개복사에 머무는 관계로 부재중이었다. 능명 비구니는 사투리가 어찌 심한지 행자를 통해 이중 통역을 해야 했다. 절은 문화혁명 때 완전히 폐쇄됐다가 83년부터 비구니 6명이 들어와 살고 있단다. 밀인사는 전통적으로 비구니 사찰이 아니었나 하는 생각이 들었다. 왜냐하면 옛날 비구니 유철마가 살았고 현재도 비구니만 살고 있는 비구니 절이니 말이다. 그러나 밀인사가 계속 비구니절이었는지를 확인할 역사적 기록들은 향이나 성 정부에 들

▲ 밀인사 대웅전으로 들어가는 산문과 중문 사이 돌을 깐 보도 양편에 파놓은 방생지(放生池)는 한폭의 그림 같은 정원 경치를 구성하고 있다.

러 '지방지'를 뒤져보아야 하는데 그럴 시간을 가질 수 없는 게 유감스러웠다.

시방밀인사는 당 원화 연간인 806년 창건돼 위앙종 주요 도량의 하나로 위산선(潙山禪)을 전파해왔고 남송대에는 전국적인 저명 사찰로 그 이름을 날렸다. 일설에는 위산영우선사가 개산할 때 지었던 띠풀집 초암(草庵)이 최초의 창건이었다고도 한다. 그러나 영우가 위산에 들어간 건 49세 때인 820년이고 '동경사'라는 편액을 황실로부터 하사받은 것은 847년이라는 기록이 있다. 따라서 밀인사 창건자가 영우선사인지는 분명치가 않다. 어쨌든 밀인사는 선종 문헌들에 나오는 영우선사가 위산에 들어가 처음 지은 결초위려(結草爲廬)의 암자였던 것 같다. 동경사는 그가 회창법난(844~845) 때 일시 농부로 강제 환속당했다가 재상 배휴의 도움을 받아 847년 위산에 다시 세운 절이다. 밀인사의 정확한 창건 경위를 확인할 순 없었지만 위산영우선사가 관련된 도량임은 분명하다. 선종 문헌에 "석상경저선사(807~888)가 위산영우선사를 참학(參學)하고 밀인사에서 미두(米頭 : 절의 양식을 관리하는 소임)를 했다"는 기록도 있다.

시방밀인사라는 사찰 이름 '시방(十方)'의 십(十)은 중국인들이 가장 좋아하는 숫자이며 원만을 상징한다. 시방은 10개의 방향을 말하는데 동·서·남·북의 4방과 동북·동남·서남·서북의 4유(維)에 상·하를 합친 것으로 전세계, 전우주를 뜻한다. 밀인(密印)은 인도불교의 3밀교의(教義), 즉 구밀(口密 : 주문 외우기)·수밀(手密 : 손으로 印을 만듦)·심밀(心密 : 마음속 관조)을 통해 부처와 중생이 하나라는 불이법(不二法)을 깨치는 것을 말한다.

밀인사는 1983년 10월 10일 호남성 문화재로 지정돼 보호되고

▲ 시방 밀인사 대웅전의 삼존 불상. 문화혁명 때 폐쇄됐던 절이 1986년 비구니 사찰로 복원되기 시작했으나 아직도 돌기둥에는 붉은 페인트 글씨의 문혁 때의 구호들이 남아 있다.

있으며 현존하는 전각은 대웅전·동서 배전(配殿)·장경각·산문 등이다. 대웅전은 1933년 중수, 지붕 처마가 하늘로 치솟은 중첨헐산정(重檐歇山頂)식으로 높이가 27미터나 되고 전각 안팎에 38개의 백색 화강암 기둥이 세워진 웅장한 규모다. 대웅전 안에는 석가모니 본존불을 모시고 그 옆에 금물을 칠한 1만 개의 불상을 봉안했다. 그래서 밀인사 대웅전을 일명 '만불전(萬佛殿)'이라고도 한다.

아쉬운 것은 대웅전 돌기둥에 문혁 때 붉은 페인트로 써놓은 혁명 구호들이 아직도 완전히 지워지지 않은 채 남아 있어 정치 오염의 잔영을 드리우고 있다는 점이다. 답사를 하면서 실감한 문혁 10년의 불교 훼손은 너무나도 컸는데 밀인사도 가시적으로 확인되는 뚜렷한 흔적이었다.

대표적인 예로 낙양 용문석굴·남경 서하사 석굴 등 수많은 불상이 홍위병들의 망치에 의해 목·팔 등이 떨어져나갔다. 그 밖에 호북성 옥천사의 북종 신수조사 묘탑, 백장사의 백장선사 묘탑 등이 흔적도 없이 파괴돼버렸다. 정말 애석한 일이다.

문혁 기간에 사찰은 학교·공장 등으로 사용됐는데 파괴됐던 대웅전 불상들은 대체로 복원됐지만 그 밖에 많은 '상처'는 그대로 남아 있다.

중국 불교사는 지금까지 '3무1종'의 역사적인 불교 법난(북위 무제·북주 무제·당 무종·후주 세종)을 기록하고 있다. 아마 문혁도 어느 법난(法難) 못지 않은 깊은 상처를 남긴 게 아니냐는 생각이 들었다.

왼쪽 배전에 있는 조사당과 선방·재당은 아직 복원이 되지 못해 문혁의 상처를 그대로 안은 채 창고로 사용되고 있다. 오른쪽 배전은 재당·요사채·장경각이 배치돼 있다. 현재는 오른쪽 배전의 객당 옆에 방을 하나 만들어 조사전으로 꾸며 놓았는데 위산영우선사의 채색 전신 초상화를 한 폭 걸어놓은 정도다.

밀인사 사찰 전각 중에서 하나 특기해 둘 사항이 있는데 다른 선종 사찰에서 찾아보지 못한 '경책전(擎策殿)'이란 것이다. 경책전은 선방 규율을 위반한 납자들이 참회를 하는 곳으로 일종의 사내(寺內) 교도소다. 마치 옛날 독일 하이델베르크 대학의 '학생감옥' 같은 것이다. 절 담 밖에 있는 이 건물은 현재 향 정부가 청사로 사용하고 있어 옛 흔적은 찾아볼 길이 없다. 옛날에는 사찰 경내였지만 향 정부가 들어선 이후 담을 쳐서 경책전 건물을 사찰과 분리시켜 놓았다고 한다.

▲ 선방 규율을 위반한 수행자들을 감금, 참회시키는 일종의 사내(寺內) 교도소였던 시방 밀인사의 경책전(警策殿). 현재는 향정부 청사로 사용되고 있다.

위산영우선사 관련 유적으로는 대웅전 오른쪽 위에 있는 유염석(油塩石)을 들 수 있다. 영우선사가 밀인사를 창건할 때 도와주는 인근 주민들의 식사를 마련하는 데 사용한 기름과 소금을 조달했다는 큰 바위다. 바위 위 한가운데에 계란 하나 들어갈 정도의 둥근 구멍이 뚫려 있는데 깊이가 아주 깊단다. 바위는 천 년이 지난 오늘에도 푸른 이끼를 입은 채 자연 상태 그대로 잘 보존돼 있다. 전설상으론 영우선사가 산중에 절을 지으며 인부들 끼니 제공을 위한 기름과 소금 조달에 애를 먹자 어느 스님이 와서 보고는 신통력을 발휘, 바위에 구멍을 뚫어 기름과 소금이 나오게 해주었다는 것이다.

또 하나의 유적은 당 무종의 회창법난 후 위산영우의 법력에 감

▲ 위산영우선사가 밀인사를 창건할 당시 인부들의 끼니 제공에 필요한 소금과 기름을 조달했다는 전설을 간직한 대웅전 오른쪽의 큰 바위 유염석(油塩石). 위에는 계란 하나가 들어갈 만한 구멍이 뚫려 있다.

화를 받고 영우선사를 크게 도왔던 불자 재상 배휴(裵休 : 797~870)의 묘다. 절에서 3킬로미터쯤 떨어진 곳에 있는데 문혁 때 비석 등이 모두 파괴돼 현재는 폐묘 상태라고 한다. 가보고 싶었지만 숲속이고 날도 저물어 단념했다.

능명 비구니의 안내로 절 경내를 둘러보고 차를 한 잔 마시려고 객당으로 향하는 길에 대웅전을 둘러싼 연못이 하도 멋있어 한바퀴 빙 둘러보았다. 마치 옛날 고성들이 적의 침략을 방어하기 위해 성을 빙 둘러 파놓은 해자(垓字)처럼 대웅전 4면이 직사각형 연못으로 파여 있고 사방에 다리가 하나씩 놓여 있어 대웅전과 여타의 전각을 이어준다. 이런 모양의 해자는 답사한 80여 개 선종 고찰 중 밀인사에만 있었다. 중국 선종 고찰들은 대체로 경내에 방생지를 가지고 있는데 해자 형식의 방생지는 오직 밀인사에서만 볼 수 있었다. 방생지라는 본래의 활용목적 외에도 사찰경관을 한층 돋보이게 하는 조경이었다.

객당에서 차를 마시다 보니 오후 6시다. 갈 길을 서둘러야겠기에 차도 다 마시지 못하고 일어섰다. 능명 비구니가 비닐 봉지에 절에서 직접 경작한 차라며 녹차를 담아 선물로 준다. 투박한 비닐 봉지고 차도 그리 고급스러워 보이지 않았지만 따스한 인정이 스며 있는 듯해 아주 흐뭇했다. 답사한 사찰 중 상당수가 차를 직접 경작하지만 모두 상품화해서 구내 매점을 통해 판매하고 있고, 차 한 봉지를 선물로 주는 곳이 좀처럼 없었다. 절의 차 인심이 지독하게 '짜다'고 느꼈는데 밀인사에서 유일하게 스님들의 손때가 묻은 차 한 봉지를 얻었다.

끝으로 밀인사가 유철마 비구니의 주석 도량이었음을 확인하게 된 경위를 밝혀두겠다. 답사하던 당일은 이 문제를 전혀 물어보지도 않았다. 왜냐하면 선종 어록을 보아 철마 비구니가 위산과는 멀리 떨어진 곳에 살고 있었겠지, 하는 나름의 선입견을 가지고 있었기 때문이다. 그런데 철마 비구니 이야기는 엉뚱하게도 우연한 기회에 확인됐다. 밀인사를 답사한 이틀 후 호남성 진시 당화향 약산사에서 17년을 밀인사에 살다 옮겨왔다는 청신녀 공양주 보살을 만났다. 그는 우리의 약산사 답사를 처음부터 끝까지 따라다니면서 도와주었다. 자연스럽게 밀인사를 다녀온 이야기를 하면서 혹시 옛날 위산영우선사와 법거량을 했던 철마 비구니를 아느냐고 물어보았다. 약산사 공양주 보살은 빙그레 웃음을 지으면서 철마 비구니는 바로 밀인사에 살았던 유명한 선승이라고 하지 않는가.

그토록 알고 싶어했던 철마 비구니의 주석 도량을 이렇게 우연히 알게 되다니. 나는 무릎을 탁 치면서 큰 지식이라도 하나 얻은 것 같은 희열감을 느꼈다. 어깨가 으쓱해지면서 거듭 흐뭇한 미소를 짓다 보니 멋쩍은 생각도 들었지만 문헌에 나오지 않는 사실들을 확인할 수 있는 현지답사의 보람을 만끽하는 순간이기도 했다. '위산자우'라는 화두에 등장하는 철마 비구니의 주석처는 선학적으로야 중요한 의미를 갖진 않는다. 그러나 중국이라는 외국 땅의 궁벽한 심산유곡을 찾아가 그가 살았던 고찰이 현재까지도 잘 보존되고 있음을 두 눈으로 확인하면서 갖는 화두에 대한 체감(體感)은 훨씬 더 심금을 파고 드는 '전류' 같은 걸 느끼게 했다. 그래서 나는 약산사 공양주 보살을 만나 철마 비구니의 주석 도량을 알게 된 것을 지금에도 답사의 크나큰 소득으로 소중히 간직하고 있다.

역사는 풀뿌리 민중들의 끈질긴 힘이 거미줄처럼 엉키면서 만들어지고 전승되는 것이다. 가령 철마 비구니도 약산사 공양주 보살이나 알고 있지 오히려 승려들은 잘 모른다는 사실에서도 이와 같은 역사의 전승은 여실히 증명된다.

중국사찰들은 1949년 해방(공산정권 수립)이후 크게 약화했고 특히 문화혁명(1966~1976)기간에 전 사찰이 폐쇄돼 역사가 '단절'된 후 새롭게 입주한 승려들은 자기 사찰의 역사를 제대로 꿰뚫고 있는 경우가 드물다. 그러나 승려가 축출되는 단장(斷腸)의 불교역사 속에서도 밀인사에서 17년 동안이나 살았던 한 여신도에 의해 저 1천수백 년 전의 역사인 철마 비구니는 오늘에 생생히 살아 움직이는 생동감을 보여주고 있지 않은가.

위산 동경사
— 위산영우선사

1) 위산의 깨침(潙山發悟)

백장회해선사가 어느 날 시립하고 있는 영우에게 물었다.

묻는다 : 누구냐?

답한다 : 영우입니다.

묻는다 : 화로 속에 불씨가 남아있는지 헤쳐보아라.

답한다 : (화로 속을 한동안 헤쳐보고 나서) 없습니다.

백장이 몸소 일어나 화로 속 깊숙이 헤쳐 작은 불씨 하나를 찾아내 영우의 눈앞에 들이대면서 말했다.

묻는다 : 이것이 불씨가 아니고 뭐냐? 너는 이것이 없다고 말했지.

답한다 : (몽둥이로 한 대 머리를 얻어맞은 듯한 느낌이 지나간 후 홀연히 깨달은 영우는 배례한 후 자신의 깨친 바 견해를 백장선사께 말했다.)

백장은 미소를 지으며 머리를 끄덕이는 것으로 영우의 깨친 바를 인가하고 나서 말했다.

"내가 잠시 너를 갈림길로 몰아넣었다. 이제부터는 너를 정도(正道)로 인도하겠다. 『육조단경』에 이르기를 '불성의 참된 뜻을 알고자 하면 시절인연을 잘 관찰하라'고 했다. 불성의 본래면목을 보는 것은 불빛을 발하는 곳에 불이 있다는 걸 아는 것과 같다. 그 경지에 이르면 미혹했다가 홀연히 깨달은 것 같고 잊었던 것을 홀연히 기억해낸 듯하다. 그러나 그것은 명백히 본래 자기 것이었지 남에게서 얻은 것이 아님을 깨닫게 되리라. 그러므로 6조께서는 '깨닫고 나면 깨닫기 전과 같고, 마음이 없으면 법도 없어진다(悟了同未悟 無心亦無法)'라고 말씀하셨다. 이는 깨닫기 전과 깨달은 후는 본질적으로 동일한 것이고 네가 말하는 마음이니 법이니 하는 것도 실제론 없는 것임을 뜻한다. 네가 허망하게 범부니 성인이니 하는 따위의 생각만 없애면 본래의 마음과 법이 너에게 완전하게 갖추어져 있는 것이다. 네가 이제 그렇게 되었으니 그 깨달은 바를 잘 간직하라."

위산영우선사에게 깨침의 계기를 열어 준 선문답이다. 화두로는 '위산발오(潙山發悟)', 또는 '위산발화(潙山撥火)라 한다. '위산발오'는 '부모미생전 본래면목(父母未生前 本來面目)'과 함께 위앙종 종풍을 극명하게 상징하고 있는 화두다.

화두의 포인트는 감추어진 '불씨'에 있다. 불씨는 일체 존재의 근원이 되는 우리의 내면 깊숙이 자리한 일심(一心), 순수 자성, 불성을 상징한다. 화로 속에는 잘 보이지도 않고 없는 것 같지만 불씨(餘火)가 있다. 백장은 화로 속의 여화를, 어떤 형체도 없기 때문에 눈으로 확인은 할 수 없지만 우리의 감각과 의식기능을 가능케 하는 '마음', 또는 '법(法)'에 비유하고 있다.

그런데 영우는 경솔하게도 건성 건성 뒤져보고는 불씨가 없다고 답하고 말았다. 백장은 화로 속 깊이까지 들쑤셔 그 불씨를 찾아내는 치밀함을 보여주었다. 이러한 세밀함과 자상함은 후일 위앙종 특유의 가풍(家風)이 됐다. 백장이 불씨를 찾아내 보이면서 특별히 강조한 '시절인연'은 수행과정이 무르익어 돈오의 계기를 맞는 깨침의 폭발을 말한다. 세속에서 흔히 사용하는 천시(天時)니, 시운(時運)이니 하는 말과 같은 뜻인데 『임제록』이나 『벽암록』(제5칙) 등에도 '시절'이라는 말이 나온다.

백장이 설파한 시절인연은 임제의현·설봉의존선사에게로 이어졌고 임제종 3세인 남원혜옹선사는 시절인연을 달걀 안에서 병아리가 커서 나오려고 쪼면 밖에서 어미닭이 이를 감지하고 알을 찍어 깨주는, 병아리 부화 때 병아리의 쪼는 소리(啐)와 어미닭의 찍어줌(啄)에 비유해 '줄탁지기(啐啄之機)'라는 유명한 화두를 남겼다.

시절인연은 본래가 모자람이 없는 자성이 인(因)이 되고 시절(결정적인 어느 시점)이 연(緣)이 돼서 문득 깨치는 '돈오'를 말한다. 임제는 "부처도 없고 중생도 없으며, 과거도 현재라는 것도 없다. 깨침이란 문득 이루어지는 것이니 시간에 구애받지 않는다(無佛無衆生 無古無今 得者便得 不歷時節)"라고 설파했다.

자성이라는 인과 시간이라는 연이 맞아 떨어지면 전광석화처럼 개오(開悟)의 불꽃이 일어나 광명의 세계가 열리면서 스스로 불성을 보게 되는 것이 돈오다. 이렇게 되면 본래가 구족한 원래의 자성이라는 대지로 돌아가 원융무애한 삶을 살 수 있다.

따라서 백장이 화로 속에서 찾아내 영우한테 보여준 불씨는 자성을 나타내는 것이었고 그 불씨는 불성 · 불법 · 법을 전해주는 전등(傳燈)의 '등'을 뜻한다. 후일 불씨나 불꽃을 보고 돈오한 선승들의 이야기가 많은데 모두 백장의 영향을 받은 것이다.

남악하 3세인 위산영우선사는 복건성 복주 장계 출신으로 속성은 조(趙)씨다. 15세 때 장계 건선사의 대매법상 율사에게 출가해 절강성 항주 용흥사에서 구족계를 수계했다. 용흥사에서 대 · 소승 경전을 공부하고 23세 때 강서성 백장산으로 가서 회해선사를 참문했다. 백장은 영우가 재목임을 첫눈에 간파하고 입실제자로 받아들였다. 영우는 여기서 25년 동안 시자 · 전좌(典座 : 대중의 침구 · 음식 등을 책임지는 소임) 등의 소임을 맡다가 49세 때인 820년 위산으로 가서 행화를 펼쳤다. 영우선사의 위산 행화(行化)는 기록에 따라 40여 년, 30여 년으로 각각 다르다. 그가 회적(灰寂)한 게 853년이니까 40년 행화면 813년 위산에서 개당설법을 했던 셈이다.

영우선사가 개창한 위앙종은 임제종과 함께 남악—마조법계에서 파생한 2개 종파 중의 하나로 당말 5대에 걸쳐 꽃을 피운 선종 5가(家) 중 가장 먼저 독자적인 가풍을 수립한 선종 종파이며 송대에 개산한 양기종과 황룡종까지 포함한 선종 5가7종의 만형이다.

법맥상 사촌간인 위앙종과 임제종의 가풍이 보여주는 차이점은 위산이 '노자기질'이라면 임제는 '장자기질'이라는 점이다. 다시 말해 위산은 정밀(靜謐)해 차분하고 고요한 반면 임제는 격렬하다. 위산영우와 그의 제자 앙산혜적(仰山慧寂 : 807~883)이 개산한 위앙종의 종지는 현상과 본체가 각기 둘이 아니라 하나라는 이사합철(理事合轍)로 요약된다. 4대에 걸쳐 1백50년 동안 존속한 위앙종의 종지는 한결같이 '이사불이(理事不二)' '이사병행(理事倂行)'이라는 말로 특징지을 수 있다. 모두가 같은 뜻인데 위앙종 개산조인 두 사람의 차이점은 위산이 돈오를 뛰어넘는 구극의 묘체를 지향한 돈초득묘(頓超得妙)였다면 앙산은 계행과 수행에 철저한 공행면밀(功行綿密)의 가풍이었다.

> 요약해 말하자면 실제 진리의 경지에서는 한 티끌도 받아들이지 않지만 만행(萬行)을 닦는 가운데서는 한 법(法)도 버리지 않는다. 만일 단도직입적으로 깨달아 범부니 성인이니 하는 허망한 생각이 모두 녹아버리면 참되고 항상함이 그대로 드러나고 진리와 현실이 둘이 아닌 여여한 부처다.

위산의 종지를 잘 드러내고 있는 영우선사의 상당법어다. 영우는 '범성정진 체로진상 사리불이 즉여여불(凡聖情盡 體露眞常 事理不二 卽如如佛)'이라는 말로 법어를 끝맺으면서 현상과 진리가 합일하는 우주 대긍정이 현실에 실현돼 행복한 나날을 살아갈 수 있게 되는 견성의 세속 회향을 강조했다.

백장회해선사의 고족(古足)제자인 영우가 들어가 개법한 위산은 그 당시로는 험절해서 인적이 드문 산중이었다. 띠풀로 초암을 짓고 전법활동을 하던 그는 당 무종의 불교 탄압인 회창법난(會昌法難)을 당해 농민으로 환속, 농사를 짓다가 847년 후일 재상이 된 돈독한 불자였던 호남성 관찰사 배휴의 후원을 받아 다시 절로 돌아가 행화를 펼쳤다. 배휴는 영우를 찾아가 선문답을 해보고 그의 현지(玄旨)에 깊은 감명을 받아 귀사(歸寺)를 권했다.

영우가 다시 산으로 올라가 개법을 하게 되자 인근 주민들이 울력(運力)으로 사찰을 새로 건립해주었다. 물론 이와 같은 사찰 건립에는 관찰사 배휴의 불심과 위세가 절대적인 힘이 됐다. 절이 완공되자 위산 지역을 관할하는 지방행정관인 연수(連帥) 이경(李景)이 조정에 사찰 편액을 내려줄 것을 주청, 동경사(同慶寺)라는 편액을 하사받았다. 동경사라는 절 이름은 주민들이 기꺼이 울력해서 절을 지은 것을 경하한다는 의미를 담고 있다.

영우가 동경사에서 위산선풍을 드날리자 사방에서 참문의 발길이 이어졌고 승중(僧衆)이 1천5백 명에 이르렀으며 영우의 사법제자만도 40명이나 배출됐다.

동경사는 민국 7년 폭격으로 불타 없어졌고 그 터에는 현재 진정부 청사를 지어 사용하고 있다고 한다. 위산영우선사의 묘탑(淸淨塔)도 폭격 때 파괴돼버렸다.

동경사는 밀인사를 다녀 나오다가 비록 남아 있는 게 전혀 없다 해도 꼭 가보려고 했다. 그러나 동경사 들어가는 길목인 황재진 삼거리에 도착하니 이미 어둠이 깔리기 시작하고 다음날 일정 때문에 진시까지 가야 하는 여정이라서 포기하고 말았다. 지금도 영우선사의 행화도량이었던 동경사 유지를 가 보았더라면 무엇 한 가지라도 관련 유적을 찾아볼 수 있지 않았을까 싶은 아쉬움이 간절하다.

물론 시방밀인사도 영우선사의 도량이었고 위앙종 도량이었음은 확실하지만 그의 행화도량인 동경사를 터만이라도 가보지 못한 건 답사의 부실(不實)이었다. 확실한 기록이나 현지 고증을 해보지 못해 단정할 순 없지만 나름으로 밀인사와 동경사의 관계를 추리해보았다.

밀인사는 영우가 처음 위산에 개법할 때 결초위려(結草爲廬)했다

▲ 시방밀인사 경내의 중화민국 시절 선당 중건기념비는 마조도일—백장회해—위산영우선사로 이어진 법맥으로 선풍을 진작해온 전통을 밝히고 있다.

는 초암이었고 동경사는 회창법난 후 귀산해서 창건한 별도의 도량이 아닌가 싶었다. 밀인사도 산문 앞의 안내 표지판에는 재상 배휴의 후원으로 건립된 사찰이라고 밝히고 있다. 이는 후일 초암을 큰 절로 확장, 중건했을 때 이야기인 듯하다. 왜냐하면 처음부터 배휴의 지원을 받아 창건됐다면 연대가 맞질 않기 때문이다.

모두가 영우의 법석(法席)이었던 도량이지만 창건 연기를 확실히 구별하지 못한 답사의 미비함이 지금까지도 마음에 걸린다. 나름의 추리도 문헌에 따라 영우의 위산개법이 806년이냐 820년이냐로 엇갈리고 있어 자신할 수가 없다. 다만 영우의 위산 행화가 40여 년이라는 기록을 따른다면 그의 최초 입산이 806~813년이라고 봐야 하기 때문에 806년 창건인 밀인사의 건립 연기와 영우의 개산시 초암 건립이 일치한다.

이제 백장회해선사가 영우를 일방의 사가(師家)가 될 만하다고 생각, 위산으로 보낼 때의 이야기를 보자.

2) 정병의 이름(淨甁之名)

백장 : (땅바닥에 놓여 있는 정병을 가리키며) 이것을 정병이라고 말할 수 없다면 무엇이라고 부르겠는가.

화림 : 설마 목독(木櫝 : 나무 궤짝)이라고 부를 수야 없겠지요.

영우 : (아무 말 없이 일어서서 한 발을 들어 정병을 걷어찬 후 옆으로 걸어갔다.)

백장선사가 위산의 주지를 선발할 때 이야기다. 화두로는 '정병지명(淨甁之名)'이라 한다. 백장이 전좌인 영우를 새로 개산하는 위산의 주지로 내정하자 영우보다 선배인 수좌 화림(華林)이 이의를 제기했다. 선배를 제치고 아래 급수인 영우를 주지로 내보내는 건 장로(長老) 우선인 선종 사찰의 관례에 어긋나지 않느냐는 게 화림이 제기한 이의 내용이었다.

백장은 화림 수좌의 항의를 받자 "좋다. 그렇다면 내가 문제를 낼 테니 대중 앞에서 가장 멋진 대답을 하는 사람이 위산의 주지로 가도록 하자"고 했다. 백장이 화림, 영우와 정병의 이름에 대한 선문답을 하게 된 사연이다.

백장은 정병을 일부러 땅바닥에 놓고 이미 정병이 그 이름처럼 깨끗하지 못하다는 것을 암시했다. 이제 흙바닥에 놓여 더러워진 정병을 무어라고 해야 하겠는가.

화림이 잘난 체 뽐내면서 먼저 나섰다.

"나무궤짝이라고 할 수야 없겠지요"

화림의 대답도 아주 틀린 건 아니다. 그러나 선리(禪理)를 밝히는 투철함이 영우에게 훨씬 뒤진다. 선종은 일체 사물의 뒤에 있는 본래의 실체를 '자성'이라고 인식한다. 정병이란 세속적 명상(名相)일 뿐이다. 따라서 자성의 각도에서 말한다면 '정병'이란 이름은 마땅히 깨부수어야 할 허상이며 그 개념마저 깨끗이 쓸어버려야 한다. 화림도 이 점에 관해서는 분명히 알고 있다. 그래서 그는 정면으로 대답을 하지 않고 부정법을 동원해 정병에 대한 자신의 인식을 표현했다. "나무궤짝이라고 부를 수야 없지 않습니까"라고 한 것은 바로 명상을 떠난 실체를 인식하기 위해 사용한 부정법(否定法)이다.

선문답에서는 제시한 문제에 대답을 할 수 없는 경우를 당할 때는 그 문제와 상관이 없으면서도 틀리지는 않는 어구를 끌어대서 대답한다. 정병은 동(銅)이나 쇠·질흙 등으로 만든다. 그러니 어떻든 간에 나무로 만든 물건은 아니다. 화림의 대답은 이와 같은 부정법적 논리를 바탕에 깔고 있다.

그러나 화림은 아직도 어구에 얽매여 '목독'이라는 문자를 끌어대고 있다. 이에 비해 영우는 정병을 발로 차 넘어뜨리는 것으로 그 따위 문제라면 근본적으로 이야기할 가치조차도 없다는 인식을 보여주었다. 이른바 '본래무일물(本來無一物)'의 경지다. 긍정도 부정도, 시(是)도 비(非)도 없는 절대공(絶對空)에서는 정병의 실체인 본무(本無)만 있을 뿐 정병의 세속적 명상은 전혀 문제가 될 수 없다.

화림의 대답을 다시 한번 보자. "목독이라고 부를 순 없다"는 화림의 부정법은 논리상으로 여전히 그것을 정병이라고 부를 수 있음을 배제하지 않고 있다. '목독'이라는 나무상자도 여전히 물체의 이름이며 색상(色相)이다. 따라서 화림이 말한 목독에 대비되는 다른 물건들도 명상의 범주를 벗어나지 못하고 있다. 결론적으로 말해 화림은 존재의 근원인 공무(空無)의 본체자성을 형상화시켜 설명하려 한다. 이렇게 되면 명상을 없애버리는 언어도단(言語道斷)의 경지를 지향하는 선학 논리와는 거리가 멀다. 화림이 내보인 견성의 경계는 정병을 세속적 명상 그대로 정병이라고 부르는 촉범(觸犯)을 피하려는 것이었으나 결과는 '목독'이라는 명상을 대비시켜 끝내 촉범을 면하지 못하고 있다. 이는 차라리 "정병이 아니다"라고 말해 '산은 산이 아니고 물은 물이 아니다'라는 절대부정법을 택함만도 못하게 됐다.

영우의 선기(禪機)는 정병을 차서 넘어뜨리는 것으로 공(空)에 바탕하는 자성 원만을 나타내 보였고 시비를 초월한 긍정과 부정의 울타리 밖에서 자성을 인식했다. 정병의 실체를 철견(徹見)하기 위해서는 그 명상을 완전히 없애버려야 한다. 발로 차서 넘어뜨린 것은 정병의 명상을 제거했다는 의미다. 과감한 색계(色界)의 파괴 없이는 정병의 실체를 볼 수 있는 창의적인 법안(法眼)은 결코 열리지 않는다.

따라서 시와 비를 초월해 아예 정병의 명상을 없애버린 영우의 자성 인식이 화림의 부정법보다 훨씬 더 철저하고 수가 높다. 화림수좌의 대답은 영우의 불립문자(不立文字)·언어도단을 뛰어넘지 못한 채 언구에 매달려 허우적거리고 있다.

그러나 영우가 용기를 내서 밀고나간 척도정병(踢倒淨甁)도 백장의 굴레를 벗어나진 못했다. 왜냐하면 백장선사는 이미 영우를 위산의 주지로 보내 자신의 선풍을 널리 전파하려는 올가미를 만들어 놓고 있었고 영우는 결국 이 굴레를 뒤집어썼기 때문이다.

백장은 정병을 차버리는 영우의 행동을 보고는 크게 껄껄 웃더니 고개를 돌려 화림을 흘깃 쳐다보면서 말했다.

"이번에는 네가 영우한테 한바탕 져버렸다."

화림도 깨끗이 승복했다. 이렇게 돼 영우가 위산의 주지로 선발됐다. 영우는 곧 위산을 향해 출발했다. 도착해보니 산이 높고 험절해 인적이 전혀 없는 오지였다. 낮엔 원숭이들과 함께 지내면서 도토리와 밤을 주워 허기를 채우곤 했다. 7년을 이렇게 지냈다. 그래도 사람의 발길이 미치질 않았다.

급기야 영우는 법석을 열어 중생을 제도하고 학인을 지도하고자 위산의 주지로 왔으나 이렇게 찾아오는 사람이 없으니 공연한 독선(獨善)에 빠져있는 게 아니냐는 회의가 일어 위산을 떠나기로 했다.

바랑을 챙겨 산 아래로 내려가려는데 호랑이·뱀·표범·승냥

이 등이 일렬로 늘어서서 길을 가로막았다. 영우는 앞으로 몇 발짝 나가서 큰소리로 외쳤다.

"너희 짐승 패거리들아! 나의 길을 막지 마라. 내가 만약 이 산과 연분이 있다면 너희는 각자 헤어져 가는 게 좋겠고, 또 내가 연분이 없다 해도 너무 조급하게 서둘지 말라. 나는 너희 한가운데로 지나갈 테다. 너희로 하여금 한바탕 배불리 먹게만 하면 그뿐이다."

영우의 말이 떨어지니 짐승들은 스스로 흩어져 갔다. 영우는 호랑이와 뱀 등이 도망가는 것을 보고는 그래도 자신이 위산과 연분이 있다고 생각, 떠나가려던 마음을 거두고 위산으로 되돌아갔다. 신비주의 냄새가 나는 위산영우선사 관련 고사다. 짐승들이 사람의 뜻을 이해했다는 이야기는 아마도 후세에 영우의 문인들이 꾸며낸 전설이리라.

이렇게 영우는 백장이 놓은 영광스러운 올가미에 걸려들어 위산의 주지로 주석하게 됐다. 결과적으로 백장사 전좌라는 가벼운 짐을 버리고 위산의 주지라는 무거운 짐을 진 꼴이다. 즉 부엌일 등 잡역이나 하는 전좌라는 경(輕)한 짐을 벗고 주지라는 중(重)한 짐을 졌다. 여우를 피해 호랑이를 만난 격이고 반두(盤頭 : 노동자들이 머리에 동여매는 두건)를 벗고 철가(鐵枷 : 쇠로 만든 족쇄)를 뒤집어 쓴 셈이다. 사가(師家)의 법맥을 잇는 일을 선림에서는 죄인들이 쓰는 철가에 비유, 무겁고 고달픈 일로 여긴다.

선가는 영우의 경우에서 보듯이 제자의 법력이 무르익으면 험산의 개척지로 나가 홍법(弘法) 활동을 펴도록 내몰았다. 결코 스승이 이미 개척해 놓은 절을 물려주어 편안히 주지 자리나 즐기게 하진 않았다. 쉽게 말해 투철한 개척정신의 함양이다.

선림의 제자 양성은 혹독할 정도로 준엄했다. 마치 동물들이 일정 기간이 지나면 더 이상 젖을 먹지 못하게 새끼를 발길로 차서 밀림 속으로 내몰아 자립하도록 하는 것과 같다. 선종은 이렇게 해서 자신의 깨침을 중생제도에 회향토록 했고 훌륭한 제자를 일방의 사가로 키워냈다. 오늘날 기독교의 '개척교회'와 같은 자립방법이었다고나 할까. 개척교회는 부동산 투기 성격의 세속적인 상업주의만 배제된다면 개척정신을 함양하는 훌륭한 선교방법이다.

어쨌든 선종의 개척정신 함양 전통은 포교를 위해 불가피했던 초기 여건의 산물이었고 생존방식이었다 할지라도 소중한 정신적 가치가 아닐 수 없다. 선종 사찰들은 천하를 석권한 송대 이후에 와서도 주지나 방장을 자기 종파나 문중에서 과감히 벗어나 도가 높고 덕망 있는 선사들을 추대해 주석케 했다. 가령 조동종 개산조인 동산양개선사(807~869)의 행화도량인 현 중국 강서성 의풍시 동안향 동산촌 보리사(속칭 동산사)의 역대 방장 중에는 운문종 선사도 적지 않다.

영우선사의 이야기는 다시 다음과 같이 이어진다. 영우가 위산으로 되돌아간 1년 후 백장 문하의 나안(懶安)선사가 몇 명의 선승들을 데리고 와서 영우의 포교활동을 도왔다. 나안은 영우에게 "내가 그대 문하에 문인이 5백 명이 될 때까지 위산의 전좌를 맡을 테니 그 후는 나를 놓아주게"라고 말했다. 얼마 후 주변 향민들이 영우를 돕기 시작해 산 위에 절을 세웠다. 이 지역 관리들을 감독하는 연수(안찰사) 이경은 향민들이 협동해 건립한 절이라는 뜻으로 절 이름을 동경사(同慶寺)라 해줄 것을 조정에 주청, 사찰 편액을 하사받았다. 동경사 건립에 관한 이 이야기는 앞에 소개한 창건 연기와는 좀 다른 것이다.

'정병지명'이라는 화두에 담겨 있는 영우선사의 파괴성이 보여주는 과감한 발상의 전환은 오늘날 우리에게도 절실히 요구되고 있는 혁신과 창의력 개발을 위한 '발상의 전환', 바로 그것이다. 백장은 일부러 정병을 흙바닥 위에 놓고 그 이름처럼 깨끗하지는 않다는 것을 암시했다. 우리가 지금까지 가져온 사유체계도 땅바닥 위의 정병처럼 지고(至高)의 것일 수도, 깨끗한 것일 수도 없는 한계점에 이르렀다. 이른바 흔히 말하는 현대문명의 종말이다. 그렇다면 이제부터 어떠한 사고를 해야 하는가.

우선 수좌 화림의 부정법과 같은 부정적 비판이나 소극적 개량주의는 문제의 근원적 해결방법이 못 된다. 영우처럼 깨끗이 쓸어버리고 새로운 지평에서 생각을 일으켜야 한다. 이것이 바로 오늘의 시대가 요구하고 있는 변화와 개혁의 필요 전제조건이고 절체절명의 명제다. 20세기 말에 절실히 요망되는 변화도 우선적으로 발상의 전환이 전제되지 않고는 불가능하다.

선은 이미 1천수백 년 전부터 혁명적인 발상의 전환을 거듭 강조하면서 진리에 접근키 위한 격렬한 파괴주의를 서슴지 않았다. 선의 과격한 현상 타파는 오늘에 다시 없는 소중한 가치로 부상했다. 이것이 바로 세계적으로 선사상이 새삼 재조명되고 있는 소이(所以)다.

구미 선진국에서는 선사상의 핵심 내용들이 이미 경영학·스포츠·정신분석학·산업분야 등에서 실용화되고 있다. 중국·일본과 함께 선불교 종주국의 하나인 한국의 현실은 어떤가. 한마디로 구미로부터 선사상 연구를 역수입하는 안타까운 미래가 전개될 것만 같은 딱한 현실이다.

3) 낮엔 밥먹고 밤엔 잠잤다(日食夜寢)

위산 : 너를 한여름 내내 보지 못했구나. 그동안 무슨 일을 했느냐.

앙산 : 밭 한 뙈기를 갈아서 씨 한 바구니를 뿌렸습니다.

위산 : 그렇다면 여름을 한가롭게 보내진 못했구먼!

앙산 : 스님께서는 여름을 어떻게 보내셨는지요.

위산 : 낮엔 밥을 먹고 밤엔 잠을 잤다(日中一食 夜后一寢).

앙산 : 스님께서도 여름을 한적하게 지내시진 못하셨군요!

어느 날 앙산혜적이 하안거(夏安居)를 마친 후 스승 위산영우선사를 찾아뵙고 문안드리면서 나눈 대화다. 화두로는 '일식야침(日食夜寢)'이라 한다.

언뜻 보기에는 보통의 문안 인사 같고 다소 익살스러운 어린애들 애기처럼 보이기도 한다. 그러나 별것도 아닌 것 같은 이 한마디 한마디 속에 담겨 있는 선리(禪理)는 온 우주를 다 적시고도 모자람이 없는 법우(法雨)를 내리고 있고, 도(道)를 따라서 임운자재(任運自在)하게 사는 삶을 보여주는 심오한 인생철학을 담고 있다. 선문답이 자리하는 공간은 원래가 이렇다. 선에는 어려운 전문용어나 현기증 나는 논리를 전개하는 복잡한 문장도, 문어체의 어려운 가르침도 없다. 일상의 평범한 구어체로 묻고 대답하는 대화와 문답이 있을 뿐이다. 현대 교육학에서 가장 효율적인 교수법으로 자리매김된 질의응답식 교육이다. 그런데도 사람들은 선문답을 마치 스핑크스의 수수께끼나 골치 아픈 퍼즐, 스무고개식 재치문답 같다고 수다를 떨며 이해하기 어려운 동문서답의 대명사로 치부하기 일쑤다.

다만 한 가지 유의할 것은 멍청한 듯, 어리석은 듯, 어린애 같은 듯한 선사들의 한마디 속에는 늘 우문현답의 '비수'가 들어 있다는 점이다. 선공부는 그 날카로운 칼날에 한번 찔려야만 낡아서 화석처럼 굳어 있는 기존 사유체계를 깨부수고 절대자유의 우주공간으로 나올 수 있다.

바로 위산영우선사의 "낮엔 밥 먹고 밤엔 잠잤다"는 한마디도 인간의 삶은 우주섭리를 따라 살 수밖에 없는, 이른바 '평상심이 곧 도(平常心是道)'임을 갈파한 일구로 벼락이 내리쳐 머리통을 깨부수는 전광석화(電光石火) 같은 비수의 찌름이다.

위산은 심전(心田)에 불성의 씨앗을 뿌렸다는 앙산의 형이상학적인 관념적 사고를 단 한마디의 '비수(匕首)'로 절단내버렸다. 그 비수는 '밥 먹고 잠잔다'는 어린애들 말장난 같은 평범한 얘기에 불과하다. 인간의 삶에 있어서 밥과 잠은 당위(當爲)다. 밥도 안 먹고 잠도 자지 않고 살 수 있는 사람은 이 우주에 존재하지 않는다. 우리는 이런 당위를 흔히 당연지사라 하여 쉽게 지나치거나 누구나 다 하는 항다반사(恒茶飯事)라고 얕본다. 그러나 세상의 모든 비리와 왜곡은 당연지사를 이끄는 순리를 거역하는 데서 비롯된다.

『화엄경』과 함께 불교 경전의 정수로 손꼽히는 『금강경』을 보면 부처는 설법을 하기 전 꼭 밥 먹고 발우를 씻어 정돈한 다음 법상에 올라가 법문을 한다. 밥 먹고 밥그릇 씻는 일이 뭐 그리 대단하다고 그처럼 고상한 경전 맨 앞에다 써놓았겠는가. 어찌보면 한심한 일이고 경전의 품위를 손상시키는 일로 생각될지도 모른다. 그것도 거룩한 말씀의 맨 앞에다 반드시 붙이다니…….

그런 게 아니다. '금강산도 식후 구경'이라는 속담을 떠올리면 금세 이해할 수 있다. 어떠한 성스러운 일도 밥 안 먹고는 못한다. 부처도 법문을 하려면 밥을 먹어 체력을 유지해야 한다. 이쯤이면 밥의 중요성을 더 이상 구차스럽게 설명할 필요가 없을 것이다.

"낮엔 밥 먹고 밤엔 잠자느라 여름을 한가롭게 보내시진 못하셨군요!"

앙산의 이 말도 선리에 들어 맞는 멋진 거랑이다. 앙산은 이처럼 훌륭한 거량을 하고도 그만 속기(俗氣)를 드러내보여 흠집을 남기고 말았다. 화두는 이렇게 이어졌다.

> 앙산은 자신의 말이 스승을 비꼰 무례(無禮)라고 생각했다. 그래서 흔히 사교상 실수를 저질러 멋쩍을 때 하듯이 혀를 쑥 내밀었다.
>
> 제자가 당황하는 것을 본 위산은 다음과 같이 나무랐다.
>
> "자신의 거동에 대해 어쩌자고 그런 유치한 짓을 하는가!"

위산은 아직 세속적인 공리주의를 완전 탈피하지 못한 채 선적인 가치에 흔쾌히 계합지 못하는 제자를 안타까워하면서 이렇게 힐난했다. 멋쩍어할 이유가 전혀 없는데도 스승에게 무례를 범하면 눈 밖에라도 나지 않을까 하는 마음에 무심코 혀를 쑥 내민 앙산의 '속기'로 인해 급기야 친절한 책망을 듣고 말았다.

위산은 이 문답을 통해 앙산에게 평상심이 곧 도임을 일깨워 견성의 감로수를 마시게 하려는 지극한 스승의 사랑을 베풀었다. 위산의 가르침은 한마디로 공연한 관념적 유희에 빠져 생생한 인간 실존의 밑바탕을 잃어버린 채 허우적거리지 말고 우주섭리를 따라 밥 먹고 잠자는 일상생활 속에 살아 있는 진리당체를 두눈으로 또렷이 보라는 것이다.

다만 앙산이 견성의 문을 들어서고도 멋쩍어 혀를 내민 속기 때문에 마무리가 깔끔하지 못했을 뿐이다. 위산과 앙산 부자(父子)는 온화하고 자상한 사제간으로 유명하다. 또 죽이 잘 맞는 문답을 주고받은 사제간으로도 유명하다. 그래서 위앙종의 가풍을 흔히 '부자자효(父慈子孝)' '부창부수(夫唱婦隨)'라고 특징짓기도 한다. 위앙종 가풍은 뒤에서 자세히 살펴보기로 하고 위산이 이 화두에서 강조한 평상심에 좀더 천착해보자.

열자(列子)는 어느 날 제자와 함께 길을 가다가 개울가에 있는 해골을 가리키며 이렇게 말한다.

> "나와 저 사람은 생사를 달리 하고 있지만 도에 입각해서 말한다면 둘이 다 태어난 적도 죽은 적도 없다고 해야 한다."

『열자』〈천단(天端)〉편에 나오는 이야기다.

생사란 마음에서 한 생각을 일으켜 구분한 것에 불과하다. 생과 사, 나와 너라는 현상의 본질은 본래가 공(空)이다. 따라서 생과 사라는 구별은 전혀 무의미한 인간의 '논리적 기만'에 불과하다. 열자가 갈파한 내용은 바로 이런 것이다.

장자(莊子)의 얘기를 보자.

> "옛날 진인은 삶을 새삼 기뻐할 줄도 모르고 죽음을 새삼 싫어할 줄도 모른다. 또 태어남을 기뻐하지도 않고 죽음을 거역하지도 않는다."

『장자』〈대종사(大宗師)〉편에 나오는 이야기다.

진인(깨친 사람)은 죽음과 삶, 꿈과 깨어 있음이라는 차이에 대해 아무런 의미도 부여하지 않는다. 조사선의 심지법문(心地法門)도 장자나 열자와 같은 맥락이다. 불교는 본래부터 '일체유심조(一切唯心造)'(화엄경), '삼계유심(三界唯心)'(成唯識論 권7, 임제록, 법안록 등)을 설파해왔다. 우리가 경험하고 있는 삼라만상은 우리 마음의 의식작용을 따라 나타난 것이다. 한마디로 말해 우주 만법은 오직 마음이며 마음을 씨앗으로 한 의식작용에 따라 외부 경계(境界)인 듯 나타난 것에 불과할 뿐이라는 얘기다.

조사선이 거듭 강조하는 평상심도 바로 이 삼계유심의 마음과 같은 진여자성으로서의 마음을 말한다. 평상심이란 일체의 경계와 사물에 집착함이 없는 무심(無心), 바로 그것이기도 하다. '일체유심조'의 화엄철학을 선의 실천구조로 구체화시킨 대표적인 선종 종파가 법안종이다. 이는 마조선을 통박한 규봉종밀(780~841)의 선교일치론(禪敎一致論)과는 전혀 다른 법안종의 뚜렷한 특징이다.

묻는다 : 그대는 삼계유심 · 만법유식(萬法唯識)이라는 걸 알고 있는가.

답한다 : 물론입니다.

묻는다 : (뜰앞 나무밑에 있는 바위를 가리키면서) 저 바위는 그대의 마음속에 있는가, 아니면 그대의 마음 밖에 있는가.

답한다 : 마음속에 있습니다.

묻는다 : 수행자여, 그대는 무슨 사정이 있어 그렇게 무거운 바위를 마음속에 가지고 다니는가.

대답이 막혀버린 법안문익은 즉각 여장을 풀고 나한계침(일명 지장계침)의 발 아래 무릎을 꿇은 후 가르침을 청했다. 법안은 매일 자신의 견해를 나한선사에게 진술해 불교이론을 펼쳐 보였다. 이렇게 한 달이 지난 어느 날 지장이 말했다.

"불법이란 그런 것이 아니다. 만일 불법이란 게 있다면 눈 앞에 나타나 있는 모든 것이 불법이 아닌가!"

선종 5가 중 마지막으로 개산한 종파인 법안종 창시자 법안문익(法眼文益 : 885~958)이 나한계침(羅漢桂琛)선사를 참문하고 깨친 '지장암석(地藏岩石)'이라는 화두다. 지장이 묻고 법안이 답했다. 여기서 말하는 지장의 '삼계유심'은 마조의 평상심을 발전시킨 것이다. 존재의 본질인 공(空)에 입각해 눈앞에 있는 두두물물을 진리당체로 받아들이는 공무(空無) 이후의 절대긍정인 평상심에 나타난 일상성을 깊이 관조하는 가풍은 법안종의 뚜렷한 특징이다. 이 점에서는 법안이 조주종심선사나 임제의현선사보다 훨씬 더 철저하다.

조주에게도 비슷한 선화(禪話)가 있다.

납자 : 이렇게 빈손으로 왔습니다.

조주 : 그러면 내려놓게.

납자 : 아무것도 가져온 게 없는 데 무엇을 내려놓습니까.

조주 : 그러면 계속 들고 있게나!

조주와 한 운수행각승이 거량한 선문답이다. 화두로는 '방하착(放下着)'이라 한다.

선의 경지로 들어서기 위해서는 '빈손(관념적인 번뇌망상의 단절)' 만으로는 충분치 않다. 중요한 것은 마음을 비우는 것이다. 조주는 "아무것도 가져온 게 없다"는 물건을 마음속에 품고 있는 납자에게 그러한 생각 자체까지를 버리는 것이 공심(空心)이고 무심이라고 가르쳐준다.

납자가 그렇게도 열심히 찾고 갈구하는 '무심'이란 것이 그 자신의 발 아래서 무참히 짓밟히고 있다는 사실이야말로 얼마나 슬픈 일인가. 부처는 그가 더 이상 부처임을 고집하지 않을 때 바로 현현(顯現)한다. 즉 부처이기 위해서는 부처를 포기해야 한다. 이처럼 살고자 하면 죽고, 죽고자 하면 반드시 사는 필생사야 필사생야(必生死也 必死生也)의 경지만이 선의 진리에 이르는 길이다. 납자가 진정한 깨달음에 이르기 위해서는 공무, 즉 아무것도 가진 게 없다는 집착까지를 떨어버려야 한다. 그래서 조주는 '그것을 버리라(放下着)'고 한다.

조사선의 심지법문은 제법의 근원인 일심(一心)을 깨닫는 게 견성의 목표다. 그 실천 구조는 공사상(空思想) 위에서 제법의 근원인 자기의 참된 마음(평상심)을 그대로 전개하면서 창조적인 삶을 살아가는 것이다. 다시 말해 조사선은 일상성의 종교다. 그래서 선종은 불법 실현은 오직 이 지상 현실에서 전개되는 구체적 일상생활 속에서만 가능하다고 설파한다.

묻는다 : 후일 어떤 사람이 동산(洞山)의 종지를 물으면 어떻게 대답하면 되겠습니까

답한다 : 날이 가물어 채소가 시들면 물을 길어다 채소밭 고랑이 축축하도록 뿌려주었다고 말해주라. (園蔬枯稿

甚 担水潑菠稜)

운문종의 동산효총선사(?~1030)와 한 납승의 선문답이다. 효총은 조동종 개창자 동산양개선사의 행화도량인 강서성 의풍시 동산향 보리사에서 제8대 방장을 지낸 송대 선승이다. 그는 절 뒷산인 금강령(金剛嶺)에 많은 소나무를 심는 등 틈만 나면 노동을 했다. 무려 1만주의 소나무를 심었는데 한 주 심을 때마다 『금강경』전문을 한 번씩 독송했다고 한다.

효총은 무엇이 자신의 가풍(불교철학)이냐고 묻는 납자의 질문에 일상 속에서 실천하고 있는 채소밭 물 주기의 평상심을 제시했다. 가뭄으로 시들어가는 채소에 물을 길어다 뿌려주는 일이야말로 생명을 구하는 대자비행이며 여여한 불법의 실천이다. 백마디 관념적이고 형이상학적인 교설이 무색한 직지인심(直指人心)이며 심체(心體)를 감동케 하는 웅변이다. 효총은 중병으로 거동을 하지 못할 때도 금강령에 올라가 소나무 심는 일을 잊지 못했다.

"내가 지금 늙어 병석에 누워만 있으니 사람을 만나 의논할 기력조차 없구나. 오로지 곡괭이만 내 뜻을 알고 있을지니 소나무 심을 때가 되면 자연히 금강령에 오르리라."

효총선사는 이와 같은 임종게를 읊고는 곧바로 입적했다. 효총의 제자들은 "입멸 후에도 다시 금강에 오르리라"고 한 유언을 따라 그의 묘탑을 금강령에 세웠다.

효총선사의 법제자인 운거효순선사도 스승의 '평상심시도'를 그대로 계승했다. 효순은 강서성 영수현 진여선사(속칭 운거사)에서 방장을 지낸 선장(禪匠)이다. 그는 선방 대중에게 이렇게 설파했다.

"이 운거는 선을 모른다. 오직 발을 닦고 침상에 올라가 잠을 잘 뿐이다. 동아(冬瓜 : 호박의 일종)는 곧고, 표주박은 꾸불꾸불하다(冬瓜直儱侗 瓠子曲灣灣)."

효순선사는 관념적이고 현학적인 선의 설명을 극구 배격한다. "운거는 선을 모른다"는 말속에 들어있는 단호한 의지다. 오직 그는 발 닦고 잠자는 평상의 생활과 동아는 곧고 표주박은 꾸불꾸불한 현상계의 속성을 진여당체로 수용하는 견성 후의 '만유긍정(萬有肯定)' 만을 인정한다. 화두 '동아직롱통(冬瓜直儱侗)' 은 육안으로 보는 동아의 모양이 그대로 여여한 불성의 구체적 체현(體現)임을 갈파하고 있다.

묻는다 : 어떤 것을 도라고 합니까.

답한다 : 눈앞에 보이는 푸른 산들이 제 모습을 그대로 드러내고 있지 않은가.

묻는다 : 잘 모르겠습니다. 좀더 자세히 주십시오.

답한다 : (한바탕 박장대소를 한다.)

송대 운문종 운거요원선사(일명 불인 요원 : 1032~1098)와 유학자 주무송(周茂松)의 선문답이다. 요원선사는 당송 8대가의 한 사람이며 선림거사였던 소동파와도 교분이 두터웠던 선승이다. 역시 눈앞에 전개되고 있는 현전(現前)의 두두물물에서 불법을 보고 일상생활의 활동을 불성의 작용으로 보는 평상심을 일깨우는 선문답이다.

운문종 개산조인 운문문언선사(864~949)의 평상심을 보자.

묻는다 : 스님께서는 납자들에게 무엇을 가르치십니까.

답한다 : 아침에는 쟁기 끌고 저녁에는 고무래를 끈다.

운문은 한 납자의 질문에 아침에는 밭갈이 하는 노동을 하고 저녁에는 고래구멍의 재를 고무래로 끌어내면서 불을 때는 일상생활 속 진리를 보여주었다. 화두로는 '조견리(朝牽犁)'라 한다. 역시 도는 우주 만물에 편재한다는 소식이다.

노장은 "도란 없는 곳이 없다(道無所不在)"라 했고 『금강경』은 이를 "부처님은 어디에나 계시다(在在處處卽爲有佛)"라 했다. 위진남북조시대의 승조대사(384~414)는 같은 맥락에서 "현실세계가 그대로 진리(觸事而眞)"라고 설파했다. 승조의 '촉사이진'은 3조 승찬대사와 6조 혜능의 '지도무난(至道無難 : 지극한 도는 일상생활 속에 있다)'과 '촉목보리(觸目菩提)'를 거쳐 마조에 이르러 '평상심시도'가 됐고, 임제의현선사는 한결 더 적극적인 입장으로 "이 삶 그대로가 진리(立處皆眞)"라고 갈파했다.

선은 물아일체(物我一體)를 통한 현실세계(현상계)의 진리화를, 노장은 천인합일(天人合一)을 통한 도와 인간의 일체화를 각각 추구한다.

특히 조사선의 진리관은 그 실천적 구조로 개성주의와 인간주의를 유난히 강조한다. 인간의 개성을 중히 여기는 조사선은 선악의 판단도 사람에게 달려 있고, 따라서 사람을 떠난 도리(道理)란 있을수 없다는, 철저한 인간중심주의다.

묻는다 : 스님, 열반 뒤의 소식을 좀 알려주십시오.

답한다 : 옷자락을 걷어 올려 더위를 잊는다.

현사사비선사(835~908)가 어느 날 밭두렁서 대중 울력(運力)을 하다가 한 중과 거량한 선문답이다. 더우면 바짓가랭이를 걷어 올려 시원한 바람을 쐐 더위를 피하는 임운자연의 평상심을 밝힌 '남거둔서(襤裾遁暑)' 라는 화두 내용이다.

더위를 멋지게 이겨내는 현사사비의 넉넉한 평삼심이여!

끝으로 밥과 관련한 『위산어록』의 선화 하나만 더 보자.

영우선사가 어느 날 법당에 앉아 있는데 고두(庫頭 : 절의 양식과 돈을 관장하는 소임을 맡은 승려)가 목어(木魚)를 쳐서 점심공양 시간을 알리자 부엌에서 불때는 일을 하던 화두(火頭)가 불덩어리를 집어던지더니 손뼉을 치며 크게 웃었다. 이를 보고 "저런 사람이 있다니!"하고 감탄하던 영우가 화두를 불러서 물었다.

묻는다 : 왜 손뼉을 치며 웃었느냐.

답한다 : 제가 아침 죽을 먹지 않아 무척이나 배가 고팠습니다. 그래서 점심을 먹으라는 목어소리를 듣고 기뻐 그랬습니다.

(영우는 고개를 끄덕여 화두의 대답을 긍정했다.)

'위산목어(潙山木魚)' 라는 화두 내용이다. 아침을 못 먹어 배가 고픈 사람은 당연히 점심시간을 기다리는 평상심을 갖는다. 아침을 먹지 못한 화두가 점심시간을 기쁘게 맞이한 이 한 편의 행위극은 생동하는 위산 법석(法席)의 찬란한 불조광명(佛照光明)이며 진여당체의 본원인 평상심이다.

배가 고프기 때문에 밥을 먹고자 하는 순수한 평상심이야말로 우리의 생명을 존재케 하는 원동력이다.

4) 졸리면 잠을 잔다(困來卽眠)

묻는다 : 혜적아, 요즈음 종문(宗門)의 법통 계승에 대해 어찌 생각하느냐.

답한다 : 많은 사람이 그 일을 의심합니다.

묻는다 : 너는 어떠냐.

답한다 : 저는 그저 피곤하면 잠을 자고 기운이 있으면 좌선을 합니다. 때문에 그 일에 대해서는 말을 하지 않고 있습니다.

묻는다 : 그 정도 되기가 어렵지.

답한다 : 제 생각은 그럴 뿐이니 한마디도 할 수 없습니다.

묻는다 : 생사의 굴레에서 빠져나오는 일은 어떠한가.

답한다 : (혜적이 선상을 한 바퀴 돌았다.)

앙산은 혜적의 행동을 보고는 "고금을 깨부숴버렸군" 했다.

위산과 앙산의 이 선문답은 부창부수로 척척 들어맞고 있는 위앙종 종풍을 잘 보여준다.

"피곤하거나 졸리면 잠을 잔다"는 앙산의 대답은 위산이 묻고 있는 선지(禪旨)에 딱 들어맞는 정답이다.

우선 송대 장산근선사가 평석한 '곤래즉면'이라는 이 화두의 해설을 보자.

"거문고를 튕겨 이별을 노래하고, 낙엽이 지니 가을인 줄 알겠더라. 예나 지금이나 척척 들어맞는다. 조도(鳥道)와 현로(玄路)는 이들 스승과 제자가 직접 다녔다 할 만하겠지만 만약 가시덤불 속에 있다면 아직 깨닫지 못했다 하리라. 그 증거로는 앙산이 선상을 한 바퀴 돌자 위산이 '고금을 깨부숴버렸군'이라고 말한 것을 들 수 있다. 눈 밝은 납승이었다면 조금도 속이질 못했을 것이다.

조도와 현로는 조동종 개산조 동산양개선사가 제시한 학인들 교육방법인 '3로(三路)'로 구극의 깨달음을 얻는 방법과 중생제도의 법식(法式)이다. 조도는 새가 창공을 날아도 자국이 없는 것처럼 일체의 종적이나 소식을 끊은 경계를 의미하며 무보상적인 일방적 '무주상 보시(無住相布施)'를 말한다. 현로는 유와 무, 미(迷)와 오(悟) 등과 같은 모든 분별을 여의어 한 티끌의 번뇌도 없는 공적한 경지를 뜻한다. 셋째는 '전수(展手)'인데 무에도 안주하지 않는 향상일로(向上一路)에서 한 걸음 더 나아가 중생을 제도하는 것을 말한다.

장산은 앙산이 아직 전수 단계에는 못 올라 있다고 보았다. 그러나 자수용문(自受容門)인 조도와 현로에서는 두 사람이 척척 맞아 돌아가고 있다고 찬양했다.

위앙종은 선종의 다른 종파와는 달리 온화하고 자상하며 친절하다. 그래서 제자를 교육하는 선문답도 우등생의 모범답안처럼 척척 맞아 돌아간다.

위산과 앙산의 선문답에서 핵심을 이루는 '졸리면 잠잔다'는 구절은 바로 앞장에서 본 '배고프면 밥 먹는다'는 것과 똑같은 우주섭리의 도(道)를 밝히는 선리(禪理)를 설파하고 있다. 앞뒤에 붙어 있는 종문의 법통 문제는 지극한 도는 말로써 설명이 불가능하다는 언어도단의 불법을 말하고 있다. 이는 노자가 "이미 말로써 설명된 도는 불변의 진리가 아니다(道可道 非常道)"라고 갈파했던 것과 같은 맥락이다.

위산영우선사가 장을 담그다가 앙산에게 물었다.

묻는다 : 여기에 어느 정도의 소금물을 넣어야 하겠는가.

답한다 : 저는 모르겠으니 대답하지 않겠습니다.

묻는다 : 나는 알겠는데.

답한다 : 저는 소금물이 얼마나 필요한지를 모르겠습니다.

위산은 "네가 모른다면 나도 답변하지 않겠다"고 말하고 문답을 끝냈다. 그 날 저녁 위산이 다시 앙산에게 물었다.

묻는다 : 오늘의 인연을 너는 어떻게 생각하느냐.

답한다 : 묻는 대로 답하겠습니다.

묻는다 : 지금 너한테 묻는다. 어찌할 텐가.

답한다 : 귀는 어둡고 눈은 침침하여 듣고 보는 것이 분명하질 못합니다.

위산은 "그 누가 문답을 하더라도 너의 이 말보다 뛰어나지는 못하리라"고 했다. 앙산이 일어나 절을 올리자 위산은 말했다. "혜적아, 오늘은 아침 저녁으로 잃은 것이 적지 않구나."

척척 들어 맞는 위산 가풍을 잘 보여준 일화다. '위산염수(潙山塩水)'라는 이 화두는 "귀는 어둡고 눈은 침침하여……"라는 앙산의 대답, 즉 '모르겠다(不識)'는 대답이 하이라이트다. 소금물은 불법진리를 상징한다. 따라서 불법진리는 언설을 통한 설명이 불가능한 인간의 육체적 의식작용을 넘어선 본체계에 속한다는 얘기다. 이는 선리에 딱 들어맞는 모범답안이다. 위산이 끝으로 "오늘은 잃은 게 적지 않다"고 말한 것은 감관적인 지해(知解)의 알음알이를 완전히 털어내고 본체계에 대한 구극적인 깨달음을 얻는 큰 수확을 거두었다는, 선학 논리의 특이한 역설(逆說)이다.

이제 아버지는 자애롭고 아들은 효성스러운 부자자효(父慈子孝)의 위앙종 가풍을 보여주는 선문답을 보자.

위산 : 홀로 회광반조(廻光返照)하거라. 다른 사람은 네가 깨달은 깊이를 모르니 네가 실제로 이해한 바를 좀 내게 보여다구.

앙산 : 제가 보기엔 부처를 이루었다 할 것(圓位)도 없으며 한 물건, 한 깨달음도 스님께 드릴 수 없습니다.

위산 : 부처도 이루었다 할 것 없는 자리는 원래 네가 알음알이를 내는 자리로서 마음과 경계를 아직 여의지 못한 것이다.

앙산 : 부처도 없는데 무슨 법이 있으며, 무엇으로 경계를 짓겠습니까.

위산 : 조금 전에 네가 그런 알음알이를 내지 않았느냐.

앙산 : 그렇습니다.

위산 : 그렇다면 마음이다 경계다 하는 것이 모두 있어 주관과 객관이라는 2분법적 분별의 울타리를 벗어나지 못하고 있는 것이니라. 원래 너에겐 알음알이가 있었는데 어찌 나에게 내놓을 알음알이가 없다고 말할 수 있겠느냐. 너의 신위(信位)는 환히 나타났다고 인정하겠

▲ 시방밀인사 법당 지붕 전면 왼쪽 등마루에 장식한 독각수(獨角獸)는 선에서 반야 지혜 · 심안(心眼) · 법안(法眼)을 상징한다.

지만 인위(人位)는 숨어 있느니라.

위산의 제자 지도방법이 아주 치밀하고 자상하다. 제자 또한 스승의 가르침에 순종한다. 위의 선문답은 위산과 앙산 부자가 '부자자효'로 가르치고 배우는 가풍을 잘 보여준다.

문답 내용은 분별심을 없애고 모든 것을 아우르는 본체계로 나아가 진리를 믿는다는 자취마저도 사라진 본래면목(진여당체)에 계합(契合)하라는 얘기다. '신위'는 신앙의 단계, 즉 존재의 본질인 무(無)를 깨닫고 그에 대한 확신을 갖는 신앙의 단계를 말한다.

'인위'는 믿음의 단계. 자취까지도 사라지고 자신의 본래면목이 그대로 드러난 평등 속의 차별, 즉 개성이 충만한 단계를 말한다. 선은 이처럼 마음(心)과 경계(境)를 다 버린 후의 보편성 속에 우뚝 서 있는 개체성(주체성)에 다다라야만 완전한 견성을 이룬 것으로 인정한다. 위산의 철저한 가르침은 앙산에게서 공행(功行), 면밀한 또 하나의 위앙종 가풍을 형성했다.

온화하고 치밀한 위산의 가풍에도 과격성이 전혀 없는 건 아니었다. 선은 학인의 망상을 일거에 때려부수기 위해 기본적으로 몽둥이질 · 발길질 · 뺨 때리기 등과 같은 과격한 체벌(?)을 가한다. 자상한 위산도 이 점에서는 예외가 아니었다.

5) 위산의 삿갓(一頂笠)

어느 날 위산이 진흙으로 절 담을 바르고 있는데 상공 이군용(李軍容)거사가 찾아왔다. 이군용은 관복을 입은 채로 살금살금 위산의 등 뒤로 다가가 홀(笏)을 손에 받쳐들고 숨을 죽인 채 서 있었다. 위산이 갑자기 뒤를 돌아다보고는 진흙을 받치는 판자때기를 내밀어 흙을 받으려는 시늉을 했다. 이군용도 홀을 내밀어 흙을 건네는 시늉을 했다. 이러자 위산은 판자때기를 던져버리고 이군용과 함께 방장실로 갔다. 이때 한 중이 들어와서 물었다.

묻는다 : "위산의 삿갓이 되지 않고는 부역 없는 마음(무심)을 얻을 수 없다"라는 말이 있는데 '위산의 삿갓'은 무엇을 이야기하는 겁니까.

답한다 : (손짓을 하면서) 가까이 오너라.

중이 가까이 다가가자 위산은 갑자기 발을 올려 걷어찼다.

'삿갓(一頂笠)'이라는 화두를 탄생시킨 위산영우선사의 선화(禪話)는 전반부와 후반부 등장 인물이 각기 다르다. 먼저 전반부 재상 이군용과 나눈 거량을 보자.

불심이 돈독한 이군용은 위산을 찾아가 선리를 한소식 배우고자 했다. 위산이 담벽에 진흙을 바르고 있는 상황 설정은 다음과 같은 상징성을 갖는다.

즉 진흙은 대지 · 본원 · 본체자성을 상징한다. 따라서 진흙을 바르는 일은 만법의 근원인 자성본체라는 성태(聖胎)를 양생하고 있는 해탈 도인의 자재(自在)를 형상화한 것이다.

흙을 주고받는 시늉은 위산과 이군용 두 사람의 자성이 원만히 회통(回通)하고 있음을 보여준다. 말하자면 죽이 맞아 돌아가는 모범적인 거량(擧揚)이다. 이쯤 되면 선림의 우등생이라 할 수 있다. 이군용이 홀을 들고 서 있음은 신하가 조정에서 임금을 뵙는 공식석상에 자기 정체성(正體性)을 보이기 위해 달고 있는 명패를 제시한 것으로 자신의 근원을 밝힌 것이다. 이에 위산은 너도 가지고 있고, 나도 가지고 있는 자성은 서로 주고받아도 전혀 달라질 게 없는 부증불감(不增不減)이고 불생불멸(不生不滅)이라는 것을 증명해 보이라고 흙판을 내밀었다. 이군용은 위산의 요구에 흙을 건네는 동작으로 자성의 호환성(互換性)을 증명, 모범답안을 작성했다. 위산은 그렇다면 우리는 다같이 자성을 제대로 이해했으니 근원으로 돌아가 편히 쉬자고 이군용을 데리고 방장실로 갔다. 방장(方丈)이 거처하는 방장실은 선가에서는 본체자성을 상징한다. 자성으로 돌아간 두 사람은 원융무애한 불도(佛道)에서 유유자적하는 한도인(閑道人)이 된 것이다.

그러나 후반부에 나타난 중은 아직 공부를 더 해야 할 단계다. 말하자면 위산과 이군용은 대등한 경지에 있는 동기동창 수준이지만 위산과 중의 관계는 현격한 차이를 보이는 사제(師弟)간 수준이다. 위산은 스승으로서 학생을 가르치는 교육방법으로 '발길질'을 했다. 위산의 발길질이 뜻하는 바는 다음과 같은 상징성을 갖는다.

불법(위산의 삿갓)은 자성과 자심(自心) 외에 다른 것이 아니다. 그런데도 '위산의 삿갓'이라는 말이 이 중에게는 외재적(外在的)인 물체로만 인식됐다. 중은 이와 같은 외재적 인식 때문에 진정한 자아와 가아(假我)를 연결한 거미줄에 얽히고 설키면서 헤어나질 못하고 있다. 말하자면 만법의 근원인 자기 자신의 자성을 보지 못한 채 사물의 실상을 위산의 삿갓에서 찾으려 한다. 중은 이로 인해 불법의 진수를 자신에게서 찾아내지 못하고 있다.

위산이 이 중을 걷어찬 것은 첫째, 그의 마음속에 들어 있는 망념을 없애려는 것이고, 둘째, 중으로 하여금 자성의 엄연한 존재를 깨우쳐 주기 위한 가르침이다. 비록 말을 통해 가르쳐 주지는 않았지만 위산의 발길질은 백 마디 천 마디 구차한 설명을 빌려 전달하는 가르침보다 훨씬 더 훌륭한 가르침임에 틀림없다.

'위산의 삿갓'은 진흙과 마찬가지로 근원·자성을 상징한다. 우리는 위산의 과격한 행동을 통한 가르침에서 선가의 생동감 넘치는 교육방법을 실감할 수 있다.

6) 위산의 가르침(潙山警策)

업(業)으로 받은 몸은 형체에 매임을 면치 못하여 부모가 남겨주신 몸을 받고 여러 인연을 빌려 이루어진 것이다. 4대(四大)로 지탱해가나 그것들은 항상 서로 등지니 덧없는 생로병사가 우리에게 예고 없이 다가와 아침엔 살았다가도 저녁에 죽어 찰나에 다른 세상이 된다. 마치 봄 서리나 새벽 이슬 같아서 잠깐 사이에 말라버리며, 벼랑 위의 나무나 우물 속의 등넝쿨과도 같은데 그것이 오래 갈 수 있겠는가. 생각 생각 빨리 지나 한 찰나에 숨이 떨어지면 그대로가 내생(來生)인데 어찌 편안하게 허송세월하랴.

그대들은 좋은 음식으로 부모를 봉양하지도 않고 육친(六親)을 이별하였다. 나라를 다스리지도 않고 가업(家業)의 상속을 모두 버렸으며, 속세를 멀리 떠나 머리 깎고 스승에게 계(戒)를 받았다. 그렇다면 안으로는 망념 이기는 공부를 부지런히 하고 밖으로는 다투지 않는 덕을 키워서 티끌 같은 세상에서 아득히 벗어나기를 기약해야 한다. 그런데 계를 받자마자 "나는 비구(比丘)로다"하며 신도들이 시주한 상주물(常住物)을 먹고 쓰면서도 그것이 어디서 왔는가를 생각할 줄 모른다. 그리고는 으레 "공양을 받을 만하다"고 하면서 먹고 나서는 머리를 맞대고 세상잡사만 시끄럽게 떠드니, 이것이야말로 그저 한때의 즐거움을 찾는 것일 뿐, 그 즐거움이 결국에는 괴로움의 원인이 되는 줄을 모르는 것이다.

(중략)

그러다가 남을 훈계하게 되면 "나는 산승이로다"하나 불교적인 수행은 들어본 적도 없고 오직 티끌 같은 경계에만 생각을 둔다. 이런 소견은 모두 발심부터가 졸렬하고 게을러 도철(욕심이 많아서 자신을 망치는 짐승)처럼 세속에서 세월을 그럭저럭 보내다가 드디어는 황폐해진 것이니, 어느 결에 걷지 못할 정도로 늙게 되면 하는 일마다 담장을 마주한 듯 캄캄하다. 후학이 물어도 지도할 말이 없고, 설사 있다 해도 경전의 말씀과는 관계없는 말이다. 혹 업신여기는 말을 듣기라도 하면 즉시 예의가 없다고 화를 내면서 꾸짖는다.

그러다가 하루 아침에 병상에 눕게 되어 뭇 고통이 조여오면 아침 저녁으로 생각해보아도 속으로 두려워서 어디로 가야 할지 앞길이 아득하다. 이러고 나서야 허물을 후회하나 마치 당장 목이 타는데 우물을 파는 격이니 어찌 하겠는가! 일찌감치 수행하지 않고 나이 들어 여러 가지로 허물이 많음을 스스로 한스러워하다가 죽는 마당에 가서는 손을 허우적거리며 두려움에 떤다.

'위산의 가르침(潙山警策)'이라는 화두는 별도의 해설이 필요 없다. 그대로 읽고 음미하면 구구절절이 뼛속까지 사무치는 이야기다. 위산영우선사는 머리 깎은 제자들에게 아주 자상한 스승이어서 위와 같은 가르침을 주었다.

그러나 위산의 가르침은 중들에게만 국한되지 않는다. 세속의 삶과 공부도 역시 같은 내용이 될 수밖에 없다. 유학을 하고, 박사학위를 받고, 고관대작으로 출세를 하고, 아무리 엄청난 부와 권세를 누렸다 하더라도 인생이라는 공부에서 보면 위산의 가르침을 따를 수밖에 없다.

육체적 생명이라는 한정된 시간에 어떠한 행복을 구가했다 하더라도 죽음에 당면하면 모두가 바다 위에 일었던 한순간의 거품에 불과하다. 지상에서의 인간 삶이란 어차피 이러한 제약성을 면할 수 없다. 문제는 그렇다고 해서 이 지상의 삶을 전혀 무가치한 '무'로 돌려 니힐리즘에 빠지고 말 것이냐, 아니면 그렇다 할지라도 그 가치를 인정할 것이냐다.

선은 이러한 갈등에 대해 분명히 대답한다. 육체적 '가아(假我)'가 비록 불생불멸의 실체는 아니더라도 육신으로 나타난 지상의 시절인연을 흔쾌히 감수, 지상의 삶에 그날 그날 최선을 다하라는 게 이 문제에 대한 선의 해답이다. 다시 말해 어떠한 인연을 만나더라도 현금(現今)의 즉물적(卽物的) 가치를 인정하고 최선을 다하되 모든 존재의 본질은 성주괴공(成住壞空)의 우주섭리를 뛰어넘지 못한다는 걸 철저히 인식하는 것이다. 생성되어 머무르다 허물어지고 허물어지면 공(空)인 윤회가 되풀이되는 게 우주의 진리다. 그렇기 때문에 태어나고, 늙고, 병들고, 죽는 섭리를 시절인연 따라 그때마다 기꺼이 반기며 살아야 한다.

'위산경책'은 이와 같은 섭리를 감동적으로 설파한 선법문이다.

이제 위앙종의 종파 성립에 후미(后尾)를 마무리한 앙산혜적의 가풍을 살펴보자.

●메모

위치 : 영향현 위산향 소재지

교통 : 장사서 3백90킬로미터 · 비포장 20킬로미터

유적 : 한산전 · 유염석 등

의춘 서은사

— 앙산혜적선사

1) 삽을 밭에 똑바로 세워 꽂다(仰山插鍬)

앙산이 위산영우선사 밑에서 직세(直歲 : 사찰내 공사를 책임지는 직책)를 맡고 있을 때 이야기다. 어느 날 위산이 밭에서 일을 하고 돌아오는 앙산을 불러 세우고 물었다.

묻는다 : 어딜 갔다 오느냐.

답한다 : 밭에서 오는 길입니다.

묻는다 : 그래 밭에 사람들이 얼마나 있더냐.

답한다 : (앙산은 들고 있던 삽을 밭에다 똑바로 세워 꽂았다.)

앙산의 행동을 지켜본 위산이 "오늘 남산에서 많은 사람들이 띠풀을 베더라"고 말했다. 그러자 앙산은 꽂았던 삽을 빼 들고 가버렸다.

선림에서 꽤 난해(難解)하다고 하는 '앙산삽추(仰山揷鍬)'라는 화두의 내용이다.

서은사(栖隱寺)는 현재 강서성 의춘시 남쪽 교외에 그 유지만 남아 있는 앙산혜적선사의 행화도량이다. 앙산혜적(仰山慧寂)은 광동 소주(현 소관시) 회화 출신으로 속성은 엽(葉)씨다. 9세 때 광주 화안사(和安寺)로 동자 출가해 행자생활을 하다가 구족계도 받지 않은 채 유력(遊歷)에 나섰다. 처음 남양 향엄사로 가서 남양혜충국사의 제자인 탐원응진선사를 참알하고 시봉했다. 앙산은 여기서 응진선사로부터 혜충국사가 개발했다는 97개 원상(圓相 : 일설에는 95종, 또는 1백27종)을 전수받고 위산으로 가서 영우선사를 참문했다.

영우선사를 시봉한 지 15년 만에 스승의 심인(心印)을 얻고 일군(一群)의 학인들을 솔령(率領)해 호남성 침주(郴州) 왕분산에서 법석을 열었다. 그러다가 회창초(841년) 의춘 앙산으로 옮겨 서은사를 창건, 행화를 펼쳤다.

앙산의 출가와 관련한 재미있는 기록이 한 가지 있다. 출가한 지 5년 만인 14살 때 부모가 찾아와서 집으로 데리고 가 결혼을 시키려 했다. 그러나 앙산은 이를 따르지 않고 급기야 두 손가락을 자른 후 부모 앞에 꿇어 앉아 정법(正法)을 닦아 키워주신 은혜에 보답하겠다며 거듭 출가를 허락해달라고 애원했다. 마침내 부모도 하는 수 없다고 생각해 출가를 허락했다. 이렇게 해서 앙산은 다시 불문으로 돌아가 거목이 됐다.

혜적은 앙산에서 다시 호남성 안화현 동평으로 법석을 옮겨 주석했다. 887년 동평에서 회적(灰寂)하자 제자들이 다음해 영골(靈骨)을 앙산으로 옮겨 묘탑을 건립했다.

송·원대까지도 앙산 서은사는 대찰로 크게 번성했고 절 내에 당·송대의 사액(賜額)·석각·비석 등이 있었다., 그러나 이런 유물들은 모두 없어져 현재는 하나도 남아 있지 않고 절터는 공원 겸 유원지가 됐다. 현재 관련 유적으로는 옛 서은사 앞의 계곡에 신도구(神道龜 : 암거북 상) 석각과 수령 5백년의 은행나무 2 그루가 전부다. 의춘을 지나면서 이와 같은 유지 현황을 미리 알았기 때문에 서은사 답사는 생략했다. 또 일정도 빡빡해 아예 앙산 서은사 답사는 계획에서 빼버렸다.

앙산이 위산을 참문하고 깨침에 이르는 계기도 스승 위산이 백장선사의 '성스러운 불씨'에서 성오(省悟)했던 것과 동일한 맥락이다.

> 묻는다 : 어디가 참된 부처가 있는 곳입니까.
>
> 답한다 : 생각으로는 도달할 수 없는 묘처(妙處)를 항상 생각하며 거룩한 불씨의 무한한 힘을 내성반조(內省反照)하는 데 너의 주의력을 집중하라. 그렇게 해서 너의 사유가 극치에 이르면 본래의 원천으로 되돌아갈 것이다. 그곳에서는 본성과 형상이 영원히 존속하며 현상과 본체가 분리되지 않고 합일한다. 이것이 진불(眞佛)의 여여한 경지니라.

앙산의 물음에 대한 위산의 가르침에는 깊은 철학성이 담겨 있다. 즉 현상계의 상대성과 본체계의 절대성이 합일한다는 일원론적 일체성(一體性)의 사유는 노자와 같은 맥락을 이룬다. 노자는 『도덕경』에서 묘(妙)와 교(徼)의 신비로운 동일성을 강조하면서 내외가 합일하는 일원론적 진리관을 설파했다. 위산이 제시한, 우리 내면 깊숙이 감추어져 있는 영적(靈的)인 불꽃은 노자가 말하는 이른바 미묘한 밝음이라는 '미명(微明)'과 자신의 내면을 조명해 보는 '현람(玄覽)'에 해당하는 자아성찰이다. 여기서 우리는 위앙종의 종풍이 내면자증(內面自證)에 역점을 두는 노자의 기풍과 같은 맥락임을 간파할 수 있다.

앙산은 스승 영우선사의 '거룩한 불꽃'에 대한 가르침을 듣는 순간 돈오의 문을 활짝 열었다.

앙산의 별명은 '소석가(小釋迦)'였다. 이 별명이 앙산의 가풍을 한마디로 대변한다. 그러니까 앙산은 부처와 같은 청정한 계행(戒行), 주도면밀한 정진을 했다는 얘기다.

화두 '앙산삽추'의 삽은 선승들이 농사일을 할 때 쓰는 괭이·호미나 채소를 다듬는 칼 등과 함께 불성 또는 자성 본체를 상징한다. 앙산이 삽을 똑바로 세워 꽂은 것은 깊숙이 간직하고 있는 자신의 자성을 드러내 보인 것이다.

위산이 "오늘 남산에 많은 사람들이 띠풀을 베더라"고 한 것은 너 이외에도 밭에서 일한 납승들은 모두가 번뇌망상(띠풀)을 베어내고 자신들의 내면적 자아를 찾지 않았느냐는 역습이다. 앙산이 이에 삽을 뽑아들고 가버린 것은 견성을 통해 절대자유를 얻은 뒤의 자성 원만을 상징한다.

이 화두는 후일의 선림에서 많은 선사들이 평석을 했고 그 참뜻을 알고자 거량했다.

묻는다 : 앙산이 삽을 꽂은 뜻이 무엇입니까.

답한다 : 사방에 내린 천자의 칙명을 개가 물고 가니 제후가

길을 피한다.

경청도부선사(864~937)와 한 중의 '앙산삽추'에 대한 선문답이다. 여기 천자의 칙명은 위산의 물음(밭에 얼마나 많은 사람들이 있던가)이고 길을 비킨 제후는 앙산이 삽을 꽂은 대응이다. 따라서 위산이 천자라면 앙산은 그보다 몇 수 아래인 제후 수준이라는 평이다.

현사사비선사는 이 화두에 대해 "내가 보았더라면 즉각 삽을 걷어차 넘어뜨렸을 것이다"라고 평했다. 역시 '일체중생실유불성(一切衆生悉有佛性)'의 불성 편재론에서 볼 때 앙산이 삽을 꽂아 자신의 불성만을 내세운 처사는 졸렬하다는 얘기다.

대체로 '앙산삽추'에서 보여준 앙산의 행동언어는 사악한 것이었다고 내려치는 게 평석의 주류다. 설두중현(980~1052)의 평은 아주 노골적이다.

> "제방에선 모두 삽을 꽂은 화두가 특별하다고들 하지만 내가 보기에는 매우 사악하다. 앙산이 위산의 한마디 질문에 노끈으로 사지를 결박당해 거의 죽게 된 꼴이다."

또 취암지선사는 "앙산이 몽둥이 한 대를 맞았을 뿐이다. 여러분은 따로 아는 게 있느냐"고 설파했다.

선가에서 자성이라는 진여당체를 드러내 보일 때면 차수(叉手 : 두 손을 모으고 공손히 절하는 女人拜)를 하거나 삽·괭이·주장자 같은 물건을 똑바로 세운다. '앙산삽추'에서 앙산이 대지(밭)라는 평등 위에 자신의 삽(자성)을 세워 차별성을 보이려 한 것은 위산의 높은 선지(禪旨)에서 보면 별게 아니었지만 나름으로는 훌륭한 경계였다는 평도 있다.

어느 날 명초덕겸선사(당말 선승으로 앙산보다 연배가 약간 앞섬)에게 청(淸)상좌가 물었다.

청 : 옛사람의 뜻이 차수에 있습니까, 삽을 꽂은 데 있습니까.

덕겸 : (청상좌를 불렀다. 청상좌가 '예' 하고 대답했다) 꿈에라도 앙산을 본 일이 있는가.

청 : 말씀을 하실 필요가 없습니다. 화상께서 헤아려주십시오.

덕겸은 "헤아리기를 요한다면 전부터 법당 앞에 1천5백 명의 노사(老師)가 있으니 그리로 가보라"고 했다.

덕겸선사는 앙산이 말 없이 삽을 세워 즉각적으로 자신의 자성을 체현해 보인 선적 대응을 높이 평가, 그런 경지를 꿈속에서라도 체험해 보았느냐고 청상좌에게 다그친다. 그러나 청상좌는 앙산과 같은 즉각적인 몸짓을 보이지 못하고 관념적으로 이해하고자 한다. 덕겸은 선이 요구하는 전광석화 같은 돈오의 대응을 못하고 그 따위 사량(思量)에 의지하는 정도라면 아직 멀었으니 공부를 더 하라고 힐난한다.

'앙산삽추'와 같은 구도의 선문답은 같은 시기 황벽희운선사와 임제의현(?~866) 사이에도 있다.

어느 날 대중 보청(普請 : 승려 공동작업)을 나가는 데 임제가 빈손으로 대중들 맨 뒤에 서서 걸어갔다. 황벽선사가 뒤를 돌아보고는 물었다.

묻는다 : 괭이는 어디 있는가.

답한다 : 어떤 사람이 가져가버렸습니다.

묻는다 : 이리 가까이 오너라. 그 일을 한번 상량(商量)해 보자.

답한다 : (임제가 스승 황벽선사 앞으로 다가갔다.)

묻는다 : (황벽은 자신의 괭이를 번쩍 세우면서 말했다.) 이것은 천하 누구도 들어서 세우지 못한다.

답한다 : (임제는 황벽의 손안에 쥐어져 있는 괭이를 빼앗아 세우고는 말했다.) 어째서 괭이가 지금은 저의 손안에 있습니까.

황벽은 "오늘 크게 힘을 쓴 사람이 있다"하고는 바로 선원으로 돌아갔다.

이 선문답에서도 '괭이'는 앙산의 삽과 마찬가지로 불성(자성·진여당체)를 상징한다. 다른 사람이 가져갔다는 '다른 사람'은 임제가 후일 진여당체를 구체화해 거듭 강조한 참사람(眞人)을 말한다.

황벽과 임제의 거량이 '앙산삽추'보다 먼저였다. 선종 어록에 보면 앙산이 이 일을 스승 위산영우선사에게 물었던 기록이 나온다.

묻는다 : 황벽의 손에 있던 괭이가 어떻게 임제의 손에 넘어갔습니까.

답한다 : 도적은 소인에 불과하지만 그 지혜는 오히려 군자에 앞서느니라.

▲ 시방밀인사 법당 지붕 전면 오른쪽 등마루에 장식한 용은 중국인들이 전통적으로 가장 좋아하는 동물이다.

소인(小人)은 물론 임제를 가리키는 말이다. 군자는 주인의 허락을 받지 않고는 남의 물건에 손을 대지 않는다. 그러나 소인은 그렇지 않다. 자물통이 채워진 창고의 물건까지도 수를 궁리해서 훔쳐내 자기 손에 넣고 만다.

군자가 중히 여기는 것은 덕이고, 소인이 중히 여기는 것은 지혜다. 덕을 중히 여기면 자아를 제한하게 된다. 지혜를 중히 여기는 소인은 자신의 필요를 충족시키는 데 힘을 쏟는다. 위산이 말하는 소인과 군자는 도덕적 의미의 용어가 아니다. 단지 소인의 지혜 중심적인 사고와 행동이 모든 속박을 일거에 걷어버릴 수 있다는 심령상의 자유를 말하고자 한 것이다.

견성에 이르지 못한 사람은 황벽이 괭이를 세웠을 때 그 행동 속에 무슨 심오한 도리가 있으리라 여기고 온갖 사려를 동원해 그 행위 속의 의미를 찾으려고 애쓰기 십상이다.

그러나 깨달은 사람은 황벽선사가 "천하에 아무도 이것(괭이 · 불성)을 들 사람이 없다"고 한 말이 바로 문제의 핵심이자 해답이라는 것을 간파한다. 따라서 군더더기에 불과한 모든 생각을 버리고 단숨에 그 괭이를 움켜쥔다. 이것이 곧 황벽이 내놓은 문제에 대한 간단명료한 대답이며 해결방법이다.

앙산과 임제는 절 집안 법맥상으론 사촌간이다. 그들의 스승 위산과 황벽은 다같이 백장회해선사의 법제자로 법형제가 된다. 그러나 임제가 '괭이'를 빼앗아 쥐는 격렬함을 보인 반면 앙산은 '삽'을 조용히 밭에 꽂는 정밀(靜謐)함으로 각각 대응, 확연한 가풍의 차이를 드러내고 있다.

묻는다 : 번뇌를 끊지 않고 열반에 들 때는 어떠합니까.

답한다 : (앙산이 불자를 들어 세웠다.)

묻는다 : 입(入)자가 필요치 않아도 되겠군요.

답한다 : '입' 자 하나가 상공을 위해 있은 일도 없소.

앙산과 상공(재상 · 국무총리) 정우(鄭愚)의 선문답이다. 입멸(入滅) · 입적 · 입회(入灰)에 쓰는 '입'은 들어간다는 뜻이다. 따라서 이 문답에서의 '입'자는 번뇌(현실)보다도 열반(이상)에 중점을 두었을 때 필요한 글자다. '입'이 필요치 않은 것은 열반에 치우쳐 있지 않을 때다. 그러나 '입'이라는 글자가 아예 필요치 않다는 선입관을 가져버리면 번뇌와 열반을 일체(一體)로 보는 고정관념에 빠지게 된다. 따라서 앙산과 재상 정우의 문답에 나오는 '입'이라는 한 글자는 열반을 물리치고(이상에 안주하지 않고) 번뇌속(현실)으로 뛰어들어 활동하는 대승보살의 적극적인 현실제도(現實濟度)를 의미한다.

임제는 이와 같은 보살정신을 '진정한 견해'라는 말로 표현했다. 임제의 '진정한 견해'는 진속(眞俗)·범성(凡聖)·염정(染淨)의 세계에 뛰어들어 더러운 것과 깨끗한 것, 의(義)와 불의를 판단해 비리를 물리치는 현실참여를 전제하고 있다.

따라서 앙산과 정우의 선문답에서 들어간다는 동작을 가리킨 '입'이라는 한 글자가 나타내는 의미는 어떠한 사실일지라도 화석처럼 굳어져 고정화하는 것을 타파해야 한다는 것이다. 우리는 고정관념에 찌들어 변화와 개혁을 거부하던 벽창호들이 끝내 몰락한 예를 역사에서 수없이 본다. 선이 지향하는 바는 이러한 고정관념화를 타파, 생동하는 창의적 정신으로 변화를 읽고 대응하는 수기응변(隨機應變)의 지혜를 익히는 일이다.

위산과 앙산은 당말 오대와 송초에 걸쳐 형성된 선종 5가7종(五家七宗)의 선두 주자격인 위앙종을 창종한 선림의 거물들이다. 선종 7개 종파는 일심(一心)을 지향한 선지(禪旨)에서는 똑같지만 교육방법인 가풍(家風)에서는 각기 다른 특징들을 가지고 있다. 그러면 선종 5가7종의 가풍을 한번 살펴보자.

위앙종

'5가'라는 명칭은 가장 마지막에 창종된 법안종 개산조 법안문익선사(885~958)가 그의 저서 『종문십규론(宗門十規論)』에 처음으로 썼다. 법안선사는 이 책에서 “조동은 북치고 노래하듯이 두드리면 곧바로 대답하는 능력, 임제는 상호간에 서로 부르고 대답하면서 주인과 손님이 자리를 자재롭게 뒤바꾸고 호흡하는 호환(互換)을 근기로 삼으며, 운문은 하늘과 땅을 덮고 흐름을 날카롭게 끊는 상자와 뚜껑의 만남, 위앙은 모든 깊은 소리에 상응하며 관청의 증거문서에 부합하는 것처럼 딱 결말이 지어지는 바 묵묵한 가운데에서도 원과 사각형이 일치하니 마치 골짜기가 소리에 답하는 메아리와 같고 법식(法式)에는 차별이 있지만 원융하게 회통하는 데는 전혀 막힘이 없다”고 기술했다. 그 후 여러 사람이 5가7종의 가풍을 말했지만 대체로 법안이 기술한 범위를 크게 벗어나지 않는다.

선종 각 종파의 가풍을 좀더 구체화시키면 쓰는 말과 표현하는 방법 등을 말한다. 5가의 특징을 한마디로 압축할 때는 위앙의 ‘근엄함’, 조동의 ‘자상함’, 임제의 ‘통쾌함’, 운문의 ‘고고함’, 법안의 ‘간단명료함’으로 압축하기도 한다.

위앙종은 법맥 전승이 1백50년 정도밖에 이어지지 못한 최초의 선종 종파다. 그 가풍을 좀더 부연해보면 세밀하고 심절(審切)해 자세히 살피면서 원상(圓相)으로 묵계한다.

선가에서 선리를 설파하는 데 자주 사용하는 원상은 위앙종의 트레이드 마크다. 또 앞에서도 언급한 바와 같이 부자자효(父慈子孝)하고 상령하종(上令下從)으로 제자는 스승의 뜻을 공손히 따른다. 방원묵계(方圓默契)는 앙산이 남원혜충국사의 법제자 탐원응진선사로부터 97종의 원상을 전수받아 사리(事理)를 밝히는 데 적극 활용, 선림의 명물이 됐다.

스승과 제자가 세밀심절(細密審切)하게 심령으로 상통하는 위앙종 가풍은 조동·임제종의 제자 교육방법과는 판이하다.

운문종의 문수응진선사(일명 대인진)는 운문의 가풍을 노래하는 게송에서 "바람에 거슬러 횃불을 잡고 있기 예사(逆風慣把炬)"라고 평해 "똑같이 천재적이면서도 위앙종은 평범한 듯함 속에 천재성이 깃들여 있으나 운문종은 겉과 속이 모두 천재적인 광명덩어리"라고 위앙종과 운문종의 천재성에 대한 차이점을 밝혔다.

조동종

그 종지(宗旨)는 한마디로 본말의 사리를 정편5위(正偏五位)·5원상(五圓相) 등으로 밝혀 두두물물의 삼라만상에 내재하는 진리의 당체를 설파하는 '즉사이진(卽事而眞)'이다. 지극히 친절하고 면밀한 가운데 문성답속(問聖答俗)이고 회호묘용(回互妙用)이며 매우 철학적이다. 면밀함으로는 위앙종과 비슷한 점이 있으나 조동종의 면밀함은 방법상의 조작을 용인한다. 이와 같은 조동종의 조작성은 유구한 세월 동안의 유전(流轉)을 가능케 해 임제종과 함께 선종사에서 오늘에까지 가장 오래 살아 남는 종파가 될 수 있게 했다.

임제종

유일한 북방의 남종선으로 그 종지는 촉목시도(觸目是道)·평상심시도(平常心是道)·체용일여(體用一如) 등으로 요약된다. 촉목시도나 평상심시도는 같은 것으로 일상생활을 이끌어가는 섭리가 바로 도고 진리라는 조사선의 핵심사상이고 체용일여는 위앙종의 종풍과 같은 일원론적 통합의 사유방식이다. 학인 접도방식은 고함과 몽둥이질이 작렬하는 격렬함 속에서 주인과 손님의 자리를 바꾸어 진리를 체득케 하는 능란함을 보여준다. 이와 같은 임제 가풍은 흔히 4할8방(四喝八棒)·4빈주(四賓主)·4료간(四料簡)·4조용(四照用)·3현3요(三玄三要)라는 선학이론으로 정립돼 오늘에까지 회자되고 있다.

임제 가풍의 중요한 특징은 준열하고 장군과 같은, 호위(虎威)라는 외형적인 점보다는 다양성 속의 독자성과 인간의 존엄성·창의적 능력을 굳게 믿으면서 창조를 향하는 혁신성에 있다 하겠다. 이와 같은 임제종의 가풍은 타종파의 장점도 과감히 수용, 자신의 개성적 가풍을 살찌우는 흡수력을 보였고 다른 선종 종파들이 오래 지속하지 못한 데 비해 선종 천하를 제패하면서 오늘에까지 지속, 동아시아 선종을 대표하는 비결이기도 하다. 이는 모든 것을 흡인해 자기 것으로 소화하는 중화사상과 일치하는 임제의 가풍으로 임제종의 역사적 발전을 도모한 원동력이기도 하다. 따라서 임제종풍에는 위앙·운문·법안종 등 다른 종파의 장점들이 모두 녹아들어 있다.

운문종

2백 년밖에 지속하지 못한 종파지만 그 가풍은 특징적인 면이 가장 많았다.

종지는 관념적 사유체계를 때려부수고 견성명심(見性明心)하는 돈오에 철저하다. 이 점은 임제종과 상통하는 특징이다. 학인 교육은 민첩명쾌하고 쾌도난마다. 운문의 가풍은 화살 하나로 3개의 관문을 뚫는 일촉삼관(一鏃三關)으로 운문3구(雲門三句)·일자관(一字關) 등이 그 가풍을 대변한다.

번잡하고 어려운 선리(禪理)도 단 한 글자로 명쾌하게 설파하는 운문의 '일자관'은 천하 일품이다. 글자 한 자의 대답으로 천만가지 지견(知見)을 파괴, 제거하는 운문의 명쾌함은 천하 영재가 아니면 감히 접근하기조차 어려운 천재성을 요구한다. 독설과 욕설이 난무하는 가운데서 번뜩이는 고고함과 험준함으로 이름 높은 운문의 가풍이 보여주는 천재성은 위앙종의 모범생이 갖는 천재성과는 다른, 위태위태한 곡예성과 스릴을 느끼게 한다.

임제종의 분양선소선사(947~1024)는 게송으로 "전광중에 걸음을 옮겨나가며(電光中進步) 석화 속에서 몸을 뒤집는다(石火裏翻身)"고 운문의 가풍을 노래했다. 이는 운문의 말이 전광석화 같기 때문에 정신이 조금이라도 흔들리거나 마음이 움직이면 그 뜻을 놓치고 말 것이라는 충고다.

역시 임제종의 오조법연선사(1024~1104)는 운문의 가풍을 "홍기섬락(紅旗閃爍)"이라 평했다. 마치 군중(軍中)에서 함성과 함께 승리의 깃발(紅旗)이 펄럭이는 것과 같아 운문의 언구는 멀리서나 바라볼 뿐 가까이 접하기가 어렵다는 얘기다. 법연선사도 고고하고 날카로운 운문의 가풍을 높이 평가하고 있다. 대학 강단으로 비유하자면 교수의 강의가 너무도 똑떨어지는 명강이라 제자들이 감히 질문을 할 생각도 못 내듯이 운문의 선문답은 위세당당해 범접하기가 불가능할 정도라는 것이다.

한마디로 말해 운문종의 가풍은 천재 지향적이다. 그래서 범부들이 접근할 수 있는 편의시설도 마련해 놓은 게 없다. 그러나 임제종이나 조동종은 한편에는 천재들을 교육하는 교수법을, 다른 한편에는 범부도 접근할 수 있는 방편도 친절히 마련해 두었기에 영속할 수 있었다. 천재는 요절한다는 속언처럼 운문종과 위앙종의 천재 일변도 교육은 끝내 종파의 단절을 부른 원인이 된 것 같다.

법안종

법안종의 종지는 우리 눈앞에 나타나 있는 그대로의 모습에서 실체를 보는 일체현성(一切現成), 심외무법(心外無法), 처처개선(處處皆禪)으로 요약된다. 가풍은 간명성에서는 운문종과 비슷하고 세밀함에서는 조동종과 비슷하다.

송 초에서 송 중기까지 1백 년의 단명으로 끝나고 만 법안종은 심법(心法)에 초점을 맞추면서 대증시약(對症施藥)·소제정해(掃除正解 : 지식을 동원한 사물의 이해 배격)의 방법으로 학인들을 교육했다. 운문·법안종은 다른 3가(家)에서는 볼 수 없는 날카롭고 섬세한 문학성과 상징적이며 함축성 있는 촌철살인(寸鐵殺人)의 단언촌구(短言寸句)에 뛰어났다. 이는 당 중기 이후 크게 발전한 시와 선의 결합을 대표하는 가풍이기도 하다. 이러한 운문·법안종의 가풍은 선배 선사들의 화두에 대한 착어(着語 : 해설)와 공안염롱(公案拈弄)으로 나타났다. 운문종 설두중현선사의 『송고백칙(頌古百則)』(『벽암록』 전신)과 『전등록』에 나오는 많은 법안종 선사들의 고칙(古則 : 화두)에 대한 평창이 그 실례다. 이와 같은 공안염롱·게송·착어 등의 선풍은 송대의 송고문학과 공안선(公案禪 : 화두를 들고 참구하는 간화선)의 시대를 만들어내는 역할을 했다.

법안종의 가풍과 관련해 한 가지 특기해 둘 만한 점은 염불선(念佛禪)이다. 법안종 3세인 영명연수(904~976)는 스승 천태덕소선사가 선과 교학의 융합을 지향하는 선교일치(禪敎一致)를 주창한데 이어 염불정토사상과 선의 일치를 도모했다. 법안종의 선교일치와 염불 도입은 한국 선종에도 상당한 영향을 주었고 오늘에까지 그 전통이 이어지고 있는 게 아닌가 하는 생각을 갖게 한다. 구체적인 사례를 보자.

한국의 선종은 신라 말 고려 초 9개의 선종 사찰(九山禪門)이 중국에 가서 당대 고명한 선사들의 가르침을 받고 그 법맥을 이어온 선승들이 개산하면서 시작됐다. 신라·고려의 선불교 수용을 크게 5기(期)로 나누어 정리하면 제1기는 5조 홍인대사 이전으로 중국 선종이 남·북종으로 분리되기 이전이다. 그 당시 당나라에 간 한국의 선승들은 대부분이 중국서 살다가 입적했다. 8세기 중반의 중국 선종은 6조 혜능의 제자들이 활발한 홍법활동을 벌이던 시기다.

제2기는 800년대 전후로 신라와 당·발해의 관계가 우호적이고 평화롭자 신라의 유학승들이 사무역선(私貿易船) 등을 이용해 대거 중국으로 건너가 새롭게 일어난 선불교를 공부했다. 그러나 845년 당 무종의 불교탄압으로 회창법난(會昌法難)이 일어나자 대부분 귀국해 신라 변두리 산간에서 한국 선종의 기반을 구축했다. 9산선문이 개산하는 것도 이 무렵이다.

제3기는 정착화 단계로 6조 혜능의 남종선 법맥을 이어온 현욱·무염·범일선사 등이 국사로 추대되면서 교학불교(화엄불교) 일색이었던 신라불교 무대의 주도권을 선승들이 장악했다.

9세기 말의 신라 선불교는 이미 새로운 세력으로 국통(國統)·주통(州統)·군통(郡統) 등의 승직을 선승들이 장악했으나 기존 교학불교와 융합을 이루지 못한 채 갈등을 빚고 있었다.

제4기는 신라가 멸망한 935년 전후의 신라 말 고려 초로 한국 선종에서는 조동종의 묵조선(默照禪)선풍이 중국보다 한발 늦게 풍미했다. 이 시기 조동종 운거도응선사의 법맥을 이은 '해동4무외대사(海東四無畏大師)'로 묵조선문에서 이름을 떨친 신라 말 고려 초의 선승은 법경경유·선각형미·진철이엄·대경여엄선사 등이다.

제5기는 고려 광종 치세(治世) 후반부터 대각국사 출현까지의 시기로 법안종 종풍이 대거 유입됐다. 이 시기 선승들은 법안종의 영명연수에게 유학, 법안종 가풍을 이었다. 따라서 묵조선이 쇠퇴하고 연수선사 법맥의 고승들이 두드러지게 활동했다.

그렇게 된 배경은 고려 광종이 당시 중국에 출현한 미륵불로 추앙받던 영명연수의 학덕을 경모한 나머지 28명의 승려를 그의 문하로 유학보낸 데서 비롯했다. 이렇게 돼 송나라에서는 이미 쇠퇴하고 있던 법안종이 고려에서는 득세했다. 당시 법안종풍을 크게 선양했던 고려 선승으로는 원공지종 · 진관석초 · 적연영준선사 등을 꼽을 수 있다.

얼마 후 고려 말 태고보우국사가 중국에 가서 석옥청공선사(1272~1352)로부터 임제법맥을 이어 오기까지는 영명연수의 염불선과 대각국사의 천태종이 고려불교에서 주도권을 행사했다. 우리는 여기서 선종을 자처하면서 한국 불교를 대표하는 조계종의 염불전통을 법안종 영명연수선사까지 거슬러 올라가볼 수 있는 단서를 잡게 된다.

선종 5가의 가풍을 간략히 살펴보면서 나는 성철 전조계종 종정의 가풍이 운문종풍과 닮은 데가 적지 않다는 생각과 한국 선림에 끈질기게 남아 있는 염불이 법안종 가풍의 연장선상에 놓여 있는 게 아닌가 하는 생각을 가져본다. 물론 깊은 연구가 필요한 한국 선학(禪學)의 과제다. 따라서 섣불리 결론을 내리기는 위험하지만 일단 문제 제기는 해볼 만하다는 생각이다.

양기종

임제종 7세인 석상초원선사(986~1039)의 제자 양기방회(楊岐方

會)가 개창한 선종 종파다. 일명 자명초원이라고도 하는 석상초원(石霜楚圓)의 제자 중 황룡혜남(黃龍慧南)은 황룡종을 개산, 임제종이 양기파와 황룡파로 다시 분화돼 앞의 5가에 2종(宗)이 더해짐으로써 이른바 '5가7종'이라는 선종 종파가 임립했다.

양기(992~1049)의 가풍은 운문의 작법(作法)을 임제종풍에 흡수, 임제와 운문 양자의 가풍을 통합한 것으로 특징지을 수 있다. 임제종은 송대 양기방회에 이르러 그 법맥에서 간화선(看話禪)의 창시자 대혜종고(1089~1163), 『벽암록』저자 원오극근(1063~1135) 같은 거목들이 속속 배출되면서 용상부절(龍像不絶)의 최대 선종 종파가 됐다. 이때부터 양기파(종)가 임제종을 대표했고 임제종은 마치 양기종의 옛 이름처럼 돼버렸다. 다시 말해 양기종이 임제정종(正宗)이 된 것이다. 따라서 오늘날 한·중·일 3국에서 흔히 임제종이라고 부르는 선종 종파는 엄밀히 말하면 임제종 양기파 또는 양기종이다.

한 가지 덧붙일 것은 양기종이 간화선을 제창했을 때 조동종에서는 천동정각(天童正覺 : 1091~1157)이 '묵조선'을 주창, 양기종과 맞서면서 선종의 양대 종풍으로 병립됐다는 사실이다. 간화선과 묵조선에 관한 이야기는 『중국선불교 답사기』 제5권 〈절강·강소·복건·섬서성〉에서 구체적으로 살펴보도록 하겠다. 간화선과 묵조선의 대립은 이 시기에 이르러 돈오와 점수 논쟁, 조사선과 여래선 구분에 이어 선림 3대 논쟁의 하나로 부상했고 이 문제에 대한 선학적 논쟁은 오늘까지도 계속되고 있다.

황룡종

양기종 개산조 양기방회선사와 그의 법형제인 황룡혜남선사

(1002~1069)가 개창한 임제종 황룡파(황룡종)는 양기종이 송대 이후 동아시아 선림을 제패, 선종 법맥의 주류를 이루면서 전신인 임제종을 대표하는 선종 종파로 오늘에까지 계속되고 있는 것과는 달리 1백년 밖에 지속하지 못했다. 강서성 황룡산을 본산으로 한 황룡종 문풍의 특징은 뛰어난 문학성이다.

문중의 유명한 문사로는 강서시파(江西詩派)라는 중국 시문학사의 한 장르를 창시한 황산곡(黃山谷 : 1045~1105, 본명 황정견)과 소동파거사(1036~1101)를 꼽을 수 있다. 당·송 8대가인 이들은 모두 황룡종 3세 거사들로 머리를 깎지 않고 승복을 입지 않았을 뿐 어느 삭발염의 선승에 못지 않은 선객들로 일세를 풍미했고 선종 법맥도에도 당당히 올라 있는 선장(禪匠)이다. 두 사람 다 시서(詩書)에 능했고 황산곡은 선시를 하나의 중국문학 장르로 자리잡게 한 강서시파의 원조다. 강서시파는 역대 선승들이 산속에 은거하며 홀로 사는 즐거움을 노래한 낙도가(樂道歌)에 들어 있는 자연주의 문학과는 다른 시문학성을 선림의 게송에 도입, 문학성을 한 차원 높인 선시라는 자연주의 문학을 내놓았다. 오늘날 흔히 선시니 선문학이니 하는 문학 장르는 황산곡의 강서시파가 그 연원이다. '강서(江西)'는 황룡종의 본산이 있는 강서성의 이름을 따서 붙인 것이다.

선승들과 사대부들의 본격적인 문학교류가 이루어진 것도 이 시기부터였다. 당나라 때의 선사들과 고급 관리·문인들의 교유는 문학적인 측면보다는 철학적·지적·종교적 성격이 훨씬 강했다. 그러나 송대 임제종 황룡파의 사대부 교유는 시문(詩文)을 대작하는 문학성이 짙었다. 따라서 송대 이후의 세속 문학은 선림의 자연주의가 흠뻑 밴 무위자연(無爲自然)과 불교철학에 근원한 심오한 인생철학을 담은 선시(禪詩), 또는 선문학이 풍미했다.

어쨌든 황룡종은 같은 핏줄이면서도 양기종에 비해 불자 재상 장상영(張商英) 같은 고관대작들과 일세를 풍미한 대문장가들이 주류를 이뤄 귀족적이며 문학성이 강한 것이 특징이다. 그러니까 양기파가 서민적이고 민중적이었다면 황룡파는 귀족적이고 지성적이었다고 할 수 있다.

●메모

위치 : 강서성 의춘시 남쪽 교외

교통 : 의춘시서 10킬로미터

유적 : 앙산선사 친식 은행나무 등

장사 녹산사

ㅡ 장사경잠선사

1) 늙은 호랑이 경잠선사(岑大忠)

앙산 : (장사경잠선사와 함께 저녁 산책을 하다가 달빛이 휘영청 밝자) 사람마다 모두 가지고 있는 것인데 누구도 사용하질 않는단 말야.

경잠 : 너는 제대로 사용하고 있는가.

앙산 : 당신께서는 어떻게 사용하고 계십니까.

경잠 : (한 쪽 다리를 들어올려 앙산을 걷어차버렸다.)

앙산 : 참으로 늙은 호랑이군!

장사경잠(長沙景岑)선사가 호남성 장사 녹원(鹿苑)에 주석하고 있을 때 찾아온 앙산혜적과 어느 날 밤 녹산을 산책하면서 달을 감상하다가 거량한 선문답이다. 경잠선사(?~868)는 조주종심과 쌍벽을 이룬 남전보원선사의 양대 고족(高足)제자다. 조주의 명성이

워낙 천하를 뒤덮는 바람에 경잠의 이름은 크게 뜨질 못했다. 그러나 그는 덕산이나 임제와 같은 방할(棒喝)도, 조주와 같이 예리한 기봉(機鋒)도 사용하지 않았지만 선리를 분석해 그 묘체(妙體)를 드러내는 '석리부묘(析理剖妙)'를 특기로 하는 독특한 가풍을 이룩한 선지식이다. 법맥상으로는 위앙종 개산조의 한 사람인 앙산혜적의 사숙(師叔)이며 앙산의 스승인 위산영우선사와 같은 항렬(行列)이다.

'잠대충(岑大虫)'이라는 화두로 돌아가보자. '잠'은 경잠선사의 끝 이름자로 한자 문화권에서는 흔히 사람의 이름을 약해서 한 글자로 부를 때 맨 끝자를 쓰는 게 전통이다. '대충'은 늙은 호랑이를 가리키는 중국말로 노호(老虎)·대호(大虎)와 같은 뜻이다.

'대충'과 '대호'는 선림에 널리 알려져 있는 경잠선사의 작호(綽號) 겸 별명이다. 저 유명한 경잠의 별명 '대충'이 유래한 계기가 바로 이 선문답이다.

앙산은 유력중 장사 녹원(鹿苑·鹿院 : 현 麓山寺)에 들러 얼마동안 경잠선사 법석에 머물렀다. 어느 날 밤 보름달이 휘영청 밝자 두 사람은 달을 감상하러 산책을 나섰다. 달빛이 눈빛처럼 희게 밝아 대낮 같은 밤(月色皎潔 夜色通明)이었다. 앙산은 급기야 선지(禪旨)를 발동, 경잠선사에게 한마디 건넸다.

앙산이 말한 "사람마다 가지고 있는 것(人人都有這介)"의 '것'은 달빛(月亮)을 가리킨 것으로 자성·불성을 상징하고 있다. 앙산은 모든 사람이 칠흑의 어둠을 대낮처럼 밝게 해주는 청정한 자성을 가지고 있음을 말했다. 바로 '일체중생실유불성(一切衆生悉有佛性)'이라는 얘기다.

선문답의 포인트는 경잠이 앙산을 걷어찬 것이다. 이는 달(본체)

이 빛을 발해 어둠을 밝히는 통명(通明 : 현상)을 하고 있듯이 활발하게 움직이고 있는 자성의 작용을 걷어차는 행동을 통해 구체적으로 일깨워준 것이다. 관념적으로 자성이니, 불성이니를 뇌까리며 본체와 작용의 관계가 바늘과 실처럼 늘 같이 한다는 체용일여(體用一如)를 격언화해 놓고 있는 '사선(死禪)'을 질타한 것이기도 하다. 경잠의 행동언어가 내심 뜻하는 바는 아마도 이런 것이었으리라.

'앙산, 네가 사람을 사람으로 존재케 하는 청정 자성을 말하면서 그것을 제대로 써먹어야 진짜 사람다운 사람이라고 하는데 어디 한번 너의 자성을 구체적으로 사용하는 걸 보여다오. 네가 자성의 사용에 대해 반문하는데 그렇다면 내 한번 자성의 활용을 구체적으로 형상화해서 보여주마. 내가 너를 한번 걷어차면 너는 아마 아파하며 깜짝 놀랄 것이다. 너의 자성은 아픔과 놀람이라는 작용을 일으키지 않았는가. 그리고 이 경잠의 자성은 걷어차는 작용을 했고.'

경잠선사가 앙산을 발로 걷어찬 행동은 당말 설봉의존선사 문하의 대원부(大原孚 · 일명 太原孚)상좌가 한 학인의 물음에 옆에 있던 강아지를 발로 걷어차서 자성을 일깨웠던 '퇴단구자(腿踹狗子)'라는 화두와 같은 맥락의 문법이다.

부상좌가 어느 겨울날 복건성 설봉산 숭성선사(속칭 설봉사) 창고 앞에 서서 햇볕을 쬐고 있었다. 이때 한 학인이 다가와 물었다.

묻는다 : 무엇이나 눈에 보이는 것은 다 불도요 깨달음이라고 하는데 그 뜻을 좀 가르쳐 주십시오.

답한다 : (부상좌는 옆에 앉아 있던 강아지를 발로 툭 찼다. 그

려자 개가 '깨갱' 하면서 달아났다. 학인이 부상좌의 짓궂은 장난 속에 들어있는 소식을 모른 채 멍하니 쳐다만 보고 있으니) 그 놈의 강아지 새끼 뭘 그리 쳐다보는지.

학인이 물은 "눈에 보이는 모든 것이 불도 아님이 없다"는 화두 '촉목보리(觸目菩提)'는 일찍이 6조 혜능이 설파한 바 있다. 혜능조사는 "오늘에야 비로소 알고보니 열반이 먼 데 있지 않고 눈에 부딪히는 것 모두가 보리구나(今日始知 涅槃不遠 觸目菩提)"(『조당집』 권2)라고 했다. 더 거슬러 올라가면 후진(後秦)의 승조대사는 "현실 속의 모든 일과 사물들이 진리(觸事而眞)"라고 설파했다.

중국인들은 전통적으로 진리를 구체적인 일상생활 속에서 찾으려 했다. 이러한 진리추구 방법은 노장과 유가도 마찬가지였다. 공자는 『논어』〈술이〉편에서 "인(仁)이 멀리에 있는 것인가? 내가 인을 행하고자 하면 곧 인에 이를 것이다"라고 했고 맹자는 "도는 가까이에 있다. 그런데도 그것을 멀리서 찾는다. 일은 쉬운 데에 있다. 그런데도 이를 어려운 데에서 찾는다"(『맹자』〈이루㊤〉편)고 갈파했다. 선종의 '촉사이진'은 축도생(?~434)과 남양혜충국사(?~775)의 '무정설법(無情說法)'—6조의 '촉목보리'—마조(709~788)의 '평상심시도(平常心是道)—임제의 '입처개진(立處皆眞)으로 각각 달리 표현되면서 조사선의 진리관을 대표해왔다. 각기 표현만 다를 뿐 한마디로 현실세계가 그대로 경전이고 진리의 세계라는 얘기다.

선가(禪家)는 존재의 근원인 자성의 본질을 공(空)으로 본다. 그러나 이 공은 상대적인 공이 아니라 언어와 사려(思慮)가 미치지 못하는 절대적 묘공(妙空)으로 불생불멸이고 부증불감(不增不減)인 '유(有)'다. 그 묘공은 눈으로 보거나, 귀로 듣거나, 손으로 만질 수 없는 무형이지만 분명히 존재한다. 모든 변화와 생성의 근원인 자성은 만유(萬有)의 모체다. 말을 바꾸면 만유는 각기 자성에 의해 존재한다.

학인이 부상좌에게 물은 것도 이와 같은 자성, 곧 불도(佛道)란 무엇이냐는 심오한 철학적 물음이다. 그러나 부상좌는 학인의 '심각성'과는 정반대다. 강아지를 발로 걷어차 "뭐야, 이 강아지는" 하는 정도의 장난 같은 행동이 부상좌의 대답이다. 부상좌는 강아지 다루는 법을 빌려 자성이 어떤 것인지를 일깨워주려 한다. 강아지는 걷어채이자 '깨갱'하는 소리를 내서 자성의 작용을 드러내 보인다. 그러나 학인은 강아지의 '깨갱'소리를 조건반사 이상의 것으로 받아들이지 못한다.

부상좌는 강아지가 '깨갱'하고 우는 것을 통해 학인의 영적 자각(자성)을 일깨우려 했는데……. 개는 걷어채이는 계기를 맞자 아픔을 느끼는 본원인 자성이 수기응연(隨機應緣)해 '깨갱'하는 소리로 자성의 작용을 드러냈는데 말이다.

걷어챈 강아지는 저쪽으로 달아나 쪼그리고 앉아서 부상좌를 빤히 쳐다보고 있다. 강아지는 부상좌의 발길질이 적어도 '저리로 가라'는 뜻인 줄 알아차리는 영적 자각을 일으켜 자리를 옮겨 쳐다보고 있지 않는가.

그런데도 학인은 아무 영적 자각도 없이 멀뚱멀뚱 부상좌만 쳐다보고 있으니 한심한 '소식 깡통'이다. 급기야 부상좌는 강아지의 '깨갱'소리를 조건반사라고만 느끼고 있는 학인을, 그렇다면 너는 영적 자각이 없는 강아지와 같은 존재라고 모욕을 준다.

"그 놈의 강아지 새끼 뭘 그리 빤히 쳐다보는지."

만약 강아지가 걷어채고도 아무 영적 자각이 없다면 나, 부상좌가 강아지를 차는 행동에서 자성(불도)을 깨닫지 못한 너도 바로 그런 강아지에 불과한 놈이라는 모욕이다. 부상좌는 학인을 '개' 취급해버린 것이다. 지독한 인격적 모독이다.

인간의 영적 자각은 짖지 않는 개소리도 들을 수 있어야 한다. 줄 없는 거문고 소리와 짖지 않는 개소리를 들을 수 있는 인식 능력은 전적으로 인간의 영적 자각에서만 가능한 일이다. 흔히 말하는 '신비'라고나 할까.

개를 오래 먹이다 보면 주인의 눈빛이나 음성만 들어도 알아서 꼬리를 치며 달려오거나 멀찍이 도망간다. 개의 자성도 그 정도의 영적 자각 능력을 가지고 있다. 결코 '신비'가 아니다.

참으로 깨닫기 위해서는 개가 짖지 않아도 짖는 소리를 들을 수 있어야 한다. 그렇지 않고서는 개가 아침부터 저녁까지 여기저기서 '멍멍'하고 짖어대도 '촉목보리'가 뜻하는 바를 알 수 없다.

'잠대충'과 '퇴단구자'라는 화두는 다같이 자성을 여여하게 드러내 보여준 똑같은 문법(文法)의 화두다. 다른 점은 '잠대충'에서는 발로 걷어차는 경잠의 행동이 뜻하는 바를 앙산이 곧바로 지음(知音)한데 반해 '퇴단구자'의 학인은 전혀 소식 깡통의 둔치(鈍痴)였다는 점이다.

장사경잠은 안휘성 남전산의 남전보원선사 문하를 떠나 호남성 장사 녹산(麓山)에 녹원을 개산하고 법석을 폈다 그는 녹원에 한동안 주석하기도 했지만 일생을 이절 저절로 옮겨다니며 유력(遊歷)으로 끝마친 운수(雲水) 행각승이었다. 그는 녹산사에 주석하는 동안 상당법문·선문답 등을 통해 '백척간두진일보(百尺竿頭進一步)' '두 토막난 지렁이(蚯蚓兩斷)' '남전스님이 돌아가신 후 간 곳(南泉死後去了哪里)' 등 유명한 화두들을 남겼다.

2) 천길 낭떠러지에서 다시 한발짝을 나가라(百尺竿頭 更進一步)

> 백 길 장대 끝에서도 요동치 않는 이를, (百尺竿頭不動人)
> 깨달았다 하지만 귀하지 않나니. (雖然得入未爲眞)
> 백 길 장대 끝에서 한 발 걸어 나가야, (百尺竿頭須進步)
> 시방세계 비로소 자기 몸이 되리라. (十方世界是全身)

'백척간두에서 다시 한발짝 더 나가라(百尺竿頭更進一步)' 는 화두를 낳은 장사경잠선사의 게송이다.

경잠선사는 조주종심과 함께 남전보원선사의 양대 제자로 호남성 성도인 장사시 녹산사(麓山寺)에서 마조의 선풍을 드날렸던 선장이다. 경잠선사의 화두 '백척간두진일보' 가 1천2백 년 만에 되살아나 중앙일보 지면에서 찬연히 빛을 발했다. 1998년 4월 28일자 중앙일보 지령 1만호 축하 휘호로 중국 인민일보 사오화쩌(邵華澤)사장이 이 화두를 써보내 게재된 것이다. 이 화두는 한마디로 '정상을 향한 도전' 을 뜻한다.

백 길이나 되는 낭떠러지에서 한걸음을 더 내디디면 분명히 떨어져 죽는다. 그러나 우리는 진여라는 절대(絶對)를 체득하기 위해서는 분명히 한번 크게 죽어야 한다. '백척간두진일보' 가 지향하는 구극(究極)은 절대 최상이다. 이때의 죽음은 육체적 죽음이 아니라 분별의식의 소멸을 상징한다.

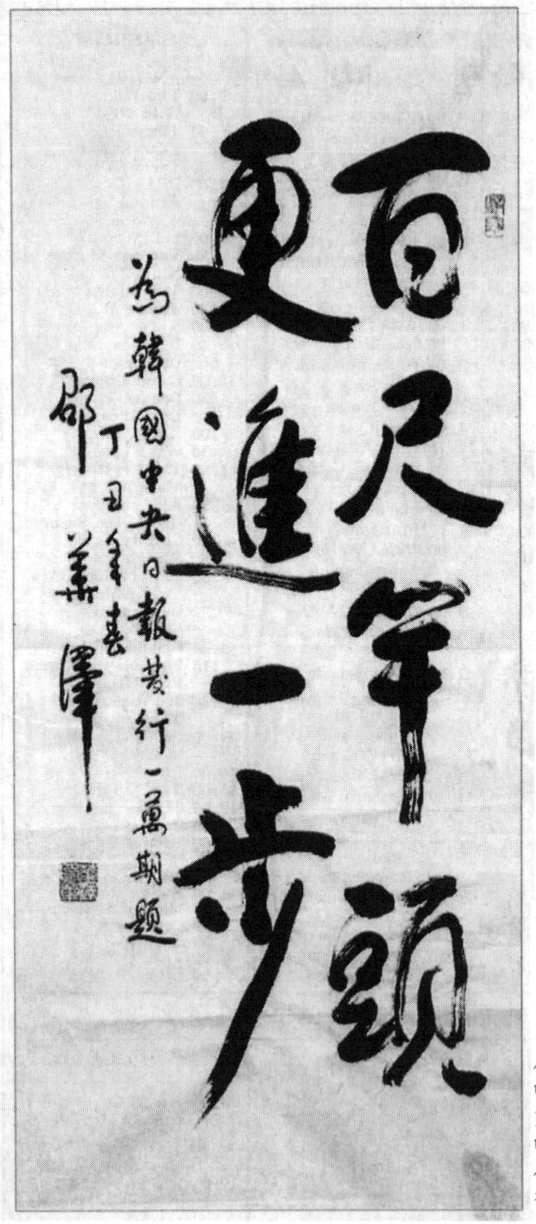

◀ 중국 인민일보사 사오화쩌 사장이 1998년 4월 중앙일보 지령 1만호 발행을 축하하며 써보낸 장사경잠선사의 유명한 화두 '백척간두 경진일보'

산악인들은 히말라야 정상을 정복할 때 흔연히 목숨을 내건다. 정신적 최상의 경지에 도달하기 위해서는 상대적인 분별지(分別智)를 여의지 않으면 안 된다. 절대진여는 언제나 백척간두에서 한 걸음 나아간 곳에 있다.

따라서 백척간두에서 한발짝 나가야만 절대진여에 도달할 수 있으며 우리가 이 절대진여와 맞닿는 순간은 바로 선과 악, 범(凡)과 성(聖)을 2분법적으로 구분하는 분별심이 사멸하는 찰나이기도 하다.

백척간두에서 한 걸음 더 내딛는 것은 단지 겁이 없다는 것을 말하는 게 아니다. 세계는 그 본질이 불생불멸인 우리의 자성(自性)에서 생성되고 구현된다. 마치 옛 중국 천하가 황제의 통치 범주에 들어가 있던 것과 같다. 이처럼 전 우주를 통괄하는 자성은 죽음과 삶을 구분하는 분별의식만 내던지면 천길 낭떠러지에서 한 걸음 나가 떨어져 죽어도 죽는 게 아니다. 흔히 크게 살려면 한번 크게 죽어야 한다고도 말한다.

인간은 신에게 직접 닿는 순간 죽어버린다. 왜냐하면 '절대'라는 것은 '상대'를 절대적으로 거부하기 때문이다. 이는 서구신학과 철학의 논리다. '백척간두'라는 화두도 철학적으로는 이런 의미를 갖는다.

이런 이야기가 있다.

옛날 백발백중의 활솜씨를 자랑하는 젊은 궁수가 중국 황제에게 인간문화재로 지정해주기를 간청했다. 황제는 산속의 한 늙은 궁수에게로 가서 '인정'을 받아오라 했다. 노인 궁수가 젊은 궁수에게 물었다.

"자네는 왜 활과 화살을 가지고 다니나?"

"이상한 말씀을 하십니다. 궁수니까 당연히 가지고 다니지요."

노인은 빙그레 웃으며 움막 뒤 절벽으로 젊은이를 데리고 갔다. 노인은 까마득한 천길 절벽 위를 두 발의 반은 절벽 밖에 둔 채 걸어갔다. 그러면서 젊은이에게 "한 사람 더 걸어갈 수 있는 공간이 있으니 따라오게"라고 했다. 젊은이는 부들부들 떨면서 감히 뒤따를 생각을 하지 못했다.

"무슨 궁수가 그 모양인가."

노인은 이어 "자네는 화살 하나로 새를 몇 마리나 잡나"하고 물었다.

"그야 물론 한 마리지요."

청년은 대답에 이어 "노인장께서는 몇 마리나 잡으십니까"하고 물었다. 마침 새떼가 하늘을 날아가고 있었다.

노인은 젊은이에게 "자네가 숫자를 세어 보게"라며 새떼를 그냥 쳐다만 봤다. 무려 일곱 마리가 떨어졌다. 기가 죽은 청년에게 노인은 한소식을 가르쳐주었다.

"사물을 전체적으로 보면 눈 자체가 화살이 되네. 하지만 아직 절벽 끝을 걸을 수도 없는 처지라면 자네의 궁술은 완벽하다 할 수 없네."

노인은 마음속에 어떤 동요도 없이 절대적으로 현존(現存)하면 그 현존 자체가 화살이 될 수 있다는 무심의 경지를 멋지게 설파한 것이다. 말하자면 노인 궁수는 선의 달인인 셈이다.

대문장가 도연명(365~427)은 줄없는 거문고(沒絃琴·無絃琴)를 벽에 걸어놓고 술이 얼근히 취하면 어루만지며 몰현금의 '소리 없는 음악'을 즐겼다지 않던가. 줄 없는 거문고를 타는 도연명의 음악도 바로 '절대 현존'의 화살이다.

'백척간두진일보' 와 같이 선림(禪林)의 화두나 선문답의 일화들이 고사성어가 된 예는 수없이 많다. '강호제현(江湖諸賢)' '천차만별(千差萬別)' '정저합마(井底蛤蟆)' 등도 선불교에서 유래한 고사성어들이다.

재야의 인재·지식인을 가리키는 '강호제현' 은 강서성 홍주 개원사에 주석하던 마조도일선사와 호남성 남악 형산의 석두희천선사 문하로 구름같이 모여들어 선을 배우던 당대의 수재들을 말한 것이다. 강(江)과 호(湖)는 각각 마조가 있던 강서성(江西省)과 석두가 있던 호남성의 앞 글자고 제현은 수재들을 말한다.

'천차만별' 은 조동종 개산조인 동산양개선사(807~869)의 법어에서, '우물 안 개구리(정저합마)' 는 동산선사의 제자인 둔유선사와 한 납승의 선문답에서 유래한 성어(成語)다.

고녹산사(古麓山寺).

'백척간두진일보' 를 역설한 경잠선사의 체취를 느껴보고자 찾아간 장사시 남쪽 야트막한 산록의 옛 녹산사는 비교적 온전히 보존돼 있는 고찰이었다. 그러나 결론부터 말하면 답사는 대실패였다.

주지실로 갔다. 주지는 40대 초반인데 방문 목적을 말하니 자신은 부임한 지 얼마 안 돼 잘 모른다면서 70대 노승 한 명을 불러 안내토록 했다.

경잠선사 유적 안내를 청했더니 아예 녹산사엔 그런 선사가 주석한 일이 없단다. 앞이 캄캄해진다. 틀림없이 당나라 때 경잠선사가 이 절에 주석했었다고 우겨봤지만 외국인이 어찌 '본토인' 보다 더 잘 알겠느냐는 눈치다. 주지가 마침 호남성 불교협회 발행의 불교계간지를 내밀면서 여기에 '녹산사 특집' 이 있으니 보란다. 이 잡지에도 경잠선사는 안 나와 있다는 투다.

그러나 하늘이 도왔다. 대충 훑어 내려가는데 '장사경잠선사' 이름이 또렷이 나와 있지 않은가. 바로 이 사람이라고 하니까 노승과 주지가 머쓱한 표정이 된다. 아마 그들은 그 특집을 자세히 읽지도 않았던 것 같다.

노승은 기자와 함께 절 경내를 돌다 경잠선사 유적을 찾으려는 기자의 노력이 허사라는 듯 몸이 불편하다며 방으로 들어가버린다. 할 수 없이 우리끼리 뒤져봤다. 마침내 경잠선사의 발자취를 하나 찾아냈다.

호잠당(虎岑堂).

현재 승려들이 숙소로 쓰는 요사에 걸린 편액이다. 장사경잠(長沙景岑)선사의 별명이 '호랑이'였기 때문에 흔히 그의 끝 이름자에 호(虎)자를 붙여 '호잠'이라 불렀다. 그러니까 호잠당은 원래는 경잠선사의 기념관이었던 것 같다. 어쨌든 그의 별명이 오늘에까지 편액으로 전하고 있어 반가웠다.

승려 입주가 일천한 중국 사찰은 자기 절 연혁도 제대로 파악하지 못하고 있는 경우가 적지 않은 게 현실이다.

녹산사 천왕전 전면 양쪽 기둥에는 '한나라·위나라의 최초 명승(漢魏最初名勝)' '호남 제1의 도량(湖湘第一道場)'이라는 글귀가 대련(對聯)하고 있었다. 혹시라도 경잠선사 관련 유적이 더 없을까 해서 절 내를 샅샅이 뒤져 보았다.

그러나 경잠선사 유적은 없고 1천7백 년의 수령을 자랑하는 6조송(六朝松)이 한 그루 있었다. 위진남북조시대에 심은 소나무라니 까마득한 연륜이다.

사찰 담 밖으로 나오니 절 입구에 승모수미좌(僧帽須彌座)형의

▲ 장사경잠선사의 도량이었음을 알려주는 '호잠당(虎岑堂)'이라는 편액이 걸려 있는 녹산사의 승려 숙소.

수나라 때 사리탑이 하나 있었다. 석탑인데 보존 상태가 아주 양호하고 예술적 조형미도 뛰어났다.

절에서 조금 내려오니 당나라 말에 건립 된 유명한 악록서원(嶽麓書院)이 보였다. 호남사대(師大) 안에 위치한 이 서원은 976년 건립된 것으로 한 폭의 그림 같은 단아한 풍광을 이루고 있었다.

녹산사비(麓山寺碑).

악록서원을 구경하다가 뜻밖에 녹산사비를 발견했다. 높이가 6~7미터는 돼 보이는 석비로 당 개원18년(730) 건립된 고비(古碑)다. 이옹(李邕)이 비문을 짓고 쓴 녹산사비는 현재 호남성 성문화재로 지정돼 있고 비문 내용은 녹산사 창건 연기다. 장사경잠선사의 이야기도 비문에 간략히 언급돼 있다. 녹산사비를 발견한 것은

▲ 녹산사 주전각인 관음각은 관음불을 주불로 봉안, 현재는 관음신앙 도량이다.

우연이었다.

역사란 이렇게 끈질기다는 생각에 새삼 나도 모르게 숙연해졌다. 남악에서 돌아오는 길에 들렀기 때문에 피곤하기도 했지만 그저 구경삼아 들렀던 서원에서 이렇게 녹산사비를 볼 수 있었다는 '우연'에 정말 흐뭇했다. 비를 이곳으로 옮겼는지, 아니면 서원자리까지가 녹산사 경내라 원래 비가 섰던 자리인지를 확인할 길이 없어 아쉬웠다.

비문을 탁본해 와서 정독해보고 싶었지만 탁본 준비를 해가지 않았던 터라 후회스럽기만 했다. 악록서원 바로 앞으로는 상강이 유유히 흐른다. 물론 그 옛날의 상강은 아니다. 시멘트 제방으로 말끔히 단장된, 거대한 현대 도시 속의 강이다.

고금이 어우러진 악록서원에서 옛 것을 공부해 거기서 새로운 지식이나 진리를 발견해내는 '온고지신(溫故知新)'을 깊이 생각해 볼 여유도 없이 석양을 등지고 시내 숙소로 차를 몰았다. 능률과 속도에 쫓기는 각박한 현대 문명의 삶이란 이런 것인가보다 싶었다. '녹산사비'라는 좋은 답사 건을 만나고도 요리를 제대로 못했던 주마간산(走馬看山)의 녹산사 답사는 지금도 많은 아쉬움과 미련을 갖게 한다.

3) 두토막 난 지렁이(蚯蚓兩斷)

묻는다 : 지렁이를 두 토막으로 끊으면 두 토막이 모두 움직이는데 불성(佛性)은 어느 쪽에 있습니까.

답한다 : 망상은 해서 무얼 하겠다는 건가!

묻는다 : 그러나 꿈틀거리는데 어찌 하겠습니까.

답한다 : 그대는 어찌 모르는가. 불과 바람 기운이 아직 다 흩어지지 않았기 때문이다.

묻는다 : 어찌 해야 산하와 대지를 돌려서 자기가 되게 하겠습니까.

답한다 : 어찌해야 자기를 돌려서 산하와 국토가 되게 하겠는가.

묻는다 : 알지 못하겠습니다.

답한다 : 호남성(湖南城) 밑은 백성 살기가 좋으니 쌀값이 싸고, 땔감이 풍족하고, 이웃이 그득하니라.

중이 더 이상 말이 없자 경잠선사는 게송을 한 수 읊어주었다.

산하를 돌린다고 누가 묻는가,

산하를 돌리면 누구에게로 향하는가.

원통에는 두 개의 둘레가 없듯이,

법성은 본래 돌아갈 곳이 없네.

(誰問山河轉 山河轉向誰 圓通無兩畔 法性本無歸)

지렁이를 두 토막 내면 양 쪽이 다 꿈틀거린다. 그렇다면 이때 그 불성이라는 것은 대체 어느 쪽에 있을까. '구인양단(蚯蚓兩斷)'이라는 화두는 천진난만한 어린애의 물음 같은 선문답이다. 평범한 시골 일상생활에서 흔히 볼 수 있는 일이며 두 토막난 지렁이를 보고 제기한 의문 역시 아주 하찮아 보일지도 모른다. 선과 동양철학은 전통적으로 이러한 일상생활 속에서 진리를 탐구하는 전통을 가져왔다. 따라서 이 하찮아 보이는 질문 속에는 우주 대도(大道)를 꿰뚫는 범상치 않은 철리(哲理)와 존재의 근원을 들여다보려는 치열한 진리 탐구의 열정이 흘러넘친다.

우선 이 화두를 이해하기 위해서는 불교 유식론(唯識論)에서 말하는 제8 아뢰야식(阿賴耶識)을 이해해야 한다. 아뢰야식은 일명 장식(藏識), 또는 종식(種識)이라고도 하는데 우주 만법을 생성시키는 제7식인 심식(心識)의 종자이며 그 심식을 담고 있는 그릇이다. 쉽게 말해 모든 의식작용의 근원으로 제7식을 일으키는 인자이며 종자다. 따라서 제8 아뢰야식이란 선학(禪學)이 말하는 중생의 심성, 곧 자성·불성과 같은 것이다.

한 마리 지렁이를 두 토막으로 잘라 놓으면 양 쪽이 다 움직이는데 그때 지렁이의 제8 아뢰야식(자성·불성)은 과연 어느 쪽에 있다고 봐야 하는가, 참으로 날카로운 질문이다. 경잠선사는 학인의 질문에 정면으로 답하지 않고 우회적인 화법을 사용, "망상은 해서 무엇하나"라고 대답한다. 전혀 엉뚱한 대답 같아 보인다. 그러나 선의 묘미는 바로 이런 것이다.

경잠이 그 따위 망상을 해서 무엇 하려느냐고 물리쳐도 학인은 끈질기게 물고 늘어지면서 "그래도 두 토막 다 움직이고 있으니 어찌합니까"라며 바짝 조여붙인다. 경잠은 그제서야 지렁이를 포함한 우주삼라만상의 구성요소인 지(地)·수(水)·화(火)·풍(風)이라는 4대 인연 중 불과 바람 기운이 아직 남아 있기 때문이라고 말한다. 학인은 첫번째 대답에서 확연히 깨닫지 못하고 사소한 문제에 매달려 헛짓을 한 셈이다. 선은 활만 들면 화살은 저절로 날아가야 하는데…….

지·수·화·풍은 생멸을 하지만 그 4대 인연의 근원인 자성(불성)은 불생불멸이고, 없는 곳이 없고(無所不在), 모든 사물에 존재하는(觸事而眞) 묘유의 절대적 존재다. 두 토막 난 지렁이의 불성은 양 쪽 모두에 있고 다만 두 토막 모두가 꿈틀거리고 있는 것은 자성의 작용인 화와 풍이 아직도 멈추지 않고 있기 때문이다. 이렇게 말해주어야 알아듣는다면 그 학인은 한심한 둔재다. "망상을 하지 말라"고 했을 때 척 알아들었어야 했는데…….

중국에는 이처럼 연구할 가치가 없는 사소한 일, 쓸데없는 헛수고 등을 가리키는 성어로 '우각첨(牛角尖)'이라는 말이 있다. 학인은 전형적인 우각첨의 도로(徒勞)에 매달린 둔재다. 지렁이는 두 토막으로 잘려도 그 몸뚱이를 형성하고 있는 지·수·화·풍이라는 4대 인연이 아직 산화(散化)한 건 아니다. 그래서 움직일 수 있다. 이는 제8 아뢰야식이 가지고 있는 능력이며 작용이다. 그러나 그것이 아뢰야식의 궁극적인 본체는 아니다. 아뢰야식은 본질적으로 불생불멸이다.

학인은 지렁이를 두 토막 냈느냐 안 냈느냐, 움직이느냐 안 움직이느냐라는 단(斷)과 부단(不斷), 동(動)과 부동(不動)에 집착한 채 제8아뢰야식(자성)의 본체인 동정일여(動靜一如) · 생사일여(生死一如)를 보지 못하고 있는 것이다.

경잠선사는 한 학인과 지렁이 문답을 하기에 앞서 같은 성격의 문제인 '열반(涅槃)'에 대해 호월(晧月)이라는 화상과 거량을 할 때 『수능엄경』을 인용, 다음과 같이 설파한 바 있다.

"수능엄경에 말하길 시방이 가없음(十方無邊)을 알면 허공은 부동(不動)이면서 동요하고, 지 · 수 · 화 · 풍과 6대(六大 : 만유를 생성하는 원소인 지 · 수 · 화 · 풍 · 공 · 식)는 그 성품이 참으로 원융하기 때문에 모두가 여래장(如來藏)이고 본래 생과 사가 없느니라"라고 했다.

제8아뢰야식은 가없는 우주와 같이 광대무변이어서 일체를 주워 담을 수 있는 용량을 가진 배낭이다. 또 그 생명력은 불생불멸이다. 그러한 제8아뢰야식이 세계 안에 자리를 틀고 앉으면 공간이라는 게 있게 되고, 동요(動搖)와 4대가 있게 되며 4대와 동정이 작용해 6대를 합성해 낸다. 이러한 아뢰야식의 작용이 바로 '변화'다.

아뢰야식의 작용에 의해 무상한 변화가 일어나지만 그 변화 속에도 부동불변하는 것이 존재하는데 이를 소위 '자성'이라 한다. 아뢰야식은 이처럼 동중부동(動中不動)이고 움직이지 않는 가운데 움직임이 있는 공능(功能)을 가지고 있다.

경잠선사가 두 토막 난 지렁이의 불성 소재를 묻는 학인에게 가르쳐주려 한 소식은 바로 동과 부동을 초월한 절대 존재인 '자성'

의 본체였다. 생사와 입출(入出)이 자재한 자성본체는 만유(萬有)에 편재하며 동과 부동이라는 분별에 구애되지 않는다. 학인이 지향하고 있는 도인의 경지가 바로 이런 것일진대 그 기초가 되는 도의 편재를 모른 채 새삼스럽게 묻고 있다니 전혀 기본이 안 돼 있고 헛수고를 해도 한참 하고 있는 딱한 무지렁이가 아닌가. 경잠이 이 화두에서 설파하고 있는 '동정일여론(動靜一如論)'에 깊이 천착하기 위해서는 '구인양단'에 앞서 그 중과 거량한 선문답을 살펴보아야 한다. 좀은 장황하지만 한번 살펴보자.

묻는다 : 어떤 것이 문수입니까.

답한다 : 담벽 위의 기와다.

묻는다 : 또 관음보살은 무엇입니까.

답한다 : 음성과 어언(語言)이다.

묻는다 : 어떤 것이 보현입니까.

답한다 : 중생심(衆生心)이다.

묻는다 : 부처는 어떤 모습입니까.

답한다 : 중생의 육신이 바로 부처다.

'구인양단'이라는 선화는 장사경잠선사와 한 중의 이와 같은 법거량에 계속된 선문답이다.

문수 · 관음 · 보현은 부처의 3대 제자로 불도(佛道)의 경지가 아주 높은 보살이다. 문수는 부처 이전 7불(七佛)의 하나였다가 그 화신(化身)이 중생을 깨우쳐주는 지혜 제일의 부처님 제자로 환생했다는 전설 속의 보살이다. 문수보살은 사자를 타고 있는 모습으로 곧잘 형상화하는데 '사자'는 무엇에도 비할 바 없는 법력의 맹위(猛威)를 상징한다. 사자가 한번 포효하면 모든 짐승의 뇌가 파열된다고도 하니 그 위력은 가위 백수(百獸)의 왕이다. 관음보살은 천하의 음성을 가만히 앉아서도 다 알아듣는 뛰어난 청력(聽力)을 가지고 있어 곤경에 처한 중생이 그 이름만 부르면 소리를 듣고 달려와 구원해주는 신통력이 있다.

보현보살은 수행증득의 제일인자로 코끼리를 타고 있다. 경잠선사는 위대한 법력의 소유자인 문수보살을 하찮은 '담장 위의 기와', 관음과 부처를 각각 범부의 음성과 육신이라고 했다. 이는 법력은 이 세상 안에 충만해 있으며 불법이 존재하지 않는 곳이 없음을 비유한 것이다. 이 세상 만물 모두가 가없는 부처님의 법력을 설하고 있고 불법은 없는 곳이 없다는 도(道)의 만물편재론이다. 승조대사의 '촉사이진'(觸事而眞 : 현실 그대로가 진리), 축도생·남양혜충국사의 '무정설법'(無情說法 : 돌과 바위 같은 무정물도 불법을 설함)과 전적으로 같은 맥락이다. '도무소부재론'(道無所不在論 : 도는 없는 곳이 없다)은 노장철학을 비롯한 중국 전통철학의 진리관으로 도는 만물에 두루 존재한다는 사상이다. 중은 경잠선사가 말하는 바를 이해하고는 계속해 다음과 같이 물었다.

> 묻는다 : 왜 갠지스강의 모래알과 부처라는 게 있고 모래알들과는 달리 각각의 부처 이름이 있습니까.
>
> 답한다 : 눈과 귀, 마음은 각기 보고 듣고 생각을 일으킬 수 있는 고유의 근성을 가지고 있기 때문이다. 눈으로 보고 능히 볼 수 있는 눈의 본래 성품에 돌아오면 문수고, 귀로 듣고 귀의 본 성품에 돌아오면 관음이며, 마음으로 생각을 일으키되 생각을 일으킨 본래

의 마음 자리로 돌아오면 보현이다. 그래서 문수는 눈으로 관찰하는 지혜 제일이고, 관음은 무조건적인 대자비이며, 보현은 인위적인 조작 없이 불위(不爲)의 묘행을 행하는 3대 성인이니라. 대 성인은 모두가 불성의 표현이며 부처란 3대 성인의 근원인 진체(眞體)다. 그래서 모래알들과는 달리 문수·관음·보현이라는 이름이 있고 현상이 근본(본체)으로 돌아가면 오직 한 분인 석가세존만이 존재하느니라.

중은 또 다시 물었다.

묻는다 : 당신께서 말하는 바 세계에는 진체(眞體)가 있을 뿐이며 그 진체가 허다한 현상계를 파생시키고 있다는 것을 충분히 알겠습니다. 그렇다면 왜 불가에서는 현상이 곧 본체고 (色卽是空), 본체가 곧 현상(空卽是色)이라고 합니까. 그 문제는 어떻게 이해해야 되겠습니까.

답한다 : (경잠선사는 다음과 같은 게송을 지어 답했다.)

막힌 곳이 담벽이 아니오, 통한 곳이 허공이 아니다.
어떤 사람이 이렇게 통달하면,
마음과 물질은 본래 같음을 안다.
(礙處非墻壁, 通處沒虛空. 若人如是解, 心色本來同.)
(경잠선사는 또다시 게송을 지어 설명해주었다.)
불성이 당당하게 드러났는데, 성품에 머무른 유정은

> 보지 못한다. 중생이 '나' 없음을 깨달으면, 내 얼굴과 부처님 얼굴이 무엇이 다르랴.
> (佛性堂堂顯現, 住情有性難見. 若悟衆生無我, 我而何如佛面)

앞의 게송은 마음(본체)과 물질(현상)의 관계를 설한 것이다. 불가의 『반야경』이 말하는 '색즉시공 공즉시색'은 일종의 객관적 존재론이다. 객관적 존재(현상)는 모두가 어떤 조건적 인연의 취합에 따라 형성된 것이다. 따라서 그와 같은 결합 조건이 끝나면 현상을 이룬 조건들이 흩어져버리고 공(空)이라는 본체만 존재하게 된다. 모든 물질 세계는 바로 이 '공'에 의해 생겨나는 것이다. 이것이 바로 마음과 물질의 존재론적 관계이며 색즉공(色卽空), 공즉색(空卽色)을 이해하는 열쇠다. 즉 하나의 생각을 일으키면 우주 삼라만상이 전개되고, 그 하나의 생각을 접어버리면 삼라만상의 본체인 공으로 돌아가는 게 물질세계라는 것이다.

경잠이 "애처비장벽, 통처몰허공(礙處非墻壁 通處沒處空)"을 통해 밝히고자 한 것은 청정하지 못한 심지(心地)가 담벽을 장애물로 느끼게 하는 취합과 분산(사물의 형성과 해체)의 인연을 부정하고 있다는 것이다. 마음을 통해 발동하는 6식 작용이 외계의 객관적 존재를 만들어내지만 그와 같은 마음의 작용은 언제나 마땅히 안식(眼識), 이식(耳識)의 근원인 공으로 되돌아가고자 한다. 따라서 객관적인 모든 존재는 인연에 따라 형성됐다가 인연에 따라 흩어져 없어진다. 이른바 '제행무상(諸行無常)'이다.

두 번째 게송은 본체(마음)와 현상(물질)의 관계를 보충 설명한 것이다. 즉 세계는 '불성(佛性)'에서 하나로 통일이 된다. 외부의 물질을 초월한 마음이 돌아가는 곳은 바로 불성이다. 마음이 불성으로 회귀하면 부처의 본체와 하나가 된다. 이것이 바로 무아(無我)다. 불성이란 모든 물체를 초월해 홀로 고고히 존재하는 게 아니라 일체의 만법(萬法)에 두루 나타나 있다. 따라서 처처(處處)에 있는 불성을 보게 되면 눈과 귀의 성품에 머무는 유정은 필요없게 된다. 이것이 바로 범인이 깨달음의 경계에 이른 것이다. 중은 이어 물었다.

> 묻는다 : 제6, 제7, 제8식(識)이 모두 형체가 없거늘 어찌해서 제8식을 굴려 일체를 꿰뚫는 대원경지(大圓境地)를 이룬다 합니까.
>
> 답한다 : (경잠선사는 한 수의 게송을 지어 답했다.)
> 7식은 하나가 멸함으로써 나고, 하나가 멸함은 7식을 내게 한다. 하나가 멸하여 멸함이 사라지면, 6식과 7식은 영원히 변천하지 않네.
> (七生依一灰, 一灰持七生. 一灰灰亦灰, 六七永無遷)

불교 유식학은 눈·귀·코·혀·몸·의식(眼耳鼻舌身意)을 6식이라 하고 여기에 말나식(末那識)과 아뢰야식(阿賴耶識)을 더해 제7식, 제8식이라 한다. 앞의 다섯 가지 식은 구체적으로 5관(官)을 통해 보고 듣는 등의 유형적 감관작용이다. 보고 들어 사물을 지각하는 5관 뒤에는 세 가지 식이 있다. 5관의 지각작용은 산란하고 일정불변이 아니다.

다섯 가지 지각 기관이 활동을 정지한 다음에도 인간은 의식적 활동을 지각할 수 있다. 즉 의식을 일으키는 뿌리가 있어 잠을 자는 동안에도 사유활동은 계속되는데 꿈이 그 대표적인 예다. '말나식'은 의식을 번역한 한자어로 불가에서는 이를 진의식(眞意識)으로 인식하기도 한다. 인간의 의식작용은 제7식에 의해 일어나는데 제7식을 일명 가의식(假意識)이라고도 한다. 아뢰야식은 일명 장식(藏識)·종식(種識)이라고도 하는데 바로 정신분석학의 무의식이다. 제8식은 만상(萬像)을 수장한 용기로 만법을 생성하는 심식(心識)의 종자다. 3세(世) 인과의 기초도 바로 제8식이다.

제7식은 아견(我見)·아만(我慢)·아치(我痴)를 일으켜 '3아'라는 번뇌를 일으킨다. 그러나 제8식인 아뢰야식의 본신(本身)은 원래 번뇌란 없기 때문에 앞의 일곱 가지 오염된 번뇌를 저장해도 자신은 늘 청정하다. 중생이 모두 불성을 가질 수 있는 것도 이와 같은 아뢰야식이 존재하기 때문이다.

이른바 '수행'이란 것도 아뢰야식으로 하여금 오염된 모든 의식작용을 깨끗이 제거, 아뢰야식 본래의 청명한 자성(自性)을 드러내게 하는 것이다. 이것이 바로 중이 묻고 있는 "제8식을 굴려 대원경지를 이룬다"는 것이다.

경잠선사가 이 물음에 답으로 제시한 게송의 '일회(一灰)'도 제8 아뢰야식을 가리키고 있다. 앞의 두 구는 제8식과 일곱 가지 의식의 관계를 말한 것이고 뒤의 두 구는 제8식이 멸한 후에는 일곱 가지 의식은 불생불멸임을 밝히고 있다. 그래서 선사들은 참으로 깨치려면 제8 아뢰야식까지도 흔쾌히 버려야 한다고 거듭 역설한다. 말하자면 제8 아뢰야식의 소멸은 부주열반(不住涅槃)의 절대공(絶對空)으로 들어가는 백척간두 진일보의 완벽한 깨침을 상징하는 것이다.

이 선문답에 이어 중이 경잠선사에게 물은 게 '구인양단'이다.

답은 두 토막 난 지렁이 양쪽 다에 불성이 있다. 현상계로 보면 동과 정, 이쪽과 저쪽의 구별이 있지만 불성이라는 진여당체가 지배하는 동정일여(動靜一如)의 세계에서 보면 모든 존재의 근원인 자성은 어디에나 편재하고 불생불멸이다.

4) 바늘 한개에 석자의 실(一口針三尺線)

경잠선사가 일상생활이 바로 진리라는 '평상심시도'에 관한 설법을 마치니 한 중이 거량했다.

묻는다 : 화상께서는 누구의 법을 이어 받았습니까.

답한다 : 나는 누구의 법도 계승하지 않았다.

묻는다 : 학인들이 와서 화상께 묻고 배우기는 합니까.

답한다 : 나 스스로 묻고 배울 뿐이다.

묻는다 : 아니 화상 문하에 이렇게 많은 학인들이 버젓이 참학하고 있는데도 화상 혼자서 참학하고 있을 뿐이라니 이해할 수가 없습니다.

답한다 : (경잠선사는 다음의 게송을 지어 답했다.)

허공이 만상에게 물으니,
만상이 허공에게 답한다.
누가 친히 듣겠느냐,
나무 인형 총각이다.
(虛空問萬象, 萬象答虛空, 誰人親得聞, 木叉丱角童.)

경잠선사가 설파하고자 하는 것은 원래 불법의 근원은 가르칠 것도, 배울 것도 없는 본래무일물(本來無一物)이라는 불도(佛道)의 본질이다. 대도(大道)는 허공과 만상 가운데 함께 존재한다. 따라서 진정한 참학(參學)이나 설법은 허공과 만상 사이에서 실현되기 때문에 사람은 아무 법이 없이도 만상을 인식한다. 허공이 설법을 하거나 입을 벙긋거린다는 것은 불가능하다. 나무인형(木叉)은 타고 난 본래부터의 물건으로 허공 안에 있는 만상 중의 한 가지이며 '관각동(丱角童)'은 미성년자를 가리킨 것이다. '관'자는 장가들기 전 총각들이 머리를 양쪽으로 땋아 내린 모양을 형용한 글자다. 따라서 관각동만이 허공 속 만상을 안다는 얘기는 무지·무식자도 허공 만상 가운데 무위자연으로 존재하면 대도와 합일을 이룰 수 있다는 암시다. 다시 말해 불법진리란 논리적 분석이나 철학적 사변을 통해 가르치고 배워서 깨닫는 게 아니라 인위적 작위(作爲)를 떠나 자연스럽게 이해해야 하는 '무위법(無爲法)'이라는 얘기다. 무위법은 곧 평상심을 뜻한다.

평상심에 관한 경잠선사의 설법을 들어보자.

묻는다 : 어떤 것이 평상심입니까.

답한다 : 잠이 필요하면 자고, 앉을 필요가 있으면 앉는다.

묻는다 : 잘 모르겠습니다.

답한다 : 더우면 서늘하게 하고, 추우면 불을 쬔다.

묻는다 : 그러면 자연 가운데 존재하는 도체(道體)란 어떤 것입니까.

답한다 : 바늘 한 개에 석 자의 실이다.

묻는다 : 그것을 어떻게 이해해야 되겠습니까.

답한다 : 익주(益州)의 베(布)와 양주(楊州)의 비단이다.

경잠선사의 "졸리면 잠자고, 앉을 필요가 있으면 앉는다(要眠卽眠 要坐卽坐)"는 대답은 졸리면 잠을 자고 앉고 싶으면 앉는 것이야말로 자연 대도를 따르는 일이며 고삐에 끌리거나 코를 꿰어서 피동적으로 하는 일이 아닌 진정한 자유를 설파하고 있다. 중이 진정한 불법진리란 이처럼 자연 대도를 따라 행하는, 걸림 없는 절대자유라는 가르침을 이해하지 못하자 경잠은 역시 똑같은 문법(文法)의 "열즉취량 한즉향화(熱卽取凉 寒卽向火)"를 예시한다. 한마디로 자연의 순리를 따르는 것이 곧 평상심이라는 얘기다.

중은 그제서야 알아차리고 자연 대도의 본체는 어떤 것이냐고 한발짝 진보한 질문을 던진다.

경잠은 아주 간단 명료하게 구체적 사례를 들어 설명해준다. 흔히 보듯 짧은 바늘(평상심)에 3자나 되는 긴 실(현상계)을 꿰어 사용한다. 그런데 그 실은 동식물의 섬유를 방적(紡績)해 만든다. 또 익주의 면포나 양주의 비단은 실을 한올 한올 방직(紡織)해 짜낸다. 이는 실을 방직해 비단이 나오듯이 진정으로 노력을 쌓아가면 비단과 같은 성경(聖境)의 평상심이 출현한다는 것이다.

대호(大虎)·초현(招賢)·대충(大虫)등의 별명을 가졌던 당나라 선림의 거목 장사경잠선사의 선풍은 격렬한 방(棒)이나 할(喝), 예리한 기봉(機鋒)을 사용하지 않으면서 선리(禪理)를 깊이 분석, 해부해 내는 묘(妙)를 보인 게 특징이다. 경잠선은 고양이를 단칼에 두 토막 낸 '남전참묘(南泉斬猫)'가 보여준 스승 남전보원선사의 격렬함이나, 법형제인 조주종심선사가 발휘한 날카로운 기봉이나 달변의 구순피선(口脣皮禪)과는 전혀 다른 가풍이다.

경잠의 불법 성제(聖諦)에 대한 깨달음은 아주 투철하고 정확해 불도(佛道)를 설파하는 그의 논리와 분석은 선림을 풍미했다. 또 그의 불법진리에 대한 뛰어난 논석(論析)은 그 명쾌함을 누구도 당해낼 수가 없었다. 그래서 그의 선풍은 참으로 '호랑이(大虫)'가 8방(八方)을 제압하는 위풍을 드날렸다.

경잠의 가풍을 좀더 살펴보자. 경잠선은 범인(현상계)에서 성인(본체계)으로 올라가고 성인에서 범인으로 내려오는 범입성(凡入聖), 성입범(聖入凡)의 입출이 아주 능란했다. 이처럼 형이상(形而上)과 형이하(形而下)를 한 순간에 뒤바꾸는 묘기에서는 조주선사와 난형난제(難兄難弟)였다.

> "내가 만일 여러분에게 늘 설법만 하면 법당 앞의 풀이 한자나 자라게 될 것이다."

경잠선사의 호남성 장사 녹원(鹿苑) 개당설법이다. 한마디로 불법 진제(眞諦)는 언설을 빌려 설명하는 게 불가능하다는 얘기다. 세속적인 진리나 속계(俗界)의 도는 설법이 가능하지만 불법과 같은 대법(大法) 진리는 설명이 불가능하다는 게 선종의 전통적인 진리관이다.

선가는 형이하(凡)에서 형이상(聖)으로 뛰어오르는 '범입성'을 '높은 산봉우리에 홀로 앉아 있는 것(獨上孤峰)'에 비유한다. 반대로 '성입범'은 '양민이 산도둑이 되는 것(落草爲寇)'에 비유한다.

경잠이 설법에서 말한 선당 앞의 잡초는 바로 이 '낙초위구'를 뜻한다. 경잠은 "잡초가 한 길이나 자랄 것이다"라는 설법을 통해 고고한 철학적 사변이 풍미하는 성계(聖界)로부터 지상의 속계(俗界)로 내려와 세속 중생을 널리 제도하겠다는 의사를 밝히고 있다. 경잠이 말한 "초심일장(草深一丈)"은 이미 '낙초'로 반속(返俗), 한 사람의 평범한 중생으로 속세에 투신했음을 뜻한다.

경잠의 개당설법은 다음과 같이 이어졌다.

"시방세계가 온통 사문의 눈이요, 시방세계가 모두 사문의 전신(全身)이요, 시방세계가 온통 자기의 광명이요, 시방세계가 자기 아닌 사람이 없다. 내가 늘 말하길 3세 제불과 법계 중생이 모두 마하반야의 광명이라 했는데 생명으로 태어나기 전의 그대들은 어디에 있었는가. 광명이 있기 전에는 부처와 중생의 징조도 없거늘 산하대지는 어디서 생겨났단 말인가.

경잠의 법문이 끝나자 한 중이 거량했다.

묻는다 : 어떤 것이 사문의 눈입니까.

답한다 : 길고 길어서 드러낼 수 없느니라(長長出不得). 부처나 조사가 되어도 드러낼 수 없고 6도윤회(六道輪回)를 하여도 드러낼 수 없느니라.

이어진 경잠의 법문은 불가에서 늘 말하는 '내 마음이 바로 우주고, 우주는 곧 내 마음'이라는 얘기다. 사람과 우주가 동일체라는 선가의 만물일체사상(萬物一體思想)은 인간세계 위에 별도로 존재하는 기독교의 '하느님' 신앙과는 전혀 다른 동양의 전통사상이다.

경잠이 중과의 거량에서 말한 "길고 길어서 드러낼 수 없다(長長出不得)"가 뜻하는 바는 시방세계 밖의 것은 볼 수 없다는 뜻이다. 다시 말해 불법이라는 큰 법은 인간의 감관과 의식으로 이해되는 범주를 뛰어넘는 '성제'라는 것이다. 경잠은 "부처나 조사가 돼도 드러낼 수 없다"는 보충 설명을 통해 우주 삼라만상의 존재 근원인 대도(大道)의 오묘함을 논리적으로 밝혔다. 대도의 세계에서는 범이니 속이니, 현명함이니 어리석음이니를 논하는 일이 있을 수 없다. 누구도 그 깊은 세계는 드러내 보일 수 없다.

거량은 다음과 같이 이어졌다.

묻는다 : 드러낸다는 것이 무엇이기에 할 수 없다 합니까.

답한다 : 낮에는 해를 보고 밤에는 별을 본다.

묻는다 : 잘 모르겠습니다.

답한다 : 높은 산이 푸르고 푸르구나.

대도가 펼치는 우주세계의 낮은 태양을, 밤은 별을 볼 수 있게 한다. 부처도, 조사도, 6도 윤회의 중생도 모두 다 낮에는 해를 보고 밤에는 별을 볼 수 있을 뿐이다. 대도의 본질은 이처럼 절대평등이다. 따라서 대도 앞에서는 중생과 부처가 절대평등이고 하나일 수밖에 없다.

사문(깨달은 자)의 눈은 평범한 일면과 비범한 일면을 가지고 있다. 높은 산의 산색(山色)은 푸르고 푸르다. 그렇다면 눈이 푸르게 보는 것인가, 원래의 산색이 푸른 것인가.

별을 본다는 것은 주인(主)과 손님(客)이 있기 때문이고 물체(대상)와 나를 둘로 나누어 놓았기 때문이다. 사문의 진정한 법안(法眼)에서는 푸른 것은 스스로 푸른 것이고 색깔은 스스로가 있는 것이다. 다시 말해 보는 눈과 보이는 대상은 하나이면서 둘이고 둘이면서 하나다. 쉽게 말해 본래가 푸른 것을 푸르게 보는 게 진정한 법안이다. 푸른 색을 붉은 색으로 보는 것은 색맹이고 제정신이 아닌, 미친 놈이다. 범부도 성인도 자연 대도를 따라 낮엔 해를, 밤엔 별을 보는 것이야말로 성과 속은 둘이 아니고 하나라는 불가의 중도사상(中道思想)을 간명하게 드러내 보여주는 명쾌한 논리적 · 분석적 설명이다.

지금까지 '장장출부득'이라는 경잠의 화두를 통해 그의 뛰어난 논석(論析)의 일면을 살펴보았다.

> 묻는다 : 남전선사께서 입적하신 후 어디로 가셨습니까.
>
> 답한다 : 동쪽 집에서는 나귀가 되고 서쪽 집에서는 말이 됐다.
>
> 묻는다 : 그 뜻은 무엇입니까.
>
> 답한다 : 타려면 타고 내리려면 내린다.

경잠선사와 한 중의 거량으로 '남전사후거료나리(南泉死後去了哪里)'라는 화두를 낳은 선문답이다.

경잠의 첫번째 대답은 그의 스승인 남전선사가 생존 당시 "천화(遷化)하신 후 어디로 가시려느냐"는 한 학인의 물음에 "아랫마을 시주집의 한 마리 농우가 되겠다"고 했던 것을 제자가 받들어 모신 것이다. 경잠이 말하는 나귀와 말을 곧이곧대로 남전이 축생으로 태어난 것으로 이해해서는 안 된다. 경잠은 이런 표현으로 오히려 스승 남전선사를 높이 평가하고 있다. 말하자면 가장 비천한 것을 빌려 가장 고귀한 것을 드러내보이는 역설적 상징이며 비유법이다. 부처는 일체 중생 가운데 있고 일체 중생이 불성을 소유하고 있다. 따라서 중생이 곧 부처다. 그렇기에 부처가 없는 곳이 없다.

이와 같이 불도와 하나가 된 남전선사라면 그가 없는 곳이 없어야 한다. 다시 말해 부처가 된 남전이라면 나귀와 말의 불성으로 편재해야 한다. 이처럼 경잠은 선사들이 거듭 갈파해온 "도는 없는 곳이 없다(道無所不在)"를 멋진 논리로 설파한다.

경잠의 두 번째 대답은 자유자재한 불도의 활동을 상징한 것이다. 성과 속을 들고 나는 임운자재(任運自在)한 도인의 삶은 말을 타고 싶으면 타고 내리고 싶으면 내리는 절대자유를 향유한다.

> 묻는다 : 남전선사는 천화 후 어디로 갔습니까.
>
> 답한다 : 석두희천선사가 어린 사미시절 6조대사를 찾아가 뵌 일이 있다.

임제의현선사 문하의 삼성혜연선사가 수(秀)라는 상좌를 보내 경잠에게 참문케 한 선문답이다.

경잠은 대답에서 '헐후어법(歇后語法)'으로 멋들어진 암시를 한다. 헐후어란 말의 뒷부분을 생략하고 앞부분만으로 뜻을 암시하는 멋진 은어적 표현법이다. 경잠이 말한 석두희천의 6조 참문은 "사(思)자를 찾아가거라(尋思去)!"고 한 6조의 대답을 생략하고 있다. 경잠의 대답은 생략된 "찾아가거라"를 통해 "수상좌, 네 스스로 가서 찾아보라(自己去尋思)"는 암시다. 성불(成佛)은 각자가 자기 자신을 성찰하는 가운데서 물을 마셔보고 차고 더움을 스스로 알듯이 냉온자지(冷溫自知)의 실존적 체험을 통해 이루어진다. 따라서 남전은 남전이고, 수상좌는 수상좌일 뿐 남전의 일을 왈가왈부하는 건 수상좌의 깨달음에 전혀 도움도 안 되고 하등 관계도 없는 일이다. 경잠이 혈후어법의 암시를 통해 최종적으로 이르고자 하는 결론은 '네 자신을 성찰하라(Know yourself!)'다. 남전 천화 후의 일(견성)은 말로는 설명할 수 없다. 따라서 그런 문제는 자신의 직접적인 체험을 통해서만 해결할 수 있다는 것이다. 선사들은 본래 성불은 스스로가 하는 것이지 누구의 도움이나 가르침으로 되는 게 아니라는 점을 누누이 강조해왔다.

경잠도 결론적으론 이 점을 설파하고 있는데 설법 속에 관통하고 있는 논리와 분석 · 비유법이 아주 명쾌하다. 일가를 이룬 경잠의 가풍이 그의 스승 남전과 법형제 조주의 명성에 묻혀 별로 주목을 받지 못한 것은 못내 아쉬운 점이기도 하다.

●메모

위치 : 호남성 장사시 교외

교통 : 시내서 6킬로미터

유적 : 호잠당(虎岑堂) 편액, 악록서원(녹산사 인근) 등

협산 영천선원

— 협산선회선사

1) 협산의 경계(夾山境界)

묻는다 : 어떤 것이 협산의 경계입니까.

답한다 : 새끼 안은 원숭이 청장령 뒤로 돌아가고, 새들은 꽃잎을 물고 와 벽암천 앞에 내려앉는다.

(猿抱子歸靑嶂裏 鳥啣花落碧巖前)

한 중이 협산 영천선원(속칭 협산사)에 주석하고 있는 협산선회(夾山善會 : 805~881)선사를 참문한 선문답이다.

중의 물음은 '선회선사의 깨달은 경지를 보여달라' 는 뜻을 함축하고 있다. 여기서 협산이라는 장소를 뜻하는 산 이름은 선회의 깨달은 경지를 상징한다. 물론 '협산' 은 선회선사를 가리키는 인명이기도 하지만 중은 협산의 자연경치를 비유해 선회라는 사람의 깨친 경지가 어떤 것이냐고 묻고 있다. 선문답은 이처럼 은유법을 즐겨 사용한다.

경계(境界)라는 말은 원래 산스크리스트어에서는 고카라(Gocara), 또는 비사야(Vishaya), 가티(Gati)라고도 하는데 어떤 행위가 발생할 수 있는 '영역'이나 '장(場)'을 의미한다. '고카라'는 소들이 풀을 뜯어먹기도 하고 노닐기도 하는 목초지를 뜻한다. 즉 소들이 그들의 삶을 위한 목초지를 갖고 있듯이 인간도 자신의 내적 삶을 영위할 영역, 또는 장을 나름대로 갖고 있다. 그러니까 자신의 삶을 이끄는 세계관, 가치관이 바로 그 사람의 '경계'다.

협산선회선사의 대답은 멋진 시 한 구절이다. 협산사 뒤 청장령에는 원숭이가 노닐다가 새끼를 안고 돌아가고 있고, 절 남쪽의 물맛이 기가 막힌 벽암천 앞에는 꽃잎(불법진리)을 입에 문 새들이 내려앉고 있는 협산의 풍경을 사실적으로 묘사하고 있다. 선회는 지금 자신이 살고 있는 협산의 풍경을 한껏 즐거운 마음으로 수용하고 있을 뿐이다. 이처럼 담담한 선회선사의 마음속에는 자못 잔잔한 시흥(詩興)마저 감돌고 있다.

선학적으로 풀이한다면 선이 목표하는 임운자연(任運自然)의 경지에서 주객(사람과 자연)이 하나가 돼 두두물물이 그대로 실상임을 온몸으로 느끼며 살고 있는 도인의 경지다. 선회가 말하는 임운자연은 한 시대 앞서 우두종의 천주산 숭혜선사(?~779)가 토로했던 깨침의 경지이기도 했다(제2권 '천주산 숭혜도량' 참조).

묻는다 : 달마가 서쪽에서 와서 전하려 한 불교의 근본정신은 무엇입니까.

답한다 : 흰 원숭이 새끼 안고 푸른 산봉우리에서 왔다갔다 하고, 벌과 나비는 푸르른 꽃술 사이에서 꽃을 쪼아

먹는다. (白猿抱子 來靑峰 蜂蝶銜花 綠蕊間)

한 중이 묻고 숭혜선사가 답한 선문답이다. 숭혜는 불법진리를 자신이 머물고 있는 삶의 장에서 펼쳐지고 있는 자연 풍광을 빌려 멋지게 설파했다. 흰 원숭이 · 푸른 산봉우리 · 벌과 나비 · 푸르른 꽃술 등이 자연의 조화 속에서 우주섭리를 따라 펼쳐지는 천주산 정경이야말로 눈앞에 나타나 있는 생동감 넘치는 불법 세계가 아닌가. 불교 진리는 여기서 우주 삼라만상이 모두 있어야 할 자리에 있으면서 조화하고 하나로 일치되는 자연의 섭리로 구체화하고 있다. 중국 선불교는 이처럼 사변적인 인도불교를 노장사상에 접목시켜 관념적 불법을 육안으로 보고 귀로 들을 수 있는 실재(實在)의 형상으로 제시했다. 선은 한편에선 천재를 대상으로 한 고도의 사변적, 주관적 유심론에 탐닉하면서 또 다른 한편에선 특유의 문학성을 발휘해 불법진리를 눈앞의 자연현상에 비유, 가시화시킴으로써 대중들로 하여금 쉽게 이해할 수 있게 하는 민중친화적인 면모를 보였다.

우선 절이 위치한 호남성 상덕지구 석문현은 외국인 출입 제한 지역이었다. 가는 날 아침에야 겨우 호남성 공안국(경찰청)에 차를 대고 기다려 중국 공안부 출입관리국이 발행하는 '외국인 여행증'을 받았다. 꼭 가보고 싶은 고찰인데 못 가게 될까 조마조마했던 근심이 확 풀렸다. 이 선찰은 협산선사뿐 아니라 원오극근선사가 동아시아 선문의 제1서(書)로 지금도 선승들이 교과서로 삼는 『벽암록』을 편저한 곳이기도 하기 때문이었다. 우선 방장 명선(明禪) 화상을 만나 화두 '협산경계'를 물었다. 그는 뒷산 봉우리를 가리키며 저게 '청장령(靑嶂嶺)' 이고 벽암은 1.5km쯤 가면 노천 온천수가 나오는 '벽암천' 이 있는데 거기에 있는 큰 바위라고 한다. 이는 청장과 벽암이 실재하는 지명이라는 얘기다. 그런데 지금까지 한국·일본 등에서 출판된 선종 서적들은 거의 모두가 '청장' 을 푸른산, '벽암' 을 푸른 바위라고 번역해왔다. 물론 시적으론 이게 더 근사하기도 하다.

어쨌든 기자도 이 얘기를 듣기 전까지는 '푸른산' '푸른바위' 로만 알고 있었다. 아예 협산사 소개서는 시의 '청장리' 를 청장령(靑嶂嶺), '벽암전' 을 '벽암천(壁巖泉)' 으로 써놓았다. 방장의 설명을 듣고나니 지금까지의 번역들이 화두가 상징하는 의미엔 상관없는 '하찮은 것' 이었다 하더라도 바로잡는 게 좋겠다는 생각이 들었다. 기자는 백문이 불여일견(百門不如一見)임을 새삼 확인하는 큰 수확을 거두었다. 모든 피로가 깨끗이 사라지며 현장답사를 통해 얻는 이런 수확이 나름으론 소중하기만 했다.

'협산경계' 라는 화두를 낳은 선회선사의 '원포자귀 청장령, 조함화락 벽암천(猿抱子歸靑嶂岭 鳥啣花落碧巖泉)' 이 나온 기연(機緣)에는 여러 가지 설이 있다.

첫째는 이미 앞에 예시한 『전등록』 등의 선종어록에 나오는 선회선사와 한 중의 문답이다.

둘째는 선회선사가 협산에 탁석(卓錫)하고 뒤의 청장령 풍광과 물맛이 일미인 남쪽의 벽암천에 반해 읊은 제구(題句)라는 것이다.

셋째는 선회가 스승 덕성선자(德誠船子)선사를 만나 개오한 후 "이제 어디로 가면 좋겠습니까" 하고 묻자 '원포자귀 청장령, 조함화락 벽암천' 인 곳으로 가라고 이른 데서 유래했다는 설이다.

선회는 스승이 제시한 곳을 찾아 여러 산중을 행각하다가 협산에 이르러 청장령과 벽암천을 보고는 '아, 바로 이곳이다' 하고 주석했다는 것이다. 제2, 제3의 전설은 밀접한 관계를 갖고 있다. 즉 선회가 스승의 암시를 따라 찾아낸 곳이 협산이고 찾아 헤매던 법석(法席)장소를 발견, 주석하게 되자 기뻐서 한 수 시를 읊은 것이라면 앞뒤가 그럴 듯하게 들어맞는다.

'협산경계'에 등장하는 원숭이에 관해서는 다음과 같은 설화가 전해오기도 한다.

옛날에 손락(孫烙)이라는 사람이 원(袁)씨 부인을 얻어 딸 둘을 낳은 후 서주로 이사를 해 살았다. 원씨 부인이 어느 날 협산사로 놀러가고 싶은 생각이 일어 협산사를 찾았다. 그는 협산사 중을 만나자 끼고 있던 자신의 옥팔찌를 풀어 건네주면서 "이 팔찌는 원래 협산사 물건이었습니다"라고 했다. 이때 협산사 앞의 소나무 밑에서 놀고 있던 원숭이들이 몰려와 원씨 부인을 환영했다. 원씨는 측은한 표정으로 절벽에다 시를 한 수 썼다.

> 끝없는 변화가 스러지고,
> 내가 입은 은혜에 마음 뭉클하네.
> 그러나 도반(道伴) 좇아 산으로 되돌아감이 가장 좋거늘,
> 긴 휘파람소리(원숭이 울음소리)에 노을만 깊어진다.

원씨는 시를 다 쓰고난 후 붓을 땅바닥에 내던지고는 한 마리 늙은 원숭이로 변해 떠나가버렸다. 이를 본 한 노승이 "옛날에 내가 원숭이 한 마리를 키울 때 고역사(高力士 : 역사는 천자를 받드는 시종관)가 와서 비단 한필을 내놓고 원숭이 목에 걸려 있는 옥팔찌를 바꾸어 갔는데 그 원숭이가 보이지 않은 지 20년이 됐다"고 말

했다. 『속 세설(續 世說)』 『이원록(異苑錄)』 등에 나오는 설화다.

이는 협산사 노승이 키우던 원숭이가 원씨 부인으로 환생했다가 다시 원숭이가 돼서 산속으로 돌아갔다는 얘기다. 『석문현지(石門縣志)』는 선회선사의 '원포자귀청장령, 조함화락벽암천'은 바로 이 전설을 말한 것이라고 기록하고 있다.

협산의 흰 원숭이(白猿)에 대해서는 또 이런 전설도 있다. 당나라 때 황제 시종관 고역사가 미녀 선발차 협산사에 들렀다가 한 노승이 목에 옥팔찌를 낀 흰 원숭이를 키우는 걸 보고 마음속에 환희심이 일었다. 고역사는 그 원숭이를 자기한테 보내달라고 간청, 장안으로 데리고 갔다. 그런데 어느 날 원숭이가 달아나버렸다. 고역사는 병졸을 도처에 보내 원숭이를 찾으려고 수소문했지만 끝내 찾지 못했다. 이때 장안에는 두 딸을 둔 아주 금실 좋은 부부가 살고 있었는데 하루는 부인이 남편에게 "결혼한 지도 여러 해 지났으니 함께 친정집이나 다녀오자"고 제의했다. 남편도 쾌히 응낙하고 온 가족이 여정에 올라 며칠을 걸어가다가 석문 협산사에 이르렀다. 부인은 남편한테 "잠깐만 여기서 기다리시오. 내 절에 들어가 차 좀 한잔 얻어마시고 나오겠소"라고 말하곤 절로 들어갔다. 절에 들어선 부인은 곧바로 노승한테로 달려가 말했다.

"친정 부모를 뵙고자 친정을 가는 여자입니다. 갈증을 느끼던 차 마침 보찰(寶刹)을 만나 이렇게 찾았으니 노승께서 자비를 베푸시어 차 한잔만 주신다면 고맙겠습니다."

노승은 행자를 불러 차 한잔을 가져다 주게 했다. 여인은 차를 마신 후 끼고 있던 옥팔찌를 풀어 노승에게 건네주면서 "이것은 원래 절의 물건이었으니 이제 원주인에게 돌려드립니다"라고 말했다. 그리고는 절 담벽에 앞에 소개한 7언절구의 시 한수를 썼다.

노승이 시를 읽어보고 옥팔찌를 자세히 보니 옛날 흰 원숭이 목에 걸려 있던 바로 그 옥팔찌였다. 절 밖을 내다보니 한 남자가 두 아이를 데리고 서 있었다. 남자는 노승을 보더니 달려와 "차를 얻어먹으러 들어온 여인이 없느냐"고 물었다. 노승은 한 손을 들어 청장령을 가리키면서 "그 여자는 이미 저 산마루 뒤로 넘어가버렸다"고 했다. 남편이 그 쪽을 바라보니 한 떼의 원숭이가 있는데 그 중 단 한마리인 흰 원숭이는 깊은 밀림 속으로 달려가고 있었다.

흰 원숭이에 대한 전설의 구도도 앞에 소개한 것과 똑같다. 전설에 나온 옥팔찌와 흰 원숭이는 각각 보리(깨달음·지혜), 불법(도·자성)을 상징한다. 그러니까 백원 이야기는 범부가 깨달음을 얻고 자성 회귀하는 한 편의 멋진 드라마다.

원오선사가 『벽암록』을 편저한 방장실에 달았던 '벽암'이란 편액이 있느냐고 했더니 유실돼 없다며 또 한수 가르쳐준다.

송대 임제종의 거목인 그는, 방장실에서도 썼지만 주로 벽암천 바위 밑 토굴에서 노천 온수인 벽암천 샘물로 차를 달여 마시며 『벽암록』을 집필했다고 한다. 이것도 지금까지 기자가 알고 있던 '방장실 집필'이라는 코딱지 같은 '지식'에 견문을 넓혀주는 희소식이 아닐 수 없었다. 급한 마음에 벽암천으로 달려가보고 싶었지만 우선 경내를 돌아봤다.

방장이 직접 안내에 나서주었다. 절은 문혁 때의 훼손 부분을 완전 복원, 말끔했다. 절 문에서 천왕전까지의 방생지 위에 놓인 굴곡형 돌다리 구곡교(九曲橋)는 한 폭의 그림 같기도 했다. 원오의 『벽암록』에 못지 않은 또 하나의 명성은 바로 협산사가 '다선조정(茶禪祖庭)'이라는 점이다. 협산선사가 설법중 '다선일미(茶禪一味)'를 설파했고, 후일 원오선사가 이를 휘호로 써 편액에 새겨 놓

▲ 원오극근선사가 바위 동굴에서 '벽암록'을 쓸 때 차를 달여 마셨다는 노천 온천수 샘물인 '벽암천'은 현재 표지판까지 세워 잘 보존하고 있다.

▲ 협산사 승려들과 지역 사대부들이 모여 붓글씨를 쓴 후 붓을 빨았다는 연못인 협산사 천왕전 왼쪽 세묵지(洗墨池).

았었는데 그의 제자 중 한 사람인 일본 승려가 그 편액을 일본 나라 대덕사(大德寺)로 가져가 현재 사찰 보물로 소장하고 있다고 한다.

대웅전 앞마당에는 자연석 바위에 원숭이·새 등의 조각을 올려놓아 화두 '협산경계'를 양 쪽으로 재미있게 형상화해 놓았다. 선당과 조사전은 축성중이다. 벽암천으로 가다가 탑림(塔林)에 들렀다. 선회묘탑에는 '당선회비구대화상묘(唐善會比丘大和尚墓)', 원오묘탑에는 '송불과원오극근진각대선사탑(宋佛果圓悟克勤眞覺大禪師塔)'이라는 탑명이 붙어 있다.

모두 93년 복원한 전탑인데 선회는 4면 3층, 원오는 6면 3층이다. 두 탑 모두 청대에 훼멸됐으며 사리탑이었다고 한다. 원오 묘탑 복원비는 일본 임제종 구택대학이 화주를 했다.

벽암천은 둥근 언덕 밑에서 온천수가 물방울을 일으키며 솟아오르는 맑디 맑은 2개의 샘인데 옆으론 내가 흐른다. 원오선사가 『벽암록』을 집필했다는 바위 굴은 지금은 바위가 내려앉는 바람에 막혀 보이지 않는다. 이 밖에도 협산사는 산문에서 절까지의 거리가 10여리나 돼 말을 타고 다녔다고 해서 '기마관문(騎馬關門)'이란 별칭이 붙었다. 협산선사가 처음 개산할 때는 식인(食人)이 살고 있었다고도 전해온다.

협산사를 창건한 협산선회선사는 남악법계와 함께 선종 양대 산맥의 하나인 청원법계에서 선기(禪機)가 걸출한 선승으로 꼽히는 당나라 때 선지식이다. 그는 남악법계의 백장회해선사 법제자인 위산영우 문하에 있었으나 기질이 맞지 않아 뛰쳐나와 청원법계인 덕성선자화상의 법제자가 됐다.

협산선회선사가 깨치는 과정을 보자.

2) 협산의 깨침(夾山省悟)

묻는다 : 어느 절에 있는가.

답한다 : 절에 머물지 않습니다. 머문다면 닮을 수가 없게 되지요.

묻는다 : 오, 닮지 않는다고. 그렇다면 그 닮지 않는다는 것은 무엇을 닮지 않는다는 건가.

답한다 : 눈앞에 보이는 물건은 닮은 게 없습니다.

묻는다 : 어디서 배운 지식인가.

답한다 : 눈과 귀로 능히 얻을 수 있는 것이 아닙니다.

묻는다 : 한마디 말에 말뚝에 묶인 당나귀 신세가 돼버렸군.

답한다 : (협산선회는 아무 대꾸도 못했다.)

묻는다 : 천자 되는 실을 드리우는 것은 깊은 못 속에 뜻이 있는데 세 치의 갈구리를 떠난 경지를 속히 말해봐라. 말해봐!

답한다 : (협산이 입을 열어 말을 하려고 하자 덕성은 갑자기 노를 들어 협산을 강물 속으로 밀어버렸다.)

묻는다 : (협산이 물을 잔뜩 먹고 겨우 배위로 기어 올라오자 다시 물었다.) 말을 해라, 말을 해!

답한다 : (협산이 다시 무슨 말인가를 하려 하자 덕성은 또 노를 들어 협산을 강물 속으로 밀어넣었다. 협산은 그제야 활연대오하고는 물 위로 떠올라 머리만 세 번 끄덕였다.)

'협산성오(夾山省悟)' 라는 화두를 낳은 덕성선자선사와 협산선회의 선문답이다. 난해하면서도 재미있는 선가의 과격성과 단호함을 보여주는 선화(禪話)다.

우선 이 선문답이 이루어지는 사연과 협산의 스승인 덕성선자(德誠船子)를 알아보자.

덕성은 운암담성·도오원지선사와 함께 청원-석두-약산으로 이어진 청원법계 약산유엄선사(751~834)의 3대 제자 중 한 사람으로 어느 선사들에게서도 보지 못한 돌출의 가풍을 지닌 선지식이었다. 그는 약산선사 밑에서 수행을 끝내고 떠날 때 다른 두 명의 사형제에게 말했다.

"당신들은 일방(一方)에 나가 약산의 종지(宗旨)를 선양하게. 나는 절의 주지가 돼 법석을 열고 차분히 교화할 성정(性情)이 아니네. 그러니 나 같은 사람이 주지를 하면 죄만 짓게 되지. 나는 산속으로 들어가 자연의 정취나 즐기며 소요자재하겠네. 후일 두 형제가 내가 있는 곳을 알게 되거든 영리한 후생(後生)이나 한 사람 보내주게나. 그러면 그로 하여금 약산의 종지를 동서에 크게 전파하게 하겠네. 내 어찌 노사(老師)의 은혜를 저버리겠나."

덕성은 약산(호남성 진시 상화향 약산촌)에서 사형제(師兄弟) 운암·도오와 작별 인사를 나누고 떠나 수주 화정(현 상해 송강)으로 내려가 나룻배 사공을 하면서 살았다. 이래서 사람들은 그를 '뱃사공을 하는 중(船子和尙)'이라 불렀다. 중국에서는 뱃사공을 선자, 또는 도자(渡子)라 한다. 덕성은 송강에서 세월을 낚는 강태공처럼 사람들이 나타나면 태워 건네주면서 자적(自適)했다. 강을 건너는 사람이 없으면 강가에 앉아 강물을 마주하고 좌선하면서 강물에 비친 자신의 그림자와 벗하곤 했다. 덕성의 정확한 생몰연대는 미상(未詳)이지만 그의 법형제들 생몰연대로 미루어볼 때 8세기 후반

~9세기 중반의 인물로 추정된다.

덕성이 이렇게 소요자재하고 있을 때 그의 법형제(法兄弟)인 도오원지선사(769~835)가 어느 날 협산선회가 주석하고 있는 경구(현 진강시)에 갔다가 마침 설법중인 협산의 상당법어를 들었다.

묻는다 : 어떤 것이 법신입니까.

답한다 : 법신은 상(相)이 없다.

묻는다 : 어떤 것이 법안입니까.

답한다 : 법안(法眼)에는 한 티끌도 없다.

법문에 이어 협산과 한 중이 거량한 선문답이다. 맨 뒷자리에 앉아 협산의 법문과 거량을 듣고 난 도오원지선사가 일어나 나오면서 한바탕 박장대소를 했다. 도오의 대소(大笑)는 협산의 법문이 맹인이 맹인을 인도하는 꼴의 강경(講經) 수준임을 비웃는 야유였던 것이다.

협산은 이렇게 망신을 당하자 법상 아래로 달려와 도오를 붙들고는 "내 법문의 어디가 잘못돼 조소를 하느냐"면서 한소식 가르쳐주길 청했다. 도오는 "자네가 말한 것이 틀린 게 아니라 단지 눈 밝은 선지식의 가르침을 받지 못한 것이 문제일세"라고 가르쳐주었다. 이는 협산이 설한 강론적 설법으로는 절대로 돈오를 통해 깨닫는 도리를 얻을 수 없다는 얘기다.

협산은 "그렇다면 어느 곳에 가야만 크게 깨칠 수 있는 선지식을 만날 수 있는지 제발 좀 가르쳐 달라"고 애원했다.

도오는 이때 화정에서 뱃사공을 하고 있는 사형제 선자화상이 헤어질 때 '제자가 될 만한 재목 하나만 구해 보내달라"던 이야기를 잊지 않고 협산에게 화정선자화상을 소개했다. 협산은 이미 그 당시 개당설법을 하고 있는 어엿한 주지였다. 뿐만 아니라 그의 명성도 꽤나 널리 알려진 터였다. 그러나 협산은 도오가 "그에게 가면 자네한테 필요한 가르침을 줄 것이네"라고 말하자 감사의 예를 표하고 그 길로 화정선자에게로 달려가 참문했다.

'협산성오'라는 화두를 낳은 선문답은 이렇게 시작됐다. 그러면 이제 덕성과 협산의 선문답이 뜻하는 바를 살펴보자.

협산의 첫번째 대답 "사즉부주(寺卽不住), 주즉불사(住卽不似)"는 상당한 선기(禪機)가 번뜩이는 대꾸다. 출가승은 무릇 지수화풍(地水火風)의 4대에도 머물지 않거늘 어찌 절이라는 한 곳에 머물 수 있단 말인가. 다시 말해 모든 것은 계속 변화한다는 화(化)의 원리를 따르며 공(空)에 머무는 것조차를 거부하는 선승의 부주열반(不住涅槃)이라는 구극의 경지에서 볼 때 한낱 사찰에 주(住)한다는 건 어린애 잠꼬대에 불과한 허망일 뿐이다. 그래서 선지식들은 공이라는 열반에 안주하는 낙공(落空)을 거듭 경계해왔다. 협산의 대답은 절에 눌러앉아 있어서는 조사의 경지와 같은 무여열반(無餘涅槃)에 도달할 수 없지 않느냐는 공격적 반문이기도 하다.

덕성은 닮지 않는다면 이미 그 목적어가 되는 대상이 있어야 하는데 그게 무엇인지 내놔보라고 다그쳤다. 덕성의 다그침은 조사나 부처를 자신과 떨어져 있는 별개의 것으로 대상화시켜 놓고 있는 협산의 '분별심(分別心)'을 비호같이 낚아챈 반격이다.

선에서는 모든 망상의 근원인 분별심을 떨어버리는 게 수행의 알파이며 오메가다. 따라서 '……를 닮을 수 없다'는 협산의 대답은 자신과 대상을 분리해 놓은 분별심의 소산으로 선리(禪理)에 전혀 맞지 않는다.

협산은 덕성의 반격에 "불시목전적동서(不是目前的東西)"라고 응수, 닮지 않으려는 행위의 대상이란 물체와 같은 구체적 형태가 없는 것이기 때문에 눈과 귀로는 인식할 수 없다고 설명했다. 협산의 대답을 좀더 부연하면 조사의 본질인 그것(불성 · 자성)은 이미 협산 본인에게 내재한다는 얘기다. 이 대목에서는 협산의 대답이 선리에 딱 들어맞는 설명이다.

이에 덕성은 "한마디 말로 말뚝에 매인 당나귀 신세가 돼버렸다"고 눈을 가늘게 뜨고 협산을 쏘아붙였다. 이는 네가 지금 그럴듯하게 말장난을 하고 있지만 그 정도는 남들이 한두 마디 지껄인 말에 묶여 있는 당나귀에 지나지 않는다는 야유다. 덕성은 협산의 처지를 '말뚝에 묶여 있는 당나귀 신세'에 비유, 모욕적인 힐난을 퍼부음으로써 더이상 나, 덕성과 논쟁할 자격이 없음을 깨닫게 해 다시는 아무 대꾸도 할 수 없게끔 했다. 덕성은 여기서 입으로 나불거리는 협산의 관념적 알음알이(지식)를 옴짝달싹 못하도록 결박해 놓았다. 마치 당나귀를 말뚝에 매어 놓듯이.

덕성은 이제 다른 이야기를 꺼내 협산을 떠본다.

"천자나 되는 실을 드리우는 것은 깊은 못 속에 뜻이 있는데 세치의 갈구리를 떠난 경지를 속히 말해보라. 말해봐!"

덕성의 말은 스스로 추구해 얻고자 하는 바나 또 스스로 빠져들고자 하는 경계를 모두 대상화한 뒤에는 결국 그것들과 가깝지도, 멀지도 않은 일정한 거리를 유지해야 한다는 뜻이다. 즉 있는 듯 없는 듯한 진공묘유(眞空妙有)의 상태에 대해서는 왜 언급을 하지 않느냐는 추궁이다. 덕성의 이러한 물음은 도오원지선사 앞에서 '법신무상(法身無相)'이라고 법문했던 협산을 일격에 쓰러뜨리고 만다. 왜냐하면 상이 없다는 무(無)에 집착하고 있는 협산의 법문은, 선승의 진정한 깨침은 무와 유를 다 버리는 중도(中道)의 진리를 체득하는 것일진대 진정한 선리와는 천리만리나 떨어져 있는 엉터리 '땡중'의 설법에 지나지 않기 때문이다.

협산이 덕성의 다그침에 막 입을 열어 무슨 말을 하려는 찰나 덕성은 갑자기 노를 들어 협산의 머리를 한 대 내리치고는 그대로 떠밀어 강물에 빠뜨렸다. 협산이 물을 잔뜩 먹고 배 위로 기어 올라오자 덕성은 한방 때린 효과를 검증해보고자 또 "말을 해봐라, 말을 해!"라고 했다. 협산은 아직도 관념적인 망상을 박살내고자 한 방 친 덕성의 구타를 수용하지 못한 채 언어문자에 매달린 설명을 하려 한다. 그래서 덕성은 협산이 다시 입을 열려 하자 또 노를 들어 강물 속으로 밀어넣었다.

협산은 두 번째 빠지고서야 깨달았다. 이번에는 머리가 물 위로 떠오르자 말은 하지 않고 그저 머리만 세 번 끄덕여 덕성이 깨우쳐주고자 하는 바를 알았다고 응답했다 덕성은 그제서야 노를 내밀어 협산을 끌어내주었다.

협산선회선사가 진정한 깨침에 이르는 경위를 말해주는 화두 '협산성오'가 뜻하는 선학적 의미에 좀더 천착해보면.

한 사람이 뱃속에 담고 있는 학문과 지식, 머리로 이해하는 부처에 대한 지식들은 내던졌다 거둬들이는 선학적 변증법을 통해 존재의 바탕을 철견, 무엇에도 걸림 없는 절대자유를 행사할 수 있는 '지혜'로 연결되지 않으면 아무 쓸모 없는 것이 되고 만다. 협산이 덕성에게 한방 얻어맞고 강물에 빠져 생사의 갈림길에 놓였을 때 '법신무상' '법안무아'라고 떠들던 그의 지식들은 이미 먼 곳으로 날아가버린 무용지물이었다. 강물에 빠진 그에게는 오직 살기 위해 몸부림치는 처절한 실존적 투쟁이 있었을 뿐이다. 덕성이 협산을 강물 속으로 밀어넣은 의도도 바로 이런 것이다. 도의 경지에서 보면 인간은 정신으로 산다. 그러나 그 정신은 언제나 실존적 자아와 연결돼 있을 때에만 살아 있는 정신이다.

불가에 '삼제탁공(三際托空)'이라는 경계가 있다. 즉 모든 망념을 떠난 차원을 말하는 삼제탁공에 이르는 길은 몽둥이 한 대면 해결된다. 덕성이 노로 협산을 내리치고 강물 속으로 밀어넣은 행위 속에는 협산을 삼제탁공으로 안내하려는 깊은 뜻이 담겨 있었던 것이다. 그러면 덕성이 의도한 삼제탁공 속으로 들어가보자.

협산은 강물에 빠졌을 때 자신이 지닌 '법신무상'이라는 지식에 의지하지 않고 그저 살려는 본능에 따라 헤엄을 쳐 배 위로 올라오지 않았는가. 인간은 이처럼 본성(순리)에 따라 행동하면 되는 것이다. 물에 빠진 상태로 제아무리 법신무상을 떠올려본들 무슨 소용이 있겠는가. 인간은 자연의 섭리를 따르는 본능에 의지할 때 망념이 무너져내려 어떠한 돌발적인 상황에 빠지더라도 본성을 따라 자연스럽게 행동하게 된다. 물속에 빠진 협산이 바로 이를 웅변해주는 생생한 증거다. 따라서 삼제탁공의 '탁공'이 담고 있는 진정한 의미는 바로 학문·지식에 의해 생겨난 장애를 걷어치워버리고 본능적인 몸부림에 의해 생명의 자성(自性)이 스스로 나타나게끔 하는 데 있다.

협산이 그처럼 갈구한 '법신무상'의 경계도 이와 같은 선리에서 보면 결코 멀리 떨어져 있는 게 아니었다. 그는 바로 자신 안에 내재하는 '깊은 연못'과 일체가 됨으로써 살아 숨쉬고 있는 생명의 자성을 볼 수 있었다. 그래서 그는 다시 입을 열어 도(道)를 이야기하지 않게 됐고 언어보다 더욱 강력한 신체동작을 통해 다른 사람에게 말을 할 줄 알게 됐다. 덕성이 "천자 되는 실을 드리우는 것은 깊은 연못 속에 뜻이 있는데……"라고 말한 심담(深潭)은 바로 도, 자성을 상징한다.

협산은 두 번째 물에 빠졌다 올라와서는 온몸이 젖은 것엔 전혀 개의치 않고 덕성에게 물었다.

> 묻는다 : 실과 낚싯바늘을 한꺼번에 빠뜨리면 어떻게 됩니까.
>
> 답는다 : 그 실이 푸른 물에 떠내려가도록 내버려 둬라. 물에 뜨든지 가라앉든지 그저 내버려 둬라.

협산의 물음은 연못과 일체가 된 후에도 다시 낚싯줄을 걷어올릴 필요가 있느냐는 것이다. 즉 이는 협산이 이제 자기는 도와 합일을 이루어 일체 '무위의 욕구(열반·해탈)' 까지도 벗어버리게 됐다는 암시다.

덕성의 대답은 도의 최고 경지를 상징한다. 즉 도의 최고 경지에서는 무엇 하나 취할 바 없으며 버릴 것도 없다. 취할 것도 버릴 것도 따로 없는 경지는 삼라만상을 다 담고 있는 경계다. 덕성이 "낚싯줄이 물에 흘러가도록 내버려 두라"는 대답을 통해 협산에게 가르쳐주고자 하는 '한소식' 은 열반이라는 공(空)에만 머물라는 얘기가 결코 아니다.

선가는 "말이 아무리 심오한 내용을 담고 있더라도 결국 도에 이르지 못하고 혀로 아무리 이야기 해봐야 말할 수 있는 것이 없다"는 진리관을 강조한다. 이는 노장(老莊)과 같은 맥락이다. 아무리 깊은 뜻을 담은 언어라도 심오한 경계 자체에는 이를 수 없으며 아무리 많은 말을 해도 말을 하지 않은 것과 같다. 현묘(玄妙)한 도는 어떠한 언어문자로도 설명이 불가능한 언어도단(言語道斷)

의 경지라는 얘기다. 불교의 반야공관(般若空觀)에서는 공(空)에 유(有)가 있으나 유 또한 공이다. 여기서 유와 공은 같다는 등식이 성립돼 '색즉시공 공즉시색(色卽是空 空卽是色)'의 원리가 나온다.

협산은 대답을 듣고나서 말했다.

"말을 해도 말할 수 있는 것이 없습니다."

덕성은 그제서야 만족한 표정을 지으며 감탄의 한마디를 토했다.

"온 강바닥을 누비며 낚시를 한 뒤에야 결국 금비늘을 낚게 됐구나."

협산의 말은 이제야 옳게 체득한 견성을 내보인 것이다. 말하자면 선생님의 강의를 어떻게 이해했는가를 정리한 학생의 요약이다. 덕성은 협산의 깨친 바에 흡족하다는 뜻으로 온종일 낚시를 드리워도 아무것도 건지지 못하다가 급기야 금비늘(대어)을 낚았노라고 말한 것이다.

협산은 덕성이 이렇게 말하자 두 귀를 막고 듣지 않겠다는 시늉을 했다. 그러자 덕성은 "그렇지, 그렇지!"하면서 더욱 만족해 했다. 협산은 근기가 날카로운 사람이었다. 또 원래부터 불교의 교학적 기반을 갖춘 인물이었기 때문에 선법(禪法)을 바로 깨칠 수 있었다.

덕성선자선사는 제자 협산이 깊이 깨치고 나자 이제 네 갈 길을 가라고 일렀다. 학생 협산은 스승의 말씀을 받들어 더이상 머물지 않는 게 당연했다. 협산이 떠나려 하자 덕성은 일렀다.

"네가 이제 가면 몸을 감추는 곳에는 종적이 없을 것이며, 종적이 없는 곳에는 또 몸을 숨기지 말지니 유에도 머물지 말며 공에도 집착하지 말라. 내 약산선사 문하에서 30년을 지내는 동안 이와 같은 이치를 깨달았으니 너도 지금부터는 성안에 머물지 말고 심산유곡에 들어가 가르칠 만한 인재를 얻어 가르치고 약산의 법맥이 우리 대에서 끊기지 않게 하면 될 것이니라."

선림의 관례인 이른바 전법부촉(傳法付囑)이다. 협산은 스승의 부촉을 듣고는 아직도 물이 뚝뚝 떨어지는 옷자락을 여미고 길을 떠났다. 협산은 한 걸음씩 발걸음을 옮기면서도 자꾸만 고개를 돌려 스승을 바라보며 못내 아쉬워했다. 그러자 덕성이 소리쳤다.

"이 녀석아!"

협산이 고개를 돌려 쳐다보자 덕성은 노를 추켜들면서 말했다.

"내가 아직도 너에게 가르쳐주지 않은 게 있다고 생각하느냐."

덕성은 이 말을 끝내자 마자 스스로 자신의 배를 뒤집어 물속으로 사라져갔다. 아주 극적인 영화의 한 장면 같은 얘기다. 끝내 물속으로 사라진 덕성선자선사의 '죽음'은 제자 협산을 일으켜 세우려는 결심과 믿음의 표출을 상징한다. 불씨(법맥)가 전해져 내려가면 됐지 겉의 불빛(스승)이 꺼지고 말고는 그 다음 문제인 것이다. 선가의 법맥 전승은 이렇게 치열하고 존엄한 의미를 갖는다.

끝으로 한 가지 사족을 붙여 둘 것은 덕성이 협산에게 부촉하는 말 가운데 "네가 몸을 감추는 곳에는 종적이 없을 것이며, 또 종적이 없는 곳엔 몸을 숨기지 말지니라(藏身之處沒踪迹 沒踪迹處莫藏身)"는 대목이 선종 서적들에 따라서는 "원포자귀청장령, 조함화락벽암천(猿抱子歸靑嶂岭 鳥啣花落碧岩泉)"으로 돼 있다는 점이다. 두 가지 다 인적이 드문 깊은 산속을 상징한다. 따라서 뜻하는 바에는 문제가 될 게 없다. 그러나 협산선회선사가 협산에 주석하게 되는 사연은 후자인 '원포자귀청장령'이 훨씬 더 피부에 와 닿는다. 또 이럴 경우 '협산경계'라는 화두가 협산선회 이전 덕성선자선사에게서 이미 제시됐다고 볼 수 있다. 그러나 이 점도 별문제가 아니다. 왜냐하면 화두 '협산경계'의 새끼 안은 원숭이와 새가 잎에 문 꽃잎은 각각 우주섭리를 따르는 자성에 바탕한 불법의 '대자대비'와 아름다운 진여당체의 '불법진리'를 상징한다고 볼 때 이는 모든 선지식이 지향하는 바고 가르침이기 때문이다. '협산경계'는 덕성이나 선회가 다같이 도달해 있는 불법세계고 깨달음 후의 긍정에서 얻은 현상계인 것이다. 한소식한 선사라면 마땅히 협산에 펼쳐지고 있는 자연적 풍광을 기꺼이 수용해야 한다.

3) 2년 동안 똑같은 메뉴(二年同一春)

묻는다 : 오늘 점심공양 메뉴는 뭐냐.

답한다 : 2년 동안 똑같은 메뉴입니다.

협산선회가 위산의 영우선사 밑에서 전작(典作 : 절의 식량을 관리하는 소임)을 맡고 있을 때 위산이 어느 날 재당 앞을 지나다 협산과 나눈 선문답이다. 화두로는 '2년 동일춘(二年同一春)'이라 한다.

선은 이처럼 오고 가면서 나누는 일상적 대화에 깊은 선지(禪旨)를 담는 '상징성'에 아주 뛰어난 귀재다. 위산영우선사는 협산의 대답을 듣고는 이렇게 말했다.

위산 : 일 열심히 하거라. 이 호랑이 같은 놈아!

협산 : 용이 봉황의 둥지에서 자고 있습니다.

'2년 동일춘'의 춘(春)은 일종의 절 음식 이름이다. 따라서 협산의 대답은 매일 똑같은 음식만 먹고 산다는 것으로 생활의 질박함과 검약함, 그리고 항상 변함없는 불법진리의 항상성(恒常性)을 상징한다. 불법은 바로 이와 같이 간단한 식사를 하는 속에 들어 있다는 뜻이기도 하다. 협산이 '2년 동일춘'이라는 대답을 통해 최종적으로 드러내 보이고자 하는 소식은 2년 동안 늘 똑같은 메뉴처럼 자신의 용맹정진이 계속되고 있다는 것이다. 위산은 네가 그런 정도라면 호랑이라 할 만하다는 뜻으로 "이 호랑이 같은 놈아"라고 했다.

협산선회선사는 광동성 광주 출신인데 속성은 요(寥)씨였고 어려서 호남성 담주(현 예현) 용아산으로 출가했다. 그는 스승 덕성선자화상을 만나기 전 위산의 영우선사 문하에서 참선수행을 한 후 강소성 진강부 경구로 내려가 법석을 열었다. 그러나 깨침이 철저하지 못해 도오원지선사로부터 조소를 당하고 덕성선자화상을 찾아가 다시 가르침을 받아 확철대오했다. 그러니까 남악법계 마조—백장—위산의 법사였다가 청원법계 석두—약산—덕성의 자손이 된 것이다. 말하자면 법맥의 호적을 바꾸는 파란을 겪은 셈이다.

이와 같이 아버지(스승)를 바꾼 협산선회선사의 법맥 교체는 이미 그가 위산에게 '용숙봉소(龍宿鳳巢)'라고 한 대답을 통해 예시됐던 것이다. 협산이 위산선사에게 "용이 봉황의 둥지에서 자고 있습니다"라고 한 것은 용 같은 자신의 기질에는 봉황 같은 위산의 가풍이 맞지 않는다는 암시다. 원래 위산의 가풍은 면밀하고 친절하며 조용한 게 특징이다. 협산은 일찍이 그러한 위산 가풍이 자기에게는 맞지 않다는 걸 스스로 감지하고 있었던 것이다. 결과적으로 마침내 과격한 덕성선자를 만나 물속에 두 번씩이나 처박히면서 자신의 체질에 딱 들어맞는 생사 기로를 헤매고서야 확철대오했다.

선회선사가 협산에 주석할 때의 일화로는 식인종인 주야인(周野人)을 항복시켜 귀의케 했다는 재미있는 전설이 전해오고 있다.

선회가 송강에서 스승 덕성선사와 작별하면서 "어디로 가서 주석해야겠습니까"하고 묻자 덕성은 "원숭이가 새끼를 안고 청장령 뒤로 돌아가고, 새들은 꽃을 물고 벽암천 앞으로 내려와 앉는 곳"을 찾아가라고 일렀다. 선회는 스승의 말을 마음속 깊이 간직한 채 북쪽으로 올라와 자신이 한때 머물렀던 호남성 일대를 행각하면서 청장령과 벽암천이 있는 곳을 찾아보았다. 어느 날 협산에 이르러 주위를 살펴보니 고목노림(古木老林)이 우거지고, 계곡이 아주 깊고 조용해 한동안 앉아서 휴식을 취했다. 이때 앞산에 원숭이가 무리를 지어 나무 위를 오르내리며 놀고 있었는데 그중 어미 원숭이 한 마리가 새끼를 껴안더니 산고개 너머로 달려가는 정경이 눈에 들어왔다. 선회의 마음속에서는 잔잔한 파도가 일면서 바로 여기가 내가 머물러야 할 곳이라는 생각이 들었다. 또 마침 새 한 마리가 꽃잎을 물고 선회 머리 위를 날아 지나가더니 얼마

안 가 그 꽃잎을 땅위에 떨어뜨렸다. 선회는 일어나서 꽃잎이 떨어진 곳으로 달려가 보았다. 높지도 낮지도 않은 곳인데 이끼 낀 푸른 바위들이 병풍처럼 서 있고 바로 그 바위 밑에는 더운 온천수가 보글보글 물방울을 일으키며 올라오는 맑은 샘물이 있었다.

바로 여기가 스승께서 가라고 한 '원숭이 새끼 안고 돌아가고, 새는 꽃잎을 물어다 떨어뜨리는 곳'이라고 생각하니 선회 마음속에 십분 감동이 일었다. 급기야 "아, 참 좋은 곳이로구나"를 연발하면서 이곳이 바로 내가 돌아가 쉬어야 할 곳이라고 확신했다.

벽암천을 확인하고 나니 이미 날이 저물어 어둠이 깔리고 있었다. 그러나 사방을 아무리 둘러봐도 인가에서 나오는 저녁 연기가 보이질 않았다. 선회가 대체 어디서 숙박을 해야 할까 걱정을 하다가 산쪽을 바라보니 실낱 같은 한 줄기 불빛이 숲을 뚫고 흘러나오는 게 아닌가……. 선회는 석장을 짚고 불빛이 비치는 곳으로 갔다. 조그만 띠풀집이 한 채 있었다. 문을 두드리니 안에서 "누구시냐"고 묻는 노파의 음성이 흘러나왔다. 선회는 큰소리로 말했다.

"나는 출가인입니다. 오늘 저녁 자고 갈 잠자리를 부탁하고자 합니다."

노파가 사립문을 열고 나오더니 "내 당신한테 저녁밥은 줄 수 있지만 이 집에서 잠을 자는 것은 천만번 불가한 일"이라며 숙박을 단연코 거절했다.

노파는 눈과 눈썹이 아주 선량하고 자비로워 보였다. 선회는 노파에게 "왜 잠을 재워줄 수 없느냐"면서 "노파, 나는 출가인이라서 침상과 이불도 필요 없고 그냥 앉아서 자도 되니 좀 편의를 봐달라"고 간청했다.

노파는 선회를 재워줄 수 없는 사정을 다음과 같이 밝혔다.

"결코 당신을 재워주지 않으려는 게 아니오. 내게 아들이 하나 있는데 성정(性情)이 매우 흉악해서 사람들이 '주야인'이라 부르지요. 그 아이는 산 사람만 보면 잡아먹는다오. 만약 스님께서 내 집에 유숙하다가 그 아이에게 발견되면 스님의 목숨은 그 길로 끝장이 나고 말 것입니다."

선회는 노파의 말이 끝나자 "아미타불! 그런 일이라면 노파께서 마음을 놓으셔도 됩니다. 절대로 그가 나를 잡아먹지는 못할 테니까요"라며 거듭 유숙(留宿)을 간청했다.

노파는 그렇다면 저 처마 밑에 앉아서 쉬라고 안내한 후 차를 한 잔 주고는 솥을 씻어 저녁식사 준비를 서둘렀다. 선회는 별로 배가 고프지 않으니 식사는 그만두고 나무책상과 등잔 하나만 가져다 달라고 부탁했다. 노파가 책상과 등잔을 가져다 주자 선회는 등잔불을 켜고 땅바닥에 앉아 바랑에서 경전을 꺼내 책상 위에 올려놓고 독송했다.

노파는 아들이 선회화상을 해칠까 걱정이 돼 잠도 자지 않고 선회가 경전을 올려 놓은 책상 주위를 빙빙 돌았다. 자정이 지나자 밖에서 아들의 발소리가 들렸다. 노파는 선회에게 "어서 집을 나가 도망치라"고 말했다. 선회는 노파의 아들이 "나 왔다"며 문을 열어달라고 해도 노파가 문고리를 잡고 열어주지 않는 걸 보고는 "괜찮으니 어서 열어주라"고 했다. 집안으로 들어온 주야인은 어머니에게 집안에 다른 사람이 있는 기(氣)가 있다며 "누구냐"고 물었다. 노파는 "너, 무슨 이상한 소리를 하느냐"고 시치미를 뗐다. 그러나 주야인은 "분명히 산 사람 냄새가 나는데 무슨 소리냐. 내 코는 못 속인다"고 하는 게 아닌가. 그리고는 집안 동쪽과 서쪽을 왔다 갔다 하면서 샅샅이 뒤지더니 급기야 선회화상이 앉아 있는 곳으로 와서 잡아먹으려고 달려들었다. 선회는 달려드는 주야인에게 매고 있던 허리띠를 풀어 던졌다. 허리띠는 흰 용으로 변해 주야인의 다리를 감고는 꼼짝도 못하게 했다. 주야인은 급기야 선회화상에게 "사부님, 제발 좀 살려주십시오"라고 애원했다. 선회는 주야인을 향해 말했다.

"네가 진심으로 회개했느냐. 그렇다면 내 너를 풀어주마."

주야인은 머리를 숙여 존경의 예를 갖추더니 말했다.

"다시는 흉악한 짓을 하지 않겠습니다. 그리고 이제부터는 죽을 때까지 사부님을 따르겠습니다."

선회는 그제서야 주야인의 회개를 받아들여 백룡(白龍)을 거두어들였다. 주야인은 정중히 3배를 올리면서 선회를 사부(師父)로 받들었다.

선회화상이 주야인을 교화하는 것을 지켜보고 있던 노파는 크게 기뻐하며 입을 다물지 못했다. 때는 당 함통 11년(870년)이었다. 선회는 협산에서 이런 일이 있은 지 2년 후인 함통 13년 협산에 사묘(寺廟)를 건립하고 보자사(普慈寺)라 이름했다. 그 후 사람들은 이 절을 '협산사'라 불렀고 송 신종황제 때 칙수(勅修) 중건한 후 '영천선원(靈泉禪院)'이라는 편액을 내렸다. 협산사는 당 의종과 송 신종·원 세조 등 3조(朝) 황제의 칙명으로 보수됐다고 해서 '3조어수(三朝御修)' 사찰이라고도 한다.

3조어수는 산문에서 절까지의 거리가 말을 타고 가야 할 정도로

멀다고 해서 붙인 별칭인 '기마관산문'과 함께 유명한 협산사의 브랜드다. 협산사 소개에는 이 두 단어가 꼭 따라붙는다. 협산사는 산문에서 절 본전까지 30여 리나 돼 말을 타고 들어가야 했다고 한다. 1996년 4월 현재 상주 승려 18명인 협산사는 명말 청초의 병란으로 폐허가 됐다가 민국초 봉천옥(奉天玉)화상이 복원했고 중국 공산당 11차 전당대회 후 불교성지 개발지역으로 지정돼 1991~1992년 중건, 모습을 되찾았다.

'기마관산문'은 원래 협산사 남쪽에 있었으나 현재 복원된 자리는 정반대인 북쪽이다. 이는 석문현 소재지와 연결되는 도로가 북쪽으로 나 있고 따라서 현재의 협산사 진입로도 그쪽이기 때문이다.

1949년 해방(중공정권 수립) 전까지도 협산사 경내에는 사찰 창건 설화에 나오는 주야인의 입상이 서 있었다고 한다. 대웅전 앞에 있던 주야인상은 머리에 풀잎 모자를 썼고, 옷은 짧은 마고자 비슷한 적삼을 입었고, 몸뚱이를 용이 둘둘 감고 있는데 놀란 표

▼ 산문에 박혀 있는 속칭 협산사의 원래 명칭인 '협산영천선원' 오석(烏石) 금자 편액.

▲ 1996년 현재 말끔히 복원돼 화려한 단청 장식까지 한 협산사 산문.

정으로 입을 딱 벌리고 있는 모습이었다. 그리고 혈색이 아주 붉어 십분 겁을 먹을 만한 야만인 풍채였다고 한다.

4) 소옥이를 자주 부른다(頻呼小玉)

— 원오극근 선사

묻는다 : 낙향 후 안심입명할 수 있는 '마음의 요체(心要)'를 좀 가르쳐주시게나.

답한다 : 자주 소옥이를 부르지만 소옥에겐 일이 없다네, 다만 사랑하는 낭군에게 알리는 소리일 뿐.

▲ 문화혁명 후 개방화정책에 따라 새롭게 복원된 협산사 대웅전.

(頻呼小玉元無事 只要檀郎認得聲)

묻는다 : 그것 참 좋군!

답한다 : 그 시를 두고 깊이 체득해보시구려.

송나라 때 제형(提刑) 벼슬을 지낸 진(陳)씨가 관직에서 물러나 낙향하던 길에 태평산 오조법연(五祖法演)선사를 참문한 선문답이다. 저 유명한 염정(艶情)화두 '빈호소옥'은 여기서 생겼다.

오조법연선사와 진씨는 다 같이 사천성 출신으로 동향인이었다. 또 법연은 임제종 양기파 3세로 협산 영천선원에서 『벽암록』을 저술한 원오극근선사의 사가(師家)이기도 하다.

법연이 인용한 에로틱한 소염시(小艶詩) '빈호소옥'은 당시 세속에 널리 유행하던 연시다. 양귀비와 안록산의 사랑을 노래한 '빈호소옥(頻呼小玉)' 에 얽힌 고사는 이렇다.

양귀비는 당 현종의 정력이 쇠퇴하자 안록산을 정부로 삼아 춘정(春情)을 꽃피웠다. 귀비는 몸종 소옥이를 시킬 일도 없이 불러대며 자신의 색정을 소옥이 부르는 소리에 실어 안록산에게 보내곤 했다.

즉 귀비가 소옥을 부르는 소리는 안록산을 부르는 암호였다. 귀비는 이 암호를 통해 안록산에게 '육보시(肉布施)' 전파를 보냈다. 법연은 왜 에로틱한 연정시를 인용했을까.

먼저 겁주는 식으로 말하면 '형이하(形而下)'를 통해 '형이상'을 투시하는 고도의 철학이며 심체(心體)의 정곡을 찌른 기막힌 법문이다.

시의 단랑(檀郎 : 낭군 · 안록산)은 차별없는 참사람(無位眞人) · 도 · 불법 · 자성을 상징한다. 소옥이를 부르는 소리는 형상 · 언설의 비유다. 따라서 법연선사의 법문은 선의 심요를 이렇게 저렇게 말과 글로 설명하는 것은 마치 귀비가 소옥이를 부르는 것과 같다는 얘기다. 귀비의 부름은 진짜 목적이 딴 데 있다. 그래서 소옥이를 부른 것은 실(實)이 아니다.

참으로의 심요(안록산)도 이렇게 언어(소옥이 부름) 밖에 있다는 뜻이다. 형이하로 형이상을 꿰뚫어보는 인식 방법이다.

법연선사는 마치 귀비가 소옥을 부르는 소리를 듣고 안록산이 즉각 그 뜻을 알아차리듯이 자신의 얘기가 진씨의 심원(心源)을 뚫고 들어가 피차의 마음이 서로 부합되기를 바란다.

안록산이 귀비의 소리를 듣는 것은 단지 외재적(外在的) 형상일 뿐이다. 최종 목표는 소리를 낸 귀비와 소리를 들은 안록산의 마음이 계합해 욕정을 불사르는 것이다.

진씨의 "그것 참 좋네"라는 대답은 아직 이 연시의 뜻을 제대로 이해하지 못한 통속적 수용이다. 그래서 법연은 더 깊이 체득해보라고 이른다.

'빈호소옥'이라는 염정시에 나오는 "지요단랑인득성(只要檀郎認得聲)'은 글자 그대로 말하면 단지 육체적 음성을 알아듣길 희구하는 것이다. 그러나 선학적으로 깊이 탁마해보면 결코 단순한 음성을 인지하는 게 아니다.

소옥이를 부르는 양귀비의 최종적인 목적은 소리를 듣는 안록산이 능히 소리를 낸 사람의 '치정'을 십분 이해해 마음속 깊이에서 성적 충동을 일으켜 서로의 마음과 마음이 부합되기를 바라는 것이다. 다시 말해 인식하는 건 외형적 형상일 뿐이고 진짜 의도하는 관건지처(關鍵之處)는 소리를 낸 사람과 듣는 사람의 마음이 통해 하나가 되는 것이다. 이렇게 볼 때 '빈호소옥'을 인용한 법연의 설법은 형이하(形而下)에서 형이상을 도출해 낸 고도의 기교가 번뜩이는 선법문이다.

오조의 법문은, 궁극적으로 자성은 형이하적인 형상 속에서는 얻을 수가 없고 반드시 형상을 초월한 형이상적 인식을 통해서만 볼 수 있다는 얘기다. 우리가 보고 듣고 느끼고 인식하는 일체의 견문각지(見聞覺知)는 모두가 본체자성의 용(用)이다. 따라서 형이상적 차원으로 그 근원을 밝히면 견문각지를 통해 만들어지는 일체의 형상도 그대로 '자성'이다. 이는 바로 색계(현상)가 그대로 공계(본체)라는 '색즉시공(色卽是空)'이 뜻하는 바이기도 하다.

법연선사와 진씨의 심요문답은 제2막인 법연선사와 원오의 문답에서 더욱 뜨거워진다.

묻는다 : 들으니 스님께서 진씨에게 연애시를 한 수 주셨다는 데 그가 뜻을 이해했는지 모르겠군요.

답한다 : 그는 단지 '소리' 만 인지(認知) 했을 뿐이지.

묻는다 : 스승께서 '지요단랑 인득성' 이라 하신 것에 대해 그가 이미 그 말을 알아들었다면 뭐가 틀렸단 말입니까.

답한다 : 조주스님이 '조사가 서쪽에서 온 뜻' 을 묻는 중에게 '뜰앞의 측백나무(庭前柏樹子)' 라 했는데 그 대답이 맞냐.

원오극근(圜悟克勤)은 법연선사의 마지막 한마디에 문득 깨닫고 방장실을 나왔다. 마침 닭 한 마리가 난간에 올라가 소리치며 울기 시작했다.

원오는 "이것 또한 소리가 아닌가"라는 생각이 떠올랐다. 곧장 방장실로 되돌아가 게송을 한 수 지어 바쳤다.

錦鴨香消 綿繡幃
笙歌叢裏 醉扶歸
少年一段 風流事
祇許佳人 獨自知
금압향로에 향불도 꺼지고,
그녀는 수놓은 장막 뒤에서 계속 기다린다.
피리와 노랫가락에 싸여 만취한 채,
친구의 부축을 받으며 돌아온다.
청춘의 풍류,

멋쟁이만이 그 달콤함을 안다.

법연선사는 원오의 이 게송을 보고는 만족해 하면서 "아주 기분이 좋구나!"를 연발했다. 또 그 후 법연은 만나는 사람들에게 제자 원오의 게송을 소개하면서 극구 칭찬했다.

조주의 '정전백수자'는 형이하와 형이상이 똑같다는 불법의 절대평등성을 가리킨다. 법연은 원오에게 '측백나무'와 '소옥이를 부름'이라는 형이하를 통해 형이상의 심체(心體)를 꿰뚫어 볼 수 있는 인식을 일깨운다.

계명(鷄鳴)도 단순한 소리가 아니라 그 소리를 듣는 심체의 정곡을 찌르기 위해 등장시킨 상징이다.

보고 듣고 느끼고 인지하는 인간의 견문각지(見聞覺知)는 심체, 곧 자성의 작용이다. 격문각지가 작용해 만들어 낸 일체의 형상은 형이상학으로 보면 모두 다 자성에서 비롯된 것이다.

이것이 두두물물(頭頭物物)이 불법의 나타남이요, 산빛(山色)과 계곡 물소리가 곧 부처의 설법이 되는 원리다.

그러나 자성은 형이하적 관념으로 형상 가운데서 체득할 수는 없고, 그 형상들을 초월해야만 비로소 볼 수 있다. 원오의 게송은 자성의 본질을 확연히 드러낸 연시(戀詩)다.

게송의 앞 두 구절은 원오가 깨달음의 경계에 진입했을 때를 술집 풍류에 비유한 묘사다. 마치 어여쁜 아가씨와 규방에서 깊은 운우지정(雲雨之情)을 나누고 헤어지기 아쉬운 마음으로 떠나는 정경이다.

뒤의 두 구절은 그 하룻밤 풋사랑의 젊은이 풍류를 언어체계에 따르는 인도(人道)로는 묘사할 수가 없음을 고백하고 있다. 원오가 체득한 불도(佛道)·자성은 이처럼 말로는 표현하거나 설명할 수 없는 언어도단의 '궁극'이며, 불립문자(不立文字)의 세계라는 것이다.

원오의 '풍류사(風流事)'는 곧 그의 마음속 불법대사(佛法大事)를, '독자지(獨自知)'는 자성의 깨달음을 각각 상징한 비유다.

법연과 원오선사는 젊은 남녀의 연정을 곧바로 불법도리에 연결시켰다. 우리는 열애에 빠진 연인들이나 기막힌 사연을 가진 사람들이 '필설로는 다 말할 수 없다'며 속깊은 진심을 설명하지 못해 애태우는 것을 자주 본다.

진심, 본심은 어언을 통해 드러낼 수 없음을 보여주는 좋은 예다. 불법이나 자성이란 것도 이와 똑같다. 언설로 드러내보일 수 없는 연인들의 '속내'처럼 불법은 언어문자를 초월해 있다. 말로 표현된 불법은 기껏 소옥이를 부르는 소리에 불과할 뿐이다.

불교경전에도 염정을 묘사해 불법을 설파하는 전통이 있다. 중국 선불교에서는 이 전통이 더욱 빛을 발했다. 선종의 선사들은 연애시를 빌린 오도법(悟道法)의 설파를 보편화시켰다.

향정(鄉情)의 염시를 일삼는 일부 선승들의 가풍은 눈썹과 쌍꺼풀이나 가꾸는 '미소안각선(眉梢眼角禪)'이라는 야유도 받았다.

깨침이라는 선적 체험은 언어를 통해 전달할 수 없다는 게 선의 기본 입장이다. 그래서 선법의 오묘함을 남녀간 애정에 비유, 설파하기도 한다. 그러나 원칙이 있다. 속기가 더덕더덕한 세속적인 연시여서는 안 된다. 남녀간의 정애(情愛)는 자연스러운 일이다.

선은 인간의 자연스럽고 생동감 넘치는 존재적 체험인 정애 중에서도 깊고 공허한 형이상학적 사고에 연결될 수 있는 애정만을 노래한다.

선종은 이처럼 일상생활 전부를 도(道)로 받아들인 생활불교이며 '불교개혁'이고 불교의 세속화였다.

돈오 남종선의 개창자인 6조 혜능은 '무상송(無相頌)'에서 "불법이란 원래가 세간에 있다(法元在世間)"고 설파한 바 있다. 게송은 이어 "세간을 떠나지 않고 깨쳐야 하며, 세간을 떠나 보리를 찾고자 함은 마치 토끼에게서 뿔을 구하고자 하는 것과 같다"고 비유한다. 선이 세간의 남녀 애정사에서 불법진리를 보고자 한 것도 바로 이와 같은 소이(所以)에서다.

선은 남녀간의 애정문제도 부정하거나 피하지 않고 긍정적 입장에서 정면으로 꿰뚫어 보고자 한다. 선사들의 염시(艶詩)는 선불교의 세속화가 보여준 구체적 체현(體現)의 하나다.

원오극근선사의 게송 '풍류사(風流事)'는 선종사에서 세속적 염정을 선적 사랑에 비유한 공안들 중 손꼽히는 화두의 하나다. 그가 말하는 '풍류사'란 자기 마음속의 불조대사(佛祖大事 : 부처와 조사들의 견성)를 상징한다. 독자지(獨自知)는 자연스럽게 자성적 영오(領悟)에 이르러 깨침의 경지를 이루는 것이다.

선종사에서 선을 염정에 비유해 논한 예는 오조법연 · 원오극근선사 이외에도 많다. 내친 김이니 몇 개의 염정 게송들을 더 살펴보자.

임제종 양기파 2세인 백운수단(白雲守端 : 1025~1072)선사 상당법어는 아주 직설적이다.

> 하늘과 땅 사이 가운데에 한 보물이 있는데 형산(形山)에 감추어져 있다. 눈은 코 위에 있고 다리는 배 아래에 있다. 여러 도반들이여, 그 보물이 어디에 있는지 말해보라.

수단선사는 법문에 이어 다음과 같은 당시(唐詩) 한 수를 인용했다.

人面不知 何處去
桃花依舊 笑春風
얼굴도 모르는 그 사람 어디로 갔나,
복사꽃은 예와 다름없이 봄바람에 웃고 있네.

수단이 말하는 보물은 불법 · 자성 · 즉심(卽心)을 상징한다. 그런데 마치 남녀의 성기(性器)를 연상케 하는 염정시의 표현법을 썼다. 인용한 시는 얼굴도 모르는 상상 속의 애인이나 또는 우연히 하룻밤 풋사랑을 나눈 남자를 그리워하는 여인의 속마음을 잘 드러낸 염정시다. 백운수단은 불법을 사랑하고, 갈구하는 수행승의 마음 또한 임 그리워 하는 여인의 마음과 다를 바 없음을 설파한다. 백운이 인용한 시는 뜨거운 연정에 불타는 여인의 '속마음의 말'을 멋지게 말해낸 연애시로 선승의 불법 갈구를 비유하고 있다.

동산연(東山演 : 오조법연의 별칭)화상에게도 다음과 같은 염정 게송 한 수가 있다.

丫環女子 畵蛾眉
鸞鏡台前 語似痴
自說玉顔 難比倂
却來架上 着羅衣
시녀가 고운 눈썹을 그리는데,

앵경대 앞 지꺼림은 어리석구나.

고운 얼굴 아울러 비길 자 없다 뽐내며,

시렁위로 돌아와 비단옷 입네.

동산연의 게송은 훌륭한 한 수의 선게(禪偈)지만 다른 한편으론 규중(閨中)시녀의 미묘한 마음을 아주 완곡하게 드러낸 염정시다. '아환(丫環)'은 시녀·계집종을 일컫는 말이다.

불교 경전들을 보면 원시불교 때부터 염정의 묘사로 심법(心法)을 밝히는 전통이 있다. 불교가 중국에 들어와서는 역경자들이 경전 속의 염정적 묘사를 많이 간추리긴 했지만 송나라 이후의 선림에서 크게 번창하면서 불교도들에게 영향력을 발휘했다. 모선서의 『시변지(詩辯坻)』는 "일찍이 6조(六朝)의 석자(釋子 : 스님)들이 염정시를 많이 지었고 당나라 때는 여관(女冠)이 항상 곡연(曲宴)에 참여했다"고 기술하고 있다. '여관'은 도교의 여자 도사(道士)를 말한다. 『시변지』가 말하는 '염정시의 번성'은 결코 6조 시대 특유의 현상이 아니었다. 당나라 중기 이후 선종이 흥기(興起)하면서부터는 선승들이 염정시를 통해 오도법(悟道法)을 설파하는 일이 보편화했고 일대 유행이기도 했다.

동산연의 염정시는 견성하고자 수행정진하는 운수납자들을 부처님 '시녀'에 비유, 언어문자로 지꺼리는 것을 그만두고 자성(시렁위 비단옷)을 깨쳐 부주열반의 해탈 경지에 이르는 것을 이쁘게 보이려고 곱게 꾸미는 시녀의 화장에 비유하고 있다. 견성 도인이 되고자 하는 수행자의 욕망을 여자가 미인이 되고 싶어하는 마음에 비유, 수행정진의 노력과 화장하는 일을 등식(等式)의 관계로 설명했다.

十分春瘦緣何事 一掬鄕心未到家

봄에 몸이 십분 여윈 것은 무슨 연유인가?

한줌 고향 생각뿐 집에 가지 못하네.

송대 선승 혜홍(惠洪)화상의 염정시다. 혜홍은 이런 게송을 많이 지어 사람들로부터 '낭자화상(浪子和尙 : 방탕화상)'이라는 별명을 얻기도 했다.

동산연과 혜홍화상의 게송은 선승의 시답지 않은 '세속적 향정(鄕情)이 흘러넘치는 연시(戀詩)다. 당시 호남성 장사 다릉주(茶陵州) 운암사의 천유(天游)선사는 동산연의 게송을 다음과 같이 비평했다.

"동산 늙은이(오조법연선사는 호북성 황매 동산에 주석했기 때문에 '동산연'이라고도 한다)가 침이 마르게 찬탄하나 좀더 자세히 추구해보면 향정적 속기가 있음을 면치 못한다. 노한(老漢)인 나는 그와 같지는 않다. 노란 꾀꼬리를 타살해버려 나뭇가지 위에서 울지 못하게 하라. 몇 차례나 내 꿈을 놀라게 하고 깨워 요서(遼西)에 이르지 못하게 했다."

천유가 동산연선사의 '향정(鄕情)'과 혜홍화상의 '향심'이 똑같은 것이라고 깊이 이해했는지 못했는지는 우리가 알 수 없다. 그러나 분명한 점은 '그의 5언절구(打殺黃鶯兒 莫教枝上啼 幾回驚妾夢 不得到遼西)가 김창서(金昌緖)의 시를 일부 문구만 바꾸어 표절했다'는 것이다(『선종등록석해(禪宗燈錄釋解)』 소각극근편). 이는 선을 나타내는

데 자신의 확실한 실력이 아니고 남의 것에 의지한 거짓된 자세라는 비판이다. 다시 말해 천유화상의 원오극근 비판은 오히려 천유가 비판을 받아야 할 하근기(下根器)의 경지라는 것이다. 천유화상처럼 표절에 의존하는 선의 염롱(拈弄)이나 평창은 후대 선림의 많은 선승들이 상습적으로 사용하는 기량(伎倆)이기도 했다.

"부처를 배운다는 사람들이 기어(綺語)로 염정 묘사를 일삼으니 마땅히 무문지옥에 처넣어야 한다.(學佛人作綺語業 當入無門獄)"

불교 교의(敎義)를 설파하기 위해 염정을 동원하는 데 대한 전통적인 불가의 비난이다. 그러나 이러한 비판이 선승들에게는 아무 영향력을 발휘하지 못했다. 선종은 불립문자의 선지(禪旨)를 세속적 남녀간의 애정에 비유, 설파하기를 전혀 주저하지 않았고 오히려 경쟁적으로 염정 게송을 지었다. 문제는 오조법연·원오극근 같은 선지식들과는 달리 선림의 염정 시작(詩作) 가풍이, 그냥 멋으로 즐기거나 설익은 문학도의 희롱에 머무는 경우가 많았다는 점이다.

二八佳人 刺繡遲
紫金花下 囀黃鸝
可憐無限 傷春意
盡在停針 不語時
이팔청춘 가인이 수놓느라 밤 깊은데,
자색 금빛꽃 아래서 지저귀는 노란 꾀꼬리.
가련하구나 한없는 상춘의 뜻은,
몽땅 바늘을 멈추고 잠자코 있을 때에 있네.

중인(中仁)이라는 화상이 조주종심선사의 화두 '구자무불성(狗子無佛性)'을 제자에게 가르쳐주기 위해 지은 게송이다. 중인은 제자들을 제접할 때 언제나 깊은 선지를 말로 설명하질 않았다. '개에게는 불성이 없다'는 조주의 화두는 있다, 없다로 구분하는 2분법적인 분별심을 초월해 유와 무를 동일선상에 놓고 이해하는 일원론적 통합의 물아일체(物我一體)를 이룰 때 진정한 도(道)가 구현된다는 가르침이다. 중인화상의 염정시는 바로 이와 같은 선리를 교외별전적(教外別傳的)으로 가르친 도리다. 그는 16세 어여쁜 아가씨가 임 그리워 우는 꾀꼬리 소리를 상징하는 자수를 놓아 연정에 불타는 춘심(春心)을 달래고자 하지만, 수를 놓는 행위(언어적 설명)만으론 끝내 안 되고 수놓는 바늘을 멈추고 불립문자의 경지에 들어설 때에야 비로소 춘정을 달랠 수 있다고 읊고 있다. 그의 게송에서 자수는 언어, 자금화는 불도(佛道), 노란 꾀꼬리는 수행승, 춘의는 성불 의지, 불어시(不語時)는 교외별전·불립문자의 경지를 각각 상징한다. 선적 깨달음을 세속적 연정에 비유한 염정 게송도 이쯤 되면 멋진 선문학(禪文學)이라 할 만하다. 이것이 바로 돈독한 불교신자였으며 백거이의 절친한 친구였던 당나라 저명시인 유우석(劉禹錫: 772~842)이 "항상 말의 옅음을 한하나니 말은 사람이 뜻하는 바의 깊이만 못하다(常恨言語淺 不如人意深)"라고 말한 것이다.

佳人睡起 懶梳頭
把得金釵 插便休
大抵還他 肌骨好
不塗紅粉 亦風流
예쁜 여인 자고 일어나 게으르게 머리 빗으며,

금비녀를 집어서 꽂다간 멈추네.

대체로 그는 아직도 기골 좋으니,

붉은 분을 안 발라도 또한 풍류일세.

오조법연선사가 금화구지화상의 화두 '구지일지(俱胝一指)'*를 논한 염정 게송이다. 구지화상의 한 손가락은 우리 모두가 가지고 있는 불성·자성·주체적 개성을 상징한다. 법연은 각자가 자신의 청정한 자성만 잘 간직하고 있으면 분칠하고 금비녀 꽂아 멋낸 여인 아니어도 아름답고 예쁘다고 설파했다. 즉 진정한 깨침을 이룬 도인의 풍모를 가장 아름답고 멋진 미녀에 비유하고 있다. 오조법연에 앞서 도녕(道寧)선사도 다음과 같이 7언2구의 염정시를 지어 해탈도인의 미모를 찬양한 바 있다.

大抵還他 肌骨好

何須臨鏡 畵蛾眉

대체로 그는 아직도 기골이 좋은데

무엇하러 거울 앞에서 눈썹 그리나.

송대에 들어와서는 염정 게송으로 선지를 설파하는 풍습이 선림에 널리 유행, '미소안각선(眉梢眼角禪)'을 닦는다는 말까지 나왔다. 즉 본래의 미모보다는 눈썹꼬리나 눈두덩을 화장해 미인이 되려 하듯이 본래의 선지 설파보다 염정 게송에 몰두하는 경향을 비

* 구지일지 : 구지화상이 일생동안 모든 질문자에게 엄지 손가락 하나를 들어 보이는 것으로 대답을 대신하고 입적할 때 "내가 천룡선사한테 일지두선(一指頭禪)을 얻은 후 평생을 써먹었지만 다 쓰질 못했다"고 한데서 비롯된 화두.

아냥거리는 말이다.

동서를 막론하고 많은 선현들이 남녀간의 애욕을 인류의 신비로운 경험이라 비유해왔다. 선적 깨달음이라는 것도 일종의 신비한 경험이며 높은 경지의 경험이다. 따라서 그와 같은 선오(禪悟)를 언어문자에 의지해 명료하게 전달하기는 불가능하다는 게 선림의 정설이다. 남녀간의 정애(情愛)를 솔직히 털어놓거나 묘사하는 것은 아주 자연스러운 일이다. 다만 인간의 이 선명하고 생동감 넘치는 존재적 체험 속에서 허망한 형이상학적 사고의 실체를 끌어내 관념적 사유체계가 갖는 허구성을 적나라하게 고발하고 실존적 자각에 바탕한 견성체험을 하도록 중생을 인도하는 게 선림 염정게송의 본래 목적이다.

쌍꺼풀을 수술하고 콧날을 성형해 예쁘게 꾸민 미인은 엄밀한 의미에서는 미녀가 아니다. 본래의 미모가 수려해야 미인이다. 선사들의 염정시도 본래의 미인인 불도에 중점을 두어야지 쌍거풀 수술이나 성형술의 미인에 만족해서는 안 된다. 선림의 게송 가풍이 요즈음에는 '승려시인'이라는 형태로 계승돼 시를 쓰고 소설을 쓰는 승려들이 꽤 많다. 그러나 선문학의 본질은 원래가 자연주의적이고 도(道)를 찬탄하는 심미주의적 가풍이지 세속적 연애소설이 아니라는 점을 명심해야 한다.

초기 한역 경전에 자기도 속이고 남도 속이는 황당한 정애(情愛) 이야기가 나온다.

범어로는 사바야(娑婆耶), 중국 한자 의역으론 금사하(金沙河), 또는 금사탄(金沙灘)이라는 여울의 마랑부(馬郎婦) 전설이 있다. 아주 품성이 곱고 어진 마랑부라는 여인이 금사탄 여울 위에서 살고 있었다. '마랑'은 중국 묘족들 사이에서 구혼 남자를 가리키는 말이다. 그 여자는 모든 남자를 유혹했는데 무릇 그녀와 한 번 관계한 자는 성욕이 영영 끊어져버렸다고 한다. 그녀가 죽은 후 한 인도 스님이 와서 "내가 바로 그녀의 남편인데 찾던 참이었다"며 그녀의 묘를 파헤쳤다. 묘를 파헤친 범승(梵僧)이 지팡이로 그녀의 뼈를 들어올리자 뼈들이 구름을 타고 하늘로 올라갔다 한다.

불심이 돈독했던 당·송 8대가의 한 사람인 황정견거사는 이 불교 설화를 다음과 같이 시로 비평했다.

金沙灘頭 鎖子骨

不妨隧俗 暫參禪

금사탄 여울가의 비쩍 마른 뼈다귀,

세속따라 잠시동안 참선한들 어떠랴.

황정견은 끝내 뼈다귀를 하늘로 승천시키는 설화의 '황당함'을 날카롭게 비판하고 있다. 성속일여(聖俗一如)의 선리에서 보면 마랑부가 번뇌의 사슬 중 하나인 성욕을 단진(斷盡)시키는 불법의 화신으로 등장했으면 끝까지 세속에 머물러도 되는 것을 굳이 성계(聖界)로 분리시킬 필요가 없다.

임제종 4세인 풍혈연소선사(896~973)는 다음과 같은 선문답을 남겼다.

묻는다 : 무엇이 부처입니까.

답한다 : 금사탄 여울가의 마랑부다.

연소선사는 정애를 비유적으로 선에 도입, 불법을 설파하고자 했다.

그러나 후기 선종에서는 선사들의 염정시가 욕망으로써 욕망을 제지하는 '이욕지욕(以欲止欲)'이나 '부정관(不淨觀)'을 통해 성악설(性惡說)의 인성(人性)을 순화시키는 기본적 목표를 포기한 채 정애를 거리낌없이 수용하는 통속적 애정문학 형태를 보이기도 했다. 이는 중국 선종의 세속화 체현(體現)이 너무 극단화한 예의 하나라 할 수 있다.

5) 차와 선은 같은 맛(茶禪一味)

— 원오극근선사

오늘의 일본 다도(茶道)가 조정(祖庭)으로 떠받드는 협산사의 '다선일미' 전통은 원오극근선사(1063~1135)에서부터 비롯됐다.

그는 벽암천(碧巖泉) 옆의 동굴에서 저 유명한 『벽암록』을 집필할 때 벽암천물(온천수)로 차를 달여 마셨다. 이때 그는 "차 맛을 느끼는 정도가 향상하는 만큼 불법 이해와 지혜가 솟아난다"는 이른바 다선일미(茶禪一味)를 토로했다.

그 후 차와 선은 불가분의 관계가 됐고 참선수행과 동일한 차원의 수행 행위로 간주하는 끽다(喫茶)가 선림의 가풍으로 확립돼 오늘에 이르고 있다. 협산사 경내에는 원오선사의 끽다가풍을 기리는 '다선조정(茶禪祖庭)'이라는 비석과 안내판이 있다.

선가의 차는 '각성'을 상징한다. 선은 차 한잔에 우주를 삼켜버리고 절대자유의 세계에 안주한다. 또 한 개비의 향연(香煙)에 우주를 불사르고 절대공(絶對空)을 노닌다.

조주선사의 화두 '끽다거(喫茶去 : 차나 마셔라!)', 더 거슬러 올라가면 북종선 신수조사의 제자 항마장의 끽다 보급 등에서부터 선가의 다도는 싹텄다.

이래서 '다선조정'은 '3조어수' '기마관산문'과 함께 협산사의 명성을 천하에 드날린 3대 특징이 됐다.

원오극근선사는 사천성 성도 출신으로 속성은 락(駱)씨고 대유학자 가문이었다. 기억력이 뛰어나 글을 한 번 읽으면 모두 외워버렸다. 어릴 때 묘적사에 놀러갔다가 발심, 출가해 득도한 후 성도의 소각사(昭覺寺) 주지로 명성을 드날렸다. 그래서 그는 일명 소각극근(昭覺克勤)이라고도 한다. 그의 자(字)는 불과(佛果)고, 법명은 극근이고, 원오(圓悟)는 황실로부터 받은 사호(賜號)다. 임제종 양기파 오조법연선사의 법제자로 양기종 4세가 돼 종풍을 크게 선양한 북송(北宋) 시대의 선종을 대표하는 선지식이다.

그가 협산사 방장으로 주석하게 된 경위는 이렇다. 당시 신종황제가 제위에 있었고 재상은 장무진(張無盡)이었다. 상공(相公 : 국무총리) 장무진이 어느 날 황제께 석문 협산사는 전국적으로 유명한 대찰이니 법력이 높은 화상을 방장으로 앉힐 필요가 있다고 주청했다. 신종황제가 그렇다면 누가 좋겠는지 추천을 해보라고 하자 장상공은 사천성 성도 소각사 주지인 원오선사를 천거했다. 황실의 명에 따라 협산사 방장이 된 원오선사는 부임하자마자 절을 말끔히 단장, 향화(香火 : 신도들이 공양하는 향불)가 크게 번성했다.

원오선사는 차 마시는 걸 아주 즐겼다. 그는 차를 우리는 데 다른 물은 일절 쓰지 않고 언제나 천연 온천수인 벽암천 물만 사용했으며 차는 꼭 팔평의 우저차(牛抵茶)였다. 팔평(八坪)의 우저차는 색깔이 전혀 없고 맑으며 맛이 좋기로 유명하다. 우저차는 잔에 넣고 물을 부으면 찻잎이 퍼지면서 잎의 뾰족한 끝 부분들이 서로 맞닿아 마치 소들이 뿔을 맞대고 있는 모양이 돼 보기가 아주 좋다.

원오선사는 불교 경전들이나 선사들의 어록을 공부할 때 늘 찻잔을 옆에 두고 마시면서 다도(茶道)도 함께 연구했다. 날이 갈수록 차맛을 느끼는 경지와 불경에 대한 이해의 경계가 같음을 깨닫고 '다선일미(茶禪一味)'라는 편액을 방장실에 써붙였다. 이 편액은 후일 협산사에 유학왔던 일본 승려가 떼가지고 갔는데 현재 일본 나라 대덕사가 사보(寺寶)로 소장하고 있다.

원오선사가 일찍이 "포말이 이는 벽암천 온천수에 우린 우저차가 머리를 맑게 한다"고 했던 것은 자신의 『벽암록』 저술을 염두에 두었던 게 아닌가 싶다. 그가 『벽암록』의 화두 한 칙(則)을 평석(評釋)하고 염송하면 사방의 산에서 새들이 조용히 내려와 앉고, 사방의 산짐승들은 협산사에 이르면 포효를 멈추고 조용히 앉아 있었다고 한다. 독수리는 공작을 공격하지 않고 호랑이는 토끼를 잡아먹지 않았다. 동물들의 순화는 전적으로 원오극근선사가 '다선일미'의 경지에서 저술한 『벽암록』의 불법 도리에 감화를 받은 결과였다. 원오는 이렇게 설두중현선사의 『송고집(頌古集)』 1백칙을 모두 해설한 후 자신의 저술에 영성(靈性)을 제공한 것은 차를 우려마신 벽암천 물이었다고 느껴 책 이름을 『벽암집(碧巖集)』이라 붙였다. 원오의 『벽암집』(일명 벽암록)은 현재 한국·일본·미국 등은 물론 전세계적으로 '선문 제1서'로 자리하고 있다.

한국 사찰에서도 절을 찾는 사람들에게 녹차 한 잔을 권하며 '다선일미'를 말하고 스님들이 붓글씨 휘호로도 많이 쓴다. 한국 불교의 '다선가풍'은 고려, 또는 신라까지 거슬러 올라가기도 한다. 선사(禪寺)의 다선가풍이 특히 백미를 이룬 기록의 하나로 조선초 초의의순선사(1786~1866)가 7언절구 게송 17수를 지어 차를 마실 때의 선미(禪味)와 그 효능들을 노래한 『동다송(東茶頌)』이 있다.

一傾玉花 風生腋
身輕已涉 上淸境
明月爲燭 兼爲友
白雲鋪席 因作屛
옥화 한 잔 기울이니 겨드랑에 바람 일어,
몸 가벼이 벌써 청경에 올랐네.
밝은 달은 촛불이요 또 나의 벗인데,
흰구름 자리 펴고 병풍도 치는구나.

초의선사의 『동다송』에 나오는 「신상청경(身上淸境)」이라는 게송이다. 옥화(玉花)라는 차는 송나라 시인 진간재의 '다시(茶詩)'에 나오는 차 이름이다. 초의선사의 게송은 깊은 산사 선방에서 녹차 한 잔을 마시며 자신을 비워내서 자연과 합일을 이루는 몰아(沒我)의 다선(茶禪)을 잘 그려내고 있다. 끽다가 이처럼 선적 깨침의 경지에 이르는 촉매제로 '각성'을 상징하면서 실제로 그 효능이 인정되고 다도라는 하나의 도(道)를 이뤄 선가 가풍으로 정립된 근원지와 인물은 협산사 원오극근선사다.

원오극근선사가 '다선일미'를 토로, 선림의 다도를 풍미하게 한 배경의 하나인 '벽암천' 전설을 보자.

원래 벽암천변에 한 채의 초가가 있었는데 그 집에는 3자매를 둔 어머니가 살았다. 도지라는 맏딸은 12세고, 다지(茶枝)라는 딸

아이는 10세였다. 자매는 어느 날 날이 저물 때까지 마당에서 베를 짜는 어머니 옆에서 놀고 있었다. 이때 하늘에서 횡액이 내려 도지가 그만 독사한테 물려 죽고 말았다. 엄마는 대성통곡을 하며 죽은 딸이 살아나기를 간절히 빌었으나 허사였다. 엄마가 죽은 딸 도지를 땅에 묻고 아침 일찍 일어나 동이 트기 전 산에 올라 대성통곡을 하기 시작했는데 정오가 될 때까지 그치질 않았다. 잠시 내려왔다가 또 올라가서는 해가 질 때까지 통곡을 했다. 엄마는 이렇게 통곡의 세월을 보내다가 그만 백발이 됐고 눈이 멀어버렸다.

둘째딸 다지는 어머니가 눈이 멀어 하산도 못하고 베도 못 짜게 되자 크게 걱정하면서 울었다. 둘째딸은 조그만 나무통을 지고 벽암천 물을 길어 날랐는데 갈 때마다 샘가에서 통곡을 했다. 그러자 다지가 통곡을 할 때마다 샘물이 한 번씩 부글부글 끓어올랐다. 또 곡을 한 번 하면 새가 꽃잎을 물고 와서 벽암천에 떨어뜨리곤 했다. 하루에 1백 차례 곡을 했는데 샘물이 1백 번 끓어오르고 새가 1백 개의 꽃잎을 물어다 떨어뜨렸다. 그 날 밤 꿈에 협산사 관음보살이 나타나 "내일 정오 벽암천에 진주 모양 수포(水泡)가 떠오를 테니 그 물을 길어다 어머님 눈을 닦아주면 어머님의 눈이 다시 광명을 되찾게 되리라"고 일렀다. 다지가 다음날 관음보살의 가르침 대로 벽암천 물을 떠다 어머니의 눈을 닦아주니 눈을 뜨고 흰 머리카락은 흑발로 원상회복됐다.

이때부터 부근 사람들 사이에 벽암천 진주 모양 포말은 치병(治病) 효능이 있어 몸을 튼튼히 해준다고 말해오고 있다. 뿐만 아니라 벽암천의 명성은 그 후 멀리 일본에까지 전해졌다. 전설의 주인공인 다지는 이름부터 벽암천과 차의 관계를 연상케 한다. 벽암

▲ 협산사 건너편에 있는 관광 명소인 이자성의 묘 '침왕릉(闖王陵)'.

천은 앞에서도 기술한 바와 같이 지금도 두 개의 샘물로 잘 보존돼 있고 포말이 솟는 온천수다.

협산사 답사에 덧붙여 두어야 할 유적이 하나 있다. 바로 협산사 왼쪽 도로변에 있는 이자성(李自成)의 묘다. 현재 큰 묘원으로 조성돼 묘탑과 탑원(塔院)이 있고 협산사와 함께 일반의 관광 명소다.

이자성은 명나라말 난(亂)을 일으켜 한때 신순왕(新順王)으로 자칭했던 봉천창의(奉天倡義) 원수다. 그는 정부군에 쫓겨 도주해 협산사 중이 된 후 스스로 봉천옥(奉天玉)이라는 법명을 짓고 참선정진하다 여생을 마쳤다. 그래서 그의 묘탑에는 '봉천옥화상(奉天玉和尙)'이라는 탑명이 쓰여 있다.

4시간 남짓 우리 답사팀을 안내해준 명성방장은 곧 '국제벽암록연구회'를 발족, 대대적인 세미나를 열 예정인데 그때 초청할 테니 꼭 오라는 말로 작별인사를 대신했다.

●메모

위치 : 호남성 상덕지구 석문현 협산향

교통 : 상덕시서 240km, 포장도로

유적 : 이자성 능침 · 협산패방 등

덕산 고덕선원

— 덕산선감선사

1) 덕산의 몽둥이질(德山棒)

덕산선감선사가 어느 날 저녁 소참(小參)에 대중들에게 설법했다.

"오늘 저녁엔 묻지 말라. 묻는 자는 40방을 때리겠다."

이때 한 중이 앞으로 나와 절을 올리자 덕산은 곡괭이 자루 모양의 경책(警策)으로 그의 머리통을 후려쳤다.

묻는다 : 왜 아무 말도 안 했는데 때리십니까.

답한다 : 너, 어디서 온 중이냐.

묻는다 : 신라에서 온 중입니다.

답한다 : 네가 당나라에 오는 배에 오르기 전에 30방을 때렸어야 했다.

덕산선감(德山宣鑑 : 782~865)과 신라승의 선문답이다. '덕산의 몽둥이질(德山棒)' 은 임제의현선사의 고함질과 함께 '덕산방 임제할(德山棒 臨濟喝)' 이라는 성구(成句)를 남기면서 지금까지도 한·중·일 선림에 풍미하는 유명한 화두고 학인들을 교육하는 선종의 별난 가풍이다. 위의 선문답은 '덕산방' 이라는 화두를 낳은 계기의 하나가 됐다.

특히 이 선문답은 선림에서 손꼽히는 격외(格外)의 선문답으로 '격하어(隔下語)' 라 부르기도 한다. '격하어' 란 규격에 들어맞지 않음, 훌륭한 역량, 마음에서 우러나오는 솔직한 말을 뜻한다. 즉 동문서답의 전혀 엉뚱한 대답으로 학인을 깨침의 경지로 인도하는 뛰어난 기량을 보여주는 선사의 한마디를 말한다. 이렇게 규격에 맞지는 않으나 훌륭한 역량이 유감없이 발휘된 선문답을 선가의 전문 용어로 '격하어' 라 한다.

소참은 일정한 시간과 장소를 정하지 않고 수시로 하는 설법을 말한다. 방장이나 주지의 진산식(晋山式 : 취임식) 때, 또는 초하루·보름 등에 하는 설법은 대참(大參)이라 한다. '참' 은 참문(參問)을 말하는데 질의응답을 하는 법거량(法擧揚), 즉 선문답이다. 선종 사찰의 진산식 때 하는 법거량은 큰 잔치 분위기다. 방장이나 주지가 경책이라는 곡괭이 자루 같은 몽둥이를 들고 수미단(須彌壇)에 올라서면 선승들이 벌떼처럼 몰려 들어 큰 목소리로 마구 질문을 해댄다. 소참과 대참, 또는 수시로 참문 오는 학인들을 선지식(善知識 : 학덕과 지혜가 높은 선사)이 경책으로 두드려 패는 것을 '방' 이라 한다.

화두로 돌아가 보자.

신라승을 후려친 덕산의 방이 전해주는 소식은 과연 무엇일까. 덕산은 입을 벌려 질문하는 자만 때리겠다고 했다. 그런데 신라승은 전혀 말을 하지 않았다. 다만 절을 해 예를 올렸을 뿐이다.

얼핏 보기엔 이만 저만한 모순이 아니다. 약속 위반이다. 이래서 멀리 신라로부터 구도행각차 찾아온 운수납자는 당돌하게도 "왜 때리느냐"며 따지고 달려들었다. 그러나 덕산은 "너, 어디서 온 놈이냐"고 뚱딴지 같은 반문을 한다.

화두는 두 갈래로 갈라져 있다. 즉 신라승의 "왜 때리느냐"는 질문과 덕산의 엉뚱한 반문 "어디서 온 놈이냐"는 크나큰 간격을 느끼게 하는 동문서답이다. 이른바 격하어다. 그런데 전혀 방향이 다르고 핀트가 맞지 않는 이 격하어가 무엇에 의지해 한 곳으로 통일돼 뛰어난 선문답으로 칭송된단 말인가. 마치 동서로 갈라지듯 전혀 방향이 다른 질문과 응답이 한 곳으로 연결되면서 엄청난 의미를 담은 화두가 되는 기막힌 언어 구사의 연금술은 선가의 독특한 교육방법이며 장기다.

덕산의 격하어는 몽둥이로 '망념'을 후려침으로써 한 곳으로 연결돼 깨달음이라는 엄청난 결과를 가져온다. 이 화두를 이해하려면 먼저 몽둥이질과 엉뚱한 반문이 갖는 상징성을 이해해야 한다. 몽둥이질과 반문은 둘 다 망념을 두드려 부순다는 상징이다. 생각을 일으켜 사량분별(思量分別)의 꾀를 내려는 망념을 박살내버리겠다는 것이다. 왜냐하면 진정한 마음의 본체를 보기 위해서는 상하·고저로 나누는 분별심을 일으키는 일체의 의식작용이 정지한 심행처멸(心行處滅)의 자리에 서야 하기 때문이다. 따라서 덕산이 신라승을 후려친 몽둥이질은 망심이 일기 이전의 마음 본바탕으로 돌아가라는 자비로운 충고다.

말을 입 밖에 낸다는 것은 벌써 마음속에 한 생각(망념)이 일었다는 증거다. 물론 아무 생각 없이 튀어나오는 외마디 소리도 있다. 실은 이것이 진짜 무의식의 심층에서 잠자고 있는 자성이다. 가령 자기 이름을 부를 때 무심결에 '예' 하고 대답하는 행위는 사량분별 이전의 무의식이라고 할 수 있다.

덕산이 "묻지 말라"한 것은 계교가 끼어든 언어체계를 부정한 것이다. 그러나 언어를 사용하지 않는 다른 방식은 부정하질 않았다. 신라승은 그래서 예를 올리는 행동언어로 대응했다.

그러나 덕산은 신라승의 배례도 언어와 몸짓을 구분한 분별심의 소산으로 보고 그 분별심을 때려부수겠다고 후려갈겼다. 더 나가 네 놈이 신라를 떠나기 전에 30방을 갈겼어야 했단다. 결국 언어 이외의 방식까지도 부정해버린 것처럼 보인다.

아니다. 덕산의 몽둥이는 일체 망념의 단진(斷盡)을 노리고 있다. 원래가 그는 절대주의자다. 그는 늘 실오라기 하나 걸치지 않은 벌거숭이 알몸 같은 투명한 본래의 심지(心地)를 요구한다.

덕산에게는 당나라에 유학, 견성을 하겠다는 신라승의 생각도, 말과는 다르다고 구분하는 그의 배례행위도 모두 공리적이고 이기적인 망심으로밖엔 보이지 않았다. 신라승은 차라리 어떠한 거량도 하지 말고 덕산을 혼자 남겨둔 채 돌아가거나, 묻지 말라는 말을 하기 전의 혀를 좀 내보여달라고 대드는 게 나았을지도 모른다.

덕산이 신라승에게 "신라를 출발하기 전에 30대를 때렸어야 했다"고 한 것은 그렇게 했더라면 네가 더욱 진일보했을 텐데라는 아쉬움을 나타낸 것이다. 이는 중이 지금 활발한 행위를 전개하고 있으니 그러한 활동을 가능케 하는 생각(念頭)을 일으킨 상념(想念)을 몽둥이로 때려부수어 없애겠다는 날카로운 대응이다. 그래야만 깨침에 이를 수 있기 때문이다. 따라서 덕산의 방이 목적하는 바는 일념도 일어나지 못하게 함으로써 무심으로 돌아가 자신의 자성을 철견(徹見)케 하려는 교육방법이다. 덕산이 신라승에게 말한 '30방'은 참선정진의 첫관문인 '망념 소탕'을 하지 못한 학인들에게 내리는 가르침이다. 그래서 '덕산의 방'이 선림에 회자한 이후 선지식들이 학인을 가르칠 때 처음 찾아와 절을 하거나 질문을 하면 우선 주장자나 불자로 머리·어깨 등을 후려 갈기는 게 하나의 불문율(不文律)처럼 유행했고 급기야 화석화해 흉내내기에 그치는 폐단을 야기하기도 했다. 초관(初關)을 통과하지 못한 학인들을 깨우치려는 덕산의 30방은 '심행처멸'의 해탈 경지로 이끄는 갸륵한 가르침일 때만 그 위력을 갖는다. 역대 선지식들을 흉내내는 모방이나 단순한 관행으로 하는 몽둥이질은 아무 의미가 없다. 한 가지 아쉬운 점은 이 화두에 등장하는 신라승의 이름이 전혀 확인되지 않는다는 점이다.

잠시 사족을 붙인다면 양(洋)의 동서를 막론하고 '자식을 가르치는데 회초리를 아끼지 말라'는 격언까지 남긴 교수법의 '회초리론'도 잘못에 대한 단순한 벌칙만이 아니라 선림의 '방'처럼 모든 잡생각을 비우고 오직 공부에 열중하라는 의미까지 포함됐다고 볼 수 있다는 생각이다. 선문에서의 공부는 자기성찰을 통한 내면자증(內面自證)이지만 세속의 공부는 교과과정의 가르침을 익히는 점이 다를 뿐이다.

우리는 어떤 일을 하든 그 일에 관한 생각 이외의 다른 모든 생각을 비워야 한다. 선방의 수행정진도, 산업현장의 노동도 똑같은 원리다. 이것이 바로 성실성이고 근면이고 경제적 용어로는 효율, 능률이다.

덕산선사가 어느 날 법석(法席)을 열고 수시(垂示 : 법문)

했다.

"너희들이 옳게 말해도 30방을 때리고, 틀리게 말해도 30방을 때리겠다."

'덕산방'이라는 화두를 선림의 유명공안으로 자리잡게 한 덕산 선감의 법문이다.

선사들은 제자들의 온갖 잡생각을 한순간에 벌초하듯 끊어버리기 위해 이처럼 모순과 전도의 아성으로 몰아 넣는다. 특히 덕산의 경우 극한적이고 철저하다. 법문은 유(有)도 아니고 무(無)도 아니니 오직 삼라만상의 본질인 공(空)의 한가운데에 서 있으라는 이른바 공관중도(空觀中道)를 설하고 있다.

절대공(絶代空)의 세계에서는 옳고 그르다는 구분이 있을 수 없다. 물론 공이 현상계로 나타나 두두물물로 구체화됐을 때는 정답과 오답, 시와 비를 수용한다. 그러나 선은 이러한 현상계의 분별을 결코 본체로는 볼 수 없다고 선언한다. 유·무를 초월한 '절대'의 입장만이 모든 존재의 본래 자리라는 것이다.

이야기는 이렇게 이어진다. 덕산의 법문을 전해 들은 임제가 그의 상좌 낙포(洛浦)를 보내 검증을 했다. 임제는 낙포한테 "옳게 말한 사람이 왜 30방을 맞아야 하느냐고 물어라. 그래도 때리려고 하거든 몽둥이를 잽싸게 잡아채 그를 밀어붙여라"고 일렀다.

낙포가 덕산을 찾아가 시키는 대로 했다. 그랬더니 덕산은 아무 말도 하지 않고 방장실로 돌아가버렸다. 낙포는 돌아와서 임제에게 그대로 고했다.

임제는 상좌한테 "처음부터 그 친구를 수상히 여겼지. 그래 너는 진정한 덕산을 보았느냐"고 물었다. 낙포가 대답할 말을 찾느라 애를 쓰자 임제는 낙포를 한 대(一棒) 갈겼다.

우선 덕산과 낙포의 거량을 보자. 덕산이 방장으로 돌아간 것은 '자성'에로의 회귀를 뜻한다. 방장실은 선문에선 자성을 상징한다.

임제가 덕산을 "수상히 여겼다"고 한 것은 한가락 하는 선장(禪匠)으로 보았다는 찬사다. 선은 역설(逆說)을 즐겨 쓰기 때문에 지독한 욕설이 더 없는 칭찬이요 존경일 때가 많다.

이제 남은 문제는 임제가 낙포를 후려 갈긴 소식이다. 임제의 방은 덕산의 경지를 말로 형용하려는 낙포의 개념적 사유를 쳐부순 것이다. 그리고 덕산이 방으로 돌아감으로써 '공관중도'의 경지까지도 초월하고자 한 돈오의 소식을 일깨운 가르침이다. 임제가 낙포로 하여금 덕산의 몽둥이를 빼앗아서 한바탕 되치게 한 것은 몽둥이로 친다는 바로 그 사실까지도 부정한 것이다. 즉 이미 중도(中道)가 되면 그 중도마저 초월하여 몽둥이질을 통해 형성된 제한(공의 경지)을 해제시켜야 한다. 조사선은 공을 깨달아 공에 안주하는 이른바 '낙공(落空)'을 철저히 금기시한다. 따라서 선지식들은 공의 세계조차도 버리고 백척간두진일보(百尺竿頭進一步)하는 부주열반(不住涅槃)을 거듭 강조, 구극열반에 이르는 깨달음을 진정한 해탈의 목표로 설정한다.

그러나 낙포는 비록 임제의 뜻을 받들어 행하기는 했지만 자기가 행한 행동의 의미를 모르고 있었다. 그래서 임제가 낙포에게 "진정한 덕산을 보았느냐"고 물은 것이다. 낙포의 행동에 덕산이 방장실 회귀로 대응한 것은 부주열반의 구극(究極)에 도달한 경지를 상징한다. 구극열반이란 곧 자성이다. 그러니까 자성을 상징하는 방장실로의 회귀는 구극열반에 든다는 의미다.

낙포는 덕산을 찾아가 행한 자신의 행위 속에 이런 엄청난 의미가 들어 있었다는 것을 모르고 임제의 물음에 입을 열어 무슨 말을 하려고 함으로써 관념적 사유체계를 벗어나지 못한 채 망념에 휩싸여 있는 자신의 마각을 드러내고 말았다. 그래서 임제는 그를 한바탕 두들겨 팬 것이다. 임제의 몽둥이질은 육체를 때리는 체벌이 아니라 낙포의 망상을 두드려 부수는 자비로운 가르침이다. 임제의 방은 낙포가 덕산과 거량한 일을 마음속에 남겨놓고 그로부터 표출해내려는 견해를 없애버렸다는 상징성을 갖는다. 이는 낙포가 한 행위는 다른 사람(임제)의 의도였고 진짜로 중도의 이치를 보려면 자기 스스로가 노력해 깨달아야 한다는 가르침이기도 하다.

저 유명한 '덕산의 방'에 대해서는 일찍이 그의 제자 암두전할 선사(828~887)가 다음과 같이 말한 바 있다.

"덕산노인은 항상 흰 몽둥이 하나만 준비해 놓고 있다가 부처가 오면 부처를 치고, 조사가 오면 조사를 치니 누가 그와 겨룰 수 있겠는가!"

덕산과 임제는 비록 법계상으로는 각각 청원행사계, 남악회양계로 다르지만 공통점이 많았다. 특히 과격성과 구극을 지향하는 절대성은 같은 맥락이었다.

『송고승전(宋高僧傳)』(권12)은 "임제의 설법이 덕산과 비슷하다"고 기록하고 있다.

덕산의 방은 후대 선사들의 어록에 수없이 등장했다. 운문문언 선사는 덕산의 방에 대해 다음과 같이 자문 자답했다.

묻는다 : 납승은 반드시 본분을 체득해야 한다. 어떤 것이 납

승의 본분인가.

답한다 : 덕산화상의 몽둥이다.

덕산의 방이야말로 납승들의 본분사(本分事)인 깨침을 안내하는 가장 훌륭한 교육법이요 지름길이라는 찬사다.

선승들은 참으로 이상한 사람들이다. 스승이 제자를 무조건 몽둥이로 두들겨 패고 제자들은 또 이를 기꺼이 맞으며 크나큰 영광으로 받아들인다. 좀 실성한 사람들 같아 보일지도 모른다.

왜 선지식들의 방을 맞으면 영광스러운 일일까. 사디즘도 마조히즘도 아니다. 선지식들은 맞아서 깨칠 만한 사람한테나 몽둥이질을 하지 아무나 때려주는 게 아니다. 따라서 학인들은 스승의 몽둥이를 맞아야 비로소 선방이라는 학교 입학자격을 얻는 셈이다. 그러니 영광스럽지 않겠는가. 이래서 스승의 구타는 자비로운 제자 사랑 행위였으며 상처를 남기기는커녕 다시 없는 보약이 됐다.

맞지 않으려면 깨달아라!

선지식들의 몽둥이질에 들어있는 무언의 가르침이다. 스승의 매를 '구타'로 규정, 무조건 금하는 게 민주화인지를 되묻게 하는 한 마디다.

선림에 최초로 몽둥이질·메꽂기·걷어차기 등과 같은 구타(?)를 본격 도입한 사람은 마조도일대사였다.

어느 날 한 중이 마조를 친견하러 왔다. 마조는 땅바닥에 원을 하나 그려 놓고는 말했다.

"원 안에 들어가도 맞고 안 들어가도 맞는다."

중이 서슴없이 원 안으로 들어가버렸다. 마조는 원 안에 서 있는 중을 주장자로 후려쳤다. 중이 말했다.

"저를 때리신 건 옳은 처사가 아니십니다."

마조는 주장자를 짚고 이내 사라졌다.

'마조원상(馬祖圓相)'이라는 이 화두가 바로 선림 구타의 시초다. 중은 어떻게 해도 얻어맞을 수밖에 없다. 이렇게 해도 저렇게 해도 때리겠다는 마조의 선언은 스승의 구타가 입·불입(不入)을 구분하는 분별심을 없애 학인을 깨우치기 위한 수단이라는 걸 암시한다.

마조는 말한다.

"원 안에 들어가고 안 들어가는 네 행동이 중요한 게 아니다. 필요한 것은 오직 너의 깨침이다. 몽둥이질은 너를 각성시키기 위한 것일 뿐이다. 맞지 않으려면 깨쳐라!"

학인은 건방을 떨었다. 원 안에 들어간 것은 원융무애한 깨침의 경지를 이룬 절대자임을 과시한, 즉 성불했다는 자만이다. 감히 어디라고 마조 앞에서 그 따위 자만을 부리다니…….

거기다가 나 같은 부처를 때리는 건 잘못이라고 대들기까지 했으니 정말 싹이 노랗다. 마조는 기가 찼지만 그래도 스승의 자비를 베풀어 때려주었다.

또 마조는 아무 말 없이 주장자를 짚고 돌아가는 행위를 통해 친절히 가르쳐주었다. "너 혼자 남겨둘 테니 방금 일을 잘 생각해 보고 깨침의 소식이 오기를 기다리라"고 말이다.

마조에게는 다음과 같은 선문답도 있다.

묻는다 : 달마가 서쪽에서 온 뜻이 무엇입니까.

답한다 : 네 뜻은 무엇이냐.

(중이 똑같은 질문을 되풀이하자 마조는 한 대 쥐어박고 나서 일갈했다.)

"아마 지금 내가 너를 때리지 않았다면 후일 제방(諸方)의 선지식들이 나를 크게 비웃을 것이다."

마조는 여기서 한 대 쥐어박는 구타를 통해 네가 곧 달마고, 부처인데 부처를 왜 네 자신을 떠난 밖에서 찾느냐고 일깨운다. 마조의 구타는 백만 불짜리 선물이요 가르침이다.

이래서 선가에선 수많은 학인들이 스승한테 두들겨 맞는 것을 고맙게 생각하면서 즐겨왔다.

'덕산방'이라는 화두는 임제의 할과 함께 '방할(棒喝)'이라 칭해지면서 모든 번뇌를 일거에 박살내는 절단중류(截斷衆流)의 방편으로 널리 활용돼왔다. 이제 선종사에 등장하는 어느 선지식보다도 과격성이 돋보이는 덕산선감선사의 오도(悟道) 역정을 보자.

2) 과거 · 현재 · 미래심은 얻을 수 없다(三世心不可得)

덕산 : 점심 요기할 떡 좀 한 접시 파시게나.

노파 : 스님, 그 바랑에 든 게 뭡니까.

덕산 : 내가 연구한 『금강경청룡소초(金剛經青龍疏鈔)』라네.

노파 : 그러면 『금강경』에 대해 한 말씀 여쭈어보겠습니다. 옳게 대답하시면 떡을 거저 드리고 그러지 못하면 떡을 안 팔겠소. 『금강경』에는 "과거심도, 현재심도, 미래심도 얻을 수 없다"고 했습니다. 그런데 스님께선

어느 마음으로 점심을 들고자 하십니까.

덕산 : (『금강경』에는 달통한 터라 오늘 점심은 공짜로 먹는구나 하고 회심의 미소를 짓던 덕산은 당황했다. 끝내 대답을 못한 채 고개를 떨구고 떡장수 앞을 물러났다.)

점심(點心)이란 원래는 유가에서 유래한 말이다. 군자의 낮 끼니는 마음에 점 하나를 찍는 것으로 족하다는 유림(儒林)의 절제와 검약이 밴 단어다.

선어록은 덕산선감선사가 떡장수 노파한테 한 방 얻어 맞고 선 공부를 해서 대오하게 된 이 사연을 화두로 '삼계심불가득(三界心不可得)'이라 한다. 선감선사가 '덕산방'이라는 화두로 유명해지기

▼ 덕산선감선사가 떡을 사먹으려다 깨침의 길을 열었던 예양(현 호남성 예현)의 떡장수 여인.

훨씬 전 교종 승려로 아직 선리(禪理)의 문턱도 못 넘었을 때의 이야기다.

그는 사천성 성도 간주 출신으로 속성은 주(周)씨였고 유년 출가해 율장과 경전을 공부한 율종의 학승이었다. 특히 『금강경』에 해박해 '주금강(周金剛)'이라는 별명까지 붙었고 청룡법사가 저술한 『금강경청룡소초』의 대가이기도 했다. 덕산은 당시 '주금강'이라는 자신의 별명에 스스로도 뿌듯한 자부심을 느끼는 터였다.

일가를 이룬 대학승이라는 자존심이 등등했던 덕산은 남쪽에서 새로 생겨난 선종이 6조 혜능 이후 『금강경』을 소의경전으로 삼으면서 '직지인심 견성성불(直指人心 見性成佛)'을 설한다는 얘기를 듣고 크게 분개했다.

그는 잔륜한 선문 법석의 『금강경』 인심(印心)을 비판하면서 "출가한 지 얼마 되지도 않은 (잔륜한 역사의 선종) 어린애들이 천년 학불(學佛)의 위엄을 훼손하면서 감히 불립문자니 직지인심이니 하니 이 남방의 마귀들을 혼내주어야겠다"고 마음먹고 선종의 본거지인 호남성·강서성을 향해 내려가던 중이었다. 바랑에는 자신의 강의록이기도 한 『금강경청룡소초연구』를 한보따리 챙겨 짊어지고.

덕산은 도중에 호남성 예양(澧陽 : 현 예현)에 이르러 점심 요기를 하려다 떡장수 노파한테 얼굴을 들 수조차 없는 일대 봉변을 당했다. 떡장수 노파와 덕산의 거량이 이루어진 사연부터가 선과 교(教)의 치열한 대결을 암시하고 있다.

각종 선어록들에는 노파가 자주 등장한다. 선림에서의 노파는 대체로 지혜·명안(明眼)을 상징한다. 따라서 웬만한 선승들은 노파한테 한 수씩 배우거나 한번쯤 혼쭐이 난다. 한마디로 풋내기 선승들은 노파와 맞잡이가 안 된다. 하물며 경학(經學)을 했다는 학승 쯤이야 노파의 밥일 수밖에 없다.

노파한테 KO패를 당한 덕산은 돌아서면서 가까운 곳의 선승 한 사람을 소개해달라고 부탁했다. 노파는 그리 멀지 않은 용담(龍潭)이라는 곳에 숭신선사가 있으니 찾아가보라고 일러주었다. 전설에는 용담숭신선사의 어머니가 떡장수였는데 덕산이 만난 떡장수 노파가 바로 그였다고도 한다.

먼저 이 화두의 결론부터 말한다면 유(有)와 무(無)를 변증법적으로 내던졌다 거둬들이는 선의 기교면에서 볼 때 덕산은 확실히 노파보다 한 수 아래였다.

인간은 스스로 만들어 놓은 과거 · 현재 · 미래라는 3세의 시간 속에 갇혀 있다. 마치 자기가 놓은 덫에 자기가 걸려들고 만 꼴이다. 선은 3세에 대한 집착을 버리고 오직 이 '찰나'라는 시간만을 힘있게, 그리고 당당하게 살아갈 것을 요구한다. 후대 선종의 소의경전인 『금강경』은 "응당 머무는 바 없이 생각을 일으키라(應無所住而 生其心)"라는 한마디로 3세를 뛰어넘는 반야지혜를 설파한다. 즉 이 말은 "마음을 비우고 생각을 일으키라"는 얘긴데 과거 · 현재 · 미래를 하나로 통합시킨 시간 속으로 뛰어들어 모든 집착을 버리라는 것이다.

우리는 3세에 연연하는 마음을 버린 후에야 절대 자유로울 수 있다. 선은 마음이 어떠한 시간에도 머물지 않는 것을 '머무는 곳 없는 곳에 머문다'고 한다. 황벽희운선사(?~850)의 어록 『전심법요(傳心法要)』는 "과거 · 현재 · 미래를 얻을 수 없음이 과거 · 현재 · 미래를 버리는 것이며 이것이 이른바 3세를 모두 버렸다고 하는 것이다"라고 설파했다.

마조의 제자 대주혜해선사는 저서 『돈오입도요문(頓悟入道要門)』

에서 다음과 같이 설파하기도 했다.

"과거의 일은 이미 지나갔으니 생각하지 않으면 과거의 마음은 스스로 끊어진다. 이것이 과거의 일이 없는 것이다. 〈중략〉 3세를 거두어 모을 수 없음이 3세가 없다고 하는 것이다."

모두가 결론은 사랑하고 미워하는 마음은 물론 어떠한 것에도 집착하지 않을 때에만 삶의 절대자유가 보장된다는 얘기다. 3세를 버린다 함을 허무주의적인 부정으로 오해해선 안 된다. 이는 3세심에 끌려다니는 삶이 아니라 어떠한 미련도, 욕심도 가지지 않은 채 지금 이 순간에 오직 우뚝 서 있는 출격대장부(出格大丈夫)가 돼야 한다는 뜻이다.

임제는 "어디서고 주인의식을 가지고 당당히 주인 행세를 하면서 있는 곳 모두가 진리의 땅이 된다(隨處作主 立處皆眞)"고 설파했다. 임제의 '수처작주 입처개진'은 던졌던 유·무를 다 거두어들이는 선학적 변증법의 백미다.

덕산은 노파가 가르쳐 준 용담숭신선사를 찾아가 참문하고 한 소식 깨치자 바랑 속의 『금강경청룡소초』를 법당 앞마당에 쌓아 놓고 불을 질러버렸다. 그리고는 다음과 같이 외쳤다.

"번쇄한 논의는 태허공(太虛空)에 던진 한 오라기 머리카락과 같으며, 모든 재능의 과시란 깊이를 알 수 없는 바다에 던져진 한방울의 물에 불과할 뿐이다."

덕산이 『금강경소초』를 불태운 행위와 철학적·논리적 사변의 하찮음을 고백한 절규는 중세 카톨릭 스콜라 철학의 태두 토머스 아퀴나스를 떠올리게 한다. 그는 임종이 가까운데도 저술을 계속하라는 비서 레지날드의 재촉에 다음과 같이 말했다.

"레지날드, 지금까지의 내 저술이 한낱 지푸라기 같아 나는 더 이상 쓸 수가 없네."

호남성 답사를 안내하는 현지 가이드는 처음부터 덕산선감선사가 주석했던 절은 이미 오래 전 아파트단지와 공장지대가 돼버렸으니 아예 단념하라고 했다. 그래도 어차피 약산사·협산사를 답사하기 위해 거쳐야 하는 곳이니 들러보기로 하고 우선 예현 현소재지(옛 예양)에 들렀다. 일부러 시장 골목을 찾아 들어가 떡장수 아주머니들한테 떡도 좀 사먹고 또 한바구니 사서 시장 상인들에게 나눠주기도 했다. 덕산선사의 체취를 좀 맡아보려고 이런 연출을 해보았지만 1천2백년 전의 그 떡장수 노파는 찾을 길이 없다. 구경꾼은 많이 몰려들어 사진도 꽤 찍었지만 덕산과 노파의 이미지가 딱히 와닿질 않아 떡장수 노점상들이 있는 골목을 되돌아 나왔다.

점심 때가 돼 참한 식당 하나를 찾아 들어갔다. 식당은 방을 노래방처럼 꾸몄고 17세 어여쁜 아가씨의 서비스도 시골치고는 괜찮은 편이고 음식도 좋다. 금상첨화로 아가씨가 무려 5곡의 최신 중국 유행가를 뽑아준다. 중국은 웬만한 시골 식당도 룸마다 가라오케 시설이 갖추어져 있고 점심 때도 손님들이 고성방가하는 예가 적지 않다. 식당 룸은 손님만 들어서면 종업원이 들어와 먼저 일류 배우·모델·가수들이 아름다운 풍경을 배경으로 등장하면서 가사가 적힌 화면이 흐르는 가라오케를 튼다. 아주 대유행이다.

아가씨들은 새로 나온 노래를 배우려고 서비스 도중에도 틈만 나면 자막을 보며 혼자 흥얼거린다. 때로는 서비스보다도 가라오케의 신곡을 배우는 데 더 신경 쓰느라 한눈을 파는 경우도 있다. 우리가 들어간 그 식당도 예외가 아니었다. 종업원 유니폼까지 깔끔히 차려 입은 아가씨는 얼굴에 미소를 머금으면서 금시 폭발할 듯 열심히 노래를 한다. 농담으로 노래를 좀 제대로 해보라고 권했더니 기다렸다는 듯이 줄줄 뽑아댄다

식사를 마치고 노래를 잘해 기분이 좋았다며 팁을 좀 주었더니 한사코 사양한다. 내륙지방의 시·현소재지는 아직도 개방화 물결이 덜 밀려들어 팁을 안 받는다. 때로는 여관에 놓고 나온 팁 1달러를 떠나는 데까지 쫓아와 기어코 돌려주기도 했다. 그 순박성과 옛 사회주의 관습은 '정말 못말려'였다.

식당을 나와 숙박 예정지인 상덕시로 올라갔다. 시내로 들어서는데 꽤 긴 다리가 있다. 다리 양쪽 난간에 이 고장의 명주를 소개하는 플래카드가 수없이 걸려 이른바 '집합광고'를 하고 있다. 선전하는 술 이름은 '상덕덕산대곡주(常德德山大曲酒)'다. 나는 여기서 그렇게나 이미지를 떠올리려던 지명 겸 인명인 '덕산'을 비로소 만났다. 마치 몇십 년째 소식 두절이던 옛 친구를 만난 듯한 반가움 같은 게 치밀어 올랐다. 그래도 덕산선감선사의 명성은 지명을 통해, 술 이름을 통해 이렇게 남아 있구나! 혼자서 몇 번이나 감탄했다.

밤 9시가 넘어서야 상덕시내 숙박 예정 호텔에 도착했다. 다음 날은 석문현 협산사를 답사하는 일정이었다. 아침에 일어나 다시 덕산선감선사의 흔적을 냄새라도 맡아보고 싶어 일찍 서둘렀다.

▲ 덕산선감선사의 이름을 떠올려주는, 상덕시 시내로 들어가는 강다리 위의 덕산대곡주 광고탑.

협산으로 가는 도중 상덕 교외의 덕산공원 입구에 차를 세웠다. 가게 주인한테 물어 한 중학교를 찾아 들어갔다. 교장실로 가서 옛 고덕선원(古德禪院) 터를 아는 역사 선생님 한 분을 소개해달라고 청했다. 교장은 자기가 잘 안다며 우리 차에 동승해주었다.

건명로(乾明路).

공원 안 아파트 단지 내의 가로 이름 표지판이다. 길가에는 노인 몇 명이 앉아서 이야기를 하고 있다. 교장은 차를 세우더니 내려서 노인들한테 '안내'를 부탁하고는 학교로 돌아갔다.

노인들은 우리가 고덕선원 답사를 왔다니까 경사라도 났다는 듯이 반가운 표정이다.

"아, 저기 가면 옛날 그 절에 있던 법사(法師 : 중국의 스님 칭호)가 있지요."

▼ 지금은 아파트 단지로 변모한 덕산선감선사의 행화도량 고덕선원 유지.

▲ 덕산의 법맥을 오늘에까지 잇고 있는 비승비속의 소주(小舟)법사가 필자의 보시를 받으며 감사의 합장을 하고 있다.

노인들이 앞장서 안내해준 곳은 허름한 아파트 지하실이었다.

소주법사(88).

2평 남짓한 지하실 방인데 흙바닥이고 전등불조차 약해 컴컴하다. 북쪽 벽에는 침대 · 식탁이 있고 남쪽 벽에는 불단(佛壇)을 차려놓았다. 마침 아침식사중이다. 상 위에는 술병과 잔이 있고…….

소주(小舟)법사는 아침부터 반주를 하는 모양이다. 수인사를 하고 불단부터 살펴보았다. 말이 불단이지 자신이 직접 만들었다는 엉성한 나무상 위에 조그만 도자기 불상 하나와 촛대 2개가 놓여 있을 뿐이다. 불단을 살펴보다가 깜짝 놀랐다. 불단 옆 땅바닥에 웬 나무 관(棺)이 하나 놓여 있다. 물어보니 자신의 사후(死後)를 위해 사놓은 관이란다.

각목에 못질만 한 침대 옆으로는 빈 배갈병이 수북히 쌓여 있다. 술병들을 보니 혹시 알코올중독자는 아닌가 하는 생각까지 들었다.

방안을 살펴보고 불단에 약간의 불전(佛錢)을 놓았다. 그리고 옛 절터 안내를 청했더니 선뜻 나서준다. 지하실 계단을 올라와 밖으로 나오자마자 사진기자가 카메라를 꺼내 셔터를 눌러댔다. 소주법사는 놀라는 표정으로 손을 내저으며 "출가사문(出家沙門)은 사진 같은 거 안 찍는다"고 화를 낸다. 그리고는 홱 돌아서더니 계단을 황급히 내려가 방으로 들어가버린다. 큰 낭패를 당했다. 뒤좇아 내려가 정중히 사과하고 간신히 다시 모셨다. 사진은 '몰래 카메라' 식으로 찍도록 시켜놓고.

그가 안내한 절터는 바로 그가 살고 있는 아파트 맞은편인데 공장이 들어서 있다. 아무리 돌아보아도 옛 절은 그림자도 안 보인다. 고덕선원은 1953년 공장 건립 때 깨끗이 파괴됐단다. 덕산선감의 묘탑이 있던 자리는 현재 청과시장이고.

소주법사는 조용한 어조로 자신의 일생을 털어 놓았다. 동자 출가해 1949년 중화인민공화국 건국 후에도 고덕선원의 승려로 '덕산법맥'을 이어왔다. 원래 공부는 임제선(臨濟禪)을 했단다. 그는 공장 건립으로 절이 없어질 때 다른 큰 절로 옮겨 가라는 것을 마다하고 혼자 남았다. 그 이유는 늙은 몸이 다른 절에 가보아야 폐만 된다는 생각 때문이었다. 제자를 절대 안 둔다는 게 신념이라 상좌도 없다. 이렇게 돼 지금 소주법사는 공식적으론 승려신분도 아니다. 그렇다고 일반인이냐 하면 그것도 아니다. 중도 속한이도 아닌, 흔히 말하는 '비승비속(非僧非俗)'이라고나 할까.

그래도 굳이 구분을 한다면 승려다. 비록 세속법적인 승적은 없다 할지라도 옛날 엄연히 도첩(度牒 : 승려 자격증)을 받았고 분명히 승려의 삶을 살고 있다. 머리를 깎고 염의(染衣)를 입었으며 행건을 쳤다. 그리고 조석으로 불단에 예불을 올린다. 술을 즐겨 마시는 건 문제될 게 없다. 구극의 경지에 이른 선사들은 술을 마셔도 술에 구속되지 않는 무애행을 펼치면서 성속일여(聖俗一如)의 선지(禪旨)를 선양했다. 따라서 소주법사의 음주는 선가의 무애행에서 보자면 오히려 한소식한 해탈도인의 경지라고 할 수 있다. 한국 선림의 경우도 근세 한국 선종의 중흥조로 추앙받는 경허선사(1846~1912)는 두주불사했고 술을 마시지 않으면 법문을 하지 않는 애주가였다.

어쨌든 소주법사는 누가 뭐래도 자신은 중일 뿐이고 덕산법맥을 면면히 이어온 선종의 적손이라는 자부심을 갖고 있다. 그는 절에 북송 때의 보물 '건명사 철경당(乾明寺 鐵經幢)'이 있었는데 절이 없어질 때 시내 빈호(濱湖)공원으로 옮겨갔다고 귀띔해주었다.

나는 한 시간 남짓 소주법사와 같이하며 두 가지를 느꼈다. 그는 중국 선종 고찰을 답사하다 만난 어떤 선사보다도 깊은 감명을 주는 선승이었다. 바로 저런 비승비속의 삶이야말로 선종이 종지(宗旨)로 거듭 밝혀온 선승의 '본래면목'이 아닐까 하는 생각까지 들었다.

다른 하나는 역사의 끈질김에 엄숙함 같은 걸 느꼈다. 투철한 무슨 역사관을 가진 것도 아니지만 '아, 역사의 생명은 끈질기구나' 하는 감탄을 연발하지 않을 수 없었다. 어디서 물어보아도 다

▲ 중국 국보로 지정된 옛 덕산정사의 철경당(鐵經幢). 현재는 상덕시 빈호공원으로 옮겨져 있다.

없어지고 아무것도 없다던 고덕선원 아닌가. 그러나 거기에는 옛 덕산선감선사의 체취가 소주법사를 통해 생생히 살아 숨쉬고 있다. 비록 그것이 마지막 숨결일지라도 말이다.

덕산의 법맥이 험난한 사바세계의 역사에 함몰당하지 않고 끈끈히 이어지고 있는 현장. 소주법사는 1천2백년 동안의 수많은 병화(兵火), 공산혁명과 문화혁명의 종교 탄압 등에도 끝내 버티며 살아남은 유장(悠長)한 선종사의 증인이다.

정말 시절인연이 맞아 떨어진 행운이었다. 사전 조사도, 수소문도 전혀 없이 이런 엄청난 소득을 얻다니……. 그냥 지나칠 뻔했던 덕산 고덕선원의 답사는 중학교 교장선생님의 안내-소주법사 친견이라는 인(因)을 만나 오늘에도 덕산방(德山棒)으로 생생히 살아 있는 덕산선감선사의 체취를 접할 수 있는 과(果)를 얻었다. 전혀 무계획한 '서울서 김서방네 집 찾는 식'의 답사가 이처럼 소중한 결과를 얻을 수 있게 한, 역사의 끈질김과 맞아 떨어진 시절인연을 생각하면 지금도 흐뭇하기만 하다. 중국 선종사찰 답사에서 만난 '우연' 중 가장 값진 것이었다.

소주법사를 작별하고 '우연'의 내실을 다지고자 차를 몰아 시내 신화(新華) 서점으로 갔다. 마침 『상덕시지(常德市誌)』가 보인다. 고덕선원이 반 페이지에 걸쳐 소개돼 있다.

덕산선감선사는 호남성 예양 일대서 30여 년 동안 주석하면서 행화를 편 선지식이다. 당나라 초 창건 당시의 사찰명은 덕산정사(德山精舍)였다. 당 무종의 회창법난 후 절 이름이 고덕선원(古德禪院)으로 바뀌었다. 이때 사찰 편액 '고덕선원'은 불자 재상이었던 배휴가 썼다. 법난 후의 사찰 중건은 낭주(朗州 : 현 예현)자사 설연망(薛延望)이 조정에 주청해 칙명으로 복원하고 재상으로부터 편액을 받았다.

설연망은 덕산정사를 복원하고 원래 이 절에 살았던 선감선사를 주지로 모시고자 찾아가 간청했다. 덕산선감은 이때 회창법난을 피해 독부산(獨浮山) 석굴에서 은거하고 있었다. 덕산은 자사의 간청을 거듭 고사하면서 나오지 않으려 했다. 자사는 하는 수 없어 계책을 꾸몄다. 수하 관리를 보내 덕산이 차를 밀경작했다고 무고(誣告), 협박해서 관아로 압송했다. 당조(唐朝)에서는 차와 소금이 정부 전매품이어서 사사로이 경작, 생산할 수 없었다. 이렇게 해서 덕산선감을 끌어낸 자사는 사실을 고백하고 고덕선원 주지를 맡아줄 것을 다시 간곡히 청했다. 덕산은 자사의 청을 받아들여 입적할 때까지 고덕선원의 방장으로 주석했다.

고덕선원은 1854년 병화로 소실됐다가 1890년 복원됐다. 1925년 중수, 사찰 이름을 '건명사(乾明寺)'로 바꾸었다. 따라서 1953년 절이 없어질 때까지는 그 이름이 건명사였다. 현 덕산공원내의 가로 이름이 '건명로'인 것도 건명사라는 절 이름에서 유래한 것이다. 이제 절은 없어졌지만 그 이름은 그래도 거리명으로 남아 있으니 역사의 잔영이라고나 할까.

역시 면면히 이어지는 역사의 끈질긴 생명력이다. '엄숙한 역사의 심판'이란 말이 단순한 추상적 관념이 아니며 공연한 협박이 아님을 실감했다. 당 무종의 회창법난과 공산혁명 · 문화혁명 등이 그토록이나 매도했던 불교였고 수없는 전란에 짓밟혔던 고덕선원이지만 끝내 그 역사적 명맥은 죽지 않고 살아 있다. 한마디로 역사의 끈질김이다.

역사란 이렇게 유전(流轉)하면서 계속되는 것일까.

3) 부처도 조사도 다 죽여버려라(殺佛殺祖)

> 나는 우리 선조들과는 달리 생각한다. 부처도 조사도 없고, 달마는 냄새나는 야만인에 불과하다. 석가모니는 별볼일 없는 마른 똥막대기고, 문수·보현보살은 변소 치는 사람이다. 등각(等覺)이니 묘각(妙覺)이니 하는 오묘한 깨달음이란 것도 족쇄를 벗어난 평범한 인간성에 지나지 않으며, 보리와 열반은 당나귀를 매는 나무 말뚝에 불과하다. 12분교(分教) 교학은 귀신의 장부에 지나지 않으며 종기에 흐르는 고름을 닦아내는 데 쓰는 휴지일 뿐이다.

덕산선감의 상당법어다. 법어라기보다는 부처와 조사를 향한 욕설이다. 얼핏 보기엔 부처를 비웃고 조사를 매도한 패륜적(?) 발언이다.

문자를 좀 쓴다면 가불매조(呵佛罵祖)다. 덕산의 '가불매조'는 '덕산방(德山棒)'에 못지 않은 유명한 화두로 회자된다. 덕산은 이 상당법어로 '가불매조화상'이라는 또 하나의 별명이 붙기도 했다. 그는 교종 승려 시절엔 '주금강'이라는 별명을, 선승 시절엔 '가불매조화상'이라는 별명을 얻었다. 두 별명 다 덕산 자신이 나름의 자부심을 느꼈고 후세 사람들도 한소식 한 선지식에게 어울리는 별명이라고 고개를 끄덕였다.

선림은 덕산의 가불매조야말로 부처와 조사에 대한 다시 없는 존경이라고 칭송한다. 선승들은 참으로 이상한 사람들이다. 그들의 세계에서는 욕이 칭찬이고 칭찬은 오히려 욕이 되는 전도(顚倒)와 혼란이 난무한다. 이러니 속인들의 가늠으론 좀 '돈 것' 아니냐는 생각을 하게 된다.

그렇지만 천만의 말씀이다. 그들은 돈 게 아니라 정상의 정상이다. 선사들의 가불매조를 이해하려면 우선 그 고단수의 역유(逆喩)와 독설 화법에 익숙해야 한다. 실례를 하나 보자.

1983년 12월 한국 불교 조계종 송광사 방장 구산(九山)선사가 입적했을 때 종정 성철선사는 조사를 했다.

"구산은 이제 지옥으로 쏜살같이 떨어졌다."

사람이 죽었는데 애도하기는커녕 지옥으로 가라니 실례의 말씀 정도가 아니라 저주(?)라 할 수밖에 없다. 흔히 '극락에서 편히 쉬소서'가 통념인 일반의 상식을 뒤엎는다. "지옥으로 떨어지라"니 무슨 철천지 원한이라도 맺혔단 말인가.

전혀 그렇지가 않다. 오히려 최대의 경의를 표한 조문이다. 왜냐하면 성철종정의 조사는 '중생제도의 법력을 갖춘 당신이니 어서 빨리 지옥으로 뛰어들어 죄를 짓고 그곳에서 우굴거리고 있는 중생들을 당신의 높은 법력으로 구원해 주시옵소서'라는 뜻을 역유로 표현한 것이기 때문이다. 그러니까 성철선사는 구산을 지옥 속의 중생도 구제할 만큼 높은 도력(道力)을 갖춘 고승으로 추켜세운 것이다. 눈물이나 찔끔찔끔 짜는 조문 따위에 비할 바 아닌, 최대로 경의를 표한 조문이다. 바로 이것이 선가의 역설이 갖는 매력이며 독특한 풍류다.

덕산은 또 어느 날 다음과 같이 법문, 가불매조를 시중(示衆)하기도 했다.

석가는 서천(西天 : 인도)의 도둑놈이고 달마는 동토(東土 : 중국)의 사기꾼이다.

이쯤 되면 부처와 조사를 존경하는 덕산의 마음은 극치를 이룬다. 이는 석가나 달마가 모두 다 자기 자신이 곧 부처라는 차심시불(此心是佛)을 주장하며 중생을 교화하기 위해 온갖 방편을 사용해 잔뜩 떠들어 놓고도 끝에 가서는 한 마디도 말한 바 없다며 '불설일자(不說一字)' 라고 잡아뗀 석가모니의 방편을 욕하는 척하면서 그 본원적인 심법(心法)을 우주 진리의 당체로 끌어올린 역유다. 달마도 그 심법을 전파하기 위해 9년면벽(九年面壁)이니 확연무성(廓然無聖 : 성스러운 것이란 없다)이니 하는 사기 행각을 벌였다.

그러나 그들의 본색은 어디까지나 즉심즉불(卽心卽佛)의 심법을 주창한 시조다. 덕산은 석가와 달마의 지고한 심법을 한없이 높이 밀어올리고자 욕을 통해 칭찬하는 역설법을 사용한 것이다.

덕산과 쌍벽을 이룬 당대의 선장 임제의현선사는 다음과 같은 가불매조의 사자후를 토했다.

함께 도를 닦는 벗들이여! 진정한 견해를 얻고자 한다면 세상의 속임수에 걸려드는 미혹함에서 벗어나야 한다. 안으로나 밖으로나 만나는 것은 모두 죽여버려라. 부처를 만나면 부처를 죽이고, 조사를 만나면 조사를 죽이며, 부모 · 친척을 만나면 부모 · 친척을 죽여라. 이래야만 해탈 경계에 도달하여 인혹(人惑)과 물혹(物惑)을 꿰뚫고 자유자재하게 된다.

부처 · 조사 · 부모를 죽여버리라니 기가 찰 일이다. 그러나 임제의 사자후는 육체적인 살인을 말한 게 아니다. 무명(無明)이라는 아버지와 탐애(貪愛)라는 어머니를 죽이라는 정신적 살인을 상징한 것이다.

임제의 할아버지인 백장회해선사는 그의 어록 『백장록(百丈錄)』에서 이렇게 말했다.

"무명은 아버지이고 탐애는 어머니이며, 자기는 병이면서 약이다. 자기라는 칼로 무명과 탐애라는 부모를 죽이므로 부모를 살해한다고 했던 것이다."

이쯤 되면 '살불살조(殺佛殺祖)'라는 화두에 대한 당혹과 의문이 풀린다. 백장선사는 이렇게 부연하고 있다.

"파순(波旬 : 살인자 · 악한)으로부터 부처에 이르기까지 모두 기름때다. 털끝만큼이라도 의지하고 집착하면 '속세의 도(道)'일 뿐이다. 항차 "나는 이해한다"며 논쟁하고 승부를 한다면 이는 논객승(論客僧)이지 무위승(無爲僧)은 아니다. 모든 법에 탐착하고 물들지 않으면 이를 태어남이 없는 생(無生)이라 하며, 올바른 믿음(正信)이라고 하느니라."

살불살조는 한마디로 지혜라는 칼로 '부처를 보고 이해한다'는 속된 생각을 내는 마음을 베어버리는 것이다.

선불교에서의 조사는 살아 있는 부처(生佛), 즉 중생을 깨달음으로 이끌 수 있는 수행과 지견(知見)을 갖춘 선승을 말한다. 시쳇말로 하면 고매한 인격자다. 따라서 선종은 조사와 부처를 말할 때 불조(佛祖)라고 해서 조사를 오히려 부처보다 높은 지위로 받든다. (중국서는 뒤에 오는 글자가 앞 글자보다 강조하는 뜻을 갖는다. 중국 · 북한 공산당에서 부장보다 부부장이 실권자인 경우도 이런 관행과 무관치 않다.)

이렇게 조사도 한칼에 쳐넘기는 게 선의 통쾌함이다. 독설의 대가인 운문문언선사의 살불살조는 극한으로 치닫는 욕설(?)이다.

> 석가모니는 태어나자마자 천상천하 유아독존(天上天下 唯我獨尊)이라 했다 한다. 내가 당시 그 옆에 있었더라면 한방에 때려죽여 육신의 살덩이를 개밥으로나 던져 주었을 것이다. 그래야 천하를 태평하게 하는 데 조금이라도 이바지하였을 것이다.

부처님을 죽여 개밥이나 하겠다는 운문의 격렬한 매도는 섬뜩한 소름마저 끼치게 한다. 당장 불벼락이라도 맞을 것만 같은 '신성(神性) 모독'이다. 이게 보통 속인의 통념이다. 이 지경이면 전혀 성불할 가망이 없는 중생, 곧 일천제(一闡提)일 수밖에 없다.

선승은 안으로나 밖으로나 어떠한 권위도 인정치 않으며, 어떤 전통에도 의지하지 않는다.

부처와 조사는 출세간(出世間)의 이상이며 출가 납자들의 표상이다. 또 부모와 친척은 사회윤리의 근본이다. 선은 이와 같이 형상화된 출세간의 이상이나 사회윤리를 '절대적 가치'라고 생각하지 않는다. 조사의 경지에 이르고야 말겠다는 인위적인 집착과 발심(發心)은 자기를 구속하는 포승일 뿐이다.

탐욕스러운 집착을 끊어버리기만 하면 저절로 고매한 인격이 형성된다. 능동형 뒤에 따라오는 '저절로 이루어짐(be-made)'의 피동형이 바로 견성이고 해탈이다.

'살불살조'는 선학적으론 일념(一念)의 알음알이(識見)도 허락지 않는 본래청정의 공(空), 즉 어둠과 빛의 차별이 생기기 이전 명암(明暗) 동일의 평등경(平等境)으로 들어가기 위한 정지작업이다.

세계적인 심리학자 에리히 프롬은 "탈집착(脫執着)이 성장과 아주 밀접한 관련을 갖기 때문에 모든 생명체는 출생 순간부터 개체의 온 삶을 통하여 탈집착이 계속적으로 이루어져야 한다"고 역설하고 있다.

그는 '완전히 태어나는 것(fully born)'이 삶의 목적이라고 말한다. 그러나 어떤 사람들은 출생의 순간이 그랬던 것처럼 정신적·육체적 탯줄을 완전히 자르지 못하고 부모·친척·지위·돈·신(神) 등에게 기대서 공생하고자 한다. 이렇게 되면 자기 자신만으로는 완전히 성장할 수 없게 될 뿐 아니라 결코 '완전히 태어나지' 못하게 되고 만다는 것이다.

우리는 이제 1천수백 년 전 '살불살조'를 외쳤던 선사들의 고함소리를 오늘의 에리히 프롬에게서 다시 듣고 있다.

선사들은 부처와 조사를 욕한 죄를 달게 받아들였다. 송대의 임제종 거목이며 근세 한국 선종의 법맥인 양기방회화상의 스승 석상초원선사(987~1040)는 가불매조한 벌을 받기를 전혀 주저치 않았다. 송 인종(仁宗)황제를 알현하고 주석처인 호남성 석상사(石霜寺)로 돌아가는 길이었다. 황실에서 내준 관선(官船)을 타고 운하로 가는데 갑자기 배안에서 중풍이 발병, 입이 돌아갔다. 옆에 따르던 시자가 깜짝 놀라 "스님 어찌 되신 일입니까"하고 물었다.

석상은 태연스레 "평생 동안 부처를 비웃고 조사를 매도했으니 이제 입이 삐뚤어지는 벌을 받아 마땅하지 않겠느냐"고 했다. 이때 발병한 중풍으로 석상은 다음해 원적(圓寂)했다.

아침저녁으로 부처와 조사에게 예불을 하면서도 이렇게 서슴없이 욕설을 퍼붓는 선사들의 행동은 일견 모순돼 보인다. 그렇지만 선사들의 뱃속에 들어 있는 '진실', 즉 집착으로부터 탈피하기를 갈망하는 목마름을 이해하면 모든 오해는 봄눈 녹듯이 풀린다.

이제 고덕선원 답사를 마무리해야겠다.

서점을 나와 건명사 철경당이 있는 빈호공원으로 차를 몰았다. 공원 입장료를 내고 들어서니 꽤나 화려한 유원지였다. 한가운데 섬을 호수가 빙 둘러싸고 있는데, 연인들 혹은 가족들이 탄 보트가 점점이 수를 놓은 듯 호수 위를 떠다니고 있었다. 빨간 장식용 우산을 펼쳐 줄에 꽂은 여러 갈래의 장식은 짙푸른 초목과 어울려 장관이었다. 가운데 섬을 이어 동편에서 서편으로 건너갈 수 있게 한 부교도 아주 낭만적이었다.

일단 주변을 감상하면서 다리를 건너니 넓은 공원이 펼쳐졌다. 공원을 뒤져 '철경당'을 찾아냈다. 원통형 탑신에 불경을 양각으로 주조한 3층 철탑인데 보존 상태가 양호했다. 경전은 『금강경』이다. 안내판을 보니 1979년 이전했고 현재 국가 중요문화재로 지정돼 있다. 철경당 앞에서는 한 노파가 기공체조를 열심히 하고 있는 것이 보였다. 우리가 철탑을 오르내리며 판독을 하고 사진을 찍느라 법석을 떠는 데도 노파는 전혀 아랑곳하지 않고 묵묵히 체조를 계속했다.

옆에는 육중한 비석이 넘어져 있었다. 혹시 『상덕시지』에서 본 '덕산화상탑명(德山和尙塔銘)'이 아닌가 해서 반가웠다. 그러나 아뿔싸! 넘어져도 하필이면 비문 쪽이 땅에 닿아 있을 건 무언가. 일행이 젖먹던 힘까지 동원해 비석을 엎어보려 기를 썼지만 꿈쩍도 않았다. 끝내 비문을 확인하지 못한 채 돌아나오고 말았다.

점심 때가 훨씬 지났다. 시내로 나오니 어젯밤에 들어오면서 보았던 '상덕덕산대곡주' 선전 플래카드가 곳곳에 펄럭이고 있었다. 1천2백 년 전의 덕산영감을 이렇게라도 만날 수 있었던 행운에 흐뭇해하며 식당을 찾아 들어갔다.

4) 병들지 않는 사람(不病者)

묻는다 : 전혀 병들지 않는 사람도 있습니까.

답한다 : 암, 있고말고.

묻는다 : 어떤 것이 병들지 않는 사람입니까.

답한다 : 아야, 아야.

몽둥이질로 천하 선림을 제압한 덕산선감선사가 와병중일 때 문병온 한 학인과 나눈 선문답이다. 덕산은 단호한 절대론자였고 과격주의자였다. 이와 같은 그의 가풍을 대표하는 화두의 하나가 '불병자(不病者)' 다.

그는 엄청난 권위주의자이기도 했다. '덕산방' 이라는 화두에서 보듯이 그는 긍정과 부정에 얽매이는 불합리한 권위를 철저히 배제하면서 자기와 같은 수준의 진실한 체험을 가능케 한 원천인, 아무것도 강요하지 않는 '권위' 를 강하게 긍정한다. 다시 말해 제자들의 자립적인 주체성 확립과 무한한 창의력 발휘를 가능케 하는 절대자유를 인정하겠다는 것이 바로 덕산의 고집스러운 권위다. 권위주의도 이쯤 되면 쌍수를 들어 환영할 만하다. 이렇게 인간의 자유와 창의성을 존중한 '권위' 가 대체 이 세상 어디에 있겠는가.

그가 옳게 말해도 30대, 틀리게 말해도 30대를 때리겠다고 한

'덕산방'의 낙처(落處)는 시(是)와 비(非)를 초월하기 위한 분별심의 타파다. 분별심만 없애면 절대공(絶對空)을 윤회하는 역동적이고 즐거운 삶을 살 수 있다.

덕산의 '병들지 않는 사람' 역시 병든 사람과 병들지 않은 사람, 죽음과 삶, 영원과 순간은 결국 동일하다는 절대론이다. 그는 아프지 않는 사람이란 지금 네 눈앞에서 깊은 신음소리를 내면서 끙끙거리고 있는 이 덕산이 바로 그 사람이라는 역설로 우리가 태어났다 죽는 게 바로 열반이고, 죽음의 숙명을 가진 이 육신 그대로가 부처임을 깨우쳐주고자 한다. 한편 그의 신음소리는 육신의 장수와 영생(永生)을 갈구하는 기복의 어리석음을 단칼에 쳐버린다.

"뭐야, 태어났다 죽을 때가 되면 죽는 게 영생이고 아픔의 신음소리가 바로 극락의 웃음소리란 말이다. 이 어리석은 자들아."

아마도 이것이 덕산의 신음소리가 토해내는 사자후였으리라.

지금 아픈 것은 내 육신일 뿐이지 나의 자성은 전혀 아프지 않은 영원한 생명이고 부처라고 단언, 세속적인 시간이 갖는 영속성과 단절성을 극복한 덕산의 '시간통일'은 죽음을 뛰어넘는 한편의 드라마로 멋진 생사 초월의 절대론이다. 그는 임종 전 치매 상태에서 똥을 싸서 벽에다 마구 칠했다. 그런데 입적하고 나니 그가 똥을 칠한 자국이 방광(放光)을 했다. 덕산의 임종에 덤으로 붙어 있는 에피소드다.

생사 초월의 문제는 불가뿐만 아니라 인류 역사 이래 난제 중의 난제인 인간의 일대사(一大事)다. 인간의 모든 갈등과 불안은 죽음이라는 한계 상황에서 비롯된다. 죽음의 극복은 생(生)한 것은 멸(滅)한다는 우주 생멸법칙을 순응할 때에만 가능하다는 게 선가의 가르침이다. 생멸법칙은 또 엄연한 자연의 순리다. 우리는 이 자연의 순리, 우주의 섭리를 거역하려는 데서 온갖 망상과 비극을 일으킨다.

희랍 신화에서 세계 제1의 의사로 불리는 아스클레피오스는 의신(醫神) 아폴론의 아들이다. 그는 세상에 존재하는 어떤 병도 고칠 수 있는 명의였다. 마침내 아스클레피오스는 죽은 자까지 살려내는 의술을 발휘하다가 할아버지인 제우스의 노여움을 사 벼락을 맞아 죽고 만다. 신화 속에서도 죽은 사람을 살려내는 일은 의사나 의술의 몫이 아니었던 것이다. 제우스신은 이렇게 우주 섭리를 거역하는 자에 대해서는 가차없는 징벌을 내렸다. 이쯤 되면 '죽음'이라는 자연의 순리를 따르는 것만이 역설적으로 '영생'이라는 사실을 알 수 있다.

1996년 1월 임종을 앞둔 미테랑 프랑스 대통령은 투약을 중지하면 1~3일밖에 살 수 없다는 의사의 얘기를 듣고 말했다.

"그러면 투약을 중지하시오."

죽음을 자연의 섭리로 의연하게 받아들이고자 하는 거물다운 달인의 경지다.

불교사회주의 국가인 미얀마의 반독재투쟁을 이끌고 있는 아웅산 수지 여사의 예를 보자.

> 나는 영생을 믿는 불교 신자입니다. 나의 삶은 시간에 좌우되지 않지요. 우리 모두 언젠가는 죽지만 그것이 대단한 문제라고는 생각지 않습니다.

수지 여사는 1996년 4월 『파리 마치』지 인터뷰에서 "암살의 공포에 시달리지 않느냐"는 질문을 받고 위와 같이 대답했다. 마조의 '일면불 월면불(日面佛 月面佛)' (중국선불교 답사기 제3권 강서성 석문산 보봉사편 참고)이나 덕산의 '불병자'에 전혀 손색이 없다. 죽기 때문에 영원할 수 있다는 모순을 믿는 건 선사들만이 아니다. 오늘날 수지 여사도 이 진리를 생생히 보여주고 있지 않은가.

묻는다 : 병환은 어떠십니까.

답한다 : (주장자로 땅을 짚으면서) 너는 이것도 아픔을 느낀다고 여기는가.

나한계침선사(867~928)가 와병중 한 중의 문병을 받고 거량한 선화(禪話)다. 일명 지장계침이라고도 하는 나한선사의 '주장자' 역시 생사를 넘어서서 통일된 시간을 살고 있는 자성·진여본체를 상징한다. 우리 존재의 근원인 진여자성은 병들고 병들지 않는다는 분별을 초월해 있기 때문에 세속적인 생로병사를 적용시킬 수 없다. 한소식한 선사들은 한결같이 생사 초월의 절대론에 서 있다. 선가의 모든 열반미학도 절대론적 생사 해탈에 연원한다. 아쉬운 것은 현대의 한국선사들 중 임종에서 이와 같은 절대론적 생사관을 여법하게 보여주고 간 사람의 소식을 들을 수 없다는 점이다. 승속간에 꽤 명성을 날린 선사들조차 들리는 애기로는 선승의 초연한 입적보다는 속인의 고통을 보여주고 갔다 한다. 비록 몸은 아플지라도 정신만은 넉넉함을 남겨주었으면 좋았을 텐데…….

심장질환으로 1997년 9월5일 선종(善終)한 카톨릭의 테레사 수녀가 보여주었던 병고의 초월은 우리를 숙연케 했다. 그는 성녀(聖

女)로까지 칭송된 가난한 사람들의 어머니였으며 노벨평화상 수상자이기도 했다. 테레사 수녀는 함께 살고 있는 인도의 가난한 사람들에게는 어림도 없었던 극진한 치료와 간호를 받자 자신은 그런 호사스러운 치료를 받을 자격이 없다고 거부하면서 다음과 같이 말했다.

"가난한 사람들처럼 죽어가도록 내버려 두라."

1996년 11월 말 그의 주치의 바단이 전한, 테레사 수녀의 임종을 향한 의지였다. 나는 감히 그 말에 어떠한 사족도 붙일 용기가 없다. 저 유명한 스페인의 독재자 프랑코 총통은 측근들이 그의 죽음을 부질없이 지연시키자 이렇게 신음했다.

"주여, 당신을 만나기가 왜 이리도 고통스럽고 힘듭니까."

1997년 2월 19일 사망한 중국 실력자 등소평의 임종을 보자. 그는 죽음에 앞서 다음과 같은 유언을 남겼다.

"각막은 필요한 사람에게 기증하고 유체는 해부해 의과대학 연구자료로 제공하라. 상사(喪事)를 간결하게 치르고 유해 고별식을 하지 않는 것이 나의 견해에 부합된다. 따라서 집안에다 조문소를 설치하지 말라. 그리고 화장 후의 뼛가루는 하나도 남김없이 대해(大海)에다 뿌려라"

등소평의 장례식은 거의 유언대로 치러졌다. 중국인들은 고래로 다소 과장적인 형식과 의례를 갖는 전통이 있다. 그러나 등소평의 장례식은 그 옛날 선가(禪家)를 연상케 한다. 등의 장례는 한 시대를 이끈 지도자의 여법한 솔선수범을 체감할 수 있는 감동을 자아냈다.

마조 이후의 조사선은 냉엄한 역사적 현실에 입각해 인간의 주체성을 깊이 파고든다. 조사선은 잡다한 일상 속에서 각자의 개성을 철저히 드러내는 데 역점을 둠으로써 깊은 인간성을 발휘할 수 있는 무한한 개성의 길을 터주었다.

당 중기부터 오대(五代)에 걸친 중국의 사회 혼란은 잡다한 일상 속을 파고드는 선의 성격을 한층 강화시켜주는 요인이 됐다. 지고의 진리를 현실적인 것들에 입각해 생각하려는 중국인들의 전통적인 사유방식이 여기에 접합되면서 선은 그리스의 대화편(對話篇)처럼 장황하게 이어지는 일이 없이 간명한 개성적 생활실천의 기록들을 남겼다.

> "법당이 쓰러진다. 법당이 쓰러져!"
>
> 약산유엄선사의 제자들은 스승의 고함소리를 듣고는 법당 동서남북으로 달려가 온힘을 다해 법당을 떠받쳤다.
>
> "네놈들 내 뜻을 전혀 모르는구나!"
>
> 약산은 이 한마디를 내뱉고는 눈을 감고 적회(寂灰)의 길을 떠났다.

약산유엄선사의 원적(圓寂) 일화다. 공안으로는 '법당도료(法堂倒了)'라 한다. 그는 한 학인의 참문에 다음과 같이 선언한 바 있다. "나는 일찍이 경(經)이라든가 논(論)을 보지 않았다." 그에게는 우리의 삶이 바로 경전인 것이다. 어떤 종교의 성전(聖典)일지라도 그것은 우리 자신의 실존이며 우리 삶의 기록이다.

사람이 경전을 만들었지 경전이 사람을 만든 것은 결코 아니다. 따라서 자신의 실존을 감당하지 못하는 사람은 경전에 현혹되고 압사할 수밖에 없다. 약산의 경론 거부는 참으로 무서운 선언이다.

그래서 그는 자신의 죽음을 법당이 쓰러지는 진리의 파괴에 비유했다. 중국인들 특유의 과장법일지라도 자신의 실존에 철저한 약산의 권위주의는 한번 꼭 되돌아보아야 할 옛 거울(古鏡)이 아닐 수 없다. 약산의 공안 '법당도료'가 한국 불교에선 비구승이 여자를 범한 파계(破戒)를 비유하는 은어로 사용된다고 한다. 유머러스한 얘기다.

법당이 쓰러진다! 법당이 쓰러져!

묻는다 : 범부입니까, 성인입니까.

답한다 : 벼락같이 고함을 쳐 대할일성(大喝一聲) 했다.

암두전할은 허리를 굽혀 덕산에게 배례했다.

어떤 사람이 동산양개선사를 찾아가 이 일을 이야기 해주었다.

동산 : 만일 암두가 아니었더라면 알아 듣기가 어려웠을 것이다.

동산양개선사의 평을 전해 들은 암두가 말했다.

암두 : 동산노인이 뭘 잘못 알고 말을 잘못 했다. 그때 나는 한 손은 들고 한 손은 내렸었다.

전반부는 덕산선감선사와 그의 양대 법제자(설봉 · 암두) 중 한 사람인 암두전할의 선문답이고 후반부는 동산과 암두의 간접적인 법거량이다. 화두로는 '암두배알(岩頭拜謁)'이라 한다.

"범(凡)입니까, 성(聖)입니까"라는 암두의 물음은 이것이기도 하고 저것이기도 하지만 어떤 것이든지 모두 맞다는 '긍정'을 이야기한 것으로 결국 우주의 근본 진리는 유(有)라는 얘기다. 덕산이 크게 꾸짖은(大喝) 것은 그 소유한 것들(有)을 버리라는 가르침으로 범과 성이 모두 존재하지 않는다는 무(無)를 말한 것이다. 따라서 덕산의 할은 현상적인 사물에 대한 부정이자 공(空)을 상징한다.

스승이 학생에게 할을 하면 학생은 절을 올려야 한다. 이는 스승이 범과 성을 구분한 속념(俗念)을 깨우쳐 떨어버리게 한 데 대한 감사이기도 하다. 암두의 배례는 공도 아니며 유도 아닌 비공비유(非空非有)를 나타내 보인 행위다. 달리 말하면 공이자 유이기도 한 중도(中道)다.

동산이 암두를 찬양한 평도 바로 스승의 꾸짖음에 예를 올린 암두의 행위가 올라섰다가 다시 내려오는 '중도'였음을 높이 평가한 것이다.

암두가 한 손을 들어올린 것은 성을, 한 손을 내린 것은 범을 상징하며 올라갔다가 다시 내려오는 중도(부처 · 진리)를 밝힌 것이었다. 암두는 동시에 한 손은 들어올리고 한 손은 내리는 행위를 통해 성자와 범인이라는 구별이 없는 범성일여(凡聖一如)를 말한 것이었다. 덕산은 할을 통해 암두의 견해와 자신의 의견이 일치함을 이해시키려 했다. 암두는 절을 올려 스승의 이러한 응답에 기쁨을 나타내면서 또 한편으로는 스승이 어떻게 반응하는가를 시험했다. 배례는 이처럼 스승에 대한 존경과 반응을 탐지하려는 두 가지 목적을 내포하고 있었다는 상징성도 갖는다.

그러나 덕산의 반응은 가엾게도 암두의 의도를 간파하지 못한 채 조금도 의심없이 앉아서 '성자(聖者)' 에게 표시하는 배례만 받아들여 범성일치에 어긋나고 말았던 것이다.

동산이, 스승이 제자에게 밀리고 만 점을 간과하고 덕산과 암두의 선문답을 찬양 일변도로 평하고 만 것은 그래서 '뭘 잘못 안 것' 이다. 암두는 여기서 덕산과 동산이라는 스승을 뛰어넘는 초사(超師)의 역량을 발휘했다. 암두는 "한 손은 들고 한 손은 내렸다" 는 한마디로 스승을 묵사발내버린 채 스승을 능가하는 기량을 보였다.

"지혜가 스승과 동등하면 스승의 덕이 절반으로 줄어든다. 지혜가 스승보다 뛰어난 제자라야 법을 전수할 만하다."

선문에 전해오는 사자상승(師資相承)의 사법(嗣法) 전통이다. 암두는 확실히 스승을 능가하는 지혜를 보여준 수좌였다. 후일 어떤 선승이 암두를 가리켜 "덕산의 법을 이었지만 덕산을 거부하는 사람"이라고 하자 덕산도 이를 시인했다. 암두는 다음과 같은 사자후를 토한 바 있다.

"나는 30년 동안 동산을 참례했지만 동산을 따르지 아니하며 또 덕산의 법을 이어 받았으나 덕산을 긍정하지 아니한다. 그러나 덕산은 잊을 수 없는 사람이다."

암두가 외친 '사덕산 우불긍덕산(嗣德山 又不肯德山)' 이라는 사자후는 선문 초사의 전통을 대표하는 일구다. 선림에서는 학인이 깨친 바를 과시하기 위해 스승의 뺨을 갈기고 엉덩이를 짓밟는 행동을 서슴지 않는 경우도 있다. 조주종심선사와 임제의현선사가 바로 스승 구타의 대표적 사례다.

'암두배알' 이라는 화두는 제자가 스승을 넘어선 경지를 보여주는 대표적 사례다. 덕산선감은 절대론자답게 초사의 제자를 길러냈다.

덕산선감선사는 865년 12월3일 대중에게 다음과 같이 설하고나서 이 세상을 떠났다.

'공(空)을 어루만지며 상념들을 쫓는 것은 그대들 정신을 괴롭히는 일일 뿐이다. 꿈을 깨고 그릇됨을 깨닫는다면 더 이상 무슨 일이 있겠느냐."

●메모

위치 : 상덕시 교외

교통 : 시내서 5킬로미터 · 포장도로

유적 : 건명사 철경당 등

석상산 숭승선림

— 석상경저 · 석상초원선사

1) 한 알의 쌀(一粒米)

위산 : 시주의 물건을 흘리지 말라.

석상 : 흘리지 않습니다.

위산 : (위산은 땅바닥에 떨어져 있는 쌀 한 알을 주워 들고는) 만약 네가 흘리지 않았다면 이건 어디서 나왔단 말이냐.

석상 : (석상은 그만 아무 말도 못하고 가만히 서 있었다.)

위산 : 이 한 톨의 쌀을 가벼이 여기지 말라. 천 톨의 쌀이 이 한 톨의 쌀로부터 생겨나느니라!

석상 : 그렇다면 백천 알의 쌀을 생겨나게 한 이 한 톨의 쌀은 어디서 생겨났습니까.

(위산은 가가대소하고는 방장실로 돌아가버렸다. 저녁 참학 시간이 되자 위산이 말했다.)

위산 : 대중들이여, 쌀 속에 벌레가 있다. 잘 봐야 한다!

석상경저(石霜慶諸 : 807~888)가 위산의 밀인사(密印寺) 영우선사 문하에서 사찰 양식을 관리하는 미두(米頭) 소임을 맡아 어느 날 쌀을 까부는 키질을 하고 있을 때 옆을 지나던 위산영우화상이 불쑥 선지(禪旨)를 발동해 거량한 선문답이다. 석상경저선사는 강서성 청강현(옛 여릉 신감) 출생으로 속성은 진(陳)씨였고 13세 때 출가, 남창 서산소감에게 삭발한 후 23세에 영은숭악화상에게 수계하고 계율 공부를 했다. 도오원지선사를 참학하고 득도, 청원법계의 대선지식이 돼 호남성 유양시 금강향 석장촌 석상산(일명 霜華山 · 石華山) 숭승선림(崇勝禪林)에서 20년 동안 주석하면서 행화를 폈다.

앞에 나온 선문답은 도오원지를 참문, 활연대오(豁然大悟)하기 전 위산 문하에 있을 때의 법거량이다. 화두로는 '일립미', 또는 '쌀 속의 벌레(米里有虫)'라 한다. 경저는 위산과는 인연이 맞지 않아 깨치질 못하고 도오원지(일명 도오종지)를 참문하고서야 견성했다.

위산이 말한 '한 알의 쌀'은 본체자성 · 불성 · 진여당체를 상징한다. 이는 백장회해선사가 불이 다 꺼진 화로 속에서 '불씨'를 찾아내 보임으로써 위산의 개오를 이끌었던 것과 같은 맥락이다. 위산을 깨닫게 한 불씨가 '한 알의 쌀'로 대치된 것일 뿐이다.

위산이 "한 알의 쌀도 가벼이 여기지 말라"고 한 말은 표면적으로만 보면 곤궁하게 살아가는 노인이 흔히 하는, 알뜰한 살림을 살라는 당부 같다. 그러나 여기선 심지(心地)의 근원인 자성을 철견하라는 선지를 담고 있다. 경저는 위산의 가르침에 그렇다면 그

▲ 호남성 유양시의 한 식료품 가게에서 쌀을 사는 아가씨. 시골에서는 아직도 쌀·국수·떡 등을 구형저울로 달아서 사고 판다.

자성의 정체는 무엇이냐고 따져 물었다. 위산은 저녁 상당법문에서 "쌀 속에 벌레가 있다"고 했다. 이는 경저의 물음을 마치 벌레가 쌀을 파먹고 들어가고 있는 꼴이라고 힐난한 것이다. 결국 영우선사와 경저는 계합지 못하고 말았다.

경저는 위산을 떠나 호남성 유양현의 도오산으로 내려가 원지선사를 참문했다.

묻는다 : 어떤 것이 보는 것마다 보리입니까(什磨是 觸目菩提).

답한다 : (도오는 사미를 불러 정병에 물을 떠오라고 시켰다. 그리고는 얼마 후 반문했다.) 네가 아까 무엇을 물었지.

묻는다 : (경저가 막 입을 열어 방금 했던 말을 되풀이 하려 했다.)

답한다 : (도오는 벌떡 일어서더니 가버렸다.)

경저는 여기서 홀연히 깨쳤다. 경저의 물음은 보리안(법안)은 사물을 어떻게 보느냐는 것이다. 도오는 사미를 시켜 병에 물을 떠오게 하는 것으로 평상의 일을 해나가는 과정에 작용하고 있는 보리안 속의 현상을 보여주었다. 이것이 바로 보리안은 매일같이 전개되는 일상생활을 통해 그 진제(眞諦)를 드러내 보인다는 선리다. 다시 말해 이사일치(理事一致)고 범성일여(凡聖一如)라는 얘기다. 선가는 이를 "속안으로는 '무'가 아님을 밝히고, 법안으로는 '유'가 아님을 본다(俗眼以明非無 法眼以觀非有)"고 한다. 이른바 진속일여(眞俗一如)의 변증법이다. 선은 무도 버리고 유도 버린 비유비무(非有非無)의 중도적 공간에서 만물을 '마음'이라는 한 뿌리로 귀결시키는 묘유(妙有)를 지향한다.

도인의 법안이라고 해서 삼라만상의 현상계를 단순히 '무'라고만 부정하는 허무주의여서는 안 된다. 다만 속인들의 안목과 달리 현상계 뒤에 있는 공(空)이라는 본체계를 꿰뚫고 있으면서 현상계의 실존을 기꺼이 수용할 뿐이다. 그러나 속안(俗眼)은 현상계 자체를 실체로 본다. 따라서 현상계를 볼 수 있는 속안도 현상계 뒤의 실체를 보는 법안과 똑같이 필요한 것이다. 그래서 선지식들은 육안으로는 현상계를 기꺼이 수용하고 법안으로는 본체계를 봄으로써 현상계에 대한 집착으로부터 벗어난다. 이것이 바로 외형적으로 보면 성인과 속인의 삶이 일치하는 범성일여(凡聖一如)의 변증법이고 내던졌다가는 다시 거두어들이는 선의 변증법이다.

석상경저는 도오원지선사를 참문하고 개오한 후 현 호남성 유양시 소재 도오산에서 멀지 않은 석상산으로 내려가 숭승선림(속칭 석상사)을 창건하고 법석을 폈다.

호남성 성도 장사를 출발, 석상산 숭승선림에 도착한 것은 1996년 4월 29일 오후 4시쯤이었다. 유양시에서 석상사로 가는 길인 동북방 20여킬로미터의 지방도로는 당나귀 마차들이 빈번히 오간다. 마침 금강향 향 소재지 장날이라 농촌서 장짐을 싣고 나오는 당나귀 마차와 장을 다 보고 돌아가는 마차들이 무리를 이루어 오가고 있었다. 금강향 일대는 유명한 폭죽 생산지여서 중국인들이 명절이나 축제·장례식 등의 의례에 전통적으로 사용하는 폭죽을 가내수공업으로 만들어 도로변 민가 창고들에 가득 쌓아놓았다. 붉은 종이를 꽃 모양으로 장식해 실타래처럼 연결한 후 동그랗게 말아놓은 폭죽과 마치 백회(白灰)를 물에 타놓은 것 같은 폭죽용 물반죽 화약 천지다. 땅을 40~50센티미터씩 파서 사각형 연못처럼 만들어 놓고 그 안에 흰색 화약을 물로 반죽해 가득 채워놓았다. 석장촌 소재지서 석상산까지 6킬로미터는 아주 좁은 비포장 산골길이었다. 길 옆으로는 꽤 깊은 낭떠러지가 이어지면서 계곡물이 흐르고 있었다. 원래 석상산(石霜山)이라는 산 이름은 이 가파른 계곡을 흐르는 물이 격류를 이루면서 서리 같은 물보라를 일으킨다고 해서 붙인 것이다. 그러나 우리가 들어갈 당시는 물이 그렇게 많지도 않았고 돌에 부딪히며 서리 같은 물보라를 일으키는

▲ 유양시에서 석상사로 들어가는 길. 장짐을 실어다 주고 돌아가는 당나귀 마차들.

'석상' 도 없어 아쉬웠다.

석상계곡을 타고 들어가는 도중 문제가 생겼다. 조그만 산사태가 있었던 모양인데 무너져 내린 흙과 돌을 마차로 치우고 있는 게 아닌가. 마차가 진행할 방향은 우리 일행의 미니버스와 정반대 방향인데 이미 짐을 가득 실어 놓았다. 도저히 마차와 차가 비켜갈 만한 노폭이 아니었다. 하는 수 없이 비킬 만한 지점이 나오는 데까지 차를 후진시키고 일행이 모두 내려 짐이 너무 무거워 비틀거리는 마차를 밀어주었다. 여기서 한 시간 이상을 지체하게 됐다.

석상사는 우선 산문이 특이했다. 흔히 있는 삼문(三門)인데 위에 지붕이 없는 담벽식인 점이 독특한 양식이었다. 출입문은 감실 모양이고 가운데 정문 흰 벽에는 '경저선사가 선법을 전파한 곳(慶諸傳禪地)' '초원선사의 설법도량(楚源〈圓〉說法場)'을 좌우로 대련시켜 붉은 페인트 글씨로 써놓았다. 정문 위에는 '고석상사(古石霜寺)'라고 써놓았다. 산문에서부터 과연 이 절이 석상경저와 석상초원이라는 대선지식의 도량임을 확인할 수 있었다.

당가(부주지) 지수법사를 찾아 만났다. 지수(智修)법사를 미리 알고 간 건 아니었다. 절에 들어가 스님에게 방장이나 주지가 있느냐고 물으니 이 절에는 당가가 최고 책임자라며 안내해주었다. 사찰 복원이 아직 미진하거나 승려 수가 많지 않은 선찰은 방장이나 주지를 두지 않고 당가승이 최고 어른으로 주석하는 게 중국 선종 사찰의 현실이다. 지수법사는 마침 사무실 겸 침실인 자기 방에서 쉬고 있었다. 수인사를 하고 방문 목적을 이야기하니까 선뜻 일어나 사찰 안내에 나서주었다.

사찰답사에 앞서 잠시 석상사의 연혁을 살펴보자.

우선 석상사가 유명한 선종 고찰로 오늘에까지 그 이름을 떨치고 있는 것은 한마디로 당대(唐代)에 석상경저, 송대에 석상초원이라는 대선지식이 이 절에 주석, 선풍을 드날렸기 때문이다. 경저는 청원법계 3세인 약산유엄선사의 3대 제자 중 한 사람인 도오원지의 사법 제자로 당시 임제의현·동산양개·덕산선감·협산선회·투자대동선사와 어깨를 나란히 한 선지식이었다. 일명 자명초원(慈明楚圓)이라고도 하는 석상초원선사는 송나라 이후 오늘에까지 한·중·일 동아시아 3국 선종의 주류를 이루는 임제종 양기파(양기종) 개산조인 양기방회선사의 스승이다. 양기종은 동아시아 선종을 제패한 임제종의 후신으로 임제종을 대표하는 종파다. 그러니까 송대 이후의 임제종이란 실제론 양기종을 뜻한다. 따라서 양기종의 법맥은 거슬러 올라가면 임제의현선사까지 가지만 실질적 법원(法源)은 석상초원선사라 할 수 있다. 오늘의 한국 선종을 대표하는 조계종 법맥이 임제종 양기파인 점을 감안할 때 초원선사의 행화도량 답사는 양기방회선사의 도량 못지 않게 큰 의미를 갖는 것이었다.

뿐만 아니라 석상초원선사는 임제종 황룡파(황룡종) 개산조인 황룡혜남화상의 스승이기도 하다. 따라서 초원은 임제종 법맥이 양기파와 황룡파라는 두 개의 종파로 갈리는 고갯길에 우뚝한 산마루였고 임제선풍에 하나의 커다란 변혁을 일으킨 분수령이었다.

석상사는 당 희종연간(874~888) 석상경저선사가 창건한 선찰이다. 그가 사찰을 창건하기까지의 일화를 살펴 보도록 하자.

위산 밀인사의 영우선사 문하를 떠나 도오산 원지선사를 참문하고서 한동안 원지화상의 문하에서 살았다. 어느 날 도오가 대중들에게 물었다.

> 묻는다 : 내 마음 가운데 한 물건이 있는데 계속해 앓고 있다. 누가 이 병을 치료해줄 수 있겠는가.
>
> 답한다 : 그 물건은 구체적 형상이 없습니다. 치료를 해 제거하면 오히려 더 큰 우환이 됩니다.

도오의 상당법문에 경저가 나서서 이렇게 답하자 도오는 경저를 크게 칭찬하고는 즉각 법을 인가했다. 선공부에서 대학 졸업장을 받고 난 경저는 도오 문하를 떠나 유발속복의 속인으로 유양 도예촌에 들어가 도공 일을 하면서 당 무종의 회창법난을 피하고 있었다. 법난이 끝난 후에도 그대로 머물고 있었는데 동네 사람 누구

▲ 회랑 벽면에 박혀 있는 석상사 옛 비석.

도 그가 승려인 줄을 몰랐다.

그러던 어느 날 동산양개선사의 문인이 우연히 도예촌에 들렀다가 그와 법거량을 하는 중에 그의 신분이 드러났다. 동산은 제자로부터 도반인 경저의 소식을 듣고 경저가 절을 지어 개당설법할 수 있게 적극 도왔다. 석상경저선사의 도량인 석상사는 이렇게 창건됐다.

경저선사는 개당설법 이래 30년 동안 석상사에 주석하면서 일체의 산문 출입을 삼간 채 장좌불와(長坐不臥)의 참선정진만 했다. 전성기에는 승중(僧衆)이 1천여 명이나 됐고 그 중 8백 명이 잠을 누워서 자지 않는 참선을 했다고 한다. 사람들은 석상사 선풍을 승려들의 참선 자세가 마치 나무를 벤 지 오래된 고목 그루터기 같다고 해서 '고목선(枯木禪)'이라 불렀다. 나무 그루터기처럼 꼿꼿이 앉아 좌선하는 승려들을 찬양하는 뜻을 함축하고 있는 석상사의 '고목선'은 천하 선림에 그 명성을 떨쳤고 황실에까지 전해져 제왕도 숭상했다. 그래서 당 희종황제가 사람을 직접 보내 자색가사를 하사했으나 경저선사는 끝내 고사하고 받질 않았다. 황실은 불자 재상인 배휴(裵休 : 797~870)로 하여금 직접 감독케 해 석상사를 중창하고 '숭승선림(崇勝禪林)'이라는 편액을 내리기도 했다. 희종황제는 세 아들을 석상경저 선사 문하로 출가시켰고 그 중 두 명이 보문(普聞)·용호(龍湖)라는 법명을 가진 유명한 선승이 됐다. 경저선사는 희종 4년(878) 원적했다. 시호는 보회대사(普會大師)고 묘탑은 절 서북쪽 3킬로미터의 산에 세웠다.

당대의 석상사 건축 규모와 불상은 크고 장엄하기로 유명했다. 『유양현지』에 따르면 전각 높이가 90여척(약 30미터), 불상 높이가 70여척(약 24미터)에 달했다 한다. 석상사는 내외로 각각 8경(景)을 자랑해왔다. 절 경내의 8경은 승려 천 명이 먹을 밥을 지을 수 있는 쇠솥인 천승과(千僧鍋)를 비롯해 만인상(萬人床)·상아조홀(象牙朝笏)·조사가사·선장(禪杖)·포공연지(包公硯池)·고목당·자명종 등의 유물, 유적이다.

현존 유물은 상아조홀뿐인데 유양시 문화관에 보존돼 있다.

절 밖의 8경은 호배천(虎扒泉)·염작정(塩醋井)·비래탑(飛來塔)·선녀쇄혜(仙女曬鞋)·산인하기(山人下棋)·선인추마(仙人推磨)·타고령(打鼓岭)·합마적수(蛤蟆滴水) 등이다. 모두가 절 뒷산과 좌우의 야산·앞들 등에 현존하고 있다. 이 밖에 기반석(棋盤

▲ 석상사 대웅전에 걸려 있는 옛날 편액들.

▲ 석상사 산문 오른쪽 산 언덕 위에 있는 사탑(寺塔).

石) · 선인동(仙人洞) 등의 자연 경관도 석상사의 명물이다.

경저선사 관련 유적으로는 친히 심었다는 은행나무가 옛 조사전 왼쪽 대나무숲에 있다. 원목은 고목이 돼 썩어버리고 밑둥치만 남아있는데 새순이 4그루 올라 자라고 있다. 대웅전은 민국 때 건물인데 비교적 보존 상태가 양호하다. 선당은 현재 60평 규모로 신축중이다. 선당에 봉안할 목조 비로자나불상도 조성중이다. 조사당은 청대(淸代)의 낡은 건물이 남아 있긴 한데 과거 경저선사상(像) 등을 봉안했으나 문화혁명 때 파괴돼버렸고 현재는 봉안된 조사상이 하나도 없다.

1991년부터 사찰 복원공사가 진행중인데 첫 복원 작품은 대만의 한 법사가 화주한 산문이다. 호남성 정부가 석상사 복원계획을 수립한 것은 1978년이었으나 계획만 서 있었고 91년 산문복원이 최초의 실적이라고 한다. 91년 국가가 4천여 평의 토지 사용을 허가해주었고 93년부터 재당(식당) · 선당 중수와 염불당 건립을 연차

▼ 1996년 현재 복원공사가 진행중인 석상사 대웅전.

▲ 석상사 불전에 봉안하기 위해 조성한 목조 지장보살상.

▲ 복원을 기다리고 있는, 폐허 상태의 석상사 조사당(祖師堂).

적으로 추진하고 있다. 현재 10명의 비구가 상주하는 비구총림으로 소속 종파는 임제종이다. 매년 불칠법회(佛七法會 : 7주 동안의 겨울철 참선정진)을 열어 호남성에 있는 비구승들이 모여 참선정진을 하는 '정진도량'이기도 하다. 이는 숭승선림 개산조인 석상경저선사 때부터 '고목중(枯木衆)' '고목선'이라는 칭송을 받은 석상선사의 모범적인 참선정진 전통을 오늘에 잇고자 하는 원력이라고 볼 수 있다. '고목중'은 고목나무 그루터기처럼, 아니 죽은 사람처럼 모든 상념을 끊고 멸진정(滅盡定)에 들어 있는 자세로 참선하는 석상사 수좌들을 아주 잘 묘사한 말이다. 석상사 납자들의 별명이기도 한 고목중은 한마디로 석가모니의 멸진정에 필적할 만큼 자기 성찰에 치열한 용맹정진을 연상케 한다. 결국 견성이니, 해탈이니, 열반이니 하는 '인간 완성'은 고목처럼 꼼짝 않고 앉아서 냉철한 자기 성찰을 계속할 때 비로소 그 가능성이 열리는 게 아닌가 싶었다.

당·송대 유명 선종 고찰 80여 개를 답사했지만 이렇게 치열한 용맹정진의 문풍(門風)을 극적으로 묘사한 '별명'을 가지고 있는 사찰은 석상사가 유일했다. 물론 어느 선종 사찰인들 수좌들의 피나는 용맹정진을 독려하지 않았을 리 없고, 또 수좌들 각자가 자기 성찰을 게을리하지도 않았겠지만 '고목중'이라는 별칭이 붙은 석상사 수좌들의 참선정진은 어떤 묘사보다도 강한 이미지를 준다.

석상사 답사 후 지금까지도 남아 있는 아쉬운 점이 하나 있다. 석상경저와 그의 은사 도오원지선사의 묘탑을 답사하지 못한 건 정말 크나큰 아쉬움이었다. 언제나 전가의 보도로 써먹는 시간 부족 때문이었지만 그건 '핑계'고 악착 같은 용맹정진의 정신이 없었기 때문이다. 실은 3킬로미터쯤 떨어진 경저선사의 묘탑을 향해 출발까진 했었다. 5백여 미터쯤 올라가니 숲이 우거져 나무막대기로 헤치며 나가야 했고 산속에 어둠이 깃들이는 저녁시간이라 날파리 · 모기 등이 달려들었다. 또 땀은 비오듯 흐르고, 앞서 가는 석상사 당가 지수법사는 꽤 익숙한 발걸음인데 도저히 쫓아갈 수가 없다. 한참을 가다가 뒤를 돌아보니 변소에 다녀오겠다던 사진기자와 통역이 따라오질 않았다. 소리쳐 불러봐도 교신은 되지 않고……. 하는 수 없이 7백여 미터 지점에서 돌아 내려와 보니 그들은 방향을 잘못 잡아 절 뒷산으로 올라가 헤매고 있는 게 아닌가.

이러다가 날은 어두워졌고 꼭 해야 할 답사지만 포기하는 수밖에 없었다. 도오원지선사의 묘탑도 이곳으로 옮겨 경저의 묘탑에서 1킬로미터쯤 더 가면 된다는데 정말 아쉬웠다. 선사들의 묘탑이야말로 답사를 통해 옛날 선지식들을 가장 실감나게 만나볼 수 있는 생생한 유적이기 때문에 각별히 역점을 두는 답사 대상이었는데 말이다.

마치 석상산에까지 왔다가 산만 보고 산의 주인인 석상경저선사는 못 본 꼴이니 흔히 선가에서 말하는 '달은 못 보고 달을 가리키는 손가락만 보는 격'이 된 것 같아 지금까지도 씁쓸하다.

만당(晩唐)의 선림을 주름잡은 선종 대선지식 중 한 사람인 석상경저의 선풍을 좀더 살펴보자.

2) 문만 나서면 천지가 풀이다(出門便是草)

묻는다 : 동산이 여름 결제 때 어떤 시중(示衆)을 하던가.

답한다 : "남자들이여, 늦여름 초가을 동서로 흩어져 갈 때

만리를 가도 풀 한포기 없는 곳으로 가라"고 법문 하셨습니다.

묻는다 : 누가 그 법문에 거량한 사람이 있었는가.

답한다 : 없었습니다.

묻는다 : 어째서 문만 나서면 천지가 풀이라고 말하지 않았는가.

답한다 : (중이 동산한테 가서 이 말을 전하자 동산은 크게 감탄하며 말했다.)

이 대당(大唐)에 그런 이가 몇이나 있을까! 천오백 명 선지식의 재능을 모두 합해야 나올 만한 말이구나.

석상경저선사가 유양 도자촌에서 유발속인으로 도공 일을 하고 있을 때 도자촌에 온 동산양개선사 문하의 한 중과 거량한 선문답이다. 문답 맨 끝의 대답은 동산이 한 말이다. 따라서 이 선문답에는 석상경저와 한 중, 동산양개선사 등 3명이 등장한다. 화두론 석상에게 역점을 두면 '출문편시초(出門便是草)'라 하고 동산의 것으로 할 때는 '만리무촌초(萬里無寸草)'라 한다.

도공 석상경저는 조동종 개산조인 동산양개선사 법석(法席)의 한 중이 우연히 도자기촌에 들르자 동산의 안부를 물었다. 동산과 석상은 둘 다 약산유엄선사의 손상좌(孫上座)로 동시대인이며 법맥상 사형사제간이다. 그러나 석상과 거량한 중도 석상의 정체를 전혀 모른 채 돌아가 "도자기촌의 한 속인이 '문만 나서면 온통 풀'이라 하더라"고 전했다. 동산은 중과 거량한 속인이 스승 도오원지선사가 원적하자 도오산에서 세속으로 내려가버려 소식을 알 수 없던 석상경저임을 직감했다. 석상도 같은 법맥의 가풍이었으므로 동산의 '만리무촌초' 라는 수시(垂示)에 대해 그와 같은 평을 할 수 있었던 것이다. 동산은 마침내 잠적한 도반 석상경저를 찾았고 경저를 적극 도와 석상사를 창건, 개당설법할 수 있게 했다.

이 선문답의 포인트는 '만리무촌초' 와 '출문편시초' 다. 동산의 '만리무촌초' 를 먼저 살펴보자.

결론부터 말하면 동산의 만리무촌초는 심중무일물(心中無一物)의 경지, 곧 사량분별을 완전히 끊어버린 진공무상(眞空無相)의 경계를 나타낸 비유다. 다시 말해 선학적으로는 사량분별이 끊어진 자리를, 교학적으로는 한오라기의 번뇌 망상도 없음을 암시한 것이다. 그러니까 동산의 법문은 하안거가 끝나서 나갈 때는 마음을 완전히 비워 어떤 경계를 만나도 걸림이 없는 '심공급제(心空及第)' 를 하고 그 장원급제 교지(敎旨)를 앞세운 도인이 되라는 얘기다.

같은 맥락의 화두가 조주종심선사(778~897)에게도 있다. 바로 '만리무점(萬里無店)' 이라는 공안이다.

> 묻는다 : 만리를 가도 여관이 없을 경우 어떻게 해야 됩니까.
>
> 답한다 : 선사(禪寺)에서 유숙한다.

조주와 한 납승의 선문답에서 비롯된 '만리무점' 이라는 화두도 역시 동산이 말하는 '만리무촌초' 와 똑같은 뜻을 함축하고 있다.

중의 물음은 심중무일물인 대승선(大乘禪)의 경지에 올랐으면 다음은 어떻게 해야 하느냐는 것이다. 조주는 아주 세간적인 일상사, 즉 여관서 유숙하는 예를 들어 부처가 됐음을 실제로 펼쳐 보이는 일(선사에서의 유숙)을 하면 된다고 가르쳐 준다. 요사이 말로 바꾼다면 깨달음의 실천이다. 출세간적인 성(聖)을 세간적인 범(凡)으로 호환(互換)시켜 멋지게 설명한 범성회호(凡聖回互)의 논법이다. 만리에 여관이 없는 진공(眞空)이 곧 진리니 그와 같은 무심의 경지에서는 잠자코 밥 먹고 잠자기만 하면 부처의 현현(顯現)이 된다는 얘기다.

그러나 조주의 대답에 앞서 중이 묻고 있는 만리를 가도 여관이 없는 경지란 어떤 것이냐는 '만리무점'의 심오한 철학성을 먼저 읽어내야 한다. 조주는 그러한 무심의 경지란 바로 선방에 있다고, 즉 선이란 마음을 비워 만리무점의 진공 상태가 되는 공부라고 설파한다. 허공은 모든 것을 넉넉하게 수용하면서도 늘 비어 있는 진공이다. 우리는 언제나 마음 씀씀이가 저 허공과 같을 때에만 절대자유로울 수 있고 인성(人性)이 해방 공간에 안주할 수 있다.

두 화두 중 어느 것이 먼저였는지는 분명치 않다. 다만 등장하는 선장(禪匠)들의 생몰연대로 보면 동산·석상이 먼저였을 개연성이 높다. 왜냐하면 조주는 80세까지 행각을 하고 방장으로 주석했기 때문이다. 조주가 방장을 한 것은 857년 이후다. 그러나 동산과 석상은 이미 이때쯤이면 개당설법을 하면서 나름의 가풍을 꽃피우고 있었다.

동산의 상당법문에 대한 석상의 촌평인 '문만 나서면 풀이다'도 대단한 소식이다. 이는 한마디로 마음을 비워내고 얻은 절대적 대긍정이다. 이 '긍정'은 삼라만상과 세속현실을 한 점도 버리지 않고 그대로 수용한다. 도법(道法)을 버리지 않고 범부의 일을 무난히 해내는 해탈 도인의 현실 긍정을 일깨운 사자후다.

선은 향 한 개비 타는 속에서 전 우주를 태워버린다. 대도시를 파괴하는 지진과 향이 타는 것을 공간적 개념에서 구분치 않고 동일시하는 게 선의 거시적 안목이다. 선가에서는 안목만 열리면 이 속세도 극락이 돼버린다. 그래서 조사선은 다음과 같은 말후구(末后句)를 외쳐댄다.

평상심으로 일상생활을 자신 있고 힘차게 살아가라!

중국에 이런 옛노래가 있다.

> 파도 싫다고 산에 살자니,
> 소나무 바람 싫기는 매한가지.
> 바닷가에 살면 파도소리 싫고,
> 산에 살면 산바람 귀찮네.

어디 가나 마찬가지다. 결국 인간은 희·로·애·락에 묶인 채 살아갈 수밖에 없다. 선은 이러한 인간의 고뇌와 감정을 결코 도피하지 않는다. 괴로움을 당당히 수용한다. 그리고 그것을 보리(즐거움)로 바꾸는 적극적인 극복 방법을 택한다. 흔히 말하는 '정면돌파'라고나 할까.

석상은 이와 같은 선의 희·로·애·락 수용과 인간의 번뇌를 문만 나서면 천지에 가득한 '풀'로 예시하고 곡식밭의 잡초가 무성해지면 제초하듯이 극복하면서 살아가는 선적 삶의 방식을 설파하고 있다.

명대의 수양서로 오늘에도 한·중·일 3국에서 널리 읽히고 있는 『채근담(菜根譚)』은 다음과 같이 말한다.

"속박에서의 해탈은 오직 자기 마음에 달려 있다."

외부로부터 속박을 당하는 일이나 속박으로부터 해방되는 일이나 모두 다 마음 먹기에 달렸다는 얘기다. 남아프리카 공화국의 넬슨 만델라 대통령은 26년 동안 외딴 섬에 있는 정치범 감옥에 갇혀 있으면서도 한 평 남짓한 시멘트 감방을 몇백 평 규모의 호화 저택으로 생각하며 지냈기 때문에 살아남을 수 있었을 것이다. 만약 그가 비좁은 감방을 불평하고 불만스럽게 여기는 나날을 보냈으면 살아남는다 해도 건강을 크게 해쳐 오늘날 대통령직을 수행할 만한 체력을 가지지 못했으리라.

삼라만상을 빚어내는 원천은 마음이다. 그러나 삼라만상이라는 허상의 존재도 인정해야 한다. 왜냐하면 마음은 그러한 허상을 빚어내는 작용을 멈춘다면 할 일이 없어진다. 다만 '일체유심조(一體唯心造)'의 원리를 안다면 현상계의 두두물물을 대상화시켜 놓고 그에 집착할 필요가 없다는 명백한 공무(空無)에 안주할 수 있는 것이다.

동산의 '만리무촌초'와 석상의 '출문편시초'에 대한 역대 선사들의 평은 한결같이 과찬에 가까운 평창(評唱) 일색이다.

송대 임제종의 거목인 백운수단선사는 두 선지식에 대해 "동산을 보면 곧 암주(庵主)를 보리라" "석상은 사자의 젖 한방울로 노새의 젖 열섬을 물리쳤다"고 평했다.

운문문언선사는 또 석상을 다음과 같이 추켜세웠다.

> "석상이 작별 인사를 올리는 중에게 '배로 가려느냐, 육로로 가려느냐'고 물었다. 중이 '배를 만나면 배로 가고, 뭍을 만나면 뭍으로 가겠다'고 대답했다. 석상이 중한테 '그러면 앞길이 점점 어려워진다'고 했다. 그러자 중이 아무 대답도 못했다."

운문은 대중들에게 위와 같은 석상과 한 중의 선문답을 들려주고는 스스로 대답했다.

"30년 뒤 이 말이 널리 퍼질 것이다."

운문은 한참 후 한마디를 더 보탰다.

"떠날 때 들은 그 한마디는 영원토록 잊지 못할 것이다."

피안의 도달을 상징한 석상의 물음에 뱃길과 육로를 구분하는 분별심으로 일견 한소식 한듯이 입을 놀려댄 수좌의 앞길은 정말 캄캄하기만 하다. 가긴 어디를 가나. 여기가 바로 극락이고 피안인데. 갈 데가 없는데 배와 육로가 무슨 필요가 있단 말인가!

내가 살고 있는 이 현실을 뜨거운 역사적 소명의식을 가지고 극락으로 만들면 된다. 인간은 주체성을 가진 역사적 존재로 사회개혁과 현실참여에 적극 나설 때 비로소 삶의 의미를 만끽할 수 있다. 지금, 여기의 현실을 떠나 다른 곳에서 열반을 찾고 극락을 구함은 전혀 선의 본분이 아니다.

3) 이를 부득부득 갈다(咬牙切齒)

묻는다 : 달마가 서쪽에서 온 목적은 무엇입니까.

답한다 : (석상은 질문한 중을 노려보면서 이를 부득부득 갈아댔다.)

석상경저선사와 한 납승의 선문답이다. 화두로는 '교아절치(咬牙切齒)'라 한다. 석상은 말로는 도저히 설명해줄 수 없는 진여(祖

師西來意)를 묻는 학인의 어리석음에 분통이 터져 이를 부득부득 갈아댄 것이다. 절치부심(切齒腐心)이란 말이 있다. 몹시 분해서 이를 갈며 속을 썩이는 심사를 말한다. 석상의 대답은 결국 불법대의(佛法大意)란 말로는 설명할 수 없는 심행처멸(心行處滅)의 구극적인 당체(當體)라는 얘기다.

선어록에 가장 많이 나오는 '여하시조사서래의(如何是祖師西來意)'라는 물음은 선불교 황금기인 당대 선문답의 전형구다. 그 의미는 동토(東土) 선불교의 창시자인 달마가 인도로부터 중국에 와서 펼치려 한 불법의 근본정신이 뭐냐는 것이다. 즉 선의 궁극적은 본질이 무엇이냐는 물음이다. 모든 화두는 사실상 이 하나의 화두를 둘러싸고 전개된 것이라 해도 지나치지 않는다. 따라서 어떠한 선문답도 종국적으로는 '조사서래의'에 귀착한다.

'부처란 무엇인가' '무엇이 불법의 근본인가'라는 질문도 같은 것이다. 이 물음에 대한 대답은 2백30가지나 된다는 통계가 나와 있다. 물론 비슷하거나 똑같은 내용은 정리해 분류한 게 이 정도니 어록에 등장하는 빈도수대로 단순 집계하면 훨씬 더 많을 수 있다.

이 물음에 대한 답 중에는 조주의 '뜰앞의 측백나무(庭前栢樹子)', 운문의 '마른 똥막대기(乾屎橛), 동산수초의 '삼베 서근(麻三斤)', 양기방회의 '세발 당나귀(三脚驢)등 별의별 것이 다 있다.

석상경저의 '교아절치'도 아주 특이한 예의 하나다. 서래의(西來意)의 '서'는 문자 그대로는 달마가 온 방위상의 서역(西域), 즉 인도를 말한다. 그러나 서쪽은 고대로부터 영원·불멸을 뜻하는 상징성을 갖고 있다. 서편에 보이는 낙조(落照)는 다음날 다시 해가 뜨는 영속성을 약속하는 불멸의 관문이다. 고대 이집트 피라미드가 이와 같은 서쪽의 영원불멸성을 보여주는 대표적 예의 하나다. 세계적 관광 명물인 이집트의 피라미드들을 보라. 하나같이 나일강 서편에 위치, 그 안에 묻힌 왕들의 불멸을 염원하고 있다.

'조사서래의' 문답의 시원은 남악회양선사가 도반(道伴) 탄연과 함께 5조 홍인대사의 법제자 숭산혜안선사(582~709)를 참문한 것이다. 혜안(일명 老安·大安·道安)은 숭산 회선사에서 홍인조사의 동산법문(東山法門)을 널리 전파한 초기 선종의 선지식이다(제1권 숭산 회선사편 참조).

남악과 탄연 두 수좌는 어느 날 혜안선사를 찾아가 '조사서래의'를 물었다. 이때 혜안은 "자기의 의지는 묻지 않고 남의 의지만을 물어서 무엇하려느냐"고 일갈했다. 선은 언제나 자신의 문제로 귀결된다는 것을 일깨운 혜안의 가르침은 후일 마조로부터 본격화한 조사선(祖師禪)의 종지로 계승됐다. 탄연은 혜안의 이 한마디에 문득 깨쳐 혜안 문하로 들어갔으나 남악은 끝내 의단(疑團)을 깨지 못한 채 조계로 내려가 6조 혜능을 참문하고서야 선지를 득지(得旨), 견성했다.

그러면 석상이 '조사서래의'를 묻는 질문에 대한 대답으로 이를 부득부득 간 뜻은 무엇일까.

학인은 그 뜻을 알 수 없어 석상경저의 법제자인 강서성 상고현 구봉산의 구봉도건선사(?~921)한테로 갔다. 구봉은 학인의 물음에 "내 혓바닥을 잘라버릴지언정 국법(國法)을 범할 순 없다"고 답했다. 역시 불법이니, 자성이니, 불도니, 진여니 하는 제일의(第一義)는 감히 언설을 빌려 설명하면 재앙을 일으킬 뿐이라는 암시다.

학인은 또다시 호남성 담주(현 장사) 운개산으로 석상경저선사의 법제자인 운개지원화상을 찾아가 참문했다. 그는 "나와 너의 은사

사이에 무슨 원한 관계라도 맺어야 한단 말이냐"고 화를 벌컥 내며 얼굴을 붉혔다. 이는 석상선사께서 너에게 말해주지 않은 것을 내가 어찌 너에게 말해줄 수 있겠느냐는 단호한 거부다. 다시 말해 운개화상은 그 문제를 말로 설명해줌으로써 스승인 석상선사와 맞대결할 생각이 전혀 없다는 의사를 분명히 밝힌 것이다. 따라서 석상과 그의 제자 구봉·운개 모두가 불법대의를 말로는 설명해줄 수 없다는 것이다.

선사들은 '불법대의'에 대해 결코 입에서 나오는 대로 대답하지 않는다. 다만 게송(偈頌)이라는 선시나 특정의 경계를 사용해 불법대의가 무엇인지를 내보이긴 한다. 그러면 석상과 다른 한 학인의 선문답을 보자.

> 묻는다 : 어떤 것이 불법대의입니까.
>
> 답한다 : 낙화가 물따라 흘러간다(落花流水).
>
> 묻는다 : 그게 무슨 뜻입니까.
>
> 답한다 : 길게 자란 대나무가 바람을 끌어오는구나(修竹引風).

석상선사는 이번엔 아주 온건한 시구(詩句)로 답했다. 그의 대답은 하나의 자연적 경계를 읊은 시련(詩聯)을 이루고 있다. '조사서래의'라는 성스러운 물음에 속된 대답(落花流水·修竹引風)이다. 선은 이와 같이 '성'과 '속'의 분별을 홀연히 여의고 한순간에 형이상(形而上)을 형이하로 뒤집는 회호(回互)와 왕환(往還)을 능수능란하게 구사한다.

입진(入眞)과 반속(反俗)을 자유자재로 넘나드는 선사들의 말 속에는 늘 진(眞)과 속(俗)이 둘이 아니라 하나라는 평등관을 전해주는 한소식이 담겨 있다. 석상의 '낙화유수, 수죽인풍'은 외견상으론 단순한 봄과 여름의 계절이 바뀐 자연의 정경이다. 즉 봄에는 꽃잎이 져 시냇물에 떠내려가고, 여름에는 훤칠하게 자란 대나무숲이 부채질하는 듯 휘청거리면서 바람을 이끌어 시원하게 해준다. 옛날은 물론 지금도 시골의 봄·여름 풍경은 이와 같다. 특히 중국 양자강 이남의 시골 농촌은 현재도 크게 자란 대나무숲이 산에는 물론 마을 곳곳에 많다. 그러나 석상의 '낙화유수'와 '수죽인풍'은 단순한 봄과 여름이라는 계절의 바뀜을 말한 게 아니다.

근본으로 들어가면 봄과 여름이라는 두 계절의 바뀜을 구분할 수 있는 어떠한 척도와 자취도 존재하지 않는다. 감히 누가 낙화유수(봄)가 앞이고 수죽인풍(여름)이 뒤라고 구분할 수 있단 말인가. 우주 본체적인 입장에서 보면 자연의 변화고 섭리일 뿐이다. 인간이 수다스럽게 앞뒤로 갈라놓고 봄이다 여름이다 하고 구분할 뿐이다. 자연의 입장에서는 봄·여름을 구분한 일이 없고 선후를 정한 바는 더더욱 없다. 대자연은 부단히 바뀌고 있을 뿐이다. 우리는 다만 그 변화의 본질을 느낄 수는 있지만 볼 수는 없다. 불법진리는 이렇게 직관적 통찰을 통한 감수(感受)로만 이해되는 것이지 구체적으로 형상화시켜 만지고 볼 수 있는 게 아니다. 선은 불법대의를 구체적 물건으로 제품화하려는 어떠한 계교(計巧)도 원천적으로 부정한다. 그래서 선은 불법이라는 진여당체의 개념화나 이론적 설명을 단호히 거부한다. 우리가 진리를 철저히 파악할 수 없는 이유는 사물의 논리적 해석에만 매달리는 부당한 집착 때문이다.

가령 남편의 외도를 예로 들어 보자.

아내는 남편이 아주 주도면밀하게 바람을 피우기 때문에 감쪽같이 속고 있다. 그러나 '감(感)'이라는 게 있어, 어떠한 물증도 잡진 못했지만 용케도 남편의 외도를 직감하는 예가 허다하다. 과거 6·25전쟁에 참가했던 공군 전투기 조종사들의 얘기에도 실감나는 '감'이야기가 있다. 포탄이 불을 뿜듯 치솟아 올라오는 적진에서 계기에 맞추어 정확히 하강해 폭탄을 투하한다는 건 거의 불가능했고 '감'으로 조종간을 잡아채곤 했다고 한다. 그 '감'이라는 게 계기에 의존하는 폭격보다 명중률이 더 높은 경우도 많았다는 것이다.

즉 불법은 남편의 은밀한 외도를 귀신같이 느끼는 아내의 '감'이나 포연 속에서 적진에 폭탄을 투하는 전투기 조종사의 '감'과 같은 직관적 감수성을 통해서만 이해할 수 있다는 것이다.

입진반속이 자재로운 이른바 선학의 '회호(왕환)의 논리'는 선문답에서 성문속답(聖問俗答)과 속문성답(俗問聖答)으로 구체화해 나타난다. '수죽인풍'이라는 석상의 화두가 보여주는 성문속답과 반대되는 속문성답의 예를 하나만 보자.

> 묻는다 : 어디서 오십니까.
>
> 답한다 : 처음엔 우거진 풀을 따라갔다가 낙화를 좇아왔노라
> (始從芳草去 又逐落花后).

남전보원선사의 제자 장사경잠이 하루는 산보를 하고 돌아오자 수좌가 물은 선문답이다. 경잠은 호남성 장사 녹산사에 주석했던 선승으로 '호랑이' '큰벌레(岑大虫)' 등의 별명을 가졌었고 기봉(機鋒)이 날카롭기로 유명했다.

수좌는 형이하학적인 세속의 통상적 왕래를 묻고 있다. 그러나 경잠의 대답은 '갈 때는 번뇌 · 망상(우거진 풀)이었지만 올 때는 해탈 · 열반(낙화)을 해서 왔다'는 형이상학적 뜻을 담고 있다. '풀'은 번뇌 · 망상을, '낙화'는 번뇌 · 망상의 소진을 각각 뜻한다.

경저와 경잠의 답은 비슷하지만 그 상징성은 경저가 '성'을 '속'으로 끌어내린 데 반해 경잠은 '속(俗)'을 '성(聖)'으로 끌어올렸다. 두 사람 다 입진입속(入眞入俗)이 자유로운 도인의 풍모를 여여하게 보여주고 있다.

백장회해선사는 "무엇이 부처냐"는 학인의 물음에 "너는 누구인가(汝是何誰)"라고 되물었다. 운문은 같은 물음에 "멀쩡한 대낮에 무슨 잠꼬대냐" "봄이 오니 풀이 스스로 푸르구나"라고 답했고 임제의현선사는 "나에게 포단(방석)을 가져오라"고 했다. 선사들은 이처럼 부처가 모든 존재(삼라만상) 속에 나타나 있다고 믿는다. 삼베조각 · 똥막대기 · 우뚝 솟은 산봉우리에도 어김없이 부처는 존재한다. 바위나 계곡물 같은 무정물에도 부처는 나타나 있다. 이른바 바위나 돌들도 불법을 설한다는 '무정설법(無情說法)'이다. 선은 이처럼 언뜻 보기엔 범신론적(凡神論的) 사유 같지만 전혀 다르다.

중생이 곧 부처고 두두물물이 모두 불법이라는 불성론은 위진남북조시대 도생(道生 : 355~434)의 '무정설법'에서부터 정설이 됐다. 그는 도저히 성불할 가망이 없는 바보천치라도 부처가 될 수 있다는 천제성불설(闡提成佛說)을 주장하다가 끝내는 교단에서 파문당하고 말았다. 파문을 당하자 평강(현 강소성 소주)으로 들어가 버린 도생은 호구산에서 돌을 주워 모아 청중으로 삼고 『열반경』을 설했다. 그러자 돌들이 모두 고개를 끄덕였다. 돌도 부처님 법문을 알아들었다는 설화적인 얘기다. 중생이 곧 부처라는 불성론은 『열반경』의 '일체중생실유불성(一切衆生悉有佛性)'에 근거한다. 불교 경전 중 '불성'이라는 단어가 나오는 것은 『열반경』의 딱 이 한 구절 뿐이다. 선사상의 근본은, 있으면서 없는 공(空)이다. 이 진공묘유(眞空妙有)를 체득하는 실천적 방법은 집착을 떨어버리고 무심의 경지로 들어가는 것이다.

선이 던지는 수많은 질문에는 정답이 없다. 단 하나의 답이 있을 수 있다면 그것은 '무심'이다. 『금강경』이 말하는 '응무소주이생기심(應無所住而 生其心 : 마음을 비우고 생각을 일으키라)'도 바로 무심으로 살아가라는 얘기다.

선은 자신의 내면적 자아를 바라보는 자기 성찰이다. 도를 깨치는 방법의 기록인 화두는 자기 성찰을 채근하는 채찍이다. 도를 깨쳤다는, 이른바 견성은 엄청난 파괴력을 갖는다. 그 파괴성은 새로운 의식체계의 수립을 뜻한다. 깨달음이란 바로 의식의 전환이다. 그림자를 실체로 보던 의식체계가 무너지고 진리와 짝할 수 있는 길에 들어서는 게 선적 깨침이다. 쉽게 말해 새사람으로 다시 태어나는 것이다.

석상경저선사가 죽은 나무 둥치처럼 꼿꼿이 앉아 30년 동안 처절한 자기성찰을 했던 것도 바로 기존 의식체계를 버리고 새로운 사람으로 다시 태어나 허공을 메우고 있는 '절대자유'를 누리고자 함이었으리라. 석상사를 답사하면서 느낀 감회의 일단이다.

석상사가 유명 선종 고찰로 오늘에 전해지고 있는 연유는 경저선사 못지 않은, 석상초원이라는 선지식이 송나라 때 주석했었다는 역사성 때문이다.

4) 세발 두꺼비가 하늘로 뛰어오른다(三脚蛤蟆跳上天)

— 석상초원선사

양억 : 세발 두꺼비가 하늘로 뛰어오른다(三脚蛤蟆跳上天).

초원 : 제멋대로 뛰게 내버려 두소(一任蹦跳).

한림원 대학사(大學士) 양억(楊億 : 일명 楊大年)과 석상초원선사의 선문답이다. 호각지세의 팽팽한 대결이고 선뜻 이해하기 어려운 선문답이다.

우선 이런 선문답이 나오기까지의 이야기가 아주 길다. 석상초원(石霜楚圓)은 임제종 7세로 임제종 양기파 개산조인 양기방회선사와 임제종 황룡파 개창자 황룡혜남선사를 배출한 송대 선종의 걸출한 사가(師家)다. 그는 광서 장족 자치구 전주현(全州縣) 출신으로 속성은 이(李)씨였고 22세 때 상산 은정사에 출가, 승려가 됐다. 속가 가문이 전주 이씨였던 초원은 북방으로 유력을 떠나 산서성 분양의 태자원(太子院)에 법석을 연 선소선사를 참방했다. 분양선소(汾陽善昭)는 초원이 문하에 들어온 지 2년이 돼도 입실을 허락하지 않은 채 보기만 하면 주장자로 내리치고 꾸짖을 뿐이었다. 초원이 하루는 선소선사의 문하를 떠나기로 작심하고 방장실로 찾아갔다.

"스님 법석에 온 지 2년이 됐는데 아무 가르침도 주시지 않고 세속적인 노동만 시키시니 세월만 흐르고 출가한 뜻이 뭔지 모르겠습니다."

선소선사는 초원이 말을 하는 도중 이상하다는 눈빛을 하고 초원을 아래 위로 훑어보았다. 초원이 말을 계속 하려 하자 선소가 입을 열었다.

"이 나쁜 놈아, 감히 면전에서 나를 이렇게 중상모략하다니!"

선소는 이어 주장자를 들어 치려 했다. 초원은 살려달라고 비명을 질렀다. 선소는 재빨리 한 팔을 뻗어 비명을 지르는 초원의 입을 틀어막았다.

초원은 여기서 홀연히 깨닫고 다음과 같은 오도성(悟道聲)을 발했다.

"원래 임제의 도법(道法)이라는 게 평상(平常 : One's everyday mind)에서 저절로 나오는구나!"

선소선사는 초원이 오도성을 토하자 주장자를 들어 내리치면서 꾸짖었다. 선소가 초원을 때린 것은 황벽희운선사가 지극한 '노파심'으로부터 나온 친절로 임제의현선사를 주장자로 세 번 내리쳐 일체의 번뇌망상을 단진(斷盡)시키고자 했던 것과 같은 맥락이다(제1권 하북성 진주 임제선사편 참조).

초원은 개오한 후에도 선소 법석에서 7년을 더 살다가 당명사(唐明寺) 숭(嵩)선사에게 가서 참선정진을 했다.

어느 날 당명숭(일명 승천숭)선사가 초원에게 "조정에 계시는 양대년 내한(內翰 : 한림원 대학사)이 견지(見地)가 아주 높고 입도(入道)의 경지에 아주 짜임새가 있으니 한번 찾아가 보라"고 일렀다. 양대년은 선리에 아주 조예가 깊은 선불교 거사로 선종 역사서의 백미인 『경덕전등록(景德傳燈錄)』 교정을 맡아 간행하고 진종황제에게 상진해 입장(入藏) 칙허를 받은 불자였다. 『전등록』은 양억이 황제의 뜻을 받들어 경덕 원년(1004) 법안종의 승천도원선사로 하여금 저술케 하고 직접 감수·교정을 보았던 선종 사서(史書)로 유가에도 큰 영향을 주어 주자의 『이락연원록(伊洛淵源錄)』, 황리주의

『명유학안(明儒學案)』, 만계야의 『유림종파(儒林宗派)』 등이 모두 전등록의 체계를 모델로 했다. 당시 조정에는 소동파 · 황산곡 · 부필(富弼) · 범중엄(梵仲淹) · 왕수(王隨)와 같은 고관대작들이 선리를 깊이 공부하고 있었다. 송대 사대부들의 선에 대한 참습(參習) 풍습은 당대에 비해 결코 뒤지지 않았으며 오히려 더 뜨거운 열정을 보였다.

초원은 숭선사의 말을 듣고 경성(京城)으로 가서 양대년거사를 만났다.

묻는다 : 얼굴을 대해도 서로 알지 못하니 천리에 역시 같은 바람인가.

답한다 : 산문(山門)의 청을 받들었습니다.

묻는다 : 오히려 그게 정말 공을 벗어나는 것이군(倒眞的脫空)!

답한다 : 지난달에 당명사를 떠났습니다(前月離唐明).

양대년과 초원이 상면하면서 주고받은 선문답이다. 양억의 첫번째 물음은 "어디서 왔느냐"는 말에다 선지(禪旨)를 부여한 거량이다. 초원은 이에 산문(당명사) 스승의 명을 받들어 가르침을 청하러 왔다고 대답한다. 양대년거사는 초원의 대답에 그만하면 영적 전환을 이루어 어떠한 흔적도 남기지 않는 도득(道得)의 경지라고 칭찬한다. "지난달에 당명사를 떠났다"는 초원의 대답이 바로 이른바 탈공(脫空)이다. 탈공이란 언어의 경계를 넘어선 궁극의 경지를 말한다. 즉 무엇을 묻고 무엇을 대답하든 문답을 하는 순간 우리는 언어 문자에 구애되고 만다. 노자가 말했듯이 도를 도라고 말하게 되면 이미 영원불변의 도가 아니다(道可道 非常道). 따라서 인간의 의식체계로는 이해할 수 없는 광역(廣域)의 궁극적인 진리는 이처럼 언어문자를 넘어서 있다.

그러니까 초원은 불법의 궁극을 설명하는데 언어문자를 쓰면 도에 어긋난다는 사실을 입증하기 위해 일부러 매끄럽지 못하고 엉뚱한 대답을 했다. 이른바 깨달았다는 공(空)의 세계에 안주해 언어문자나 매끄럽게 굴리면서 법문한답시고 아무리 큰스님 노릇 해봐도 언어가 갖는 한계와 모순을 극복한 궁극의 도와는 천리 만리 떨어져 있을 뿐이다. 오히려 초원의 어눌한 대답은 표현이 매끄럽지 못하고 앞뒤가 어긋난 논리처럼 보이는 언어적 착락(錯落)이지만 도를 설명할 수 없는 언어의 한계성을 극복한 기봉(機鋒)을 보여주고 있다. 양억은 초원이 "전월이당명(前月離唐明)"이라고 대답하자 이렇게 말했다.

"나는 매우 후회하면서 방금 그대가 한 말이 무슨 뜻인지를 묻는다."

초원이 양억의 말을 듣고는 말했다.

"작가(作家)!"

작가란 말은 '훌륭한 대가시구려"라는 찬탄이다. 이는 초원이 양억의 말에 기봉이 있음을 인정한 것이다. 양억은 초원이 이처럼 '작가'라고 칭찬하자 "악"하고 대할일성(大喝一聲)했다.

이는 초원의 과찬하는 정식(情識)을 때려부수고자 하는 일체단진의 몽둥질과 같은 의미를 갖는 '할'이다. 초원은 이를 받아 "맞아, 바로 그것이네(恰是) 그려!"라고 했다.

이는 내가 당신을 작가라고 한 것도 맞고 또 당신이 고함친 할도 더욱 옳은 것이었다는 뜻이다.

양대년과 초원의 거량은 더 계속됐다.

양억 : (또 한번 대할했다.)

초원 : (손을 뻗어 공중을 한번 휘저었다.)

양억 : (이를 보고는 혀를 쑥 내밀고) 이것이 진짜 용의 상(象)이구나!

초원 : 무슨 말씀인가.

양억 : (하인을 소리쳐 불러서 '차를 끓여 오라'고 명하고는) 알고 보니 이런 옥리인(屋裡人)이 있었네 그려! 옥리인이라니까.

초원 : 아직 일이 끝났다고 할 수 없다.

양억이 하인에게 차를 끓여오라고 한 것은 화두를 더 확대해 거량해보자는 뜻이다. '옥리인'이란 한집안 사람, 아주 절친한 사이를 말한다.

초원이 팔을 한번 허공에 휘저은 것은 우주의 근원을 상징하는 심오한 행동언어다. 초원이 팔을 휘젓자 양억이 혀를 내민 사연은 무엇일까.

이를 이해하기 위해서는 임제의현선사가 원주(院主)와 거량했던 선문답을 참고하는 게 좋다.

묻는다 : 무얼 하러 가는가.

답한다 : 성 안으로 쌀을 팔러 갑니다.

묻는다 : 그래 다 팔았는가.

답한다 : 다 팔아버렸습니다.

묻는다 : (임제는 손에 쥔 주장자를 허공으로 들어올려 한번 휘저은 후 한일자 一을 긋고는) 이것을 다 팔았다는 말인가.

답한다 : (원주는 크게 고함을 쳐 할을 했다. 임제는 곧 주장자로 원주를 한 대 내리쳤다.)

쌀은 세간법(世間法)이다. 세간법에서는 쌀을 파는 사람이 있으면 사들이는 사람이 반드시 있어야 한다. 그래야 팔고 사는 매매가 성립된다.

그러나 출세간법(出世間法)에서 보면 쌀을 팔고 사는 매매행위는 쌀이 다만 옮겨질 뿐 쌀 자체에는 아무런 변화가 없다. 그러니 만약 금년에 쌀을 다 팔아버렸다면 내년에도 다 팔아버려 아무것도 없는 '진(盡)'의 상태가 있을 수 있겠는가. 쌀의 매매는 장소만 이동할 뿐 그 양과 질은 불변이다. 그렇다면 다 팔아버렸다는 말은 틀린 표현이다. 다 팔아버렸다면 내년엔 매매할 쌀이 존재할 수 없다. 쌀은 계속 순환되면서 팔고 사기 때문에 내년에도 팔고 사는 행위가 계속될 수 있다.

임제가 주장자를 들어 휘두른 후 그은 일(一)자는 절대적인 하나, 무차별적인 평등, 세계가 그곳에서 생겨나고 그곳으로 돌아가는 초월적 근원을 상징한다. 초원이 팔을 들어 허공을 휘저은 것도 바로 이와 같은 임제의현선사의 작법(作法)을 옮겨다가 양억의 할에 대응시킨 것이다. 선가는 지견(知見)을 일으키는 마음을 제거하기 위한 단제(斷際)의 방법으로 할을 활용하는 독특한 전통을 수립했다. 벽력 같은 한 마디 고함소리는 덕지덕지한 번뇌망상을 일거에 박살내 없애는 위력을 갖는다. 그러나 할의 '단제' 자체에도 지견이 붙어 있을 수 있다. 즉 설익은 선승의 구두선이 내뱉는 관습적인 할은 아무 위력도 없는 모방이고 지견일 뿐이다.

어쨌든 일반 속인은 선사들의 진짜 할을 한번 받으면 멍해진 채 자기 주장을 접거나 잃어버리고 말 것이다. 그러나 초원은 도인의 경지에 있는 양억의 할을 도리어 되받아치는 도력(道力)을 보였다. 따라서 팔을 들어 허공을 휘저은 초원의 행동은 바로 대단한 법력을 드러내 보인 쾌거였다.

양억이 혀를 내민 것은 상대방(초원선사)의 경지가 자신보다 높고 밝은 곳을 보는 경계에 올라서 있다는 '우수성'의 인정이다. 즉 초원이 손을 들어 허공을 한번 휘저은 것은 그 이면에 마음속 깊이 깨달은 바 있음을 보여 주는 행위였다. 이렇게 행동언어는 선문답의 대결에서 개략적으로 투쟁하는 방법이다. 양억이 이를 간파한 것은 고명한 선객의 경지고 대단한 심성공부(心性工夫)를 했음을 보여주는 것이기도 했다. 양억이 끝내 좌절하고 하인에게 차를 끓여오라고 소리치자 초원은 도망치려는 그를 놓아주지 않고 "아직 일이 끝나지 않았다(也不算了事)"며 고삐를 당겼다. 초원은 일단 양억으로 하여금 그렇다면 지금까지의 선문답에서 진 빚을 외상장부에 기장(記帳)해놓으라고 조여댄 것이다.

두 사람은 차를 한 잔씩 마신뒤 다시 거량을 시작했다.

묻는다 : 어떤 것이 법상에 올라가 사람들을 위해 하는 한 마디인가.

답한다 : 끊어버린다(切).

묻는다 : 그 말은 새 며느리가 긴 치마를 입고 땅에 끌면서 길을 가는 것과 같지 않소.

답한다 : 그러면 어느 것이 당신, 양내한에게 어울리는 답인가.

묻는다 : 대단한 인물이시군.

답한다 : 그대에게 20방을 쳐야겠다(放你二十棒).

묻는다 : 그게 어떤 지방(경계) 인가.

답한다 : (초원은 손벽을 치면서) 20방으로는 용서할 수 없겠는가.

양억이 크게 껄껄 웃었다.

양억이 묻고 초원이 답한 선문답이다. 물음은 중생을 제도(濟度)하는 법문의 골자는 무엇이냐, 즉 불교의 핵심은 어떤 것이냐는 얘기다.

초원은 단 한 마디, 한 글자로 저 넓고 깊은 불법진리를 요약하는 이른바 일자선(一字禪)의 걸출한 기량을 내보였다. 초원이 말한 '절(切)'이 무엇을 뜻하는지는 설명하기가 아주 어렵다. 다만 초원의 '절'이 뜻하는 바를 '어떤 물건이건 잘라버리면 절단(截斷)되듯이 사람 됨됨이가 된 위인(爲人)은 말이나 일처리 솜씨가 깔끔하고 시원하며 아무 흔적을 남기지 않는다'는 것으로 일단 풀이해볼 수 있다. 말하자면 선지식들의 법문 요지는 일체의 번뇌망상을 한 순간에 끊고 무분별의 일체 평등계로 진입, 삼라만상의 근원인 청정자성(自性)을 똑바로 꿰뚫어 보면서 자타의 구분을 없앤 만물일체(萬物一體)의 경지에 서도록 해서 오도(悟道)로 이끈다는 얘기다.

초원의 심오한 뜻을 정확히 헤아리기는 어렵지만 외형적으로 구체화된 그의 '일자선'은 선림의 특이한 가풍임을 실감할 수 있다. 깊은 선리를 글자 한 자로 꿰뚫는 '일자선', 또는 '일자관(一字關)'의 선풍을 가풍(家風)으로 확립한 선지식은 초원보다 1백여 년 앞선 운문종 개산조인 운문문언선사가 그 비조다(제2권 광동성 운문사 편 참조).

동아시아 선불교 선지식들 중에서 이처럼 간명직절하게 글자 한 자로 선리를 설파한 예는 운문과 초원선사가 단연 선두다. 따라서 초원선사의 일자선 가풍은 선종사에 하나의 우뚝한 특징으로 기록되는 선풍(禪風)이다.

양억은 초원의 일자선 '절'에 대해 "새 며느리의 치마자락"을 예시, 반격했다. 물론 이때의 치맛자락은 번뇌망상의 단진을 뜻하는 추상적 '절'이 아니라 구체적 일상사의 예로 비유한 것이다. 초원이 뜻하는 바를 양억이 이렇게 축자적(逐字的)으로, '현상계'의 실감나는 사례를 들어 공격하는 것은 초원의 대답이 비유하고 있는 상징성을 몰라서 그런 건 아니다.

"새 며느리의 긴 치마가 땅에 끌린다는 것"은 초원이 갈파한 '무종적'에 대항하는 '흔적'을 말한 것이다. 번뇌망상을 끊어버리면 해탈이라 하는데 치맛자락을 끊어도 길게 남아 땅에 끌리면서 종적을 남기니, 즉 어떤 법문도 말의 흔적이 남지 않느냐는 응수다. 다시 말해 치마자락을 끊어 '절'했는데도 치마가 길어 땅에 끌리면서 흔적을 남기듯이 인간의 의식작용이 멈추지 않는 한 번뇌망상의 단절은 어렵다는 것이다.

그렇다면 초원의 답인 '절'은 무엇일까. '절'을 이해하려면 초원이 앞에서 말했던 "아직 일이 다 끝나지 않았다(也不算了事)"를 연결시켜 볼 필요가 있다. 초원이 앞의 두 가지 말을 통해 설파하고자 한 것은 불도라는 대법(大法)은 한 물건이라 해도 맞지 않는 언설을 넘어선 그 무엇이고, 본래무일물(本來無一物)의 절대공일 수밖에 없는 데 대한 선덕(禪德)들의 곤경이다. 외형적으론 선승들의 모순 같기도 한 그 곤경은 불법을 설하는 언구나 행동이 있으면 곧 흔적을 남기게 되고 그렇다고 언구와 행동이 없으면 불법의 설명이 안 되니 두 가지가 다 문제를 명쾌하게 해결하지 못한다.

양억은 바로 이와 같은 선의 딜레마를 치고 들어간 것이다. 초원은 언구와 행동을 사용하되 종적을 남기지 않는 '무종적의 종적' '무공덕(無功德)의 공덕론(論)'으로 양억의 공격을 제압했다.

양억쯤 되는 선림의 거사가 초원이 말하고 있는, 선사상의 핵심인 '무종적의 종적'을 모를 리 있겠는가. 오히려 양억의 질문은 초원의 깊이를 떠보고자 한 것이었다. 그래서 그는 1백점 짜리 정답을 내놓는 초원의 '절'이라는 대답에 "참으로 대가시구려(作家 : 작가!)"라는 감탄사를 발해 칭찬했다. 초원쯤 되는 선지식이 양거사의 깨침 정도에 지고 말 수는 없다. 그 차이야 대학생(양억)과 대학원생(초원) 정도라고 하더라도 초원의 자존심이 있지 않은가.

초원은 급기야 "방니이십방(放你二十棒)"이라는 한마디로 양억의 콧대를 꺾는다. '방(放)'은 용서한다는 뜻이다. 몽둥이 20대를 쳐야겠지만 체면을 보아 방면해주겠다는 뜻이다.

양억도 이에 지지 않고 두 손으로 무릎을 쓰다듬으면서 다시 또 걸고 들어간다. 양억이 "이는 어떤 지방인가"하고 응수한 것은 체면이고 뭐고 괜찮으니 잘못한 게 있어 칠 만하면 마땅히 20방을 때려야 한다는 것이다.

초원은 "20방 정도로는 용서할 수 없겠는가"라는 말로 유머러스하게 받아 넘김으로써 양억을 봐주는 여유와 멋을 부렸다. 양억의 견성이 20방을 때리는 것으로 족할 만큼 상당한 수준임을 긍정한 말이다. 양억이 크게 웃으면서 도득(道得)의 경지가 팽팽한 선문답의 한판 승부를 끝냈다.

후일 양억이 초원에게 또 물었다.

묻는다 : 당명사 숭화상이 오도한 인연을 아직도 기억하고 있는지요.

답했다 : 당명숭화상이 수산성념선사에게 "어떤 것이 불법대의입니까"하고 묻자 수산이 "초왕의 성지(城池) 호반에 있는 하남성 여수의 물은 동쪽으로 흐르느니라"라고 대답했지요(楚王城畔 汝水東流).

묻는다 : 그 말은 무슨 뜻이지요.

답한다 : 물 위에다 등을 걸어놓은 겁니다(水上掛燈籠).

초원의 스승인 수산성념선사가 당명숭에게 설파한 '초왕성반 여수동류'가 뜻하는 바를 먼저 살펴보자. 날카로운 선지가 번뜩이는 일구다. 성을 둘러싼 해자(垓字)의 물은 바람따라 움직이지만 성은 물의 움직임과는 달리 고요하다. 성은 바로 옛 초왕의 고성이요, 물은 곧 지금 움직이는 활수(活水)다. 고성에는 새로운 백성이 살고 있지만 활수는 고하(古河)를 흐르고 있다. 즉 하남의 여수라는 강에 흐르는 물은 오늘도 옛날처럼 그 수로를 따라 동쪽으로 흐른다. 옛성에 사는 사람은 바뀌었지만 여수의 물은 오늘도 옛날 그 강을 흐르고 있다. 이는 과거(古)와 현재(今), 동(動)과 정(靜)이 뒤엉켜서 하나의 '현실'을 이루고 있는 세속 경치처럼 우주 삼라만상도 그와 같이 여러 차원(多維)으로 존재하면서 그 안에 법이 있으니 엉겨 모이는 것이 '인연'이고 인연이 곧 대법이라는 비유다. 구비구비 흐르는 맑은 물과 우뚝 솟은 고성이 한 쌍의 의상(意象)을 이뤄 심원한 '인간경치'를 구성한 자자연연(自自然然 : 자연)이라고나 할까. 가을 물같이 맑은 시정(詩情)을 느끼게 하는 한 편의 선시다.

양억이 그 뜻을 묻자 초원이 답한 '수상괘등롱'은 물위에 등을 단다는 것이 불가능하고 부자연스러운 경치이듯이 불법대의를 말로 설명하는 건 부자연스럽고 불가능하다는 비유다. 기름 넣은 옛날 등롱을 어떻게 물 위에 걸 수 있단 말인가. 자연경치는 우리가 눈으로 볼 수 있는 색계다. 그러나 강물 위에 등을 다는 부자연스러운 경치는 실존하는 게 아니라 마음으로 생각해낸 것이다. 이와 같이 부자연스러운 경치를 상상해 만들어낼 수 있는 게 심법(心法)의 자유, 이른바 창의성이다.

심법의 원천인 자성·마음을 그처럼 귀하게 여기며 '마음이 곧 부처(心卽佛)'임을 강조하는 것도 바로 이러한 심법이 없다면 인간은 세간법의 노예가 되고 말 것이기 때문이다. 인간이 창조적 자유를 통해 세간법과는 전혀 다른 법질서의 정신적 해방공간을 설정해 열반이니, 해탈이니, 견성이니 하는 이름을 붙이고 그 안에 안주할 수 있는 것은 이러한 '심법'이 있기 때문에 가능하다.

두 사람의 법거량은 다음과 같이 계속됐다.

> 양억 : 당신이 그렇게 말하면 고인의 본뜻을 저버리는 것인데.
>
> 초원 : 어, 그렇구나! 내한이 아니 믿는다면 우리 다른 것을 참구해봅시다.
>
> 양억 : 세발 두꺼비가 하늘도 뛰어오른다.
>
> 초원 : 제멋대로 뛰게 내버려 두소.

두 사람의 선문답에서 세발 두꺼비가 하늘로 뛰어오른다는 기상

천외의 화두 '삼각합마도상천(三脚蛤蟆跳上天)'이 나오는 법거량의 대단원이다.

양억이 내건 화두 '삼각합마도상천'은 초원이 제시한 '수상괘등롱'에 대한 대응이다. 그는 초원이 말하는 바 '물 위에 등을 거는 일'과 같은 역설적 부자연(不自然)을 창조해 내는 심법을 믿지 않는 건 아니었다. 다만 그러한 오묘한 심법의 경지를 빌려 언어도단의 불법을 말로 설명하는 부자연스러움과 불가능을 비유하는데 자신도 한 수를 보여주고자 한 것이다. 양억의 화두는 그의 심성이 아주 활달함을 잘 나타내고 있다. 그 뜻은 초원의 '수상괘등롱'과 똑같지만 대단히 적극적인 '불가능속의 가능' '부자연속의 자연'을 역설적(逆說的)으로 묶어내는 변증법을 통해 출세간법의 실체를 설명하고 있다.

초원의 마지막 대응을 보자. 다리가 세 개뿐인 두꺼비가 하늘에서 멋대로 뛰어다닌다는 것은 일상의 상식과 세속적 자유를 초월한 '절대자유'를 상징한다. 양억의 말은 이 세상의 색계 형태로는 존재하지 않지만 분명히 모든 존재의 근원이 되고 있는 출세간법(불법 · 자성)을 상징하는 '세발 두꺼비'가 해탈을 이루어 절대자유의 공간으로 뛰어 오르는 멋진 드라마다.

양억은 '하늘로 뛰어오른다' 하고 초원은 '실컷 뛰게 하라'니 두 사람이 서로 회심(會心)한 것이며 묵계를 이룬 멋진 장면이다. 이쯤 되면 눈빛만 마주쳐도 사랑을 감지할 수 있는 연인관계라고나 할까!

선림 도인들의 대화는 이처럼 멋진 회심의 낙도(樂道)를 이루며 중생을 제도하는 청량법음 역할을 한다. 양억은 초원의 마지막 대답을 듣고는 "하하"하고 크게 웃으며 그 날부터 10년 지기의 도반으로 지냈다. 양대년은 자신의 집에 초원선사를 위한 거처를 마련하고 아침 저녁으로 만나 지혜의 깊이를 서로 검증해주는 문답을 계속하면서 두 사람의 만남이 너무 늦은 것을 한스러워 했다. 석상초원선사는 이때 부마도위(駙馬都尉 : 황제의 사위) 이준욱과도 친교를 맺어 왕래하면서 선을 논했고 이지문과 함께 4명이 '붕우(朋友)' 결의를 맺었다. 천하의 사람들을 밟아 죽였다는 찬사를 받은 양기종 개산조 양기방회선사의 화두 '세발당나귀(三脚驢)' 도 초원선사의 '세발 두꺼비' 에서 비롯됐다고 볼 수 있다.

초원선사는 노모를 모시려고 고향으로 내려갔다가 다시 나와 강서성 고안 동산선림, 강서성 의춘 앙산 서은사 등을 유력하고 강서성 의춘 남원사에서 3년을 주석했다. 그 후로는 신정산 홍인(洪湮)선사를 참문하고 호남성 도오사 · 석상사, 남악 복엄사, 장사 홍화사 등의 방장으로 주석하면서 임제선풍을 드날렸다. 양기방회는 남원사에서, 황룡혜남은 복엄사에서 각각 석상초원선사를 참알(參謁)하고 사법 제자가 됐다.

5) 남원의 경계(南源境)

> 묻는다 : 어떤 것이 남원의 경계(境界)입니까.
>
> 답한다 : 황하는 꾸불꾸불 굽이쳐 흐르고 그 물은 곤륜산에서부터 시작하느니라(黃河九曲 水出昆崙).

석상초원선사가 고향인 광서성 친가에 머물다가 나와 남방을 유력하고 있을 때 한림원 대학사 양억은 강서성 의춘 태수 황종단에게 편지를 띄워 초원으로 하여금 세간에 나와 설법을 하게 하라고 했다. 황종단은 곧 초원을 남원사(南源寺) 방장으로 초빙했다. 그러나 초원은 태수의 간곡한 청을 고사하고 가지 않았다. 얼마 후 초원은 스스로 태수를 찾아가 남원사로 가고 싶다는 뜻을 밝혔다. 가라 할 때는 거절하더니 이제 와서는 가겠다고 하니 "왜 그러느냐"고 태수가 물었다.

초원은 "처음에는 가고 싶지 않다가 이제는 가고 싶습니다. 이처럼 그 이유가 간단합니다"라고 대답했다.

태수는 모든 행동을 자신의 크고 깊은 마음에 내맡기는 자재함과 진퇴가 자유로운 풍도(風度)에 크게 탄복했다. 그 날로 초원은 남원사 방장으로 부임, 법석을 열고 상당 설법을 했다.

> 일체 제불(諸佛)과 제불의 아뇩다라삼막삼보리가 모두 이 경(經)으로부터 나온 것이다. (손에 들고 있던 주장자를 세우면서) 이것이 바로 남원의 주장자인데 그러면 어떤 것이 또 이 경인가. (남원은 한동안 침묵하다가 스스로 대답했다.) 이 다음의 글은 매우 길다. 그것은 내일 그대들에게 다시 일러주리라. (한번 '악' 하고 할한 후 법좌에서 내려왔다.)

초원의 상당 법문은 자신의 주장자가 바로 무상(無上) 지혜의 원천이라는 얘기다. 아뇩다라삼막삼보리(阿耨多羅三藐三菩提)는 범어 아누따라삼먁삼보디(anuttara-samyak-sambodhi)의 한문 음역으로 의역으론 무상정등각(無上正等覺), 일체 진리의 무상지혜라 한다. 그러니까 모든 부처와 그들의 최고 지혜는 모두 이 '경'으로부터 나온다는 것이다. 이 '경'은 주장자로 상징된 만법의 근원인 청정무염(淸淨無染)한 자심(自心)을 가리킨 것이다. 묘한 것은 초원이 만법의 본체인 '마음'을 말하지 않고 손에 주장자를 들고 물었다는 점이다. 이는 바로 주장자가 '마음'을 상징, 물음이 답 속에 있고, 답이 물음 속에 있는 선문답의 구조를 잘 드러낸 일례다. 초원은 '경'을 말하고는 묻긴 '주장자'에 대해 물었다. 이는 경이라는 본체가 주장자라는 현상으로 변했음을 뜻한다. 체용일여(體用一如), 즉체즉용(卽體卽用)이라는 선학의 심법원리, 즉 마음의 변화무상한 활용을 설명한 것이다. 선에서는 "부처란 무엇인가"고 물을 때 부처는 곧 자기 자신이므로 묻고 있는 자기가 바로 그 답이며 물음 속에 이미 답이 있는 것으로 본다.

석상이 말하는 이 '경'은 오늘 다 나왔고 더 이상 가르쳐줄 것도 없다. 우리는 만법의 본체인 마음을 늘 가지고 있는데 다만 그것을 자각하지 못하고 있을 뿐이다. 그러니 어찌 내일 또 이 '경'을 가르쳐줄 게 있는가. 석상이 크게 한번 할한 것은 깨달음에만 집착한 채 바로 자기 안에 있는 자성을 보지 못하고 있는 어리석음을 소탕한 것이다.

또 한번은 상당해서 침묵으로 대중을 대하다가 한참 만에야 입을 열어 딱 한마디했다.

> 무위무사인 유시금쇄난(無爲無事人 猶是金鎖難).
>
> 이 한마디에 이어 일할(一喝)하고는 법좌에서 내려왔다.

'무위무사인'의 무위는 약산유엄선사가 일찍이 설파한 바 있는 "생각할 수 없는 일을 생각하는 것(思量那不思量的東西)"인데 곧 사물을 흑과 백, 장(長)과 단(短)으로 구분해 생각하지 않는 '불사량(不思量)'을 말한다. 즉 사량분별을 하지 않으면 아무 일 없는 한가한 도인(無事人)이 될 수 있다는 얘기다. 모든 번뇌망상의 시작은 사물을 이분법적으로 구분하는 분별심에서 비롯된다. 그렇기 때문에 분별심만 일으키지 않으면 우리를 괴롭히는 모든 번뇌망상은 생길 수가 없다. 가령 다리가 굵은 아가씨가 자신의 굵은 다리통에 대해 열등의식을 갖고 괴로워하고 비관하는 것은 '굵다'와 '가늘다'라는 분별심으로 숏다리, 롱다리를 구분한 데서 비롯된 것이다. 더욱이 무다리는 추물이고 롱다리는 미인이라는 인식 자체도 허무맹랑한 구별이다. 만약 화성에도 지구상의 인류와 똑같은 존재가 살고 있는데 그들은 '무다리'를 미인으로, 롱다리를 추물로 본다면 우리의 분별심에 의한 '롱다리=미인'이라는 생각은 전혀 절대적인 게 아니고 상대적인 관념일 뿐인 것이다. 원래가 절대진리의 본체계는 이러한 분별심에 의한 차별성이 존재하지 않는 만유평등의 세계다. 한자 문화권에서는 절대평등의 세계를 흔히 일(一)자로 표시한다. 만물일체(萬物一體), 체용일여, 명암일여(明暗一如) 등의 '일'은 바로 본체계의 절대평등을 상징한다. 임제의현선사는 분별심을 여의고 절대평등의 경지에 있는 사람이 가장 고귀한 사람이라고 설파, '무사시귀인(無事是貴人)'이라는 화두를 남겼다(제1권 진주 임제선사편 참조).

그런데 초원은 무위무사인도 여전히 속박을 벗어나지 못했다고 말했다. 그는 무사인이 "아직도 금쇄를 벗어나지 못하고 곤란을 겪고 있다"고 했으니 말이다. '금쇄(金鎖)'란 내적·외적 속박을 상징한다. 우리말로 풀면 '쇠사슬'인데 우리를 속박하는 번뇌, 즉 사마곤박(邪魔困縛)은 내부적으로 심적인 번뇌가 있고 외부적으로는 갖가지 법규와 사회관습 등이 있다.

약산선사가 말한 '불사량'은 베틀의 북에서 나온 것인데 베짜기에 능숙한 여인은 눈을 감고 북을 좌우로 넣었다 빼내도 한 올도 튀어남이 없이 완벽하다는 것이다. 좌우로 넣고 빼는 분별심을 일으키지 않고 무심한데도 베는 기가 막히게 잘 짜이고 있지 않은가. 그런데 후인(后人)들은 이 생기일편(生機一片)의 눈감고 베짜는 '불사량'을 배운답시고 달려들어 흉내내다가 틀에 박힌 상투적 과구(窠臼 : 형식)에 떨어져 족쇄에 묶이고 만다. 초원이 "무사인도 아직 족쇄를 벗어나지 못했다"고 말한 것은 바로 이와 같이 관념적으로 '무사무위인'을 뇌까리기나 하는 과구에 떨어져 자신의 목에 죄인이 쓰는 칼을 씌워 속박하는 것을 경계함이다.

초원이 상당해서 한참동안 침묵한 것은 그 침묵 속에 정법(正法)이 있다는 암시다. 설법을 통해 늘어놓는 정법이란 마치 기둥을 쳐서 천장을 울리는 일에 불과하다. 언어도단의 불법진리는 침묵을 통해서만 나타내 보일 수 있다. 문자를 사용해 정법을 설하는 것은 이보다 한 차원 낮은 방고(榜敲 : 기둥을 때려 천장을 울림)다.

초원선사가 법문에 마지막으로 일할한 것은 말로써 불법을 설명한 방고언전(榜敲言詮)의 쓰레기더미를 청소하는 행위를 상징한다. 선어록들의 상당법문을 보면 침묵-설법-할로 구성된 것이 많다. 이런 법문은 모두가 초원선사의 상당법어와 같은 정법-방고-청소라는 상징성을 갖는다.

'남원경'이라는 화두는 초원선사가 의춘 남원사 방장으로 법석을 펴고 몇 차례 상당설법을 하자 명성이 자자해지면서 사방의 학인들이 참문을 왔을 때 주고받은 선문답이다.

초원이 "부처란 무엇이냐"는 학인의 질문에 "물은 높은 곳에서 발원한다(水出高原)"고 답한 것은 임의적으로 현상계의 사물을 예시한 것이다. 이처럼 눈앞에 나타나 있는 구체적 사물을 들어 본체의 작용을 따라 나타나 있는 두두물물을 실체적 진리로 현시(顯示)하는 화두를 '현성공안(現成公案)'이라 한다. 조주종심선사의 '뜰앞의 측백나무(庭前柏樹子)'도 대표적인 현성공안의 하나다.

이때의 '수출고원'이나 '정전백수자'는 흉금·견지(見地)·도력 등을 상징한다. 따라서 우주 삼라만상이 본체(마음)의 작용으로 나타나 있다는 '즉체즉용'의 원리를 깨달아 작용과 본체를 다같이 긍정하는 견지가 되면 곧 부처다.

학인은 그렇다면 초원, 당신의 견지는 어떤 것이냐고 조여들어 갔다. 바로 "어떤 것이 남원의 경계입니까(如何是 南源境)"라는 질문이다. 그러나 학인의 이 질문은 초원선사의 첫 번째 대답을 이해하지 못한 아둔한 근기여서 소식깡통인 채 다시 견성의 경지란 무엇이냐고 물은 것으로 볼 수도 있다.

어쨌든 이때의 '남원경'은 초원선사의 깨달은 바 경지를 상징한다. 초원은 역시 구체적 자연 경치인 '황하구곡 수출곤륜"이라는 비유법을 써서 불법대도를 드러내 보여준다. 널리 알려진 "황하는 꾸불꾸불 흐르고, 그 수원은 곤륜산에서 시작한다"는 자연경(自然境)은 물이 높은 고원에서 발원한다는 자연현상과 똑같은 얘기다. 초원의 '황하구곡'은 청정한 평상심으로 대자연의 섭리를 기꺼이 수용하는 도인의 고고한 근본을 보여주는 선법문(禪法門)이다.

이어 학인은 그러면 "어떤 것이 그러한 경계 속에 있는 사람인가"를 물었다. 초원은 다음과 같이 답했다.

수류인불고 작수망부상(隨流人不顧 斫手望扶桑)

'부상'은 태양이 떠오르는 땅으로 부상신수(扶桑神樹)라는 나무가 있다. '작수'는 손으로 가린다는 뜻이다. 초원의 대답은 물결 따라 흘러가는 사람은 결코 뒤돌아보지 않으며 손바닥으로 태양을 가리려 하지 않는다는 얘기다. 무위무사인은 물결이 파도를 따라 가듯이 물결치는 대로 바람 부는 대로 세상을 살아가는 임운자재(任運自在)를 누린다는 뜻이다. 운문문언선사의 삼구법(三句法)에서 말하는 '수파축랑(隨波逐浪 : 파도를 따라 물결을 쫓는다)'의 경지로 도(道)와 합일을 이룬 뒤 만법과 더불어 사는 원융무애라 할 수 있다. 초원이 깨친 바 '남원경'이 이미 황하의 물이니 그 안에 사는 사람이란 자연히 그 물속을 같이 흐르는 물일 수밖에 없지 않은가.

초원의 경지는 이처럼 거두면 일어나고 놓으면 열리듯이 진퇴가 자유자재했다. 이것이 바로 도인의 경지에 다다른 선지식들의 법(法)이 보여주는 일반적인 기상(氣象)이기도 하다.

석상초원선사는 강서성 의춘 남원사에서 호남성 유양 도오사로 법석을 옮겨 한동안 주석하다가 도오사에서 멀지 않은 석상사로 내려왔다. 이때는 이미 그의 만년에 접어들고 있는 시기였다. 석상초원선사가 석상사 방장으로 주석하면서 남긴 유명한 상당법어 중의 하나가 '조사선(祖師禪)'에 관한 것이다.

6) 조사선(祖師禪)

(초원선사는 법좌에 올라 주장자로 선상을 두드리면서 말했다.)

대중들은 알겠는가! 도(道)의 본체를 보지 못한 사람은 주장자 한 대 두들기는 소리를 듣고는 곧바로 분별적 인식(知見)을 잊은 채 수행에 몰두하는 법이야. 사람들은 이를 상상근기(上上根機)라 하지. 향엄지한선사는 이렇게 깨달았는데 이게 바로 여래선(如來禪)이지. 조사선은 꿈에서도 본 적이 없었어. 자, 말들을 해보라. 조사선은 어떠한 장점을 가지고 있는가. 만일 문자와 글귀를 통해 깨달으면 이는 후대 사람들을 땅속에 묻어 죽이는 것과 같다. 또 큰 몽둥이 하나에 깨침을 얻었다면 이는 선대의 성현들을 저버리는 일이다.

진리의 법은 원래 요동이 없이 태연했던 것. 그러나 사람들이 그러한 진리를 두고 찧고 까부는 거야. 그러나 복암이라는 곳에 머물고 있는 노승은 일찍 자고 늦게 일어나도 복암(福岩)의 경계만 눈이 들어오는 법이지. 때로는 푸른 봉우리에서 구름이 피어나고 달은 차가운 물가에 떨어지며, 하늘을 나는 새 지저귀며 지나가고, 반야대 앞에서 울어대는 동물 소리와 꽃 향기는 축융봉 주위에 가득 퍼지네. 보잘것없는 대나무 막대 쥐고서 큰 바위에 앉아 천하에서 모여든 학인들과 고담 준론을 펼칠 뿐이지.

그러나 어떤 이는 머리에 먼지 뒤집어 쓰고 홍화성에 살면서 분주히 오가는 사람들을 맞이하고 집 대문은 길가에 접해 있어 수레소리로 시끄럽지. 또 어떤 사람은 고기잡이 어부와 어울려 소상(瀟湘)의 물가를 전전하며 원숭이 울음소리 들리는 절벽가를 노닐고 물가에서 거문고와 장구를 즐기지. 그 또한 천하의 고귀한 사람들과 선을 논하며 세월을 보내지.

자, 말들을 해봐라. 저잣거리에 머무는 것과 심산유곡에 들어가 있는 것, 어떤 게 좋은지 말들을 해봐라.

(초원선사는 위와 같은 긴 독백을 끝내고는 한참 있다가 이

렇게 읊었다.)

시처시자씨 무문무선재(是處是慈氏 無門無善財 : 지금 여기에 있는 이 초원은 선재동자처럼 미륵각의 문을 찾지도, 문수를 만나려 하지도 않는다).

석상초원선사의 조사선에 대한 법문은 의경(意境)이 아주 유연하다. 그렇다고 해서 이 법어를 단순한 시흥(詩興) 정도로 치부해서는 결코 안 된다. 초원의 법문은 우리로 하여금 선종에서 구분하는 여래선과 조사선, 더 나아가 선종이 말하는 선의(禪意)란 결국 무엇인가를 알려주는 엄청난 의미를 갖는 명법문이다. 조사선과 여래선을 최초로 구분한 것은 위앙종 개산조의 한 사람인 앙산혜적선사였다. 그가 사제(師弟)인 향엄지한과 거량한 선문답에서 조사선과 여래선이라는 말이 처음 등장했다(제1권 하남성 향엄사편 참조).

여래선은 '여래청정선(如來淸淨禪)'이라고도 한다. 또는 '일행삼매(一行三昧 : 모든 곳에서의 행주좌와를 늘 한마음으로 수행)'라고도 하는데 석가모니가 닦은 선정(禪定)이다. 이는 곧 수능엄삼매(首楞嚴三昧)를 말한다. '능엄'은 건행(健行), 또는 견고(堅固)로 번역된다. 『열반경』은 "수능엄은 일체 사물이 끝남을 말하는 것으로, 엄(嚴)은 견(堅)을 가리키는데 결국 사물이 궁극에 달해 더욱 견고해지는 것을 일컬어 '수능엄'이라 하는 것이다. 또 이를 일컬어 불성(佛性)이라고도 할 수 있다"라고 말한다.

또 『수능엄삼매경』은 "보살이 수능엄삼매에 도달하면 삼천대세계를 겨자씨 속에 들어가게 할 수 있으며 산과 강, 일월성신이 제 모습을 드러낼 수 있게 한다. 수능엄의 불가사의한 힘은 이와 같다"고 설한다.

달마가 중국에 처음 왔을 때 『능가경』 4권을 가지고 왔는데 여래선은 그 가운데 언급한 네 가지 선 중 하나로 원래는 '지극심법(至極心法)'이라 했다. 그러나 후일 선종에서 불립문자의 조사선을 내세우면서 여래선은 '미료선(未了禪 : 미완의 선)'이라는 이름으로 바뀌어 평가절하됐다.

'조사선'이라는 말을 처음 사용한 위앙종의 앙산혜적선사는 미완의 선인 미료선과 구별되는 교외별전의 선을 내세워 조사선이라 했다. 앙산은 사제 향엄의 경지를 확인하고자 찾아가 "사제, 요즈음의 심득(心得)상태가 어떠한가"하고 물었다. 향엄은 "말할 수 없습니다"라고 대답하고는 게송을 하나 읊었다.

> 지난해 가난은 가난이 아니었네,
>
> 올해의 가난이 진짜 가난이네.
>
> 지난해는 송곳을 세울 땅이 없었지만, 올해는 세울 송곳조차 없네.

앙산은 향엄의 게송을 듣고는 "자네는 여래선은 얻었지만 조사선은 아직 못 얻었군"이라고 말했다. 향엄은 송곳을 세울 땅이 없는 지난해 가난에서 송곳마저 없는 올해의 가난으로 발전하는 무소유(無所有)의 수련과정을 거치는 점진적이고 과정적인 수행을 제시한 것이다. 이는 송곳을 인위적으로 없애 얻는 적빈(赤貧)이다. 이렇게 되면 무소유의 공(空)에 안주하는 이른바 '낙공(落空)'의 폐단을 가져오게 된다.

조사선이 요구하는 깨침은 결코 수련과정을 통해 얻는 공(空)의

힘이 아니라 스스로의 마음을 밝혀 자성을 철견하는 '명심견성(明心見性)'이다. 조사선은 근본적으로 무주(無住), 즉 머물지 않아 마음도 생겨나지 않는 경계를 요구한다.

따라서 여래선과 조사선의 대립은 일상생활에서 두 가지 상이한 태도를 표출한다. 여래선이 실제로 표방하는 것은 절대적인 출세간(出世間)의 생활방식이며, 소유를 모두 비우는 인위적인 노력을 통해 자기와 세계의 대립을 없애는 방식의 견성이다. 그러나 인위적으로 없애는 행동은 실제로는, 원래 존재했던 세계와 자신을 격리시키는 것일 뿐이기에 결과적으로 나를 통해 세상을 보는 '이아관물(以我觀物)'의 방식에 머물게 된다. 이와 같은 태도의 세계관은 결국 세계와 생활자체를 피해 숨어버리는 은둔주의가 되고 만다.

그러나 조사선은 여래선의 태도와는 정반대다. 조사선에서도 '무주'를 강조하지만 조사선의 '무주'는 세계에 대한 부분적, 분별적 집착을 반대하면서 오히려 세계, 자연과 완전한 합일을 얻고자 한다. 내가 자연·세계·사회 속의 한 부분일진대 근본적으로 세계를 이탈해 그와 대립할 수 없는 것이다. 인간이 세상 안에서 고통을 받는 것은 인간이라는 존재가 세상을 벗어날 수 없어서 그런 것이 아니다. 단지 그의 의식 속에서 분별과 선택의 마음이 생겨 어떤 것은 취하고 어떤 것은 버리는 것으로 나타나는 관념상의 집착이 존재에 장애물로 작용하기 때문이다. 따라서 가장 근본적인 방법은 의식상의 집착을 없앤 뒤의 상태에서 세계와 합일(合一)을 이루는 것이다. 조사선은 사물에 주관을 개입시키지 않고 사물 그 자체로 보는 '이물관물(以物觀物)'을 통해 물물여일(物物如一)의 경계에 도달할 것을 요구한다. 조사선이 결론적으로 제창하는 바는 생활 속으로 돌아가 어디에서도 구애받지 않는 심행(心行)으로 활발하게 인생을 살아가자는 것이다.

일단 여래선과 조사선이 지향하는 점의 차이를 이쯤 이해하고 나면 초원선사가 향엄지한의 여래선이 갖는 결점을 말한 뒤 묘사한 '복암의 경계'를 쉽게 이해할 수 있다. 초원은 법문에서 사람이 세상과 대립을 그만둔 후 맞이하는 순수 자연의 경계를 말하고 있다. 몸은 산야에 있고 마음은 자연에 연결된 채 현실과 이상, 생활과 생명이 통일된 유기적 상태가 바로 초원이 말하는 복암의 경계다. 이런 경지에서는 사물을 진지하게 대하면서 분별심 없이 사물과 나의 합일을 이루게 된다.

초원선사는 법문에서 대중들에게 '먼지를 뒤집어 쓴 저잣거리의 사람'과 '유현청담(幽玄淸談)을 즐기는 산속 사람'을 제시하고 그 우열을 가려보라고 한다. 즉 조사선(저잣거리 사람)과 여래선(산속 사람)의 우열을 말해보라는 얘기다.

그는 이 문제에 대해 스스로 답을 내놓았다. '시처시자씨 무문무선재'가 바로 그 답이다. 자(慈)씨는 초원의 법호가 자명(慈明)이므로 결국 자기 자신을 가리킨 것이다. '선재'는 문수보살 이야기에 나오는 선재동자를 말한 것이다.

선종 등록(燈錄)에는 선재동자가 미륵각(彌勒閣)에 도착해 들어가려 했으나 문을 찾지 못했다고 기술하고 있다. 뒤에 미륵보살이 다른 곳에서 오는 것을 본 선재는 미륵에게 다가가 각으로 들어가는 방법을 물었다. 미륵이 손가락으로 가리키자 미륵각의 문이 열렸다. 선재는 열린 문을 통해 미륵각 안으로 들어갔다. 그러나 또 다시 수천개의 누각이 나타나고 누각마다 한 미륵보살이 선재동자 하나씩을 이끌고 서 있었다.

이때 무착보살(無着菩薩)이 다가와 선재한테 물었다. "문수보살을 만나려면 어떻게 해야 되는가"

선재는 "청정심을 발하기만 하면 된다"고 대답했다. 무착이 선재의 말을 되받아 다시 물었다.

"청정심을 이미 발했는데 왜 문수보살이 보이지 않는가."

선재는 무착을 찬양하면서 말했다. "이게 바로 문수보살을 본 게 아닌가!"

이 일화는 문수보살은 미륵각의 문을 열고 들어가서 찾거나, 만나려고 한다고 해서 만나지는 게 아니고 바로 자기 자신이며 자기 안에 있다는 얘기다.

따라서 초원이 말한 '무문무선재'는 그가 무슨 미륵각의 문을 찾는 것도 아니고 문수를 만나려는 게 아니라 그저 산중에 묻혀 지내고 있을 뿐이며 이게 바로 조사선의 진리라는 점을 밝힌 사자후다. 이것이 바로, 어떠한 것도 구하는 바 없는 무소구행(無所求行)의 조사들이 누리는 경지다. 이렇게 되면 산중(출세간)과 저잣거리(세간)의 구분은 아무 의미도 없는 허위적 가식일 뿐이다. 쉽게 말해 진정한 선지식이라면 자신이 산중에 산다는 분별심을 일으켜 산중을 세속과 다른 출세간으로 구분하고 마치 산중에 산다는 그 자체가 무슨 '청정'이고 '해탈'인 양 생각해서는 안 된다는 얘기다. 시정의 어부가 절벽가를 노니는 것도 산중의 무심한 선승이 대자연과 합일을 이루어 물아일체의 경계를 누리는 것과 전혀 다를 바 없다. 조사선이 그토록 강조하는 성속일여(聖俗一如)의 경지란 바로 이렇게 어디서도 자신과 세계를 일치시켜 어부가 절벽 위를 걸으면서도 떨어지지 않는 물아일체가 되는 것이다. 어부가 절벽을 걸으며 노닐려면 위험과 안전이라는 분별심을 일으키거나 딴 생각을 하다가는 강 속으로 떨어져 죽고 만다. 오직 절벽과 내가 둘이 아니라 내가 바로 절벽이고, 절벽이 바로 나라는 일체감으로 걸어야만 안전한 절벽 보행이 가능하다. 소설을 읽을 때 자신이 소설 속 주인공이 돼야 실감이 나고 짜릿한 감동을 느끼는 것과 같은 원리다. 음악을 감상할 때도 자기를 잊고 음악에 빠져들어 이른바 무아(無我)지경이 돼야 진정한 감상이 된다.

조사선은 나를 비워내고, 나를 버린 후 대상과 일체가 됨으로써 만물여아동근(萬物與我同根)의 절대평등을 이루는 훈련이다. 따라서 조사선은 단계적 · 인위적 수행을 단호히 배격한다.

위앙종의 여래선과 조사선 구분에 이어 양자의 차이점을 설파한 초원선사의 법문은 선종사에서 조사선의 우위를 밝힌 기념비적인 '조사선론'이라 할 수 있다. 마조부터 본격화한 조사선은 종래 여래선의 출세간주의를 강력히 비판하면서 입세간주의(入世間主義)를 지향, 성속일여의 삶을 제창했다. 마조법맥의 정통인 임제종 석상 초원선사가 조사선을 여래선보다 한 수 위의 최상승선(最上乘禪)으로 자리매김하려 한 것도 마조의 적손(嫡孫)다운 풍모였다고나 할까.

7) 부처를 욕하다 입이 비뚤어졌다(呵佛嘴矣)

초원선사가 경도(京都)에 갔다가 황제가 내준 관선(官船)을 타고 남으로 돌아오던 중 갑자기 중풍을 맞았다.

초원 : 시자야, 내가 중풍에 걸렸다.

시자 : (스승의 입이 비뚤어진 것을 보고 발을 동동 구르면서) 이 일을 어찌하나! 평생 동안 부처를 꾸짖고 조사들을 욕하더니 이제 그 업보가 찾아온 것이군요.

선사는 웃으면서 "내가 곧 바르게 해서 보여주마"하고는 손으로 입을 어루만지니 비뚤어졌던 입이 제자리로 돌아왔다.

'가불취의(呵佛觜歪)'라는 화두를 낳은 석상초원선사의 일화다. 북송 인종 보원 원년 조정의 이준욱부마가 사자(使者)를 남쪽으로 보내 초원선사를 초빙했다.

이준욱은 "해내(海內)의 법우는 오직 선사님과 양억내한 두 분밖에 없는데 양내한은 이미 세상을 떠났고 저는 금년 이래로 갑자기 몸이 쇠약해지매 죽음을 참으면서 선사를 한번 뵙고자 글을 써서 사자를 시켜 보내오니 부디 올라와 주시기를 간청합니다"라는 서찰을 보냈다.

초원은 이준욱의 편지를 받자 마음이 창연(愴然)해져 시자를 데리고 경도로 갔다. 도위(都尉) 이준욱은 초원을 만나 선적(禪寂)의 회포를 푼 지 채 한 달이 안 돼 세상을 떠났다. 이도위는 세상을 떠나기 앞서 한 수의 게송을 짓고 초원선사의 상을 그려 보냈다.

세계에 의지함이 없으니,
산하도 거리낌이 없다.
대해의 작고 작은 티끌이며,
수미산의 겨자씨 같은 존재.
두건을 집어 일으키고,
허리띠를 풀어버린다.

이도위의 게송은 생사일여이며 '사(死)'가 곧 해탈이라는 견지를 표현한 것이다. 초원선사는 이 게송을 보고는 이도위의 병상으로 달려가 물었다.

"무엇이 본래의 불성인가."

이공이 대답했다.

"오늘은 몸에 열이 납니다. 어제 열은 지나갔는데."

이공은 이렇게 말하고는 초원선사에게 물었다.

"가기 전에 남기는 한마디 말은 무엇입니까."

초원이 대답했다.

"본래 걸리고 거리끼는 게 없고 어디서나 모나고 둥글 수 있도록 임의(任意)대로 내맡긴다."

이공이 말했다.

"밤이 되니 몹시 피곤하군요."

이공은 더 이상 말하지 않았고 초원은 이공의 마지막 말을 듣고 작별 인사를 했다.

"부처 없는 곳으로 부처가 되어 가십시오!"

초원의 말은 이도위가 사후 갈 곳에 대한 축복이다. 이공은 초원의 이 말을 듣더니 홀연히 숨을 거두었다.

인종황제는 선에 심취해 있는 터였다. 그래서 이도위가 천화(遷化)할 때 초원이 마지막으로 해준 말을 듣고는 오랫동안 찬탄했다. 초원선사는 친히 이공을 장송(葬送)했고 상여 뒤를 따르며 곡하는 소리가 아주 슬프고 슬펐다. 인종황제는 사위인 이도위의 상사(喪事)가 끝나자 성지(聖旨)를 내려 초원선사의 귀로에 관선을 하사했다.

석상초원선사가 배 안에서 갑자기 중풍에 걸린 것도 바로 이 관선을 타고 호남성 장사 흥화사로 돌아가던 도중이었다.

초원선사가 중풍으로 돌아간 입을 어루만지니 바로 돌아갔다는 일화는 부처를 꾸짖고 조사들을 욕한 것에는 원래가 어떠한 과보(果報)도 없음을 상징한다.

왜냐하면 조사선은 부처나 조사를 대상화 해놓고 그것에 집착하는 것을 철저히 금기시하기 때문이다. 그래서 탁월한 선지식들은 부처도, 조사도, 부모도 모두 죽여버리라는 '살불살조(殺佛殺祖)'를 외쳐댄다.

초원은 어루만져 바로 잡힌 입으로 시자에게 말했다.

"지금 이후부터는 다시는 너를 놀리지 아니하마!"

시자는 선사들이 부처를 꾸짖고 조사를 욕하는 참뜻을 그제야 깨닫고 옆에서 물러났다. 초원이 시자한테 한 말은 자신의 최후를 알리는 암시이기도 했다.

초원선사는 그때부터 문을 걸어 잠그고 친히 자신을 지켰고 흥화사에서 다음해(1039년) 정월 원적(圓寂)했다. 세수는 54세였고 법랍은 32년이었다. 묘탑은 유양 석상사에 건립했다. 초원선사의 원적은 한 편의 영화 같다.

석상초원선사의 선풍(禪風)을 소상히 살펴본 것은 임제선풍을 자처하는 한국 선종(조계종) 법맥인 양기방회선사가 개산한 양기종의 법원(法源)이 바로 그의 사가(師家)인 초원에서 비롯하기 때문이다. 또 한 가지는 송대 임제종의 선사상을 대표하는 선지식이라는 점이다. 양기의 화두 '세발 당나귀(三脚驢)'의 세발(三脚)도 초원의 '삼각합마도상천(三脚蛤蟆跳上天)'에서 비롯했고, 여래선과 대비되는 조사선의 선사상도 그에게서 심화하면서 당당한 차별성을 정립했다.

다만 답사에서 석상사 · 남원사 · 도오사(유지) · 홍화사 등을 샅샅이 뒤져 그가 남긴 형이하의 유적들을 찾아보지 못한 점이 못내 아쉽다. 그의 발길이 닿았던 사찰들 중 석상사와 남악 복엄사를 답사했으나 별다른 유적을 찾지 못했던 주마간산(走馬看山)의 일정이었음을 고백한다.

●메모

위치 : 호남성 유양시 금강향 석장촌

교통 : 유양시 동북방 25킬로미터 비포장 5킬로미터

유적 : 석상경저 묘탑 등.

약산 약산사
— 약산유엄선사

1) 법당이 쓰러진다(法堂倒了)

임종을 앞둔 약산유엄선사가 제자들을 방장실로 불러 모았다. 제자들이 모이자 버럭 고함을 질렀다.

"법당이 쓰러진다! 법당이 쓰러져!"

제자들은 뛰쳐나가 사방의 법당 기둥을 힘껏 떠받쳤다.

"이 놈들, 도대체 내 뜻을 모르는구나!"

유엄은 이렇게 말하고는 곧 입적했다.

약산유엄(藥山惟儼)이 원적(圓寂)하면서 토한 사자후다. 화두로는 '법당도료(法堂倒了)'라 한다.

유엄선사는 마조도일-백장회해선사의 '강서선(江西禪)'에 대비되는 석두희천-약산유엄의 '호남선(湖南禪)'을 정립한 선종사의 일대 거목이다. 강서선(일명 마조선, 홍주종)과 호남선의 분류는 첫째, 그

활동 지역에 따라 붙여진 이름이다. 즉 강서선은 강서성이, 호남선은 호남성이 각각 그 본거지다.

둘째, 각기 가풍(家風)이 다르다는 점이다. 호남선은 깊은 산속으로 들어가 강과 호수를 소요하며 산거(山居)의 낙도를 읊조리는 은둔주의고 그 문도들이 후일 산에서 나와 세속 포교에 뛰어드는 데서는 정치지향적인 경향을 보였다. 반면 강서선은 출세간주의와는 반대되는 입세간주의(入世間主義)를 강조했고 매우 현실적응적이었으며 정치지향성이 호남선에 비해 약했다.

셋째, 호남선이 문학적이고 시적이라면 강서선은 무인적 기질로 단도직입적이고 활달하며 호쾌했다.

약산의 '법당도료'는 난센스 퀴즈 같은 화두다. 그러나 그 속에는 육신이라는 법당쯤이야 미련없이 무너뜨리겠다는 기개가 들어 있다. 이때는 법당을 확 밀어 쓰러뜨렸어야 하는데…….

약산은 자신의 육체적 죽음을 현상계의 선찰(禪刹) 주전각인 '법당'이 쓰러지는 것에 비유했다. 참선수행을 하는 납승(衲僧)들이 선상에 둘러앉아 좌선하고 방장의 법문을 듣는 선종 사찰의 법당은 교종 사찰의 대웅전이다. 「백장청규」라는 선문 규식에 의하면 원래 선종 사찰은 불전을 두지 않고 법당만 두도록 돼 있다. 말하자면 법당은 대학의 강의실 같은 것이다. 현재 한국 불교는 법당과 대웅전을 혼동해 쓰고 있고 중국 선종도 지금은 대웅전과 선당이 따로 분리돼 있다. 그러나 당·송대의 선찰은 사찰 구성이 어디까지나 법당 중심이었고 법당 한가운데 아주 작은 불상 하나를 봉안하고 예불했다.

약산은 외형적으로는 자신의 죽음을 법당이 무너지는 것에 비유, 과장적인 허풍(?)을 떤 것처럼 보인다. 그러나 한발짝만 더 들어가면 약산이 뜻하는 바가 그런 게 아님을 쉽게 알 수 있다.

약산의 법신(法身)은 영구불멸이고 부증불감(不增不減)이다. 견성 도인인 약산에게는 육신이란 입고 있다가 낡고 때묻으면 벗어 던져야 할 옷이며 한낱 껍데기에 불과하다. 따라서 불법·불도가 중요하지 육신이라는 '법당'을 떠받들고 성역시할 필요가 없다. 물리적으로도 법당은 세월이 가면 낡고 썩어 언젠가는 무너져 새로 짓거나 보수를 해야 한다. 그러나 법·진리는 아무리 오랜 세월이 흘러도 썩거나 무너져 없어지지 않는다. 약산이 임종하면서 외친 '법당도료'는 이처럼 법신이라는 '영원'과 육신이라는 '무상(無常)'을 깨달아 영원불멸의 법신으로 존재할 수 있는 견성을 하라는 촉구다.

약산선사는 석두희천의 법사로 마조선사를 참문해 깨친 조동정맥(曹洞正脈)의 법통 연원이다. 법맥상으론 조동종 개창자인 동산양개의 할아버지다.

또 그는 나말여초 9산선문(九山禪門)의 하나인 강원도 사굴산문 개산조로 일상생활이 곧 도(平常心是道)라는 '마조선'을 전파한 신라 통효범일선사(810~889)가 참문했던 선장이기도 하다. 범일(梵日)은 마조의 제자 염관제안 선사를 6년동안 시봉하면서 일상생활의 모든 행위가 불성의 노출이고, 중생이 곧 부처라는 '평상심시도'를 철저히 깨친 후 약산을 찾아 갔다.

묻는다 : 어디서 왔고, 무엇을 원하는가.

답한다 : 강서성(염관선사의 주석처)에서 화상을 뵙고자 왔습니다.

묻는다 : 여기는 길이 없는데 어떻게 찾아왔는가.

답한다 : 화상께서 한 걸음만 더 나가시면 저는 뵙지도 못할 겁니다.

약산은 범일의 대답에 "대단히 기특하구나!"를 연발하면서 "밖에서 들어 온 맑은 바람이 사람을 얼리는구나"라고 감탄했다(『조당집』 권17).

길 없는 길인 이심전심의 도(道)를 묻는 약산에게 범일은 도란 한 물건(마음)조차도 미련없이 버리는 본래무일물(本來無一物)의 경계임을 드러내 보였다. 벼랑 끝에서 한 발 더 디뎌 뛰어내리는 백척간두진일보(百尺竿頭進一步)의 '벼랑끝 전술' 뒤의 절대무(絶對無)에서는 약산이라는 선지식의 형체 따위에 매달릴 필요가 없다는 얘기다. 범일의 마지막 대답에 약산이 감탄한 것도 이처럼 '마음'이라는 것에조차 집착하지 않고 열반에도 머무르지 않는 부주열반(不住涅槃)으로 나아가는 궁극적인 견성이라야 진짜 깨침이기 때문이다. 조사선에서는 흔히 '깨달았네' 하고 무일물의 경지 자체에 집착하면서 안주하는 또 하나의 '집착'을 낙공(落空)이라 하여 철저히 배격한다. 절벽 위를 걸을 수 있는 경지를 자랑하는 단계는 낙공이다. 궁극적인 깨침은 열반에 안주하고자 하는 낙공을 벗어나 열반이니, 마음이니 하는 것까지를 다 떨어낸 절대공(絶對空)에 다다라야 달성된다. 범일의 대답은 이와 같은 구극적 깨침의 경지를 잘 드러내 보였던 것이다.

마조의 손자상좌뻘인 황벽희운선사는 유명한 그의 설법집 『전심법요』에서 "범부는 경계를 취하고, 도를 닦는 사람은 마음을 취하나니 마음과 경계를 함께 잊어야만 참된 법이니라"하고 설파했다.

선승들은 전통적으로 임종에 앞서 한 수의 게송을 남기는데 이를 임종게(일명 열반송)라 한다.

객담 한마디—

'법당 도료'라는 화두를 한국 선승들은 비구승이 여자를 범해 남근(법당)이 넘어진 파계(破戒)를 은유적으로 표현할 때 쓰기도 한다. 선가의 익살이라고나 할까.

호남성 진시 당화향 약산촌 약산사를 답사한 날은 마침 향(鄕) 장날이었다. 바로 절 입구가 장터인데 장꾼들로 도로가 막혀 노점상들의 물품 전시대를 치우면서 간신히 차를 몰아 나갔다. 현재는 웅장한 사찰 냄새가 전혀 없었다. 옛 절터에 들어선 동네집들 가운데 보통 민가 정도를 '대웅전'으로 해놓았다. 그래도 시 지정 중요문물보호단위고 풍경구(風景區)다. 옛 약산유엄선사의 음덕인 듯했다. 당태종의 부하 위지공(慰遲恭)이 심은 느티나무가 있는 걸로 보아 사찰 건립은 약산선사 이전임이 확실했다. 그러나 약산선사

▼ 패방 형식의 약산사 산문

▲ 약산사 대웅전에 봉안된 석가모니 본존불상.

▲ 약산사 사천왕문의 포대화상(가운데)과 사천왕상.

의 행화도랑이 되면서 명성을 얻기 시작했다.

주지 곡택(谷澤)화상에게 안내를 청했더니 기꺼이 나서주었다. 현재 조동종 소속 사찰이고 승려는 모두 11명이 살고 있다.

지난해 약산선사 묘탑을 복원할 때 나왔다는 탑비(塔碑)를 창고 깊숙한 곳에서 꺼내 보여주었다. 대야에 물을 떠다 칠해가며 판독하니 명 숭정연간에 쓴 달필의 예서체 '약산유엄선사화성탑명(藥山惟儼禪師化城塔銘)'이 선명하다. 약산선사의 행장과 화두 '소문90리' 얘기 등이 기록돼 있었다.

대웅전 복원공사는 5월 말 착공, 2년 계획으로 추진중이다. 현재는 사찰 터 43묘를 회수했으나 절반에 절반도 안 된다고.

▲ 약산사 옥황전에 봉안된 천수천안관음보살상.

약산·백장 이후 생겨난 선종 5가 7종의 법맥 분포는 강서선에서 임제종·위앙종이, 호남선에서 조동종·운문종·법안종이 각각 분파했다. 물론 5가7종의 법맥에 대해서는 약산유엄과 동산양개·천황도오·운문문언선사 등 호남선의 많은 거물들이 강서선의 마조·백장·임제·위산선사 등을 참문하고 실제로 그 문하에서 상당 기간 입실, 시봉한 경우가 있기 때문에 최근의 중국 선학계는 기존 법계 분류의 문제점을 제기하고 있다. 따라서 강서선과 호남선의 선사상이나 선철학·가풍의 차이점을 칼로 두부모 자르듯 명확히 분류하기는 사실상 불가능하다.

우선 약산유엄선사의 행장(行狀)을 살펴보자.

속성이 한(韓)씨인 그는 산서성 강주 신강현 출신으로 17세 때 광동성 서산의 혜조화상에게 출가했다. 29세에 형악사(衡嶽寺) 희조율사에게 구족계를 받고 마조 문하에서 20년동안 입실제자로 있다가 석두희천선사를 참알(參謁)하고 대오했다. 유엄은 석두문하에서 13년동안 시봉한 후 785년 호남성 예주(현 진시) 약산(일명 작약산)으로 가서 법석을 열었다. 약산에서 59년간 주석하면서 행화를 펼쳤고 사후 내려진 시호는 홍도(弘道)였다. 묘탑은 제자 충허(沖虛)가 약산사 동쪽 산에 건립했다.

유엄선사의 행장은 『조당집』 『경덕전등록』 『송고승전(宋高僧傳)』 『전당서(全唐書)』 등에 나와 있는데 각기 내용이 약간씩 다르다. 지금까지의 소개는 최초의 선종 종합 사서(史書)인 『조당집』과 비슷하나 『전당서』는 그의 속가 제자이며 대유학자인 이고를 기록한 점이 다르다. 『송고승전』은 828년 춘추 70세로 입적했다고 기록, 생몰연대에 차이가 크다.

『전당서』에 실려 있는, 사후 8년에 지은 「예주약산고유엄대사비명(澧州藥山故惟儼大師碑銘)」은 앞의 선종 사서들과 크게 다른 몇 가지 사실을 기록하고 있다. 유엄의 행장 기록은 이 비명이 사후 기록으로는 가장 생생한 것이고 역산하면 최고(最古)다. 『조당집』은 952년 저술이고 비명은 842년에 쓴 것이다.

비명의 기록 중 『조당집』 『전등록』 『송고승전』 등에 나오지 않는 가장 중요한 기록은 약산이 마조한테서 영오(領悟)했다는 대목이다. 앞의 세 가지 승전(僧傳)들은 모두가 약산의 견성이 "석두희천 선사를 참알하고 현지를 얻었다(謁石頭 領玄旨)"고 기록하고 있다. 그러나 비명은 다음과 같이 기록했다.

> "남악의 석두희천, 강서의 마조도일이 심계(心契)를 깨쳤는데 마조의 대승법을 사방의 학도가 참문했다. 약산은 말없이 마음속으로 마조의 선법을 깨치고(師必默識懸解) 마조 문하에서 20년 동안 입실해 있었다."

이와 같은 비명의 기술은 약산이 석두의 법사가 아니고 마조의 법사라는 문제를 제기, 기존 선종 법계의 정확성에 의문을 제기한다. 약산유엄-운암담성 부자(父子)를 법원(法源)으로 하는 조동정맥(曹洞正脈)의 운암선사도 스승 약산의 경우와 똑같이 마조법계의 백장회해선사를 20년 동안 시봉했지만 법맥은 약산의 제자가 됐다.

약산이나 운암이 남악-마조법계의 문하에서 20년씩 수행을 했는데도 법맥 계보는 청원-석두법계로 정리된 건 상식적으론 선뜻 이해하기 어렵다. 그러나 법맥 정리의 문제점을 해결하기 위해서는 5가7종으로 분파하는 만당(晩唐)의 선종 종파 형성을 이해해야 한다. 선종 종파가 5가로 분립돼 각기 독특한 선풍을 내세우는 문중(門中)을 구성하면서 법맥을 정리할 필요성이 생겼다. 여기서 별다른 문중의식을 갖지 않은 채 일세를 풍미하고 간 선지식들의 법맥을 세분하게 됐고 그 과정에 본래의 수행정진이나 사법(嗣法)과는 다르게 법계가 조작되기도 했다. 또 당시 선승들은 문중 소속을 위해 은사를 바꾸고 전승 법맥을 실제와 다르게 입적해 오늘의 한국 선종(조계종)에서 흔히 보는 '건당(建堂 : 다른 문중의 법제자가 되는 것)' 풍습이 성행했던 것이다. 따라서 약산과 운암의 법맥 전승은 당시의 시대 상황이 빚어낸 문제였다고 볼 수 있다. 그러나 이 문제는 궁극적으로는 조동종 법맥도 남악-마조법계라는 결론에 이를 수 있기에 깊은 연구와 천착이 필요한 과제다.

승전들이 엇갈리게 기록한 약산의 생몰연대도 비명은 춘추 84세로 기록하고 있다. 또 비명에서는 속가 제자 이고에 대해 상세히 기술하고 있다. 송·명대 신유학(新儒學)의 선구자로 예주 자사였던 이고는 약산유엄선사를 만나 인간의 본성을 깨닫고(本性頓了) 선학을 마스터한 후 유학(儒學)으로 들어갔다는 것이다.

이 밖에도 비명(碑銘)은 약산선사가 나부산·청량(清凉 : 남경)·삼협(三峽)·구강(九江) 등을 유력한 후 약산에 머물렀다고 기록하고 있다. 『조당집』 등의 기록에는 약산선사의 경력이 소상하지 않다.

「예주약산고유엄대사비명」은 결론적으로 약산이 마조도일대사의 유지(遺旨)를 따라 "열반에 이르는 사다리를 만들어 미오한 중생을 널리 제도했다(普濟迷途 宜作航梯)"고 찬양했다. 약산유엄선사의 생애에 대한, 가장 생생하고 정확한 기록이라 할 수 있는 유엄대사 비명은 약산이 마조도일의 문도(門徒)임을 분명히 하고 있다.

『중국선종통사(中國禪宗通史)』 (杜迷文 · 魏道儒저 강소고적출판사 1995)는 약산선사가 석두희천 문하로 간 것은 선종사의 걸출한 선지식 중 한 사람인 단하천연선사(738~824)의 사승(師承)관계가 석두희천의 문하로 정리된 것과 흡사하다고 비유했다. 단하도 마조를 참문하고 '천연(天然)'이라는 법명까지 받았기에 사실상으론 마조의 문도였다(제3권 남창 우민사편 참조).

그러나 선종 법계도(法系圖)는 단하도 석두의 법맥으로 정리하고 있다. 이러한 법맥의 혼란은 자기 스승이나 문중을 바꾸는 일이 많았던, 선종 종파가 발전하는 시기의 시대적 산물이었다.

『조당집』은 약산의 고족(高足)제자를 4인, 『전등록』은 10인으로 각각 기록하고 있다. 그러나 선종 법맥도에는 운암담성 · 도오원지 · 덕성선자 등 3명만 기록돼 있다(도표 참조).

유엄선(惟儼禪) 법맥도

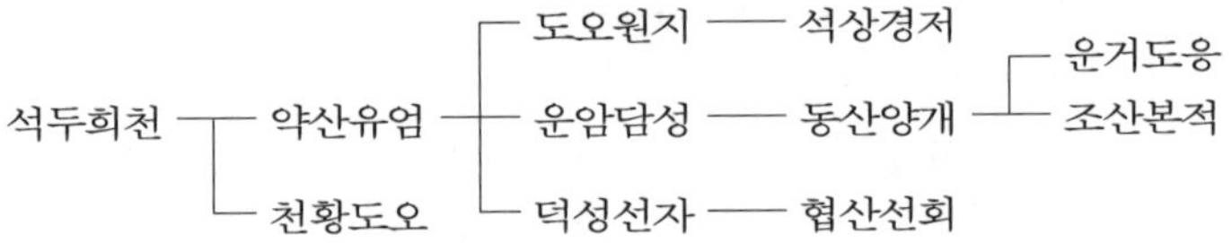

약산의 법맥 정통(正統)은 운암담성-동산양개로 이어지면서 임제종과 쌍벽을 이루는 선종 최장수 종파인 조동종이다.

이제 유엄선계(惟儼禪系)의 선풍을 좀더 자세히 살펴보자.

그의 3대 고족제자인 운암 · 도오 · 덕성은 하나같이 산속 깊숙이 들어가 은둔하면서 자연을 소요하는 '피세선(避世禪)'의 가풍이다. 이는 당말 빈번한 전란(戰亂)을 피하려는 마음과 정치에 대한 혐오를 반영하는 선림의 시류(時流)이기도 했다. 그러나 동산양개 이후의 유엄선사 문도들은 정치지향적 경향을 보이면서 호남성과 강서성을 기지(基地)로 교세를 전국적으로 확대, 조동종이라는 선종 최대종파를 형성했다. 유엄선사의 3대 고족제자들이 형성한 각기의 가풍을 살펴보면.

덕성선자 – 협산선회

덕성의 가풍은 대표적인 '피세선'이고 협산의 선풍은 바다의 밀물이나 썰물에 떠밀리지 않고 오히려 조수(潮水)를 가지고 노니는, 유유자적한 '농조인(弄潮人)'의 경지다. 또 하나는 협산이 스스로 독자적인 농선병행(農禪倂行)의 가풍을 세웠다는 점이다.

협산은 부처를 비판하면서 다음과 같은 사자후를 토한 바 있다.

> "너를 보니 노를 젓는 뱃놈일 뿐, 끝내 조수를 농하는 사람은 아니구나! (看君只是撑船漢 撑歸不是弄潮人)"

'탱선한(撑船漢)'은 세속에 나아가 불법을 전파하는 포교를 상징한다. 이는 뱃사공이 노로 물을 저어 파도를 헤치며 배를 운항하는 차원이다. 이른바 '입세홍교(入世弘教)'다.

그러나 '농조인'은 세간에 살면서도 이사무애(理事無碍)의 경지로 유유자적하게 노닌다. 이른바 '유희세간(遊戱世間)'이다.

협산은 강을 건널 때 무리하게 힘으로만 노를 젓는 초보적인 뱃사공과, 별다른 힘을 들이지 않으면서도 배가 파도를 타고 흐르게 하는 노련한 사공의 '차이'를 내세워 설익은 선승과 구극의 경지에 이른 선지식이 갖는 차이점을 멋지게 비유했다. 원래 '농조'는 노장(老莊) 등에서도 숙달의 경지에 이른 달인(達人)이 보여주는 현묘(玄妙)를 묘사할 때 많이 예시해온 전통적인 중국인들의 비유법 중 하나다.

협산의 가풍이 종지로 삼은 농선병행은 그의 제자 낙포원안선사가 더욱더 공고히 했다. 원래 낙포는 마조 법맥의 임제의현선사 상좌였다. 그는 석두법계인 단하천연선사의 제자인 취미무학과 임제를 참문했으나 깨치지 못하고 협산을 참알하고서야 영오, 그 문하에 들었다. 여기서도 마조법계의 임제종 선풍이 석두법계로 흘러 들어가고 있음을 본다. 어쨌든 낙포는 협산의 문도가 된 후 농사와 참선에만 몰두하는 삶을 살며 어지러운 속세를 피하고자 했다.

도오원지 - 석상경저

도오의 '낙도가'와 석상의 '고목중(枯木衆)'으로 대표되는 도오-석상 문중의 문풍(門風)도 덕성-협산의 피세 정서와 상통하는 점이 많다. 도오의 '낙도가'에 나타나 있는 무생적(無生的) 우주관도 산간에서 홀로 노니는 삶을 높이 찬양하고 있다.

> 피곤하면 아무도 없는 산봉우리에 홀로 누워 자면서, 무생곡을 한 곡 부른다(困臥孤峰無伴侶 獨唱無生一曲歌).

도오선사의 '낙도가'에 나오는 한 구절이다. 그는 인간의 본래 성품을 '자연'이라 보고 성품(자연)을 따라 산속에서 홀로 사는 삶을 지극한 도의 실현이라고 믿었다. 한마디로 은둔주의다.

당시 선림은 몽둥이로 학인들의 정념(情念)과 집착을 때려부수느라 구타와 비명소리가 진동하는 덕산·임제의 선과, 도오와 같은 은둔의 피세적 정서가 양대 조류를 이루면서 동등한 가치로 인정됐다.

경저는 석상산이라는 심산 무인지경에 묻혀 학인들과 함께 20년 동안을 장좌불와(長坐不臥)로 그루터기 고목처럼 참선정진했기에 석상사 승려들에게 '고목중(枯木衆)'이라는 별명이 붙게 했다.

이처럼 세속을 오불관언한 채 심산유곡에서 장좌불와로 일관한 석상경저의 '고목선' 가풍이 유명해지면서 남방에서는 '고목중' 하면 곧 총림을 뜻했고 선정(禪定)과 공덕신앙이 결합해 선종 사찰들이 '공덕총림(功德叢林)'을 종지화하면서 좌선정진 일변도로 기울었다.

오늘날 한국 선종(조계종)이 지향하는 선풍도 좌선정진에만 몰두하는 공덕총림의 수행이다. 일반에서도 '선방' 하면 죽은 나무 등걸처럼 요지부동의 자세로 좌선만 하는 고목중의 이미지를 떠올린다. 그러나 한국 선종은 법맥이 임제선(양기종)이고, 또 화두나 법문 등에서도 마조법계의 선사들 중심이다. 따라서 한국 선풍은 마조법맥 지향이면서도 실제의 좌선에서는 석두-약산법계의 '고목선'을 지향하는 혼재(混在)와 모순을 보여주고 있다. 이 문제에 대해서도 앞으로 깊은 연구가 필요하다.

운암담성 – 동산양개

운암의 선학은 "인성을 상실하는 것이 가장 큰 고통(失去人身最苦)"이라는 것으로 집약할 수 있다. 운암-동산의 윤리관은 화엄종의 '이사무애(理事無碍)' 범위를 벗어나지 않으며 스승과 도반(道

伴)관계를 중시하는 선종 고래의 윤리론이다. 동산과 조산본적의 조동종에 이르면 다른 종파에서 볼 수 없는 독특한 선종 정치학이 정립된다.

약산의 사법 정맥인 예주 운암사(雲巖寺)의 담성선사(780~871, 782~841)는 속성이 왕(王)씨로 강서성 영수현 출신이다. 운암담성은 조동종의 법원으로 후세 선종에 가장 큰 영향을 끼친 인물이다. 그는 먼저 마조의 사법 제자인 백장회해선사를 참문하고 20년 동안 시봉하다가 백장이 입적하자 약산 문하로 가서 행화를 폈다.

운암의 선사상에 관한 기록들은 아주 복잡하다. 그러나 대체로 남양혜충국사의 무정물도 설법을 한다는 '무정설법(無情說法)'과 화엄종의 이사일치론(理事一致論)의 맥락이다. '무정설법'은 당시 하나가 여섯이고 여섯이 하나라는 '일즉육 육즉일(一卽六 六卽一)'로 회자되면서 사자를 데리고 노는 기찬 말(機語)이라고 찬탄이 자자했던 화두다. 돌산의 바위들과 산속에 흐르는 계곡물도 부처의 설법과 똑같은 법문이고, 또 그러한 무정물들도 8만4천 법문을 다 알아듣고 감응한다는 게 무정설법이다. 좀 신비주의적 냄새가 나는 말이다.

> 이 세상에서 제일 고통스러운 것이 무엇인가. 지옥이 최고의 고통인가. 아니다. 지옥은 고통스럽지 않다. 세상에서 가장 고통스러운 것은 인성(人性)의 상실이다. 이 고통보다 더한 고통은 없다.

운암의 상당법어다. 시쳇말로 바꾸면 "현세적 인생에서 가장 고통스러운 것은 인성(인간성)의 상실"이라는 얘기다. 운암의 법문이

제기하는 인간성 상실은 중당(中唐)을 지나면서 안록산과 사사명의 난(755~763)이 일어나 사회가 혼란에 빠지고 민권사상이 분출되면서 현실 속 인생이 증오와 고통으로 가득 차 있다고 느끼는 당시의 시대적 상황을 반영한 산물이다. 한편 운암의 법문은 사회적·정치적 성격을 띠고 있다는 점에 주목할 필요가 있다.

조동종 개산조인 동산양개는 운암의 사상을 가장 충실히 계승한 제자다. 그는 운암의 '이사무애' 윤리관을 한층 심화시켰고 정치에 대해 큰 관심을 보였다.

> 묻는다 : 화상께서 돌아가시고 1백년 후 어떤 사람이 스님의 모습이 어떠했느냐고 물으면 어찌 대답을 해야 할까요.
>
> 답한다 : "그저 이것뿐이다(그저 이런 놈이다)"라고 해라.

운암과 동산의 선문답이다. 이 선문답은 두 사람의 이사관(理事觀)을 잘 드러내고 있다.

사(事 : 현상)는 이(理 : 본체)의 조작에 의해 생겨난 것이다. 운암이 말한 '이것(이런 놈)'은 이사일여, 체용일여(體用一如)의 원리에 따라 나의 육신이나 그림자를 진짜 나로 착각했다가 깨치고 진아(眞我 : 理)로 회귀해 육체와 합일한 자아(Real Self)를 말한다 그러니까 '이 몸뚱이'란 말이다.

운암이 말하는 '이것'을 이해하지 못해 의문을 품어오던 동산양개는 강서성 영수현 의풍 동산(洞山)의 계곡을 건너다가 개울물에 비친 자신의 그림자를 보고 깨닫는다. 동산이 진아를 발견한 그 순간의 오도(悟道)를 읊은 유명한 게송 '과수게(過水偈 : 일명 逢渠

偈)가 있다(제3권 동산선림편 참조).

동산의 '과수게'에 나오는 그림자는 '사(事)'고, 운암이 말한 '실거인신최고(失去人身最苦)'의 인신은 '이(理)', 즉 인간의 일반적 성리(性理)를 상징한다. 인신은 쉽게 말해 '사람의 탈', 사람을 사람으로 존재케 하는 '인간성'을 말한다. 그림자(事)를 나로 착각했다가 진짜 나(理)로 회귀하는 깨달음을 선학은 "현상 속에서 본체를 파악한다"고 말한다.

세간적 논법으로는 "가상(현상)은 본질(본체)을 반영하고 있다"고 말하고 출세간적 논법(선학)에서는 "가상에서 본질을 파악해 이성과 계합한다"고 한다. 운암·동산의 조동종이 말하는 '이것'은 위앙종의 '이런 색(色)'과 동일한 것으로 본체를 철견한 후의 현상계 긍정이다. 윤리론에서 보면 운암과 동산은 다만 당시의 사회적 배경을 반영해 깊이를 더했을 뿐 화엄종의 '이사무애'범주를 벗어나지 않는다.

동산양개는 원래는 남전보원선사와 백장의 법제자 위산영우를 참문했는데 위산이 운암을 천거해 운암 문하로 갔다. 그리고 그는 30년간 유력했다. 선승들의 필수 과목인 유력은 산속 절들을 돌아다니며 맑은 산수로 머리속을 깨끗하게 하는 데 그 목적이 있다. 동산의 윤리관은 한마디로 스승과 친구 관계의 중시다.

> "나를 낳아준 건 부모지만 키워준 것(인격적 성숙을 시켜준 것)은 붕우(朋友)다."

백장회해선사가 「청규」를 제정, 사원경제제도와 승단 생활기율을 중시한데 반해 동산은 교우관계를 중시했다. 동산 문중이 제정한 특이한 도덕 규범인 '교우(交友)중시'는 유가의 삼강(三綱)이나 맹자의 오상(五常)과 전혀 다른 사회 윤리관으로 민간회사 출현에 심대한 영향을 끼쳤다. 우선 동산의 윤리관에는 임금과 신하라는 상하 위계의 지위가 없다. 또 부모는 혈연적 의미만 있고 사회적 범주에는 들어가지 않는다. 따라서 사회적 관계에서는 정치나 혈연과는 무관한 사제(師弟)와 교우관계가 중요하다. 이러한 동산 문중의 사회윤리관은 선림 내부적으로는 종파 관념과 문중의식을 한층 강화시켰다. 또 선림 밖으로는 혈연과 무관한 사람들을 모아 운영하는 '민간회사(民間會社)' 출현에 결정적인 영향을 끼쳤다. 공맹(孔孟)의 윤리는 혈연 중심이기 때문에 모든 게 가족·집안을 기초로 확산된다. 그래서 중국인들은 전통적으로 '가(家)'를 중시하고 나라도 가정의 확대로 보아 '국가(國家)'라고 한다. 이와 같은 사회윤리관에서는 혈연을 초월한 사원들로 구성되는 민간회사 설립이 어렵다.

동산의 교우 중시 사회윤리관은 유가의 가족중심주의를 극복한 민간회사 설립을 가능케 하는 이론적 토대를 제공했던 것이다. 선림의 도덕 규범이 대(對)사회적으로 이처럼 중대한 영향을 끼친 예는 동산문중의 교우중심 사회윤리관이 단연 돋보인다.

동산양개는 실은 정치에 대해서도 민감했다.

> 묻는다 : 6국이 평안하지 못할 때는 어떠합니까.
>
> 답한다 : 신하에게 공덕이 없다.
>
> 묻는다 : 신하에게 공덕이 있으면 어떠합니까.
>
> 답한다 : 나라가 평안하고 맑다.
>
> 묻는다 : 나라가 안청(安淸)한 후는 어떠합니까.

답한다 : 임금과 신하가 도에 합치한다.

묻는다 : 신하가 임금께 몸을 바쳐 충성한 후는 어떠합니까.

답한다 : 임금이 있는지를 모른다.

동산과 한 중의 문답이다. 동산이 대답한 내용들은 일반 신민(臣民)들이 가지고 있던 만당(晩唐)의 정치에 대한 비판이며 이상이다. 동산의 제자 중 '군신도합(君臣道合)'의 선어(禪語)를 남긴 사람들이 적지 않다. 운거도응선사(835~902)도 그 대표적 인물의 하나다.

동산문중(조동종)의 정치철학은 개인적으로는 '안분수기(安分守己)'의 분수론이고 제도적으로는 중앙집권제를 반대, 지방자치를 통해 권력을 균점하는 권력분산론이다. 인적·제도적 문제는 유기적 상관관계를 갖기 때문에 조동종의 정치철학은 신하(지방 토호)에게도 일정 권력을 주고 그 권력을 뛰어넘지 않는 본분(本分)을 지키도록 하자는 것으로 종합할 수 있다.

분수론에 입각, 마음의 풍요를 가장 강조한 조동종 선지식은 운거도응이다. 『조당집』〈운거장〉에 다음과 같은 이야기가 나온다.

어느 날 운거가 주석하고 있는 운거산(강서성 영수현 진여선사)에 병마가 진입했다. 대중들은 모두 도피했으나 운거는 요지부동으로 절에 앉아 있었다. 군사를 지휘하는 장군이 물었다.

묻는다 : 세계는 어느 때 평안을 얻을 수 있습니까.

답한다 : 장군의 마음이 풍족해지기를 기다릴 뿐이오(待將軍心足).

마음의 풍요로움, 즉 '심족(心足)'은 운거의 선사상에서 핵심을 이루는 선관(禪觀)이다.

> 묻는다 : 어떤 부잣집에 솥이 하나 있는데 그 솥의 밥은 세 사람이 먹기에도 부족한 반면 천 명이 먹고도 남는다 합니다. 그 뜻을 좀 풀이해 주십시오.
>
> 답한다 : 서로 다투면 부족하고 서로 양보하면 남는다 (爭則不足 讓則有餘).

운거와 한 속인 선비가 거량한 문답이다. 운거는 마음을 완전히 비워내 모든 것을 포용할 수 있는 허공과 같은 융통성을 갖는 상태를 역설적으로 가장 풍요로운 '심족'이라 했으며 이러한 심족의 경지에서는 '다툼'이라는 게 일어나지 않는다고 설파했다.

또 운거는 상당설법을 할 때마다 대중들에게 "출가인의 본분을 지키라"고 거듭 강조했다. 그가 강조한 분수론의 실천구조는 "욕심을 적게 가지면 만족을 얻을 수 있다(少欲知足)"이다. 운거의 윤리관은 세속사회를 구원하는 훌륭한 제세(濟世)방법으로 큰 영향력을 발휘하기도 했다.

조동종의 정치철학을 대표하는 선학이론은 '군신오위론(君臣五位論)' (일명 曹洞五位·偏正回互論)이다. '조동오위'는 군신도합을 통한 사법계(事法界)와 이법계(理法界)의 사리구융(事理具融)을 주장한다.

이와 같은 조동종의 정치철학은 안·사의 난 이후 팽배해진 민권사상과 지방분권화라는 시대적 사조를 배경으로 하고 있다. 군신오위론은 정치가이며 대유학자인 유종원(柳宗元)과 한유(韓愈)가 당시 새롭게 제창한 '봉건론(封建論)'과 '지방자치론'을 핵심 내용으로 하는 정치사상의 연속이기도 하다. 중당(中唐) 이후로는 번진(藩鎭 : 지방 토호)이 할거하면서 지방세력이 커졌다. 유종원은 번진의 할거로 중앙집권제 황제의 절대 권력이 흔들리자 『봉건론』을 저술, '군현제(郡縣制)'를 확립할 것을 제기하고 나섰다. 군현제는 황제와 번진, 군주와 신민이 각자 직분을 명확히 해서 지방세력과 양립하는 군주의 절대권력을 진작시키려는 정치사상이었다. 밑바탕에는 민권사상을 수용하기 위한 지방분권화를 담고 있다.

유종원과 한유가 특히 강조하는 정치윤리는 황제·번진·신민이 자기에게 주어진 권력의 울타리를 뛰어넘지 않는 '안분수기'의 분수론이다. 각자가 자기 분수를 지킬 때만 나라와 사회가 평안할 수 있다는 것이다. 중앙 집권적인 군주의 절대권력화를 반대하는 이와 같은 정치사상은 상하간에 분수(分數)를 지켜 안정 속의 상하평등(上下平等)을 도모하자는 타협적인 민권사상이다. 여기서 주목할 점은 군주의 권력을 일방적으로 부정하지 않으면서 민권사상을 수용하고자 하는 타협적 자세다.

조동종의 정치학은 선학 형식을 정치에 십분 응용, 발전시킨 선정치학(禪政治學)이다. 동산양개와 조산본적이 선학이론으로 체계화한 군신오위론을 좀더 분석해 보자.

1. 정중편(正中偏)=군위(君位)
2. 편중정(偏中正)=신위(臣位)
3. 정중래(正中來)=군시신(君視臣)
4. 편중지(偏中至)=신향군(臣向君)
5. 겸중도(兼中道)=군신도합(君臣道合)

오위군신론을 화엄종의 이사무애와 비교하면 정중편은 '사사입리(舍事入理 : 군주권력의 중앙집권적 절대화 반대)'고, 편중정은 '배리

입사(背理入事 : 지방분권을 통한 권력 분점)'이다. 오위론의 '정(正)'은 화엄의 이법·세속 정치의 군주(君)를 상징하고 '편(偏)'은 사법(事法)·신하를 뜻한다. 4단계를 거쳐 최고의 이상향인 제5단계의 '겸중도'에 이르면 화엄철학이 말하는 이법과 사법을 두루 갖춘 이사겸대(理事兼帶)고 임금과 신하가 모두 도에 어긋남이 없는 군신도합의 원만한 정치가 펼쳐진다. 이것이 바로 도에 합당한 겸중도의 정치라는 게 조동종 정치철학의 결론이다.

오위군신론을 심화시킨 사람은 조산본적선사다(제3권 조산 보적사편 참조).

조산은 5원상(五圓相 : ◓ ◒ ⊙ ○ ●)을 사용, 오위군신론을 설파하면서 정치학과 연결시켰다. 그는 오위군신론의 정치학을 "군신의 편정관계를 아는 자는 결코 중도법을 범하려는 욕심을 내지 않는다. 이것이 바로 우리 종문 종지의 요체다(君臣偏正者 不欲犯中 此吾法宗要)"라고 밝혔다. 여기서 '중(中)'은 군(君 : 理)과 신(臣 : 事)이 각기 자기 분수를 지켜 윤리적 침범이 전혀 일어나지 않는 군신도합의 권력분점을 이룬 '이사겸비(理事兼備)'를 말한 것이다. 이는 어느 한 쪽이 일방적으로 손해를 떠안게 되는 것은 도대체 유해할 뿐이라는 전제하에 쌍방이 다같이 손해보는 '상하평등'을 목표로 하고 있다.

조산의 5원상은 『주역』의 괘상(卦象)을 응용한 것으로 일명 '오위지결(五位旨決)'이라고도 한다. 5개의 원상은 점점 현묘한 방향으로 진전돼 나아간다. 정중편은 주역의 '손(巽)'괘고, 편중정은 '태(兌)'괘다. 또 정중래는 '대과(大過)', 편중지는 '중부(中孚)', 겸중도는 '중이(重離)'괘다. 조산은 이처럼 『주역』의 괘를 활용해 선리를 설파하는 하나의 독특한 영역을 개발하는 업적을 남겼다.

반면 조산의 5원상은 '이사겸대'라는 간단한 주장을 모호하고 복잡하게 하기도 했다.

이와 사의 관계는 조동종의 모든 선학이론과 토론에 기본이 된다. 동산양개는 이를 '체용(體用)' '동적(動寂)' '편원(偏圓)' 등의 개념으로 설명하기도 했다. 선학은 본체와 현상은 서로 호환하는 회호적 관계를 갖는다고 인식하는데 이는 수단일 뿐이고 그 목적은 선자(禪者)의 현실생활이 도와 일치, 안정적이고 완전무결한 인생을 살게 하는 데 있다. 선학이 제시하는 이상적 현실생활이란 "비록 몸이 텅 비어 있고 고요하지만 모든 활동에 어긋남이 없으며, 활동하되 동요하지 않고 고요하되 딱딱하게 굳어버리지 않는 것(雖體空寂然 不乖群動, 用以不動 寂而不凝)"으로 요약된다. 선은 이와 같은 행동원리를 "맑고 조용한 바람은 풀을 넘어뜨리되 심하게 흔들지 않고, 흰 달빛은 하늘을 꽉 채우되 비추지는 않는다(淸風偃草而不搖 皓月普天而非照)"는 표현으로 한층 심화시키기도 한다. 결론을 한마디로 요약하면 근본(이성)을 버리는 일 없이 천변만화를 수용하면서 더불어 사는 삶이다. 이러한 '만변불리기종(萬變不離其宗)'의 삶은 이성(理)과 감성(事), 정신과 육체를 겸비하고 있을 때에만 가능하다. 어느 한 쪽만 일방적으로 취하고 다른 한 쪽을 버리게 되면 '이사겸대'의 원만한 현실생활은 불가능해진다.

동산양개는 "현묘한 선리(禪理)가운데서 가장 중요한 핵심은 활동은 하되 움직임이 없고 고요하지만 자취 없이 비추며, 사법과 이법에 다같이 밝아 본체계와 현상계 어디에도 막힘이 없는 것"이라고 설파한다. 동산이 말한 '사리쌍명 체용무체(事理雙明 體用無滯)'는 조동종이 초기 비관적 둔세(遁世)의 은둔주의를 버리고 현실사회로 뛰어들어 민중과 함께 호흡하게끔 포교한 세간홍화(世間

弘化)의 이론적 기제(機制)가 됐다.

동산양개는 군신·부자관계론에서 신하와 아들은 묵묵한 가운데 본능적으로 임금을 받들고 아버지에게 순종해야 한다고 주장했다. 그는 이것이 바로 신하와 아들의 이(理)이며 자기 본분에 부합하는 것이고 '주인 중에 주인(主中主)'이라고 했다.

조산본적은 마조법계 남전선(南泉禪)의 '이류행(異類行)', 즉 동물처럼 사는 축생행(畜生行)을 강조해 유엄선풍(惟儼禪風)의 둔세적인 고목선이나 낙도가 전통을 벗어난 '돌출성'을 보여주기도 했다. 그는 소나 살쾡이 같은 동물의 삶을 통해 정신적 가치(理)에만 매달려 관념적 유희나 일삼는 구두선을 때려 부수고 건강한 육체적 삶의 가치도 함께 인정하고자 했던 것이다.

조동종의 문풍은 노장·공맹사상 등과 다른 면도 없지 않은 반면 그러한 사상들을 두루 융섭(融攝), 시대적 상황에 맞는 윤리관·정치관 등을 제시했다고 볼 수 있다. 조동종의 '편정'은 임제종 선학의 '손님과 주인(賓主)론'과 대비되면서 같은 맥락으로 '회호의 논리'를 전개하고 있지만 편정회호를 가장 먼저 설파한 석두희천선사의 정통 법맥인 조동문중의 '오위군신론'이 임제의 '사빈주론(四賓主論)'보다 철학적으로 깊이 천착한 것이라는 인상을 준다.

약산유엄선사 법계의 선풍을 극히 부분적이나마 사상적·학술적 측면에서 접근해본 것은 한국 선종이 전통적으로 마조-백장 법맥을 중시하고 석두-약산의 선사상에 대해서는 소홀한 편이라 그 취약점을 보완하려는 욕심 때문이다. 나는 '유엄선'의 가풍을 쓰면서 묘한 딜레마에 봉착했다. 한국선종(조계종)이 남악-마조법계의 임제선(臨齊禪)임을 자처하면서 오늘날 승려들이 정치에 아주

민감한 세태는 오히려 정치지향적이었던 조동선(曹洞禪)의 선풍이 아니냐는 모순을 느낀 것이다. 물론 조동종 선지식들의 정치철학과 오늘의 한국 불교 승려들이 갖는 권력지향적인 정치 관심은 질적으로 다르다. 다만 겉으로 나타난 '풍조'를 말한 것일 뿐이다.

종교가 분명히 사회제도의 한 부분으로 존재하는 한 어떠한 종교나 종파도 정치나 시대 사조로부터 자유로울 순 없다. 칼로 두부모 자르듯 하는 정교분리란 원천적으로 불가능하다. 다만 종교의 정치적 관심은 최소한 자기 교리에 입각한 사상과 논리를 갖춘 정치철학이 전제돼야 한다는 점을 간과해서는 안 된다. 따라서 조동종의 종풍(宗風)이 보여주는 나름의 철학을 갖춘 정치적 관심은 오늘의 한국 불교계가 타산지석(他山之石)으로 삼아야 할 선종사의 한 페이지가 아닐까 싶다.

2) 웃음소리가 90리까지 퍼져나가다(嘯聞九十里)

약산선사가 어느 날 밤 약산에 올라 구름 속을 뚫고 나오는 둥근 달을 보고 한바탕 크게 웃었다. 그 웃음소리가 90리 밖 예양(澧陽)까지 들렸다.

예양 사람들이 다음날 아침 어젯밤 웃음소리가 동쪽에서 들렸다며 동쪽으로 찾아갔다. 마침내 약산에 이르러 그것이 약산선사의 웃음소리였음을 확인했다.

약산선사의 이 일화를 화두로는 '소문 90리(嘯聞九十里)', 또는 '산정대소(山頂大笑)'라 한다.

이 화두는 중국적인 '과장'을 감안하다 하더라도 남종선의 독특한 개성을 한껏 드러낸 일구(一句)가 아닐 수 없다. 태고의 정적을 깬 그 웃음소리는 독보자재(獨步自在)의 경지를 나타낸 사자후인 것이다. 선에서는 '산정대소'와 같은 개인의 주체적 체험이 권위나 외적인 계시보다 높은 가치를 갖는다.

여기에는 우리 모두가 우주와 한몸이라는 만물일체사상과 사생육류(四生六類)가 같은 생명의 뿌리라는 대자대비가 농축돼 있다. 억지로 자비와 사랑을 강조하는 기성 종교의 흐릿한 타성이나 인간의 세속적 슬픔은 티끌만큼도 없다.

선의 눈으로 보면 가장 일상적이고 실제적인 것이 가장 심오하다. 다시 말해 가장 현묘한 것이 아주 실제적인 일상 속에서 발견된다. 누구나 볼 수 있는 달을 보고 한바탕 웃어댄 약산의 경지는 '마음이 바로 자신의 주인'이라는 달인의 자재함을 전해주는 소식이다.

유엄선사의 저녁 산책을 다시 한번 사실적(寫實的)으로 묘사해 보자.

그는 캄캄한 밤 숲이 우거진 산속 오솔길을 혼자서 어슬렁거렸다. 주변은 칠흙같이 어두워 일체가 깜깜절벽이었다. 유엄은 아무것도 보이진 않지만 도리어 아무것도 눈을 가리는 것이 없다는 느낌이고 속마음은 티끌 하나 없이 청정했다. 이때 갑자기 구름이 열리더니 밝고 밝은 일륜명월(一輪明月)이 나타나 천지를 밝게 비추자 안(약산의 속마음)도 밝고 밖도 밝았다. 안팎의 밝음은 홀연히 한덩어리가 됐다. 유엄은 내외일체(內外一體), 자신과 자연의 일치를 느끼는 순간 자신도 모르게 감탄의 웃음이 터져 나왔다. 크게 웃으려는 마음을 내지는 않았지만 약산의 웃음은 초능력적인 외침(大笑)이 돼 산골짜기를 부르르 떨게 했고 그 메아리가 한동안 그

칠 줄을 몰랐다.

이쯤 되면 약산유엄선사의 웃음소리가 90리까지 퍼져나갔다는 '과장'이 좀 그럴 듯해진다. 우리는 기쁜 일을 당했을 때 자기도 모르게 큰 웃음을 터트리는 경험을 종종 한다. 그런 웃음은 사전에 내가 좀 크게 웃어야겠다는 생각을 전혀 일으키지 않았는데도 의식적인 웃음이 아무리 기를 쓰고 따라가려 해도 따라갈 수 없는 초능력적인 괴력(怪力)을 발휘한다. 약산의 '대소(大笑)'가 90리까지 퍼져나갔다는 것은 분명 과장이지만 그 속에 내포된 '희열감'과 신비한 괴력은 충분히 공감할 만하다.

약산선사의 웃음소리가 90리까지 들렸다는 이야기를 전해 들은 낭주 자사 이고는 크게 찬탄하는 시를 한 수 지어 보냈다.

選得幽居 愜野情
終年無送 亦無迎
有時直上 孤峰頂
月下披雲 嘯一聲
깊숙한 산속에 살며 들판의 정서를 누리니,
한 해가 다 끝나도록 떠나는 이도 오는 이도 없네.
때로는 곧장 외로운 산꼭대기에 올라,
달 아래 구름을 헤치고 한 소리 크게 외치네.

이고는 내심 벼슬 자리에 얽매여 본연의 인성(人性)대로 살지 못하는 자신의 처지를 한탄하면서 자연에 깊이 묻혀 임운자재(任運自在)한 삶을 사는 약산유엄선사를 부러워했다. 인간은 본래가 자연을 닮은 생물적 본능, 즉 자연과 일체를 이룰 수밖에 없는 '천연

(天然)' 의 정서를 가지고 있다. 인간이 아무리 첨단 문명을 개발하고 하이테크 기술을 발명해도 자연의 도(道)를 정복하거나 벗어날 순 없다. 보라! 브라질의 아마존 밀림에 석유를 뿌리고 목장을 개발해 쇠고기를 생산, 구미인들의 식생활을 풍요롭게 하겠다는 세계 다국적 기업들의 밀림개발이 과연 성공적인가를. 결과는 지구의 허파라는 아마존 밀림 개발이 산소문제 · 기후문제를 야기해 쇠고기 공급의 몇십만 배 되는 '재앙'을 그 반대급부로 돌려받고 있지 않은가. 결국 인간의 모든 의식작용은 자연의 섭리가 분출하는 정서, 즉 야정(野情)의 범주를 벗어나지 않는다. 이고는 자사라는 벼슬자리를 지키기 위해 낡은 형식과 관습의 과구(窠口)를 뒤집어 쓴 채 '지성'이라는 부자연스러운 쇠사슬에 묶여 있는 것이다.

이고는 그의 역저 『복성서(復性書)』에서 불교 선종의 지혜를 빌린 신유학(新儒學)을 통해 모든 인간의 인간성을 회복하고자 했다.

약산사 답사를 기획할 때부터 유엄선사가 달밤에 산책을 하다가 웃음을 터뜨렸다는 산을 꼭 가볼 생각이었다. 절을 둘러본 후 주지 곡택화상이 창고에서 꺼내 준 '약산탑명'을 읽어보니 약산이 산정대소(山頂大笑)했던 곳을 빨리 가보고 싶은 마음이 더욱 간절했다. 물어보니 바로 약산묘탑이 있는 곳이란다.

약산이 웃음을 터뜨렸다는 소봉령(笑峰嶺)은 절에서 5백미터쯤 떨어진 야산이다. 약산의 대소로 유명해지자 산 이름이 소봉령이 됐고 그곳에 세운 약산선사 묘탑도 일명 '소봉탑(笑峰塔)'이라 불렸다. 약산탑은 바로 소봉령 6부 능선에 있는데 원래 사리탑이었다고 한다. 탑은 거의 도괴된 상태로 잔해만 남았고 탑비는 넘어져 땅속에 묻혀 있었다.

▲ 약산사 입구에 세워져 있는 약산유엄선사 묘탑공원 안내판.

▲ 약산유엄선사가 저녁 산책하러 올라가 달빛을 보고 웃은 웃음이 90리까지 퍼져 나갔다는 전설과 약산 묘탑이 자리한 소봉령(笑峰嶺).

정부의 지원으로 95년 복원된 약산선사 묘탑은 원래보다 크게 조성돼 높이 10.7미터에 6면 2층 석탑이다. 탑 전면 한가운데에 '달'을 상징하는 둥근 구멍을 뚫어 놓은 게 특징이다. 즉 달을 보고 대소한 약산의 산정대소 일화를 나타낸 것이다. '소문 90리'라는 화두는 약산유엄선사를 대표하는 고유 브랜드라고나 할까.

안에는 곧 약산선사상(像)을 조성해 모실 예정이라고 한다. '소문 90리'라는 화두 때문에 절 뒷산도 '월량산(月亮山)'이라 불린다. '월량'은 달이 밝다는 뜻이다. 소봉령 꼭대기에 올라 한번 크게 웃어보고 싶었지만 길도 없고 햇볕도 따가워 오르지 못했다.

70세인 곡택화상과 부주지, 공양주보살 등이 우리 일행의 답사를 도왔다. 묘탑과 소봉령을 둘러보고 내려오는 길에 주지한테 한마디 건네 보았다.

"소문 90리라는 화두가 뜻하는 바는 뭡니까."

곡택화상은 말했다.

"약산의 법력과 후손들이 후세에 끊이지 않고 길이 전하라는 뜻이지요."

글쎄 주지의 원력은 가상하나 약산유엄의 대기대용(大機大用)에는 못 미친다. 약산사 답사에서 전혀 생각지도 않은 소득이 두 가지 있었다. 하나는 유철마 비구니가 위산 밀인사에 살았다는 사실이다. 이는 공양주보살이 밀인사에 오래 있었다면서 그렇다고 확인해 주었다(앞의 위산 밀인사편 참조).

또 하나는 설봉의존선사(822~908)의 오도지(悟道地)인 오산(鰲山)을 찾은 것이다. 찾다 찾다 못찾아 포기 상태였던 오산이 바로 약산사에서 7킬로미터쯤 떨어진 임예현 백지향 오산촌임을 알게 됐다. 혹시나 싶어서 곡택화상에게 지명을 글씨로 써보이며 이런 곳이 어딘지 아느냐고 했더니 손가락으로 가리키며 바로 저기란다.

각종 문헌을 뒤져 선어록에 나오는 오산이 호남성에 있다는 것과 영어 표기로는 '고잔틴(Gozantain)'이라 한다는 것까지는 확인했지만 여행사는 물론 여러 절에서도 그곳이 어딘지를 몰랐다. 지금은 암두·설봉·흠산 등 3명의 법형제가 함께 행각중 눈길에 막혀 며칠을 묵었다는 오산의 여관도 없고(현재는 아예 여관도 없는 시골 길가 동네다) 그저 지명만 남아 있다(설봉의 '오산성도'는 제5권 복건성 숭성선사편 참조).

3) 구름은 하늘에, 물은 병 안에 있다(雲在天水在甁)

묻는다 : 도란 무엇입니까.

답한다 : (약산은 손으로 하늘과 땅을 가리키면서) 구름은 하늘에 있고 물은 병속에 있다.

자사 이고가 약산유엄선사를 찾아와 주고받은 선문답으로 '운재천 수재병(雲在天 水在甁)'이라는 유명한 화두가 돼 오늘에까지 선림에 전해오고 있다. 문답이 이루어지기까지 경과를 좀 보자.

중국의 유학(儒學)은 남북조시대부터 당 중기까지 불교와 도교에 눌려 쇠퇴일로를 걸었다. 당대의 유학을 '명신유학(明新儒學)'이라는 새로운 학문과 종교로 등장시킨 사람이 바로 한유(韓愈)와 이고(李翱)다. 그러니까 두 사람은 이른바 신유학을 개창한 효시적 인물이다. 두 사람 다 선불교에 심취해 있었고 내면적 심성은 늘 선적(禪寂)에 머물고자 했다는 공통점을 가지고 있다. 그래서 그들은 틈만 나면 선종의 선지식들을 참문해 도담(道談)을 나누고 선리(禪理)를 천착했다.

특히 이고는 약산유엄선사의 속가 제자로 당조(唐朝)의 걸출한 유학자였다. 이고가 선종에 얼마나 깊은 관심을 가지고 공부했는가 하는 사실을 보여주는 단적인 예가 그의 중요 저술인 『복성서』다. '복성(複性)'은 선종이 말하는 인성(人性) 회복이다. 그는 선리를 유교 윤리에 접합시켜 불교와 도교로부터 받은 유교의 충격을 흡수함과 동시에 신유학을 제창, 유학의 부흥을 꾀했다.

이고는 당시 낭주(朗州 : 현 호남성 상덕시) 자사로 봉직중이었다. 약산의 명성을 오래 전부터 들어 숭모해오던 그는 여러 차례 인편과 서신을 통해 산에서 내려와 한소식 가르쳐주기를 청했다. 그러나 약산은 이고의 간곡한 청을 들어주지 않았고 상대조차 해주려 하질 않았다. 그러자 이고가 약산으로 직접 찾아갔다.

마침 약산은 경전을 보고 있었다. 시자가 달려와 자사의 내방을 알렸지만 전혀 돌아보지도 않고 계속해 경전만 보았다. 약산이 이처럼 자사를 상대조차 하지 않자 몹시 기분이 상한 자사가 급기야 손을 내저으면서 그냥 가려고 발길을 돌렸다. 그제서야 약산이 말문을 열어 "자사가 어찌 이렇게 오셨느냐"고 인사했다. 이고는 감정을 진정시키고 물었다.

묻는다 : 선사의 성씨가 무엇입니까.

답한다 : 바로 이때(이 계절)다.

이고는 약산의 대답을 전혀 이해할 수 없어 약산사 원주(院主)에게 가서 그 뜻을 물어보았다. 원주는 "그거야 한(韓)씨 아닌가요"라고 했다. 이고는 원주의 말을 듣고서야 그 뜻을 알았다.

즉 이고가 약산을 예방한 계절은 목하 한겨울이었다. 하늘도 춥고 땅도 얼어붙은 엄동이니 "바로 이때"라 한 것은 춥다는 '한'을 말한 것이다. 발음상으로는 '한(寒)'이나 '한(韓)'이 똑같으니 성씨엔 '寒'씨는 없는지라 바로 '韓'씨라는 얘기다. 말장난 같지만 깊은 선리를 함축한 선문답이다.

약산의 말은 자신의 성씨를 빗대 이 추운 겨울에도 나는 봄이나 여름과 똑같이 지금(Now), 여기에(Here), 주체적인 자아(Self)로 존재하고 있다는 확고한 선의식(禪意識)을 보여준 것이다.

이고는 그제서야 과연 선지식이구나 하는 존경심을 내심 갖게 됐고 "도란 무엇인지"를 물었다. 약산이 도란 '운재천 수재병'이라고 하자 이고는 그 뜻을 곧바로 이해, 황홀한 오도의 감격을 맛보았다.

약산의 대답은 도의 경계란 구름은 하늘에 있고 물은 병 안에 있듯이 자연의 이치에 들어맞게 조화를 이루는 것임을 설파하고 있다. 높은 곳은 스스로 높고 낮은 곳은 스스로 낮다. 우주 만물은 일체가 이처럼 자기 스스로는 전혀 무심한 가운데 하늘이 만들어 낸다.

물은 병에 넣어야 보관이 되지 그물 안에 넣으면 모두 새나가고 만다. 구름이 하늘에 떠 있고 물을 병에 담는 것은 모두가 인간의 의지나 구름·물 그 자체의 의사와는 무관한 하늘의 섭리고 도인 것이다.

이고는 '운재천 수재병'의 도리를 깨닫고는 한 수의 게송을 지어 약산선사에게 바쳤다.

練得身形 似鶴形
千株松下 兩函經
我來問道 無餘說
雲在青天 水在瓶
몸을 단련하길 학 모양 같이 하시고,
천 그루 소나무 아래 두 상자의 경이라.
내가 와서 도를 물으니 다른 말은 없고,
구름은 하늘에, 물은 병에 있다 하시네.

이고는 약산을 참문하고 심득(心得)한 후 약산 문하의 거사가 돼 많은 가르침을 받았다.

이고의 신유학은 그 사상적 배경에서 볼 때 약산에게서 심대한 영향을 받았다. 당나라 때는 주로 유학을 익히고 불가로 들어가는 예가 많았지만 송대에 들어오면 한유 · 이고를 효시로 불교에서 유가로 들어가는 경우가 많았다.

그 뒤 이고가 약산을 참문한 다음과 같은 선문답도 있다.

> 묻는다 : 어떤 것이 계 · 정 · 혜입니까.
>
> 답한다 : 내 여기는 그렇게 많은 '쓸모없는 가구(閑家具)'가 없소.

약산의 대답은 계 · 정 · 혜(戒定慧)라는 것은 자가수행(自家修行)으로 도달하는 것이지 겉만 번지르르하게 꾸미는 전시용 가구처럼 가치없는 게 아니라는 얘기다. 선종의 윤리관은 모든 권한과 책임이 자기 자신에게로 귀결된다. 그리고 관념적인 지해(知解)가 아니라 실제적인 실천을 요구한다.

약산은 후일 이고에게 계 · 정 · 혜에 대해 좀더 구체적으로 가르쳐주었다.

> "계 · 정 · 혜에 들려면 높고 높은 산꼭대기에서 바다밑으로 들어가야 하네. 집안의 물건은 삼루를 피할 수 없으니."

'삼루(滲漏)'란 불교에서 번뇌가 몸을 옭아매고 있는 자성부정(自性不淨)을 비유해 쓰는 말이다. 원래의 뜻은 물이 샌다는 말이다.

산꼭대기는 밝음 · 현상계를, 바닷속은 어둠 · 본체계를 각각 상징한다. 즉 무심과 무소유(無所有)의 마음가짐이 곧 계 · 정 · 혜라는 불법대도의 구체적 실현이며 참된 수행이라는 얘기다.

●메모

위치 : 호남성 진시 당화향 약산촌

교통 : 상덕시서 50킬로미터. 비포장 30킬로미터.

유적 : 약산탑 등

남악 형산 나찬초암

— 남악나찬선사

1) 엄마가 준 버선 한 켤레(孃生跨)

나는 하늘에 태어나기도 좋아하지 않고
복전(福田)도 사랑하지 않나니,
배고프면 밥을 먹고 졸리면 잠을 잔다.
어리석은 사람은 나를 비웃지만
지혜로운 사람은 알 것이다.
어리석고 둔한 것이 아니요 본체가 그렇다.
가려면 가고 멈추려면 멈춘다.
몸에는 해어진 누더기 한 벌을 입었고
발에는 엄마가 준 버선 한 켤레다(脚着孃生跨).

'양생과(孃生跨)' 라는 화두를 낳은 남악나찬(일명 명찬 · 나잔)의 유명한 '낙도가' 중 한 구절이다. 그의 '낙도가는 제왕(帝王)의 부귀와 권력으로도 불가능한 소요(逍遙)의 세계를 밝힌 불후의 명작이다. 나찬(8세기 중반, 생몰연대 미상)의 '낙도가'는 등등(騰騰)화상의 '요원가(了元歌)'와 함께 후일 마조계 조사선의 선사상에 깊은 영향을 끼친 하나의 선행적 지표가 됐다. 그 구체적 예를 세 가지만 들어보자.

하나는 무소유(無所有)사상이고, 다른 하나는 도는 수행을 통해 닦아야 할 것이 아니라는 '도불용수(道不用修)사상'이다.

또 다른 하나는 후일 한산시(寒山詩)로 집대성돼 당시(唐詩)의 한 장르를 형성한 선시, 즉 선문학에 원류가 됐다는 점이다.

무소유는 '발에는 엄마가 준 버선(맨발) 한 켤레'로 버선조차 필요없는 '맨발'의 인생을 내세워 극적으로 묘사했다.

엄마가 낳을 때 아예 만들어 준 버선 두 짝이야말로 생전 신어도 해지지도, 떨어지지도 않는 '영구제품'이다. 죽을 때 가지고 가 썩어서나 없어지는 버선이다. 엄마가 준 맨발이라는 버선 이상 값비싸고 영구적인 버선은 없다. 유명한 구치 양말, 구치 구두도 맨발보다 더 비싸고 귀한 것일 수 없다. 맨발이라는 버선은 우리가 24시간 내내 평생을 신는다. 세리느 · 크리스티앙 디오르 · 던힐 등 온갖 세계 유명 브랜드의 양말도 평생 신을 수 있는 영구제품은 아니다.

이쯤 되면 무소유는 명확해진다. 평생 신고도 남는 버선이 있는데 그 무슨 유명 브랜드의 양말을 탐하랴. 우리나라에서 60년대 초 '맨발의 청춘'이라는 영화와 그 주제가가 크게 히트한 일이 있다. 청춘의 기백을 한마디로 드러낸 게 '맨발'이었다. 모진 세상 가시밭길도 엄마가 낳으시며 준 '양생과' 한 켤레만 신으면 걸어나갈 수 있다. '맨발의 청춘'이라는 한국영화가 담은 주제가 나찬의 '낙도가'와 같은 건 아니었다. 그러나 인생의 진리를 담은 '맨발'이라는 한 마디는 영화에서건, 낙도가에서건 우리에게 절실한 '무소유'를 일깨웠다.

그의 '낙도가'는 또 불교적 무소유의 삶을 그림처럼 그려낸다.

> 푸른 솔이 해를 가리고 시냇물이 깊이 흐른다.
> 산위의 구름으로 휘장을 삼고 초승달로 갈고리를 삼는다.
> 머루·다래 덩굴 밑에 앉아 돌베개를 베고 잔다.
> 천자(天子)도 거들떠보지 않거늘 왕후를 부러워하랴.
> 생사에 걱정 없으니 어찌 무엇을 근심하랴.
> 물속의 달이 형상이 없듯 나는 항상 이렇게 편안하다.

나찬의 '낙도가'는 도불용수를 선언한 "배고프면 밥 먹고 졸리면 잠잔다(饑來喫飯 困來卽眠)"는 구절을 다음과 같이 구체화시키고 있다.

> 참부처를 부질없이 구하지 말라.
> 참부처는 볼 수가 없느니라.
> 묘한 성품과 신령한 마음 바탕에,
> 어찌 닦아서 길들임이 있으랴.

이 구절은 조사선의 평상심(平常心)을 단적으로 드러내 보이는데 자주 인용되는 '기래끽반 곤래즉면'과 함께 모든 일상사를 수행으로 보는 '전체작용설'의 원조가 됐다. 화두 '양생과'와 '기래끽반'이 우리에게 던져주는 한소식은 실로 진한 감동을 준다.

또 동서고금의 진리다.
그의 '낙도가' 서두는 이렇게 시작한다.

> 나에게 한 말씀이 있는데
> 생각이 끊기고 반연(攀緣)을 잊었으니,
> 교묘히 말해도 되지 않고
> 오직 마음으로만 전해야 한다.

화두 '나에게 한마디가 있다(吾有一言)'가 된 구절이다. 무애자재한 삶을 가능케 하는 신령한 심인(心印)의 불도(佛道)를 읊은 노래다. 남악나찬의 일화를 보자.

그는 일생 동안 남악 형산(衡山)의 초암에 은거했다. 당 현종황제가 그의 높은 도와 인격을 흠모, 칙사를 보내 입내설법을 청했다. 칙사가 도착해보니 그는 초암 마당가에서 쇠똥으로 지핀 불에 구운 고구마를 맛있게 먹고 있었다. 때는 한겨울이라 콧물과 침이 목덜미까지 흘러 있었다. 그 모습에 감격한 칙사가 "필요한 게 있으면 무엇이든 말해주시오. 모두 해결해드리겠습니다"라고 말했다. 한동안 묵묵히 칙사를 쳐다보던 나찬이 한마디를 내뱉었다. "그렇다면 당신이 서 있는 그 자리에서 비켜주시오. 아까부터 햇볕이 들지 않아 곤란했소이다."

저 유명한 고대 그리스 철인 시노페의 디오게네스가 알렉산더 대왕의 방문을 받았을 때 햇볕을 쬐게 비켜달라고 했던 고사를 연상케 하는 일화다. 뿐만 아니라 '무소유사상'에 있어서도 나찬과 디오게네스는 일치한다.

디오게네스는 어딘가에서 누군가 쓰다 버린 헌 램프를 주웠다.

그는 그 램프에 낮이나 밤이나 불을 밝혀 들고 다녔다. 사람들이 왜 그러느냐고 묻자 "나는 지금 진정한 인간을 찾는 중이오. 그런 사람의 눈을 들여다보기 위해 이 램프를 들고 다니는데 지금껏 그런 사람을 찾지 못했소"라고 대답했다.

그가 아테네에서 죽던 날 그 옆에는 개와 램프가 있었다. 어떤 사람이 "당신이 찾던 그 진정한 인간을 찾았소"라고 물었다. 그는 마지막으로 다음의 한마디를 남겼다.

"불행히도 나는 그런 인간을 찾지 못했다. 하지만 다행스럽게도 아무도 내 램프를 훔쳐가지 않았다. 그것만으로도 나는 인류에 대해 우호적으로 말할 수 있다. 내가 벌거벗고 자는 동안에 누구든지 램프를 훔쳐갈 수 있었는데……."

그는 늘 벌거벗은 알몸으로 기쁨과 영광이 넘치는 삶을 살았을 뿐 반연을 끌어안은 채 삶을 심각하게 대하지 않았다. 디오게네스와 나찬화상의 삶은 빼어닮은 형제요, 열 번 찍어도 똑같은 목도장이다.

천하의 조주선사가 보여준 무소유의 삶은 이러했다. 80세가 넘어서야 하북성 조주 관음원(현 백림선사)에 정착한 그는 방장생활 40년 동안 가구 하나 들여 놓은 게 없고, 보시를 청하는 편지 한장 쓴 일이 없다. 걸핏하면 돈 있는 신도한테 이런 저런 보시를 청하는 오늘의 세태에서는 딴 세상 이야기 같기만 하다. 현종이 나찬에게 칙사를 보냈던 무렵 이런 이야기도 있다.

현종의 명을 받고 항춘등(恒春藤 : 불로장생의 정력제)을 찾아 산속을 헤매던 칙사 양광정(楊光廷)이 사공산에 은거하는 본정(本淨)선사(667~762)를 만나 생사일여(生死一如)라는 소식을 듣고 크게 깨쳤다고 한다. 그는 현종에게 본정의 심요(心要)를 전해 죽음의 섭리를 일깨워주었다. 이 일화는 현종황제가 내면적으로 겪고 있는 성(聖)과 속(俗), 생과 사의 갈등을 잘 보여준다.

나찬의 초암은 현재론 그 터를 확인할 길이 없다. 북종계통이었기 때문에 잠깐의 남·북종 병립을 거쳐 남종 천하로 이어져온 중국 선불교사는 아마도 그의 초암자리를 거들떠보지도 않았으리라. 그러나 초기 선종에서는 남·북종의 구분이 그리 엄격한 것도, 적대적인 것도 아니었다.

그래서 기자는 나찬이 초암을 짓고 살았던 곳도 남종선의 성지가 된 형산 척발봉 밑의 현 복엄사·남대사·마경대 부근이 아니었을까 추정해보았다. 오히려 나찬은 시불(詩佛) 왕유·이백·두보·백낙천 등의 당시(唐詩) 속에서 만날 수 있다.

중국의 유마힐임을 자처, 스스로 '왕마힐(王摩詰)'이라고 했던

▼ 남악나찬선사의 초암의 있었던 곳으로 추정되는 남악 형산의 척발봉(왼쪽). 척발봉이란 이름은 남악이 선불교 성지로 발전하는 씨앗을 뿌린 남악혜사선사가 양나라 선제의 부름을 받고 떠나면서 산정(山頂)에 올라 자신의 밥그릇을 내던졌다는 일화에서 유래했다.

▲ 척발봉 및 복엄사 옆의 바위에 새겨진 제각(題刻)

왕유는 선에 대한 관심이 지대했고 6조 혜능과 『능가사자기(楞伽師資記)』편자인 북종의 정각선사(683~750) 비문을 직접 쓴 거사였다. 그는 두보보다 시대가 앞선다. 두보·백낙천도 많은 선시를 남긴 거사다. 이들의 시 세계에는 한결같이 자연과 더불어 살며 임운등등(任運騰騰)하고 유유자적한 낙도(樂道)가 흘러넘친다. 특히 왕유의 시는 거의가 나찬의 선사상과 일치하는 넉넉한 여운을 담고 있다.

북종선 개창자인 대통신수조사 문하 3세이며 대조보적선사(651~739)의 제자인 나찬이 남긴 『남악나찬화상가(南嶽懶瓚和尙歌)』가 선종에 끼친 지대한 영향을 좀 더 살펴보자.

인도불교의 독주(獨住)와 명상을 중국인들은 장자의 「소요유(逍

遙游)」「제물론(齊物論)」이 표방하고 있는 사상과 비슷한 것으로 이해했다. 중국 불교는 같은 맥락에서 산사(山寺)의 선정(禪定)을 "하늘과 땅의 근원이 같고 만물은 하나"라는 「제물론」의 '천지동근 만물일체(天地同根 萬物一體)' 사상이 제시한 자연 관조의 낙천주의와 연결시켰다. 또 위진남북조시대에 이르러서는 불가의 산거(山居)가 산속에 머물면서 음풍농월(陰風弄月)을 즐기는 은둔문학의 풍조와 결합했다. 이 시대에는 산속에서 도를 닦는 승려를 '산승(山僧)'이라 불렀고 신이(神異)하다고 해서 '신승(神僧)'이라고도 했다.

당대(唐代) 시인들은 술에 취해 세상 걱정을 잊는 것을 '도선(逃禪 : 선으로의 도피)'라 했다. 이러한 경향은 두보(杜甫 : 712~770)의 시 「음중팔선가(飮中八仙歌)」와 백낙천(白樂天 : 772~846)의 시에서 엿볼 수 있다.

중국인들의 선에 대한 관심이 세속에 대한 절망이나 위안의 심화와 연결돼 있음도 부인할 수 없는 사실이다. 그러나 단순한 도피와 은둔, 또는 절망을 달래고자 하는 소극적인 은둔주의와는 궤(軌)를 달리 한다.

선승이나 사대부들은 산속에 유거(幽居)하면서 자연을 관조하는 임운자재(任運自在)한 삶의 즐거움과 초야에 묻혀 무소유의 삶을 사는 탈속적인 낙천성을 노래했다. 중국 선림의 '낙도가'는 인도 불교의 낙도가와 전혀 다른 특징을 가지고 있다. 양자는 우선 세속을 비판하는 견해가 다르며 이를 뒷받침하는 사상에도 상당한 차이가 있다.

중국 선승과 문인들의 낙도가는 중국선의 본질과 관련이 깊다. 중국선의 매력은 한편에서는 엄격한 자기부정의 윤리성으로 지탱되면서도 다른 한편에서는 탈속적인 낙천성(樂天性)을 갖는다는 점이다. 중국 선사상의 특징은 ①개성주의 ②현실주의 ③지방분권주의 ④인간중심주의 ⑤자연주의 ⑥창의력 존중 등으로 요약될 수 있다.

조사선의 선사상은 도덕적 행위와 종교적 행위를 둘이 아닌 하나로 통일시킨다. 선사들은 옷 입고 밥 먹는 것이 종교적 행위임과 동시에 인간의 생리적·생물적·사회적 행위이듯이 도덕과 종교는 모순되지 않는다고 본다. 양자간의 모순이나 충돌은 옷 입고 밥 먹는 일을 우선하면서도 그 가운데 함축된 배고플 때 밥 먹는 자연 대도(大道)가 갖는 종교적 의미를 매몰시켜버릴 때 생긴다.

그러나 선사들은 특별히 밥 먹고 옷 입는 일의 종교적 의미 따위를 말하지 않는다. 다만 배고프면 밥을 먹고 추우면 옷을 껴입는다면 그것만으로 매우 좋다. 자연스럽게 순리를 따르는 가운데 우주섭리와 합일을 이루는 엄격한 도덕성 위에 서 있는 낙천주의다. 개인은 개인으로서 살아가지 않으면 안 된다. 그렇기에 보살은 번뇌를 완전히 소멸하지 않고 번뇌가 곧 보리가 되도록 살려서 쓴다. 이것이 바로 대승의 번뇌즉보리(煩惱卽菩提)다. 개인의 행위는 '자유의지'에 바탕을 두고 있으며 '창조성'을 갖추고 있다. 여기에 인간의 존귀함과 위엄이 있다. 마치 사자가 몸을 떨쳐 그 위력을 과시하고자 할 때의 '사자분신삼매(獅子奮迅三昧)'에서 몸을 일으키기 전 의지를 가다듬고 과시할 대상을 응시하듯이 모든 개인의 행위에는 부처가 마음을 한곳에 모았던 것과 같은 '삼매'가 전제돼야 한다.

그리고 모든 행위는 '무공용(無功用)' 속에서 이루어져야 한다. 현실 속에서 이 일은 반드시 성취해야 한다고 생각했으면 최선을 다해 그 일을 하되 다만 그 일을 할 뿐 일과 관련한 어떤 이해득실도 생각지 않는 것이 무공용이다.

色空不二法門裏 破鼈拂眉晩風

현실(色)과 이상(空)이 둘이 아닌 법문 속에서,

절름발이 자라가 눈썹을 치키고 저녁 바람을 맞네.

비록 깊은 산속에 살지만 결코 현실을 버리지 않겠다는 다부진 의지를 밝힌 선가의 게송이다. 선이 노래하는 낙도가는 이처럼 현실을 버리고 이상에 떠도는 은둔이나 도피를 단호히 거부한다. 다시 말해 사회적 · 현실적 · 세속적 관심을 망각하는 백이 숙제의 '은둔'이 아니다. 그러나 인도불교의 '낙도'는 다분히 형이상학적인 이상론에 기울어 있다. 그리고 사후 내세관(來世觀)에 치우쳐 있다. 현실의 모든 고통을 사후 내세에 기대하며 무관심하거나 달게 감수하는 인도불교의 '낙천성'은 중국 불교의 강렬한 현실인식과는 전적으로 다르다. 중국 불교는 내세보다는 현세(現世)를 중시한다. 따라서 중국 불교의 '안빈낙도(安貧樂道)'는 현실을 행복하게 살자는 것이지 내세를 위한 기대감으로 고통을 감내하는 인고(忍苦)의 삶이나 '낙천(樂天)'이 아니다.

도를 닦는다 하지만 참된 도란 닦을 것도 없고,

법을 묻는다 하지만 참된 법이란 물을 것도 없다.

미혹에 빠진 사람은 대상 그 자체가 공(空)한 것임을 알지 못하고,

깨친 사람에게는 본래부터 거스르거나 좇을 게 없다.

8만4천의 법문도 그 깊은 뜻이 우리의 작은 가슴 속을 벗어

나지 않는다.

자신의 도성(都城)을 빼어나게 알아 함부로 지방을 찾아다니지 않는다. 널리 배우고 많이 듣는 일도 없으며, 재능이 뛰어날 필요도 없다.

나는 달의 크고 작음도 구별할 줄 모르며,

윤년이 돌아와도 알아차리지 못한다.

번뇌 바로 그것이 보리이니,

깨끗한 꽃은 바로 진흙 구덩이 속에서 핀다.

사람들이 제멋대로 이러쿵 저러쿵 말한다 하더라도,

함께 더불어 논의하는 일은 그쳐버린다.

아침 일찍 죽을 훌쩍 마셔 배를 채우고,

낮에 한 차례 식사를 할 뿐이다. 오늘도 자연 대도에 맡긴 채 떠돌아다니고, (今日任運騰騰)

내일도 자연 대도에 맡긴 채 떠돌아 다니네. (明日騰騰任運)

마음속은 확실히 모든 것을 알고 있으면서,

여하튼 바보나 멍청이처럼 살아갈 뿐이다.

「남악나찬가」와 함께 불후의 명작으로 꼽히는 「등등화상 요원가」를 남긴 등등화상은 낙양 복선사 인검(仁儉)선사로 제5조 홍인의 제자인 숭산혜안의 법을 이어받고 측천무후(624~705)와도 교분을 가졌던 8세기 초 선승이다. 남악나찬보다는 두 세대쯤 앞서는 초기 선종의 선사인 그는 한곳에 정착하지 않고 산야를 떠돌면서 살았고 그의 낙도가에서 보듯이 '임운등등(任運騰騰)'으로 어디에도 걸림 없이 무애자재한 선사였다. 그래서 그에게는 '등등화상'이라는 별명이 붙었다. "도를 닦는다 하지만 도란 닦을 것이 없다"

고 노래한 「등등화상요원가」의 맨 앞구절은 마조계 조사선이 강조하는 '도불용수론(道不用修論 : 도란 닦아서 얻는 게 아니다)'의 선행적 지표가 된 선사상으로 주목받고 있다. 이 유명한 일절은 마조계 선승들 사이에서 나찬의 낙도가와 함께 널리 애송됐다. '등등'은 미치광이처럼 떠도는 것을 형용하는 말이다.

선승들의 '낙도'는 분별심을 버리고 있는 그대로를 받아들이는 '무심(無心)'에서 이루어진다. 중국인들은 위진남북조 시대에 이르러 불교 반야바라밀의 '무아 · 무심'을 노장사상에서 비롯한 중국적 사유인 "무심하게 하여 대상에 맡긴다"는 뜻으로 이해하고자 했다. 이른바 '격의불교(格義佛敎)'다.

격의불교는 반야의 공(空)을 노장의 '허무'에 비교해 이해하려 했다. 『반야경』이 유(有)도 아니고 무(無)도 아니라고 한 것은 모두가 인연(緣起)이라는 뜻으로 곧 유와 무의 양 극단을 물리치고 모든 것을 상호의존적인 관계에 놓으려는 변증법이다. 여기서 '중도(中道)가 곧 부처'라는 말이 나왔다.

『노자』는 "만물의 현상이 극도에 달하면 되돌아오는 것은 도(道)의 운동이며, 약자가 강자를 이기는 게 도의 작용이다"라고 말한다. '무'인 도는 천지의 근본이다. 그 도는 단지 정지해 있는 본체가 아니고 언제나 움직이며 그침이 없는 생명력으로 주체적인 인간의 존재방식과도 관련돼 있다. 그래서 도는 언제나 현실적인 작용으로 포착된다. 노장의 도에 대한 본체적인 사유는 본래 그러한 주체적인 요구로부터 생겨난 지혜로운 보신(保身)용 처세술이었다. 장자가 『장자』 〈소요유〉편에서 '무하유지향(無何有之鄕 : 아무것도 없는 광야)'에서 소요하는 지인(至人)의 노닒을 말한 것은 현실적인 '유'의 속박으로부터의 탈출이었다. 이러한 경향은 노자보다 장자가 더 강하고 위진남북조 시대의 현학(玄學 : 주역 · 노장에 바탕한 중국철학)에 이르러 절정을 이루었다. 그러나 이는 현실을 초월한 무의 세계로부터 현실 속 유의 세계로 다시 돌아오는 회향(廻向)을 한다.

노자가 설파한 도의 원리가 바로 이것이고 불교 정토종의 '환상회향(還相廻向)'도 똑같은 원리다. 현실적인 속박의 진정한 탈출은 오히려 현실속에 자신의 몸을 던져넣는 것이다. '무하유'의 세계에서 소요했던 지인(至人)은 진정한 소요를 위해 다시 유의 세계에서 노닌다. 현학의 사람들은 장자보다는 현실적인 공자를 존경한다. 그 이유는 공자가 장자 이상으로 무를 깊이 체득해 유의 세계에서 노닌 사람이기 때문이라는 것이다. 왕필은 『세설신어(世說新語)』에서 "공자는 무를 체득했기 때문에 특별히 무를 말하지 않은 것이며 노자나 장자가 무를 말한 것은 아직 유로부터 벗어나지 못했기 때문이다"라고 말했다. 이 시대 사람들의 생각을 잘 드러낸 예의 하나다.

중국 민족이 추구했던 진리는 언제나 구체적인 일상생활 속에 있었다. 이는 유교와 노장 공통이며 중국에 전래된 불교 역시 이와 같은 진리관에 연결됐다. 수 · 당의 불교가 지향한 목표는 한마디로 '촉사이진(觸事而眞 : 모든 존재의 장소가 그대로 진실이며 모든 현실의 일과 사물들이 진리다)'이다. 구마라습의 제1제자인 승조(僧肇)는 '천지동근 만물일체(天地同根 萬物一體)'라는 중국적 세계관과 상통하는 촉사이진을 설파했다.

공자는 『논어』〈술이〉편에서 "인(仁)이 멀리 있는가. 내가 인을 행하고자 한다면 여기에 인이 이를 것이다"라고 했다. 『맹자』〈이루㊤〉편은 "도는 가까이에 있다. 그런데도 이것을 멀리서 찾는다. 일은 쉬운 데에 있다. 그런데도 이것을 어려운 데서 찾는다"고 갈파하고 있다.

『노자』 41장은 "크나큰 소리는 미미한 소리의 깊숙한 곳에 숨겨져 있으며, 크나큰 형태는 형태가 없는 세계에 숨어 있다"고 했다.

승조는 『방광반야경』을 번역하면서 이와 같은 중국의 전통적인 진리관을 따라 '얻음이 없는 얻음(無得의 得)' '무지(無知)의 지(知)' '불문(不聞)의 문(聞)' 등을 주장했다. 중국적인 사고에서는 유와 무는 언제나 암암리에 부합되며 서로 통하는 것이다.

따라서 심산유곡의 유거(幽居)와 무소유의 삶을 즐기는 낙도는 도피적인 허무주의가 아니라 언제나 세속 현실세계와 연결돼 있다. 마치 중국인들의 사유에서 유와 무가 서로 연결돼 있듯이 말이다. 선승들의 낙도가는 그 속에 들어 있는 이러한 본질을 꿰뚫지 않고는 자칫 단순한 은둔주의로 오해할 수도 있다.

인도적 사유와 중국적 사유는 상이한 점이 적지 않다. 인도불교가 중국에 전래돼 많이 개선됐지만 결코 인위적 작위거나 우연은 아니었다. 불교의 중국적 개혁이 가능했던 것은 불타의 생각과 중국적 사유에는 결정적인 공통점이 있기 때문이었다. 불타는 일체 만물을 창조한 조물주로 있는 절대자를 부정한다. 중국적 사유도 만상(萬相)의 근원에 형이상학적인 일자(一者)를 인정하기를 거부한다.

그러나 불교의 '중국적 개화(開化)'라 할 수 있는 당대(唐代) 선불교를 형성한 선사들은 절대자 조물주와는 다른 『대승기신론』의 '진여(眞如)'를 존재의 근원으로 보았다. 진여를 현상계의 근원에 있는 유일자로 보고 모든 현상은 바로 그 진여의 움직임이라고 이해했다. 중국 선종은 이러한 진여의 형이상학적 이해 위에 형성됐다. 이미 위진남북조 시대에 제창된 '무(無)의 체용론(體用論)'은 무를 본질로 하는 진여의 형이상학을 확립한 위대한 발견이었다. 체와 용은 둘이 아니면서도 그렇다고 하나도 아닌 것이지만 어느새 그것이 직접 둘이면서 하나가 되고, 하나이면서 둘이 돼 절대적인 '일자'를 생성한다.

절대적인 일자가 인정되면 이는 이미 불교가 아니다. 왜냐하면 불타는 인도철학의 상일주재(常一主齋)하는 조물주의 절대성을 엄격히 배격했기 때문이다. 중국 불교 여러 종파의 기초를 형성한 이 '무의 체용론'을 보편성 속의 특수성으로 볼 것인가, 아니면 인도불교와는 전혀 다른 '돌연변이'로 볼 것인가는 앞으로 깊은 연구가 필요한 부분이다. 이런 점 때문에 중국 선불교는 사상적으론 노장사상이 60%, 불교사상이 40%라는 말도 나오고 있다.

다시 낙도가로 돌아가 보자.

내가 지은 토굴(草窟)엔 보배가 없어,
먹고 나면 잠자는 것이 가장 즐겁다.
새로 지었을 땐 띠풀이 새롭더니,
부서진 뒤에도 띠풀을 갖다 덮는다.
〈중략〉
토굴이 무너질까 무너지지 않을까 묻지만,
무너지건 말건 간에 원래의 주인은 항상 있네.
남북에도 동서에도 있는 것 아니니,
터가 단단함이 가장 알맞네.
푸른 솔 밑이요 밝은 창 안이니,
옥으로 지은 대궐이나 단청한 누각으론 견줄 수 없어라.

누더기를 머리까지 덮어쓰면 만사가 그만이니,
이때 산승은 아무것도 몰랐네.
〈중략〉
토굴 속의 죽지 않는 사람을 알고자 한다면,
어찌 지금의 이 가죽 주머니를 떠나서 있으랴.

마조의 강서선과 쌍벽을 이룬 호남선(湖南禪)의 오너인 석두희천 선사(700~791)의 「초암가(草庵歌)」다. 무소유와 영원불멸의 진여를 노래한 앞부분은 다른 낙도가들과 다를 바 없다. 맨 끝의 두 줄에서 생과 사, 현실과 이상이 둘이 아니라 하나임을 굳게 믿고 사는 현실주의자이면서 초월자인 그의 당당한 모습을 볼 수 있다. 그는 하루 하루를 후회 없는 삶을 살며 육신(가죽 주머니)의 생멸에 영원성을 부여한다. 산속에서 그저 혼자 사는 '고독'을 즐기는 낙도가 아니다. 모든 욕심을 털어 낸 무소유에서 적극적인 생을 살아가는 낙도다. 비관적·염세적 은둔과는 질이 다르다.

도를 즐기는 산승이 마음대로 하는 일 많아,
하늘이 돌고 땅이 굴러도 그대로 따른다.
외딴 봉우리에 한가로이 누웠으니,
벗이 없고 무생곡(無生曲) 한 가락을 부른다.
〈중략〉
예부터 언제나 누더기 한 벌을 입고,
추위와 더위를 얼마나 지냈던고.
참도 아니요 거짓도 아니니,
북을 쳐서 귀신을 즐겁게 하고 제사를 지낸다.

〈중략〉

자비로운 사랑은 애욕에 빠지고,

몽둥이 뜸질은 애욕을 끊어준다.

달빛에 길을 가는 나그네들이여,

애욕이 남았다면 내가 끊어주리라.

청원법계 석두희천선사의 제자인 도오원지선사의 낙도가다. 역시 낙도가의 단골 메뉴인 독거(獨居)와 무소유를 노래하고 있다.

중국 선림의 유명한 낙도가로는 이 밖에도 배도(杯渡)화상의 「일발가(一鉢歌 : 발우 하나뿐임을 노래함)」 등 선종 문헌에 등장하는 것들만도 수없이 많다. 대체로 낙도가의 선수들은 남종보다는 북종, 남악-마조법계보다는 청원-석두법계에 많다.

선승들의 낙도가는 중당(中唐)에 접어들어 달마계의 불교가 천태·화엄불교의 흐름을 합쳐 선종이라는 큰 강을 이루면서 형성되는 '선시(禪詩)'라는 문학 장르와 연결됐다. 다시 말해 선승들의 낙도가는 선시의 원류라 할 수 있다. 선종이 남·북종의 대립을 거쳐 일상적인 생활불교로 자리잡자 왕유·이백·두보로부터 백거이에 이르러서는 선시가 독자적인 당시(唐詩)의 한 분야를 형성한다.

두보보다 앞서는 왕유(王維 : 701~761)는 초현실의 세계에 노닐고자 하면서 선에 대한 깊은 관심을 보여주었다.

2) 사슴 우리의 울타리(鹿柴) -왕유-

空山不見人 但聞人語響

返景入深林 復照天苔上
빈 산 속 사람은 안 보이고,
사람의 말 소리만 들릴 뿐이네.
지는 햇빛은 깊은 숲에 들어와,
다시 파란 이끼를 비추고 있네.

왕유의 대표적 선시로 꼽히는 「녹채(鹿柴 : 사슴 우리의 울타리)」라는 시다. 그는 스스로를 부처님 당시 『유마경』을 설한 유마힐 거사에 비유, '왕마힐(王摩詰)'이라 자처할 정도로 선불교에 깊은 관심을 보였다. 후세에 '시불(詩佛)'로 칭송되기도 한 그는 시선(詩仙) 이백, 시성(詩聖) 두보와 함께 당나라 3대 시인의 한 사람이기도 하다. 그는 「향적사를 지나며(過香積寺)」「종남산 별장(終南別業)」 등 많은 선시를 남겼다.

왕유의 「녹채」는 시의 분위기가 차갑고 고요하며 편안함이 가득하다. 특히 맨 첫줄에 나오는 '공산(空山)'은 이 시의 주안(主眼)이면서 선적인 이미지를 잘 드러내고 있다. '녹채'가 상징하는 선적 공간도 아주 멋있다. 산에 사는 야생 사슴은 산 전체가 그대로 우리이기 때문에 '우리'라는 제한적 공간이 없다. 항차 그런 사슴 우리에 울타리가 있을 수 있겠는가. 따라서 '녹채'는 산 전체, 대자연, 우주를 뜻하며 울타리 없는 선의 무한 공간을 상징한다.

'반경(返景)'은 석양이 비치는 햇빛이다. 왕유는 사슴이 뛰노는 공산심림(空山深林)에 비치는 석양빛을 통해 공적하고 유심(幽深)한 선적 경계를 묘사하고 있다. 앞의 두 구(句)는 산의 공적함을 묘사하기 위해 빈 산에 사람을 진입시켜 소리를 내게 함으로써 깊은 산속의 고요를 파괴하는 정반대의 반츤법(反襯法)을 썼다. 그리고는 사람의 말소리가 어디서 들려오는지 모르는 신비한 부지(不知)의 세계로 독자들을 안내, 산속의 적정(寂靜)을 깨닫게 한다.

뒤의 두 구는 깊은 산속의 그윽함과 어둠을 묘사하는데 어둠에 정반대되는 한줄기 석양빛을 숲속에 끌어들이는 '반츤법'을 활용했다. 그 한줄기 석양빛은 어두운 밀림 속을 어렵사리 뚫고 들어오면서 미약하지만 황금빛 빛살(光班)을 흩트린다. 석양의 광반은 차가움을 나타내는 푸른 빛 이끼 위에 떨어져 선이 지향하는 바 냉철함과 무소유의 가난을 상징한 '차가움'을 한껏 고양시키면서 그런 경지를 획득하도록 권유한다.

왕유는 사람의 말소리와 석양빛을 끌어들여 깊은 산림 속의 혼암(昏暗 : 미망)을 깨고 독자들로 하여금 혼암보다도 훨씬 더 감동을 주는 선적인 유암(幽暗 : 깨달음)의 세계를 열게 한다. 청나라 시인 이영(李鍈)의 저술인 『시법간이록(詩法簡易錄)』은 "사람의 말소리(人語)는 성(聲)이고 반경(返景)은 색(色)이다. 공산(空山)을 성과 색이 없는 것으로 묘사하지 않고 유성유색(有聲有色)으로 묘사해 공(空)을 더욱 확실히 보게 했다. 이는 '장관의 파도'로 이른바 영롱척투(玲瓏剔透 : 뼛속을 사무치는 옥소리)라 할 만하다"고 왕유의 「녹채」를 평했다.

심산 밀림의 고요가 단지 무성·무색을 투영하는데 그친다면 죽어 있는 고요(死寂)요, 암흑이요, 차디찬 얼음덩어리일 뿐이다. 이러한 선의 경지나 선시라면 무슨 맛이 있겠는가. 「녹채」의 예술적 묘미는 시제(詩題)에 집착하지 않으면서 선적 경계(境界)를 아주 실감나게 표현하고 있다는 점이다. 조사선에서는 현상(色)에서 본체(空)를 보고 유(有)에서 무(無)를 보며 주인(主)과 손님(賓)이 자유자재하게 자리를 바꾸는 회호(回互)·왕환(往還)이 이뤄진다. 이른바 석두희천선사가 『참동계(參同契 : 삼라만상과의 계합)』에서 설파한 '회호의 논리' 다(뒤의 남악 남대사편 참조).

이것이 바로 '색즉시공 공즉시색(色卽是空 空卽是色)' 이다. 왕유는 심산의 고요를 무성 무색으로 묘사하지 않고 사람의 발소리와 석양빛이라는 성색을 통해 선이 추구하는 고요를 한층 심화시켰다. 그래서 공산은 죽어 있는 정적이 아니고 계속해 작용하고 있는 공의 본질을 상실하지 않는다.

「녹채」는 왕유와 같은 시대의 시인인 배적(裵迪 : 716~?)의 시와 비교되기도 한다.

夕陽見寒山 便爲獨往客

不知深林事 但有麏麚迹

석양이 한산을 바라보는데,

나그네가 홀로 가고 있구나.

깊은 숲속의 일을 알 바 아니나,

단지 사슴(고라니) 발자국만 있구나.

배적이 읊조리고 있는 깊은 산림속 사슴의 발자국은 「녹채」의 심산 유적(幽寂)과 궤를 같이하는 묘사다. 차이점은 왕유가 시의 제목과는 전혀 다른 내용을 읊조린데 반해 배적은 사실적(寫實的) 묘사를 하고 있다는 점이다.

왕유의 「녹채」는 "공산에 사람은 보이지 않으나 소리가 들리고, 깊은 산속 바위 이끼에 석양빛이 비쳐 반사한다"는 묘사로 대자연에서 느끼는 자신의 미묘한 감정적 체험을 통해 철리(哲理)를 깨닫고 있음을 나타내 보였다. 독자들은 자연스럽게 궁벽진 심산을 머리에 떠올려 그곳은 사슴이 내왕하는 장소라고 생각하게 된다. 두 시를 비교해보면 왕유의 시의(詩意)는 심원한데 비해 배적의 시는 담박한 맛이 있다.

왕유가 「녹채」를 통해 나타내려 한 선의(禪意)는 과연 어떤 것인가.

사쌍원(史雙元) 교수는 1983년 「남경사범대 학보」에 실은 논문 「선경화의입시정(禪境畵意入詩情)」에서 왕유는 이 시를 통해 "깊고 그윽한 선수행 과정의 활연대오(豁然大悟)"를 표현하고 있다고 평석했다. 그의 구체적 깨달음은 색(현상)을 통해 공(본체)을 보는 체용일여(體用一如)의 우주관을 체득한 것이라는 얘기다.

또 왕유의 「녹채」는 『금강반야경』이 설하고 있는, 무릇 모든 상을 지어 나타나 있는 현상계는 모두가 허망할 뿐이라는 "범소유상 개시허망(凡所有相 皆是虛妄)"을 말한 것이라고 풀이하기도 한다. 진윤길(陳允吉)은 저서 『왕유산수시중적 선종사상(王維山水詩中的 禪宗思想)』에서 「녹채」의 시인은 "모든 자연 현상은 순식간에 사라져 버리고 마는 환각에 불과함"을 표현, 선종이 높이 받드는 '범소유상 개시허망'을 설파하고 있다고 해설한다.

어쨌든 왕유는 이 시에서 예술적인 표현 수법을 동원해 자연·누에고치에서 실을 뽑아냄(簡繹)·함축 등 형상 밖의 의미와 줄 밖의 소리(弦外之音)를 드러냈다. 왕유의 「녹채」는 선가의 깨달은 경지와 시인의 '자연경계와의 동화(化境)'가 하나를 이루는 고도의 융합이다.

우리는 여기서 무한의 공간이 늘 광활하지만도 않은 것임을 음미할 수 있다. 저 대해처럼 광활한 불법 세계도 가시적인 우리 주변의 푸른 이끼가 있고 그 이끼에 석양이 비춰오는 심산(深山)으로 형상화할 수 있다. 불법이 아무리 심오해도 이와 같은 구체적 형상화가 없다면 범부들이 어찌 불도(佛道)를 맛보고 만져볼 수 있겠는가. 선시는 저 넓은 불법 대해를 가시적으로 형상화시켜 세속인들에게 그 달고 시원한 맛을 느끼게 해 감로수(甘露水)가 끝내 찾을 수 없는 기만성으로 끝나지 않게 한다. 이것이 바로 선과 시가 보완 관계를 이루면서 선미(禪味)를 물씬 풍기는 선시의 경계다.

왕유는 불생불멸의 심산유곡 바위에 끼어 있는 푸른 이끼를 잠시 비추고 가는 석양빛에서, 없어지지 않는 구체적 경치(景象)를 보여줌으로써 찰나의 순간(석양빛)을 영원으로 승화시켰다. 이처럼 석양빛이 갖는 유한(有限)을 통해 무한의 경계를 표출하는 것이 바로 선경의 희열을 만끽하는 '입선절경(入禪絶景)'이다.

이쯤 돼야 선시라 할 수 있다. 중이 쓴 시라고 해서 선시가 아니다. 같은 염정(艶情)을 노래해도 선경(禪境)의 염정과 세속적 염정은 차원이 다르다. 세속 자연주의 문학에도 못 미치는 시들을 책으로 묶어 '선시집'이라는 이름을 붙이고 있는 승려 시인들은 왕유의 「녹채」를 우러러보며 참회해야 한다.

「녹채」를 지루하게 감상한 것은 선과 문학의 '교통(交通)'이 어떤 것인가를 살펴보기 위해서였다. 선이 문학(시)에 녹아들어 침잠하면서 방광하는 선적(禪寂)은 우리를 진하게 감동시킨다.

結來在人境 而無車馬喧
問君何能爾 心遠地自偏
採菊東籬下 悠然見南山
山氣日夕佳 飛鳥相與還
此中有眞意 欲辨已妄言

농막을 짓고 세속 사람 사는 속에 있으나,
차마의 시끄러움 없도다.
그대는 어찌 그럴 수 있나,
뜻이 멀고 머니 있는 곳도 아득해.
동쪽 울타리 아래서 국화를 따면서,
유유히 먼 남산을 바라본다.
산 기운은 해가 지니 아름답고,
저물어 날던 새들 돌아온다.
이 속에 진리가 있거늘,
하려 할 말은 잊는도다.

왕유보다 훨씬 앞서는 위진남북조시대 진(晋)나라 시성(詩聖) 도연명의 「음주(飮酒)」라는, 선미(禪味)가 물씬한 선시다. 비록 당시로는 발아(發芽) 과정이었을 뿐인 선의 심오한 경지를 체득했을 리 없다 하더라도 도연명은 분별심을 털어내고 무위(無爲)에서 노니는 불도에 침잠하고 있었던 것이다.

자연 경치를 빌려 우주의 철리(哲理)를 읊조리는 중국 서경시(敍景詩)의 효시인 도연명은 술을 즐겨 술이 거나하게 취한 모습을 형용하는 '도연(陶淵)'에서 자신의 이름을 따와 도연명(陶淵明)이라 했다. 그는 술이 거나하게 취하면 벽에 걸어 놓은, 줄도 없는 옛날 거문고를 내려다가 틀만 더듬는 연주를 즐겼다. 이른바 도연명의 '몰현금(沒弦琴)' 또는 '무현금(無弦琴)'이라는 것이다. 술을 즐겨 마신다는 그의 시 「음주」는 "채국동리하 유연견남산(採菊東籬下 悠然見南山)'에서 고도의 선적 경지를 유감없이 발휘했다. 국화주를 담그려고 울타리 밑의 국화를 꺾다가 유유히 남산을 바라보는 무위와 자적(自適)은 바로 선이 목표하는 임운자연(任運自然)의 경지 바로 그것이다.

도연명의 시 「음주」는 여기서 공연한 술타령이나 읊어댄 잡시(雜詩)가 아님이 확연히 드러났다. 더이상 구구한 설명이 필요 없다. 선시란 '이런 것이다' 라는 한마디로 족하다.

왕유의 선에 대한 관심은 그가 6조혜능의 비문과 북종 『능가사자기(楞伽師資記)』의 저자인 신수조사의 제자 대안국사(大安國寺) 정각(淨覺)선사 비문을 쓴 것을 봐서도 알 수 있다. 왕유의 작품들은 거의가 그 시대를 도도한 사조로 풍미한 불교 선사상과 서로 맞아떨어지는 신비로운 여운을 담고 있다. 그는 6조의 제자인 하택신회선사와도 교분을 나누었고 어느 선승에 못지 않은 선의 경지를 체달(體達)한 선자(禪者)였다. 선종 산승(山僧)들의 낙도가는 이처럼 문학과 융합하면서 당시(唐詩)의 한 장르로 자리잡았다.

당대의 선시는 비승비속(非僧非俗)의 한산(寒山)이라는 선자가 '한산시' 로 집대성하며 그 절정을 이루었다(제5권 절강성 한습동 참조).

끝으로 왕유의 선시 「과향적사(過香寂寺)」를 감상해보자.

향적사 어디인지 알지 못하고,
몇 걸음 걸어 구름속에 들어서니.
고목 우거져 사람 길이 없는데,
깊은 산 어디에서 종소리가 들린다.
샘물 소리 높은 산 바위에 흐느끼고,
햇빛은 푸른 솔잎에 차가운데.
해질녘 빈못(空潭) 굽이에 앉아,

선정(禪定)에 들어 독룡(毒龍)을 제압한다.

향적사는 섬서성 장안에 있는 절이다. 그는 향적사를 지나다가 잠시 쉬면서 몸과 마음이 고요하고 편안한 선정에 들어 망녕된 생각(독룡)을 떨어버리고 있다. 시의 제목은 '향적사'이면서도 절 밖 산의 경치만 그렸을 뿐, 절 내 경치나 생김새는 전혀 묘사하지 않은 채 독자의 상상에 맡겼다. 선방에서 가부좌 틀고 앉아 있는 것만이 선이라는 편협한 생각은 치졸한 선가의 쇼비니즘이다. 언제 어디서고 가능한 게 선수행이다. 이른바 천태종 제2대조사 남악혜사선사가 『대승지관법문(大乘止觀法文)』에서 갈파한 무시선(無時禪)·무처선(無處禪)이다.

선가의 낙도가와 선시가 지향하는 바는 분별심을 버리고 있는 그대로를 받아들이는, 무심한 가운데 직관적 통찰을 통해 우주의 실상을 깨닫는 것이다. 이처럼 깨달아 체득한 선바라밀(禪波羅蜜)의 실천윤리는 중생을 버리지 않고 고통스럽고 더러운 욕계(欲界)에 일부러 다시 태어나 일체 중생의 해방에 목숨을 바치는 것이다. 이와 같은 대비의 실천은 분별심을 버린 선바라밀의 작용에 의해 구제하는 자와 구제받는 자의 새삼스러운 구분이나 차별을 종식시킨다. 이것이 일체의 차별을 종식시킨 '반야바라밀'이다. 자신만이 즐기는 산거(山居)의 낙도는 선이 추구하는 궁극적인 낙도가 아니다. 선의 낙도는 '자기완성'을 끝내면 세속으로 돌아와 중생의 고통을 함께 나누는 세속 회향을 해야 한다.

당·송 8대가로 명성을 떨친 시인들은 모두가 불교 선종의 선승들과 교분을 맺으면서 선리(禪理)를 익혔고 나름의 선적(禪寂)을 즐겼다. 이백은 '청연거사(靑蓮居士)'라는 아호까지 지었고 두보도 3

▲ 남악혜사선사가 제자들을 모아놓고 경전을 강론하는 '강경대(講經台)'로 사용했다는 척발봉 위의 넓은 바위.

조 승찬대사와 긴밀한 교분을 가졌다. 그래서 이들은 주옥 같은 선시들을 적지 않게 남겼다. 송대의 소동파와 황산곡은 선종 족보(법맥도)에도 올라 있는 임제종 황룡파 거사들로 유발속복(有髮俗服)의 승려였다. 소·황(蘇黃) 두 사람은 선의 체득 경지가 당시의 어느 선사 못지 않은 거사들이었다.

선이 당·송대 시문학과 접합, 서로 상승작용을 일으키면서 선문학을 형성할 수 있었던 것은 선의 본질상 아주 자연스러운 일이었다. 선종의 우주관·인생관·자연관 등은 그 시대 시문학이 추구하는 바로 그것이었기 때문이다. 당·송대 선사들과 문인들은 선에 대한 관심이 대단했고 선사들과 친밀하게 지내면서 선적을 읊은 시들을 수없이 남겼다. 시성 두보는 그의 첫작품이 「용문산 봉선사를 노닐며(遊龍門奉仙寺)」라는 선시고 별세하기 전 2년 동안 호북성 황매 근처 기주라는 곳에 머물며 선적에 침잠하기도 했다.

3) 용문산 봉선사를 노닐며 -두보-

已從招提遊 更宿招提境
陰壑生虛籟 月林散淸影
天闕象緯逼 雲臥衣裳冷
欲覺聞晨鍾 令人發深省
절 스님과 놀다가,
절 스님 방에서 함께 잤다.
그늘진 골짜기에 바람 일고,
달 비친 숲은 그림자를 흩트린다.
높이 솟은 절 누각은 하늘을 핍박하는데,

구름 속에 누워 옷이 차갑다.
새벽 종소리에 깨닫고자 하니,
이내 자신을 깊이 되돌아 보라 한다.

현존하는 두보 시들 중 가장 먼저 지은 것으로 알려진 시이며 선시인 「유용문 봉선사(遊龍門奉仙寺)」라는 시다. 용문은 하남성 낙양의 용문산으로 6조(六朝) 이래 불교가 번성했던 불지(佛地)다. 일명 이궐(伊闕)이라고도 하는 용문산에는 당시 8개의 사찰이 있었는데 그중 봉선사가 가장 유명했다.

시의 제목에 붙어 있는 '유(遊)' 자는 여기서는 그냥 노닌다의 뜻보다 절에서 '잤다(宿)'는 의미로 보아야 한다. 시제와 첫구의 '유'는 제2구에서 즉각 '숙' 자로 전환, 나머지 6구가 모두 절에서 하룻밤을 자면서 느끼는 감회를 피력하고 있다. 따라서 '유'는 곧 절에서 '유숙(留宿)' 함을 뜻한다. 당시는 시인 묵객들이 선종 사찰을 찾아 부처님께 공양한 향불이 타는 향연 속에서 선리를 관조하고 독경을 하며 선승들과 담론하는 게 대유행이었으며 시인묵객들의 사찰 탐방과 선승 참문을 흔히 '노니는 모습'으로 형용했다. 그러니까 두보가 봉선사에서 노닌 것은 세속적인 행락이 아니라 선적 깨달음을 얻고자 하는 공부였다. 밤이 되어 승방에 누워 자니 몸은 다시 없이 편안하고, 귀에는 바람 소리만 들리며, 마음과 정신은 모든 것을 거두어들여 안정되니 마치 신선의 스님이라 할 만하다. 신선의 노닒에 비유되는 두보의 봉선사 유력(遊歷)은 불법진리를 깨닫는 즐거움을 만끽하는 고차적인 유람이지 결코 통속적인 행락이 아니다

제1 · 2구에 나오는 '초제(招提)'는 사찰의 승려, 또는 사찰을 뜻

한다. 사방을 뜻하는 범어 '척두제치(拓斗提奢)'라는 말을 한자로 의역한 것으로 사방의 승려를 '초제승'이라 한다. 따라서 원문의 종초제유(從招提遊)와 숙초제경(宿招提境)'의 '초제'는 절이 아니라 '절의 스님'으로 번역해야 옳다. 두보는 봉선사에서 혼자 노닐거나 속인 친구와 함께 논 게 아니다. 그는 봉선사에 놀러가 스님을 벗해 경전과 불법을 논하며 세속 티끌에 오염된 자신을 깨끗이 씻어내는 놀이를 했던 것이다. 두보는 심오한 불법세계의 진리를 향해 가다 보니 날이 저물었고 불법진리를 스님과 함께 담론하는 가운데 서로 뜻이 통하고 흥이 일어 스님 방에서 함께 잠을 잤다. 맨 앞의 제1·2구에서 '초제'를 두 번씩이나 강조한 것은 시인과 스님의 관계가 흡족할 만큼 계합(契合)했고 서로 오고가는 감정이 진지했음을 표현하고자 한 것이다.

나머지 6구는 선경(禪境)이 무르익고 있음을 보여준다. 제3구 허뢰의 '허(虛)'자는 이미 시간적 흐름을 따라 시인의 감정에 일대 변화가 일어났음을 암시한다. 제3·4·5·6구는 절에서 하룻밤을 자는 제2구의 '숙(宿)'자에 이어져 사찰의 야경을 묘사하고 있다.

깊은 계곡 산그림자 위로 가볍게 불어오는 밤바람 소리는 하늘나라 선녀들의 피리소리 같은 이미지를 떠올리게 하면서 사람을 은근히 즐겁게 한다. 또 밝은 달빛이 용문산 유곡의 울창한 수목들 사이로 비쳐 들어오고 산마루 위에는 점점이 별들이 영롱하다. 하늘엔 엷은 흰 구름이 흘러가는 심산유곡에 홀로 우뚝 솟은 산사의 밤, 승방에 누워 있으니 차가운 한기가 스며든다. 두보는 산사의 야경을 시각과 촉각으로 감지할 수 있을 만큼 세밀하게 읊조려 봉선사의 맑은 정적(靜寂)과 유현(幽玄)한 한기를 묘사하고 있다.

시인이 하늘의 피리(天籟)·명월·성진·흰 구름 등을 통해 묘사한 봉선사의 야경이 만들어내는 주색조(主色調)는 공령정적(空靈靜寂)이다. 두보는 이러한 시적 묘사로 자신의 심중(心中)이 사바세계의 속진(俗塵)을 초연했음을 과시하고 있다. 시인은 순일하고 고결한 경계의 산사에 조용히 누워 있는 가운데 적연(寂然)한 선의 경지에 들어서야만 맛보는 '선적'의 즐거움을 감각적으로 느끼고 있다. 허다한 반연(攀緣)에 뒤얽혀 돌아가는 인간 세계 뒤켠에 숨어 있는 형상 없는 한오라기 실과도 같은 천기(天機)가 눈앞에 나타나자 자연 경계에서 느낀 시인의 몽롱한 체험이 꿈나라 같은 선의 경지로 진입한다.

맨 끝의 두 구는 시인이 새벽에 깨면서 마음에 느낀 바를 읊고 있다. 사원의 정적을 깨는 새벽 범종 소리가 시인에게 와서는 마치 술이 깨지 않은 상태의 '미몽'을 일깨우듯이 어렴풋이 느끼는 아름다운 꿈을 깨게 한다. 시인은 여기서 돌연 진정한 깨달음이란 무엇인가를 알게 된다. 선원(禪院)의 새벽 종은 새로운 하루가 도래했음을 알린다. 지난 밤 자면서 선의 경계를 어렴풋이 체험한 시인은 이제 절을 떠나 먼지투성이의 세속으로 되돌아가야 한다. 두보는 속계와 불법 세계가 서로 교접(交接)하는 이 시점에 생명의 진짜 근원이 어떤 것인가를 절감하고 인생의 정토(淨土)는 바로 공적(空寂) 속에 있음을 깨닫는다. 여기서 미미했던 시인의 도심(道心)은 홀연히 활짝 깨쳐 선이 지향하는 '영오(靈悟)'를 성취한다.

시인은 맨 끝구절에서 먹을 금처럼 아껴 깊은 자신의 성찰, 곧 '심성(深省)'이라는 두 글자로 시를 끝낸다. 이 두 글자를 쓰는 것으로 시를 딱 끝낸 것은 독자들에게 무한의 상상적 공간을 남겨주기 위해서다.

두보의 이 선시는 교묘한 시의(詩意)를 설정하고 자연 경관을 아주 아름답게 묘사하면서 자연 경계와 선의 맛을 융합시킨 '서정(抒情)'을 듬뿍 함축하고 있다. 이 시에서 느낄 수 있는 또 하나의 깊은 맛은 선 용어를 전혀 사용치 않고도 심오한 선리(禪理)를 체득(體得)했음을 잘 드러냈다는 점이다.

두보가 최초로 지은 시가 선시였고 사세(辭世) 직전 말년을 선림을 왕래하며 선적에 침잠했음은 그의 일생이 시인으로, 관리로 점철했지만 내면적 삶은 선오(禪悟)의 경계에서 노닐고자 했음을 보여준다 하겠다.

問爾何事棲碧山 笑而不答心自閑
桃花流水杳然去 別有天地非人間
묻노니, 그대는 왜 푸른 산에 사는가,
웃을 뿐 대답은 않고 마음이 한가롭네.
계곡물 위의 복사꽃 아득히 흘러가니,
별천지 따로 있어 인간 세상 아니네.

이백(701~762)의 「산중문답(山中問答)」이라는 선시다. 7언 절구의 평이한 시지만 시 전문을 흐르는 선의(禪意)는 짜릿한 감동을 준다. 이백 역시 심산유곡 적정에 쌓인 선종 사찰을 찾아 선승들과 선리를 담론하면서 불법 대도(大道)에 심취하곤 했다. 그의 시 중에는 두보의 「유용문봉선사」처럼 강서성 여산의 동림사를 찾아 하룻밤을 자면서 느낀 감회를 읊은 「여산 동림사야회(廬山東林寺夜懷)」라는 선시도 있다.

푸른 산(碧山)과 심자한(心自閑)은 자연 대도와 합일을 이룬 선의 경지를 한껏 노닐고 있는 선승의 무위자재(無爲自在)한 삶을 그림처럼 묘사하고 있다.

제3·4구는 성계(聖界)와 속계, 범부와 성인이 부단한 교섭 속에서 내왕하는 왕환적(往還的)인 '범성일여'를 읊고 있다. 동북아시아인들은 이른바 무릉도원(武陵桃源 : 호남성 동정호 서남쪽 무릉산 기슭의 원강변)을 이상 세계·성계로 설정하고 때로는 실존하는 곳으로, 때로는 막연한 비실존의 이상향으로 동경해오고 있다. 신선이 살았다는 전설을 가진 무릉은 '복사꽃'으로 상징된다. 봄이 돼 활짝 핀 복숭아꽃도 성하면 쇠하는 자연의 섭리를 따라 지게 마련이다. 지는 꽃잎이 바람에 흩날려 무릉의 계곡물 위에 떨어져서는 멀리 흘러간다. 달력도 시계도 없는 그 옛날이지만 무릉도원이라는 성계의 저 밑에 사는 속계의 어부들은 무릉 계곡에 떠내려오는 복사꽃잎을 보고는 봄이 왔음을 알고 그물을 챙겨 무릉 계곡으로 올라가 산천어(山川魚)를 잡는다. 성계와 속계는 언제나 이렇게 연결되면서 이 세속 속의 별천지로 존재한다. 즉 별천지이면서 보통의 장소고 보통의 장소이면서 별천지이며, 하나이면서 둘이고 둘이면서 하나인 호환성(互換性)을 따라 불이(不二)의 세계를 이룬다. 이것이 분별심을 버린 선적 깨달음이라는 것이다.

도연명은 일찍이 무릉도원에서 펼쳐지고 있는 성속일여(聖俗一如)의 세계를 다음과 같이 읊조린 바 있다.

網盡桃花武陵春 漁郎依舊到仙源

무릉의 봄을 알리지 않으려 계곡 물에 떠내려 가는 복사꽃잎을 망을 쳐서 모두 건졌건만,

계곡 아래에 사는 어부는 때가 되니 예와 다름없이 무릉의 선원에 고기잡이를 하러 올라 오더라.

도연명도 실은 불법진리를 훤히 꿰뚫고 있는, 한소식한 '거사'였다. 그는 여산 동림사(東林寺)를 창건했고 정토종 개산조이기도 한 동진(東晋) 고승 혜원(慧遠)화상의 막역한 친구로 '호계삼소(虎溪三笑)' 라는 유명한 고사를 남겼다.

혜원화상이 하루는 친구인 유가(儒家)의 도연명과 도가(道家)의 육수정(陸修靜)의 방문을 받고 다향(茶香)을 맡으며 담론을 하다가 돌아가려는 그들을 절문 밖까지 전송했다. 세 사람은 걸으면서도 불법 담론에 심취해 어느새 호계 다리까지 건넜다. 이때 혜원이 "내 죽는 날까지 결코 호계 다리 밖을 안 나가겠다고 내심 단단히 결심하고 있었는데 그만 오늘 이렇게 다리를 건너고 말았다"고 하자 세 사람은 박장대소했다. 여기서 불교 · 유교 · 도교의 세 사람이 대도(大道)를 만끽하며 함께 웃었다는 '호계삼소' 라는 고사가 생겨났다. 1988년 한국의 비구니(불교) · 수녀(천주교) · 정녀(원불교)들이 종교간 화합을 다지는 합창단을 만들어 그 이름을 '삼소회(三笑會)' 라 했는데 바로 혜원(불교)과 도연명(유교) · 육수정(도교)의 '호계삼소' 에서 따온 것이다.

'호계삼소' 는 혜원이 호계안의 동림사라는 절, 곧 성스러운 세계에만 머물고자 한 낙공(落空)을 깨는 부주열반(不住涅槃)을, 도연명과 나누는 법열(法悅) 속을 노닐다가 자기도 모르는 사이에 호계의 다리를 건넌 것으로 비유하면서 깨달음의 사회 환원 · 성속일여를 갈파한다. 그러니까 도연명은 속계로부터 생계로 들어갔고(凡入聖), 혜원은 그와 반대인 성계로부터 속계로 들어가는 '성입범(聖入凡)' 을 오버랩시켜 범성일여의 선리를 멋지게 설명한다. 선은 성계와 속계를 자재롭게 왕래하면서 도법(道法)을 버리지 않고 범부의 일을 나타내는 무애행을 하는 데 수행의 목표를 둔다. 시쳇말로 이것이 '깨달음의 사회 환원'이라는 것이다. 이백의 시로 돌아가 보자.

이백은 제4구에서 별천지와 인간 세상을 구분해 깨달음의 세계가 미오(迷悟)의 세계와 다르다는 '분별'을 했지만 이미 제3구에서 복사꽃잎이 계곡물을 따라 저 멀리 떠내려가고 있음을 내세워 성속의 연결고리를 맺어놓고 있다. 이백의 성속분별은 깨달음의 사회적 환원, 만유(萬有)에 두루 존재하는 불법, 하늘과 땅을 덮고도 남는 진여 당체인 법신(法身)을 전제로 한 무분별 속의 분별일 뿐이다. 선리에 한치의 어긋남도 없는 '분별'이다. 불법진리는 구름 위의 천상계에 있는 것도 아니고 수미산 꼭대기에나 있는 것도 아니다. 우리의 평범한 일상생활 속 창틈을 통해 들어오는 솔바람, 오랜만에 만나 나누는 반가운 인사, 늘 함께 살아가고 있는 자연 속에 진짜 불법이 있다.

> 묻는다 : 어떤 것이 미묘한 도리입니까.
> 답한다 : 바람은 흐르는 시냇물 소리를 베갯가에 실어오고,
> 달빛은 산 그림자를 잠자리 이불가로 옮겨다 준다.
> (風送水聲來枕畔 月移山影到牀邊)

송나라 대룡지홍(大龍智洪) 선사가 한 중과 거량한 선문답이다. 우리가 흔히 높고 어렵다고 생각하는 미묘한 불법진리는 이렇게 아주 쉽고 자연스럽게 일상의 잠자리에서도 느끼고 볼 수 있다.

얼마나 멋진가!

바람에 실려 오는 산골 계곡물 소리와 달빛에 비쳐 벽에 어른거리는 산 그림자가 바로 불법진리다. 만유 그대로가 진여불성(眞如

佛性)이다.

이백의 선시 「산중문답」의 참맛은 지금까지의 지루한 해설보다는 차라리 다음과 같은 한산(寒山)의 선시 한 수를 감상하는 것으로 느낄 수 있을지도 모른다.

내 마음은 가을달인가,
내 마음은 맑은 물인가.
어느 것에도 비할 수 없거니,
어떻게 날 더러 말하라 하는가.
숨어 사는 사람들 인간을 떠나,
많이들 산속에 들어가 사네.
푸른 칡넝쿨 듬성듬성 엉기었고,
맑은 개울물 졸졸 흐르나니.
기운은 맑아 편하고 즐거우며,
마음은 유유해 깨끗하고 한가롭네.
다행히 세상일에 물들지 않아,
고요한 마음 흰 연꽃 같네.

낙도가와 선시의 집대성으로 평가되는 한산의 시는 구구절절이 속진의 오염을 말끔히 씻어준다(제5권 절강성 한습동 참조).

이백은 두보보다 11살 위다. 두 사람이 사귀게 된 것은 이백 40여 세, 두보 30여 세 때였다고 알려져 있다. 두보가 현실참여 시인으로 민중의 질곡와 사회적 불만 등을 즐겨 묘사했음에 비해 이백의 시풍은 호탕, 웅대하고 때로는 퇴폐자방(頹廢自放)한 의취(意趣)를 보여준다. 두보는 이백에게 준 시에서 "한껏 마시고 미친 듯 노래하며 부질없이 세월 보내니, 제멋대로 날뜀은 누굴 위한 영웅인가"라고 읊었다. 이백은 자주 천선(天仙)의 말을 쏟아내 사람들을 감탄시키기도 했다.

이백과 두보는 '안록산의 난'을 겪으면서 부귀와 권력의 무상을 느끼고 '적선인(謫仙人 : 귀양살이 하는 신선)' '두릉야인(杜陵野人)'으로 선가의 적정에 침잠하고자 했다. 이들 두 시인이 왕유나 소동파·황산곡 등에 비해 많은 선시를 남기진 못했지만 선과 시를 결합시킨 선문학의 저류를 형성하는 데 기여한 바는 결코 가볍게 평가할 수 없다.

한국 불교 선사들의 산거 낙도가를 보자.

진공(眞空)의 무사선(無事禪)이 내게 있으니,
바위에 기댄 채 한가로이 잠을 자네.
무엇이 기특하냐고 누가 묻는가,
누더기 한 벌로 백년을 지내네.
티끌 없는 조용한 송창(松窓)에 앉으니,
돌 그릇에 고인 물 맑기도 하다.
발 부러진 솥이라도 맛만은 풍족한데,
어쩌자고 명리와 영화를 구하려는고.

고려 말 나옹혜근선사(1320~1376)의 「산거」라는 선시다. 무소유와 자연대도에 합일을 이룬 견성 도인의 삶을 노래하고 있다.

만국(萬國)의 도성들은 개미집이요,
천가(千家)의 호걸들은 하루살이네,

달 밝은 텅빈 방에 홀로 누우니,

싱그러운 솔바람 멈추지 않네.

조선조 청허휴정선사(1520~1604 : 일명 서산대사)의 「향로봉에 올라(登香爐峰)」라는 선시다. 넓고 넓은 불법 세계에서 본 인간 세계의 왜소함과 허망함을 노래하고 있다. 서산대사가 뒤 두 구절에서 읊고 있는 자연 대도에 의탁한 삶은 인간의 진정한 '해방'을 뜻한다.

비록 선리를 설파하는 기교면에선 왕유나 도연명에 못 미치지만 선이 지향하는 무소유의 삶과 자연에의 융합을 노래한 점에선 다 같은 맥락이다.

남악 형산 복엄사(반야사)

— 남악회양선사

1) 계곡물 소리와 산빛(溪聲山色)

溪聲便是 廣長舌
山色豈非 淸淨身
夜來八萬 四千偈
他日如何 擧似人
계곡물 소리가 부처님 설법인데,
산빛인들 어찌 청정법신이 아니랴.
여래의 8만4천 법문을,
다른 날 어떻게 사람들한테 이처럼 드러내 보일까.

남악형산 복엄사(옛 이름 방야사) 산문 앞마당에 차를 대고 내렸다. 마당가의 산자락 암벽이 시야에 가득 들어온다. 몇천 년을 두고 바위에 새긴 시인묵객들의 시구와 글씨가 그 수를 헤아릴 수 없을 정도다.

'계성산색(溪聲山色)'.

글자도 제일 크려니와 위치도 단연 꼭대기, 덩치도 제일 큰 바위에 '왕 중 왕'으로 자리를 잡았다. "개 눈에는 똥만 보인다"는 속담처럼 선불교를 답사한답시고 나선지라 기자의 시선은 선림의 유명한 화두인 이 네 글자에 꽉 붙들렸다.

글씨 밑에는 청대 한 승려의 각서(刻書)임이 명기돼 있다. 이 화두는 당·송 8대가의 한 사람인 소동파거사(1036~1101)의 개오시(開悟詩)에서 비롯됐다. 방온거사와 함께 중국 선림의 양대 거사인 동파는 선불교에 심취, 호북성 여산 동림사의 동림상총(東林常聰) 선사를 참문하고 바위나 산천초목도 설법을 한다는 '무정설법(無情說法)' 화두를 받았다. 자칭 "전생이 중이었다"고 말하기도 한 동파는 말을 타고 폭포수 소리 요란한 여산의 깊은 계곡 소로를 내려오면서 화두 '무정설법'을 골똘히 참구했다. 태고의 정적을 깨는 여산 폭포의 비류(飛流)소리가 귓전을 때리는 순간 이태백의 「망여산폭포(望廬山瀑布)」라는 시가 동파의 머리를 스쳤다.

日照香爐 生紫煙
遙看瀑布 掛前川
飛流直下 三千尺
疑是銀河 落九天
향로봉 햇빛에 자색 연기 서리고,
중턱엔 폭포수 걸려 쏟아지네,
나르는 듯 3천길을 떨어지니,
은하수 하늘에서 떨어지는가,

동파는 이백의 이 7언 절구를 떠올리면서 여산 폭포를 눈으로 보고 귀로 듣는 찰나 자신도 모르게 "아, 이거구나!"하는 탄성을 터트렸다.

바로 저 폭포수 소리가 존재의 근원을 밝힌 부처의 법문 아닌가. 그는 여기서 활연대오하고 '계성산색'이라는 오도송을 읊었다. 복엄사 마당가 바위에 음각된 '계성산색'은 붉은 페인트칠을 해놓아 검푸른 바위, 푸른 초목, 홍색 글자가 그림처럼 어우러진 한폭의 '공안화(公案畵)'였다. 여기서 동파의 화두에 새삼 매료돼 며칠 뒤 여산에 올랐을 때 백거이 초당의 서예가에게 '계성산색'을 써달라고 부탁, 답사기념으로 가져왔다.

'무정설법'은 하남성 향엄사의 남양혜충선사가 설한 화두로 조동종 개산조 동산양개선사와 동파거사가 이 화두를 타파, 돈오한 동산·동파의 개오 화두로도 유명하다. 동파는 말한다.

"나는 지금 계곡물 흐르는 소리와 산색의 순수함에서 심금을 울리는 우주의 노래를 듣는다. 하지만 이를 말로는 설명할 수 없다. 그것은 실존적인 체험이었을 뿐 언어를 초월한다. 그에 대해 말하려 해도 비슷하게나마 설명하기 어렵고, 옳지도 않다. 오직 '침묵'만이 그 실존적 체험을 전할 수 있을 것이다."

우주의 근본 질서에서는 모든 빛깔, 모든 소리가 부처님의 빛깔이요 소리다. 이런 논리는 선정(禪定)에 들어 자기를 완전히 비우고 그 비운 자리에 산천초목이 들어와 앉을 때에만 가능해진다.

그렇다고 이를 만유에 신이 내재한다는 범신론과 동일시해서는 결코 안 된다. 선가의 좌선과 합장 모습은 천지가 무너져도 움직이지 않는 자세이며 어떠한 권위로도 쉽게 접근할 수 없는 위력을 갖는다. 합장은 평화의 상징이다. 두 손을 모은 사람을 때리거나 합장하고 서 있는 사람에게 싸움을 걸 수는 없다. 그래서 사람의 자세 중 가장 겸손하고, 자비롭고, 굳센 좌선과 합장만이 산천초목의 설법을 들을 수 있는 자세라고 한다.

남의 집 잔치 얘기가 너무 길었다.

복엄사는 흔히 '7조 도량'이라 불린다.

6조의 제자로 남악법계를 형성한 남악회양선사(677~744)의 주석도량이다. 눈을 돌려 산문을 보니 '천하법원(天下法院)'이라는 가로 편액이 걸려 있다. 양쪽 기둥에는 '칠조도량(七祖道場)' '육조고찰(六朝古刹)'이라고 새겨 놓았다.

2) 설사 한 물건이라 해도 맞지 않는다(說似一物卽不中)

묻는다 : 어디서 왔는가.

답한다 : 숭산에서 왔습니다.

묻는다 : 어떤 물건이 이렇게 왔는가.

답한다 : (아무 대답도 못한 채 무언이었다.)

남악회양이 '어떤 물건이 이렇게 왔는가'라는 6조 혜능의 물음을 깨닫기까지 8년의 세월이 걸렸다. 회양은 8년이 지난 어느 날 '어떤 물건'이라는 화두를 깨치고 6조에게 말했다.

남악 : 제가 확실히 깨달은 바가 있습니다.

6조 : 그게 뭐냐.

회양 : 그것은 설사 한 물건이라 해도 맞지 않습니다.

6조 : 가히 닦아서 증득(證得)할 수 있는 것인가.

회양 : 닦고 증득함이 없지는 않사오나 때묻거나 더럽혀질 수는 없습니다.

6조 : 바로 그것이 모든 부처님이 삼가 보존하는 바이다. 이는 네가 이미 그러하고 나 또한 그러하다.

회양수좌가 개오(開悟)하고 6조로부터 법을 인가받은 일화다. 화두로는 '설사 한 물건이라 해도 맞지 않다(說似一物卽不中〈對〉)'라 한다.

속성이 두(杜)씨인 남악회양은 섬서성 안강현 출신으로 15세에 소년 출가, 호북성 당양 옥천사에서 율종의 홍경(弘景)율사에게 율장을 공부했다. 회양은 옥천사 시절 어느 날 다음과 같이 자탄했다.

"출가인이라면 무참법(無參法 : 無爲法)을 공부해 천상의 인간이라야 능히 이를 수 있는 경계의 법을 얻어야 하는데!"

옆에 있던 도반인 탄연수좌가 회양이 탄식하는 말을 지음(知音)하고 "그렇다면 숭산의 노안(일명 혜안·대안)선사한테 가서 배우자"고 했다. 다음날 두 사람은 숭산 회선사로 가서 노안선사를 참문했다.

묻는다 : 조사가 서쪽에서 온 뜻이 무엇입니까.

답한다 : 왜 자기 뜻은 묻지 않고 조사가 온 뜻만 묻는가.

탄연은 노안선사의 반문을 듣는 순간 당하(當下)에 깨치고 노안의 제자가 됐으나 회양은 그래도 불법대의(佛法大意)를 깨닫지 못해 광동성 소관 조계로 내려가 6조 혜능대사에게 가르침을 청했다. 앞의 6조와 회양의 문답은 이런 사연을 거쳐 이루어진 선문답이다. 선문답에 가장 많이 등장하는 '조사서래의(祖師西來意)'는 회양 · 탄연 두 수좌와 노안선사의 문답이 효시다. 달마가 인도로부터 중국에 와서 전파하려 한 불교의 근본 진리가 무엇이냐는 이 물음은 모든 선문답의 출발점이며 귀결점이다. 이 한 가지 문제를 풀기 위해 갖가지 선문답이 전개되고 있다고 해도 지나친 말은 아니다.

노안선사의 대답은 불법의 근본은 자신의 내면을 들여다보는 '자기성찰'이라는 얘기다. 선종은 물론 모든 불교 종파의 수행과 깨달음이란 결국 처절한 자기 성찰을 통해 자신의 존재 근원을 똑똑히 파악하는 것, 즉 "네 자신을 알라(Know yourself)"는 소크라테스의 명언과 같은 것이다.

6조와 회양의 선문답 역시 같은 맥락이다. 6조가 회양의 참문을 받고 "어디서 왔느냐"고 물은 '어디'는 선문답에선 단순한 지리적, 공간적 장소가 아니라 인간 존재를 가능케 한 근원을 상징한다. 생물학적으로는 어머니 뱃속, 부모의 성교라고 할 수 있지만 형이상학에서는 존재의 본질, 도(道), 절대공(絶對空)을 말한다. 교학에서는 존재계를 가능케 하는 요소를 지(地) · 수(水) · 화(火) · 풍(風) 4대, 또는 여기에 공(空) · 식(識)을 더해 6대라 하기도 한다.

회양이 "숭산에서 왔다"고 하자 6조는 숭산에서 조계로 온 '너'라는 존재의 근원은 무엇이냐고 묻는다. "어떤 물건이 이렇게 왔는가"의 '어떤 물건'은 존재의 근원을 뜻하는 하나의 화두(話頭)다. 회양이 8년 동안 숭산에서 조계까지 온 자신의 존재 근원이 무엇인가를 깊이 생각한 것은 하나의 전형적인 화두 참구(參究)라 할 수 있다.

선종의 대덕(大德)들은 종도들에게 설법을 할 때 거침없고 직설적인 언사로 사람을 지칭하는데 '물건' '놈' 등과 같은 욕설과 비속어를 휘두른다. 이러한 선림의 전통은 바로 6조 혜능대사가 시작이다. 6조와 남악의 문답도 그 한 예다. 이와 같은 직설개법(直說開法)은 최하책의 교육방법으로 사람에게 똥을 퍼먹이는 '작함시포인(作含屎鋪人)'에 비유되기도 한다. 선장(禪匠)들이 제자를 가르치는 데 사용하는 언어는 때론 형이상학적이고 은유적이기도 하지만 대체로 일상적인 구어체와 모독적인 비속어 · 독설이 주류를 이룬다.

회양이 8년이나 참구한 끝에 깨친 '어떤 물건(존재의 근원)'은 문자와 언어로는 도저히 표현할 수 없는 언어도단(言語道斷)의 세계에 속하는 그 무엇이었다. "설사 한 물건이라 해도 맞지 않는다"는 말은 교외별전(敎外別傳), 불립문자(不立文字)의 세계에 속하는 불법진리를 뜻한다. 굳이 언설을 빌려 말한다면 도의 본질은 진공묘유(眞空妙有)를 연출하는 '절대공(絶對空)'이다. 이것이 바로 불법의 진리다.

이어진 6조와 혜능의 문답은 후일 마조선에서 도는 닦아서 얻는 게 아니라는 도불용수론(道不用修論)으로 발전한 유명한 일구다. 회양은 6조의 물음에 수행을 통해 도에 도달할 수 없는 건 아니지만 수행증득(修行證得)에 속박돼서는 안 된다고 대답했다. 이것이 이른바 '돈오'다. 깨달음이란 단계적인 수행을 쌓아 올라가 도달하는 게 아니라 어떤 계기에 갑작스레 이루어진다는 게 6조 이후 동아시아 선종의 핵심 선사상인 돈오론이다.

달마조사는 수증선법(修證禪法)을 강조, 그 방법론으로 이입(理入)과 행입(行入)이라는 두 가지 방편문(方便門)을 제시했다. 그러나 6조는 『단경』에서 '정혜불이(定慧不二)' '정혜등학(定慧等學)' 등을 통해 이(理)와 행(行)이 유기적 통일을 이루는 활선(活禪)을 선의 정통으로 제시했다. 6조는 이(理)와 혜(慧)는 수선(修禪)·수정(修定)·인욕이라는 정진의 목표이고 행(行)과 참선은 그 목적에 도달하기 위한 수단이라는 초기선의 수행론이 분리시킨 이와 행을 하나로 통일했다. 혜능조사는 유기적 통일로 하나가 되지 못한 채 목적 자체가 아니고 하나의 수단으로 행하는 좌선이라면 그것은 죽은 고목나무와 같은 선(枯禪)이며 앉아서 죽은 것(坐死)에 불과하다고 비판했다. 조사선에서는 '좌사'와 같은 고목선은 닦아서 아무것도 얻는 바가 없는 선으로 인과응보에 추락해 들어가는 광선(狂禪)이며 야호선(野狐禪 : 들여우선)이라 하여 철저히 배격한다. 6조는 돈오를 이끄는 엔진을 자성으로 보고 각(覺 : 각성)·정(正 : 정의)·정(淨 : 깨끗함)을 자성의 3보(三寶 : 본질)라 했다. 회양의 '설사일물즉부중(說似一物卽不中)'이라는 대답은 혜능조사의 오도송(悟道頌)에 나오는 '본래 한 물건도 없거늘(本來無一物)'과 같은 의미를 갖는 불법 성의(聖義)에 아주 부합하는 선철학이다. 그리고 회양이 "때 묻거나 더럽혀질 수는 없다(汚染卽不得)"고 대답한 것은 6조의 '본래무일물'이라는 구절의 원문인 '불성상청정(佛性常淸淨 : 불성은 늘 청정할 뿐이다)'과 같은 맥락이다(제2권 광동성 조계 남화선사편 참조).

선철학이 일반철학과 다른 점은 선에서는 외부 대상에 대한 이해를 추구하지 않고 자신의 내부를 들여다 보는 자성(自性) 발굴을 통해 존재의 실체를 밝히려 한다는 점이다. 선철학도 다른 철학과 마찬가지로 인간 존재의 밑바탕을 밝히려는 게 그 목표다. 그러나 그 방법이 다른 철학과 달리 내적 깨달음의 실천성을 강조하기 때문에 종교가 될 수 있는 것이다.

6조가 마지막으로 "모든 부처님은 물론 나와 네가 바로 그렇다"

고 한 것은 회양의 깨달음을 최고로 높이 평가한 찬사다. 회양은 6조의 돈오 선법을 이어받고 선림의 스승이 돼 달마의 스승 반야다라가 일찍이 예언한 마조도일이라는 걸출한 제자를 길러냈다. 서천(西天 : 인도) 선종의 제27대 조사인 반야다라는 서천 제28조, 동토 초대 조사인 보리달마에게 "장차 세상에 망아지 새끼 한 마리가 나타나 천하 사람들을 모두 밟아 죽일 것이다"라고 예언한 바 있다. 예언의 '망아지'는 바로 동아시아 선림을 석권한 조사선의 확립자이며 회양의 제자인 마조도일(馬祖道一)을 가리킨 것이다.

회양은 6조를 15년 동안 시봉한 후 당 현종 선천2년(713년) 조계를 떠나 호남성 남악 반야사(현 복엄사)로 가서 법석을 열었다. 남악회양은 반야사에서 31년이라는 세월을 머물면서 행화를 펼치는 가운데 마조라는 걸출한 제자를 길러냈다. 남악은 744년 8월11일 원적, 대혜(大慧)라는 시호가 내려졌고 명대(明代)에 『고존숙어록(古尊宿語錄)』이 간행될 때 그 안에 「남악대혜선사어록」이 수록됐다.

선림에서 흔히 말하는 조사선은 과연 무엇인가. 조사선의 원래 명칭은 '초불조사선', 또는 '초불월조선(超佛越祖禪)'이다. 선림이 관습적으로 지칭하고 있는 조사선을 한마디로 요약하면 6조 혜능의 제자와 법손들이 5가7종이라는 선종 분파가 형성되기 전까지 전개한 돈오 남종선을 말한다. 그러니까 6조-남악 · 청원-마조 · 석두-백장 · 약산-황벽 · 운암까지의 선이 바로 조사선이라는게 시대적 구분에 의한 조사선의 정의다.

6조의 법손들은 초기에는 주로 광동성을 중심한 남방에서 포교활동을 폈다. 그러다가 안 · 사의 난 후 강서성과 호남성을 중심무대로 크게 번창하면서 남악(호남성)과 청원(강서성) 법계(法系)를 형성하고 상호 경쟁적으로 영향을 끼치며 발전했다.

5가7종이 생겨나기 전까지 6조의 돈오 남종선이 펼친 조사선의 선법(禪法)을 간략히 살펴보자. 혜능조사의 설법집인 『6조단경』이 바로 돈오 남종선의 선법 교본이다. 『단경』은 "마음에 머물며 고요를 관하는 것은 병이요 선이 아니다. 마냥 앉아만 있는 것은 몸을 구속하는 일일 뿐 마음에 무슨 이익이 되랴(住心觀靜是病非禪 長坐拘身於理何益)"고 설파하고 있다. 6조의 선법을 가장 선명하게 드러낸 일구다.

6조의 선법이 표방하고 있는 특징들을 요약해 보면 첫째는 일체의 반야지혜는 모두 자성으로부터 생겨난다는 것이다. 둘째는 심체(心體)에 걸림이 없음이 곧 반야라는 것이다.

이와 같은 조사선(남종선)의 종지는 '이 마음 그대로가 바로 부처다(卽心卽佛)', 또는 '마음도 부처도 아니다(非心非佛)'로 발전, 선림을 풍미하면서 마음을 밝혀 본래의 성품 자리를 보면 곧 성불할 수 있다는 자신감을 가졌다. 이러한 선가의 자신감이 심화되면서 부처와 조사를 매도하고 경전 속의 교의(教義)를 우습게 여겼으며 이른바 부처도 조사도 죽이는 '살불살조(殺佛殺祖)'의 구극을 지향했다. 남종선은 급기야 자구(自求 : 자신의 내적 성찰을 통한 성불)를 귀히 여겼고 사람은 누구나 부처와 비견한 존재라는 신념을 굳혔다. 이러한 시기의 선문을 관습상 '초불월조선(조사선)'이라 했고 오늘에까지 전해오고 있다.

조사선에서 가장 주목할 점은 조사의 불법이 갖고 있는 '세속성'이다. 6조는 일찍이 『단경』에서 "불법은 본래 세속 안에 있다. 세간을 떠나지 않고 깨달아야 한다(佛法在世間 不離世間覺)"고 갈파했다. 불법이 세속성을 가지고 있음을 긍정한 조사선의 대표적인 불법관이다. 이는 기독교의 '종교개혁'에 비유될 만한 일대의 변혁이고 혁명이었다. '세속성'은 깨달은 선승들의 무애행과도 오버랩되면서 세속 생활에 내재하는 불법진리를 철견(徹見)해 그것을 여법하게 실천할 것을 요구하는 철저한 실천불교의 핵심이다.

이 시기의 선문 대덕들은 실천불교를 '평상심시도(平常心是道 : 일상생활이 곧 도다)'라는 한마디로 요약한 창의적인 선리(禪理)를 개발했다. 조사선은 이처럼 저 높은 수미산 꼭대기의 불법(관념불교)을 지상으로 끌어내렸고, 출세간의 불법을 세속적 정서가 지배하는 생활 속으로 끌어왔다. 다시 말해 출세간의 불법을 입세간(入世間)으로 반속(反俗)시킨 것이다.

돈오 남종의 조사선은 불교의 '중국 토착화'이기도 하다. 이는 인도불교가 중국에 전래된 지 6백년 만에 중국 고유의 문화전통에 철저히 동화돼 중국적 불교로 새롭게 태어난 것을 의미한다. 불교의 중국화에 가장 많은 영향을 준 중국 문화전통은 노장사상이다.

불교의 중국화를 본격적으로 이끈 혜능조사는 고목나무처럼 가부좌 틀고 가만히 앉아 있는 좌선간정(坐禪看淨)을 '좌사'라고 인식하는 것으로부터 불교개혁의 물꼬를 텄다. 6조의 후계자들은 그가 제시한 활선의 선법을 따라 선은 사람들의 일상생활 속에 있다고 믿고 '평상심시도'의 동적이고 실천적인 선수행을 제창했다. 좀더 구체적으로 말하면 옷 입고 밥 먹고, 농사 짓고, 간장·된장 담그고, 땔나무 나르고 우물물 길어 나르는 가운데 선이 있으며 이런 일상생활 속에서도 성불이 가능하다는 신념을 바탕으로 한 수행관이다.

참선방식이 새롭게 개발되면서 오도에 이르는 길은 전에 없이 광활하게 열렸다. 여기서 발생한 중요한 사건(?) 하나는 이른바 「백장청규」로 집약된 '농선병행(農禪併行)'이다. 한국 선종에서는

'선농일치' 라고 부르기를 좋아하는 중국 불교 선종의 농선병행은 한마디로 농사일도 곧 참선이라는 얘기다. 농사일을 하는 가운데서도 선리(불법진리)를 깨달을 수 있다는 발상은 참으로 놀라운 불교 혁명이었다. 왜냐하면 인도 원시불교에서는 '불살생(不殺生)' 의 계율을 지키려고 승려는 물론 일반 신도들까지도 논밭을 경작하다가 본의 아니게 벌레들을 살생하는 것을 피하기 위해 농사를 짓지 않았기 때문이다. 결과적으로 이는 국가경제 · 국민경제에 많은 문제를 야기했다.

선농일치라는 견성성불(見性成佛)방식은 중국 선승들이 독창적으로 개발한 가장 획기적인 수행방법이다. 중국 선승들은 구체적인 농선수행 방법으로 '보청(普請)' 이라는 공동노동 방식을 개발해 보시를 받아 의식주를 해결하던, 즉 남에게 의지하는 종래의 탁발을 없애고 필요한 물건을 자체 생산하고 조달하는 자급자족 생활을 했다.

승려들에게 의무적으로 농사를 짓게 한 선원의 보청법은 자연스레 승려들을 '자연' 에 친근하게 만들었다. 농사를 통한 자연 친화(親和)는 승려들이 오도의 경지를 이해하는 데 심대한 영향을 끼쳤다. 일을 열심히 하다 보면 자신을 비워내고 대상과 하나가 돼 물아일체의 경지가 된다. 참선 수행이라는 것도 바로 이와 같은 원리다. 모든 번뇌 망상의 단절은 곧 자기를 비우는 일이며 자기와 대상이 하나가 되는 빈주호환(賓主互換) 속에서도 주인과 손님의 개체성을 버리지 않는 '무분별 속의 분별' 을 가능케 한다. 무분별 속의 분별을 체득하는 게 바로 선적인 깨달음이다.

농선병행은 노동을 하는 중에 하는 수기설법(隨機說法)이나 제자들과의 선문답 등을 통해 노동의 정신적 가치를 드러내 보였다.

여기서 승려들의 노동은 참선과 대등한 효력을 갖는 수행방법의 하나로 정착됐다. 이처럼 노동을 수행 차원으로 승화시킨 예는 고금의 어느 종교에서도 찾아볼 수 없는 놀라운 것이었다. 선승들이 농선병행을 시작한 최초의 동기는 선종이 율종으로부터 독립, 민가에서 멀리 떨어진 심산유곡에 들어가 참선수행을 하다 보니 탁발이 불가능해 논밭을 개간, 식량을 자급자족한 데서 비롯됐다. 그러니까 그 출발 동기는 경제적 이유였다. 그러나 보청을 단순한 식량 해결이라는 경제적 차원에 머물게 하지 않고 종교적 수행 차원으로 승화시킨 점은 높이 평가할 만한 중국 불교 선종의 두드러진 업적이다.

조사선의 시기에 또 하나 주목할 점은 인재 배출이다. 마조도일·석두희천·약산유엄·조주종심·단하천연선사 등은 바로 이 시기 선림이 배출한 선종사의 거목들이다. 이들은 초기 선종의 교학적 가르침을 보조적 수단으로 밀어내고 남종 돈교(頓教)의 직지인심(直指人心)을 종지로 내세웠다. 조사선 이전에는 경전상의 교리에 의지해 깨닫는 방법인 자교오종(藉教悟宗)이었다. 그러나 조사선의 선사들은 자신의 심성을 스스로 꿰뚫어 봄으로써 본래면목을 찾아 부처의 경지에 이르는 설법 형식을 개발했다. 이른바 '직지인심'이라는 말로 요약되는 조사선의 수행법은 기봉(機鋒)·방·할 등과 같은 기묘한 방편을 활용했다. 선림의 교육방법은 조사선의 시기에 이처럼 일대 전환을 이루는 개혁이 단행돼 오늘에까지 이어지고 있다.

오늘날 우리가 흔히 말하는 '조사'는 사실상 이 시기의 걸출한 선사들을 가리키는 말이다. 물론 선종사에서는 1조 달마부터 6조 혜능까지만 조사라는 칭호를 사용한다. 그러나 관습적으로 선림에서 자주 말하는 조사는 혜능조사 이후 5가7종이라는 선종 분파 이전까지 배출된 걸출한 선장들까지 포함하고 있다. 때로는 더 넓은 의미로 사용돼 당·송대 거물 선사들을 모두 포괄하기도 한다. 훌륭한 스승, 인격자를 뜻하는 '조사'라는 용어는 조사선의 시기에 이르러 보편화했고 오늘에까지 널리 회자되고 있는 선림의 금과옥조 같은 관용어다. 중국 선불교는 여기서 자기 스스로가 내면자증을 통해 부처도 뛰어넘는 '조사'의 지위에 이를 수 있다는 자신감을 갖고 기독교에서 말하는 창조주 하느님을 '나'라는 인간으로 대치했다.

7세기 중엽부터 9세기 초에 이르는 1백50여 년 간의 조사선 시기는 중국 선불교의 황금기였다. 조사선 시기의 법계(法系)는 남악계와 청원계로 나뉘었다. 두 사람 다 6조 혜능의 제자였기에 비록 법맥상 남악회양계와 청원행사계라는 구분은 있었지만 두 문중의 관계는 우호적이었다. 그래서 승려들은 스스럼없이 양 문중을 서로 내왕하고 명안(明眼)선사들을 계파 구분 없이 참방하면서 선리를 공부하고 의기투합했다. 이 시기 운수납자들의 행각과 참학의 선문답은 전혀 계파의 구애를 받지 않았고 네편, 내편이라는 문중의식도 전혀 없었다.

단적인 예로 약산유엄·동산양개선사가 각각 남악계의 마조선사와 남전보원·위산영우선사 밑에서 공부를 하고 법의 인가는 청원문하의 석두희천·운암담성선사한테 받아 법계상으론 청원계가 된 사례를 들 수 있다. 말하자면 이들은 '남악대학'을 다니다가 '청원대학'으로 전학해 청원대 졸업장을 받은 격이다. 조사선의 시기에는 이처럼 양대 법계간 전학이 자유로웠고 두 대학의 실력에 전혀 우열이 없었다.

그러나 남악법계와 청원법계의 학풍에 다른 점이 없진 않았다. 선사들도 사람인지라 각자 개성이 있고 성격이 다를 수밖에 없었다. 조사선의 사실상 개창자인 마조와 석두라는 양대 산맥에 이르면 각기의 '가풍(家風)'이라는 게 나름대로 정립된다. 그 대표적 사례의 하나가 마조 자신도 인정했듯이 마조의 선은 '잡화상', 석두의 선은 '순금방'이라는 서로 다른 가풍을 지녔다는 사실이다.

조사선의 시기에 나타난 또 다른 특징은 '어록(語錄)'의 출현이다. 선사들의 행각 참방을 기록, 후세 선승들에게 영감의 원천이 된 '어록'이 만들어진 것은 선종사를 장식한 역사적 업적이었다. 조사선 시대의 선림은 조사급 선사들의 상당법어(법문)와 선문답을 제자들이 채록해 두었다가 사가(師家) 원적 후 책으로 출간, '어록'이라는 것을 남겼다. 오늘날 한·중·일 3국의 선림에서 드는 화두 대부분이 이 시기 선사들의 어록에서 나왔다.

그런데 요사이 한국 선림은 '원적 후 어록 출간'이라는 전통과는 달리 버젓이 생존해 있으면서도 서둘러 어록(법문집)을 출간하는 '조급증'이 범람, 눈살을 찌푸리게 한다. 한 인간에 대한 평가는 원칙적으로 사후에 이루어짐이 마땅하다는 게 승·속 간에 공통된 역사철학이다. 항차 상식이 이러하거늘 눈 시퍼렇게 뜨고 있으면서 성급히 '어록'을 출간하니 참으로 딱한 일이다.

조사선 시기에 남긴 어록의 내용을 보면 학인들을 제접(諸接)하면서 거량한 선문답이 양적인 면에서 단연 압도적이다. 조사선의 어록들은 선종에서 '불경'과 대등한 위치를 갖는 교과서다. 후세의 선림은 이들 어록에서 비롯한 화두를 들고 선리를 참구해 견성의 문을 열었다. 선종은 조사선의 시기에 이르러 이미 마조·석두·백장·약산·조주·운암 같은 영재들이 임립(林立)하면서 대

성황을 이루었는데도 왜 선종 5가라는 분파가 형성됐는지 불가사의한 일이다.

조사선에서 마지막으로 주목해야 할 점은 '개방화'다. 6조 혜능에서 이미 승속(僧俗)·범성(凡聖)·불교와 다른 종교 간의 장벽이 허물어졌다. 선종의 개방화는 불교 교리를 한층 깊게 하면서 보편화시키는 결과를 가져왔다. 조사선의 선사들은 유가와 도가·속인·시인묵객들과 어떤 이질감이나 간격을 느끼지 않으면서 허물없이 교유했다. 뿐만 아니라 유교·도교의 교리도 필요할 경우 서슴없이 수용했다. 이러한 조사선의 전통은 5가7종 이후의 선림에도 그대로 전승되면서 훨씬 더 폭을 넓혀 일반 사대부들과도 교류가 활발했다.

여기서 불교사적으로 가장 획기적인 의미를 갖는 것은 전통적인 재가(在家)와 출가(出家)의 장벽을 허문 승속일여의 거사불교 인정이다. 지금도 재가불자는 무조건 출가불자인 승려에게 3배를 올려야 하고 신도는 종회의원을 할 수 없는 한국 불교 선종(조계종)의 경우와는 정반대인 조사선의 전통이다. 한국 선림도 역대로 '조사스님네들'을 누누이 강조해오고는 있는데……. 그렇다면 한국의 조사선은 '구두선(口頭禪)'이란 말인가.

중국의 선림은 현재도 옛 조사선의 전통을 따라 '거사(居士 : 재가불자)'도 승려와 똑같은 반열에서 불도를 논하고 법력을 겨룬다.

실례로는 거사(재가불자)일지라도 도가 더 높으면 승려가 3배를 올리고 가르침을 받는다. 현 중국불교협회 회장인 조박초거사는 재가불자지만 모든 승려들이 그를 1급선사로 추앙한다. 그리고 중국 선종의 거사들은 지금도 원하면 절에서 승려와 똑같이 기거하기도 한다. 거사 수련과정에 있는 재가불자를 흔히 '학원(學員)'이라고 하는데 한국 절에 비유하자면 행자(行者)격이다. 학원들은 절에서 숙식하면서 불법을 공부하고 참선정진을 한다.

선종은 이미 1천3백년 전 조사선 시기에 재가와 출가의 구분을 없애면서 "불법은 삭발염의(출가)나 유발속복(재가)에 있는 게 아니라"고 설파했다. 이는 선이 지향하는 만법일체사상(萬法一體思想)과도 일치하는 실천이었다. 그래서 중국 선종은 거사들도 당당히 법맥도(족보)에 올라 있다. 중국 선종 법계도에는 재가불자였던 방온거사·향산(백거이)거사·배휴(당나라 재상)·소동파·황정견(호 : 산곡)·육긍대부 등이 당당했던 선사들과 나란히 선종 족보에 올라 있다.

한국 선림에도 '유발제자'니 '속가제자'니 하는 말은 있지만 처자를 둔 재가거사를 문중 계보나 선종 법맥도에 올리는 예는 없다.

나는 중국 선불교 고찰들을 답사하면서 조사선의 실질적인 창시자 마조도일대사가 재가불자인 방온거사에게 출가 수행하는 입실제자들과 똑같은 법사(法嗣) 자격을 인정했던 사실에 새삼 큰 감동을 느꼈다. 선종에서 유발거사를 법제자로 삼은 것은 마조가 최초였던 것 같다. 방온거사가 마조대사를 참문하기 전 석두선사 문하에서 견성의 문턱을 넘어섰을 때 석두는 그에게 다음과 같이 물었다.

> "너는 이제 흑색(출가승의 염의)을 취하겠느냐, 아니면 백색(재가 범부의 소복)을 취하겠느냐."

방온은 이때 "오직 사모하는 분을 따를 뿐입니다"라고 대답, 소복의 재가불자로 남겠다는 의사를 밝혔다. 방온은 그 후 강서성으로 가서 마조선사를 참알(參謁)하고 활연대오한 후 마조의 법제자가 돼 일생동안 유발승으로 선림을 행각했다. 방거사는 비록 유발속복의 재가불자였지만 당시 선림의 어느 방장, 어느 선지식(善知識)에 못지 않은 도인 대접을 받았고 선종 역사에도 떳떳이 올라 있다.

출가와 재가의 구분 없이 유발속복의 불자도 실력만 있으면 승려와 동등한 대우를 받는 거사불교의 확립은 범성일여·체용일여(體用一如)·은현일여(隱顯一如)·빈주호환(賓主互換)이라는 통합적인 일원론을 핵심 축으로 하는 선리(禪理)의 여법한 실천이었다고 볼 수 있다.

오늘의 한국 불교는 선종의 재가불교·거사불교 전통과 세속에서도 별세 후에나 공덕비를 세우는 예법을 깊이 되새겨 생존시 법문집(어록)을 출간하는 관습 등에 온고지신(溫故知新)의 지혜를 발휘해야 할 것 같다. 입만 열면 '조사 스님네들'을 말하고 또 조사선 시대의 화두들을 들고 오도의 길에 이르고자 참선정진을 하면서도 신앙 실천에서는 전혀 동떨어진 길을 가고 있는 오늘의 불교 현실이 정말 안타깝다.

3) 거울이 상을 만들어낸 후(鏡子成像后)

묻는다 : 우리가 거울에 자기 몸뚱이를 비치면 상(像)이 나타나는데 상을 만들어 낸 뒤 거울의 밝음은 어디로 갑니까.

답한다 : 대덕의 어릴 적 모습은 어디로 갔는가.

묻는다 : 다만 상이 이루어진 뒤에는 어찌해서 비치지 못하는가 했을 뿐입니다.

답한다 : 아무리 더 이상 비치지 않는다 해도 조금도 속이지는 못한다.

남악회양선사와 한 대덕의 선문답이다. 이 선문답의 내용을 화두로는 '경자성상후(鏡子成像后)'라 한다. 회양의 대답이 뜻하는 바는 현상계에 나타나 있는 만법은 상주불변하지 않고 늘 변동한다는 것이다. 흔히 말하는 제행무상(諸行無常)을 설파한 것이다.

"그대의 어릴 적 모습은 어디로 갔는가"라는 회양의 반문은 만약 그대의 어릴 때 모습을 동상으로 만들어 놓았다 하더라도 그 상은 지금 너의 진짜 모습과 같지 않다는 말이다. 인간은 생로병사의 과정을 따라 하루 하루 변하기 때문에 미세한 부분적 진상(眞相)은 매일이 다를 수밖에 없다. 후일 법안종 개산조인 법안문익선사는 회양의 이 대답을 아주 명쾌하게 읽어내고 다음과 같은 표현으로 대체했다.

"어떤 것이 그대(대덕)가 만들어 낸 상인가(不知娜个是大德鑄的像)."

거울에 비쳐 만들어 낸 사람의 상(얼굴)은 사람이 있기에 가능한 것이다. 따라서 거울에 비친 자신의 얼굴은 자신이 만들어 낸 것이지 거울이 만들어낸 것은 아니다. 그러나 거울은 얼굴을 한번 비치고 나면 더 이상 그 얼굴의 상을 만들어 내는 작용을 하지 않지만 또 다시 다른 물건이 나타나면 비쳐준다. 이처럼 거울 앞에 나타나는 물체가 변해야 다시 새로운 상이 나타나듯이 구체적 형상이 있는 삼라만상의 외형은 변함 없는 변환작용 속에서 존재한다. 그렇지만 존재의 근원인 '자성'은 영원불변이고 부증불감(不增不減)이다.

한번 비친 동일한 물체는 다시 비치지 않는 거울은 곧 자성을 상징한다. 거울이 비춘 상을 또다시 비춰 다른 상을 만들어 내지 않는 것은 비추어 보았자 내내 그 상이기 때문이다. 그러나 거울이 상을 비칠 때는 조금도 속임이 없이 있는 그대로의 모습을 나타내준다. 자성의 작용도 이와 같이 속임수가 없고 물체가 나타날 때마다 상을 만들어내듯이 계기에 응해 천변만화(千變萬化)한다. 이른바 수기응변(隨機應變), 접물응연(接物應緣)이라는 자성의 본질이다. 결론은 거울에 비친 자신의 얼굴은 끊임 없는 변화를 속성으로 하고 있는 자성의 작용이며 그림자고, 가아(假我)지 자성본체(진아)는 결코 아니다. 거울에 비친 자신의 상을 곧바로 진아(眞我)의 '나'로 보는 것은 마음이 움직여 일으킨 망상인 것이다. 거울이 한 물체에 하나 이상의 또 다른 상을 만들어내지 않는다고 해서 거울의 자성이 가지고 있는 속성, 즉 비치는 작용이 없어진 것은 아니다. 왜냐하면 물체가 바뀌기만 하면 또 비쳐 상을 만들어낸다. 우리의 자성도 이와 똑같이 본체와 작용이 동전의 앞뒷면처럼 하나를 이루고 있다. 거울에 비친 상도 결국은 자신의 자성이 빚어낸 상이다. 왜냐하면 자성과 거울은 본질면에서 똑같은 속성을 가지고 있기 때문이다.

회양선사가 말한 "그대의 어릴 적 모습은 어디로 갔는가"나 법안이 설파한 "어떤 것이 그대가 만들어 낸 모습인가"는 똑같은 의미다. 다만 회양은 '함축적'인데 반해 법안은 명쾌하고 직설적이다.

3고(三古) 사찰 복엄사를 찾은 것은 1996년 5월 1일이었다. 남악회양선사의 행화도량인 옛 반야사(般若寺 : 현 복엄사)는 위진남북조 시대의 6조(六朝) 고찰로 당시의 사찰, 당시 조성한 불상, 당시 심었다는 나무(은행나무) 등이 지금도 그대로 있다고 해서 사고(寺古)·불고(佛古)·수고(樹古)의 '3고 사찰'이라 한다.

중국 5대 명산(五嶽)의 하나인 호남성 남악 형산은 조사선의 우뚝한 봉우리인 남악회양선사와 석두희천선사의 행화도량이 있고 마조도일대사가 개오한 곳이라 6조 혜능대사가 주석했던 광동성 조계와 함께 중국 선불교 남종(南宗)의 양대 성지다. 5악은 중악 숭산(하남성)·동악 태산(산동성)·서악 화산(섬서성)·남악 형산(호남성)·북악 항산(산서성)을 말한다.

양자강 이남의 최고 명산인 남악 형산은 예부터 불교·도교를 위시한 각종 종교가 번성했던 곳으로 중국 종교의 성지로 이름이 높다. 5대 명산의 하나라는 남악의 자연 경관에도 호기심이 일었지만 오늘의 동아시아 선불교 주류를 이루는 임제선의 원류가 된 남악회양·마조도일선사의 체취를 간직한 곳이라는 점에서 한시 바삐 달려가보고 싶은 곳이었다. 남악 형산을 밟기는 난생 처음이었기에 더욱 반갑고 설레기조차 했다.

형산 척발봉 동쪽 산록에 자리한 복엄사는 현재 임제종 소속 사찰로 중국 선불교 10대 총림의 하나였고 남종선의 저명한 전법(傳法)성지다. 바로 남악이 여기서 마조에게 남종 돈오의 심지법문(心地法門)을 전해 선종이 꽃을 피우게 한 곳이다. 복엄사는 현재 호남성 문화재로 지정돼 있다.

『남악지(南嶽志)』에 의하면 복엄사의 옛 이름은 반야사, 또는 반야대(般若台)였다. 반야사는 진(陳) 광대 원년(567) 천태종 제2대 조사인 남악혜사선사(514~577)가 창건한 6조 고찰로 남악 형산의 최초 불교 사찰이다. 남악혜사(南嶽慧思)는 언제 어디서나 쉽게 실천할 수 있는 참선수행법인 '지관선(止觀禪)'을 설한 『대승지관법문(大乘止觀法門)』을 저술, 중국 불교 선종의 발아기에 크게 공헌한 인물이다.

혜사선사의 '지관법'은 천태종의 중요 참선 수행법일 뿐만 아니라 선종 6조 혜능대사의 '지관타좌(只管打坐)'로 이어졌다가 후일 조동종의 묵조선(默照禪)과 임제종의 '간화선(看話禪)'으로 발전한 참선 수행법이다. 지관의 '지(止)'는 우리 마음속의 정적(靜的)인 요소를 극대화시키는 과정으로 우리 의식이 대상을 향해 작용해 일으키는 망상을 돌이켜 마음의 근원을 깨닫게 하는 것을 말한다. '관(觀)'은 우리 마음의 동적(動的)인 부분을 다스리는 것으로 우리 의식이 대상을 만날 때 관조 작용을 일으키게 하는 통제작용이다.

'지관법'은 현상과 본질이 궁극적으로는 하나라는 체용상즉(體用相卽), 공즉시색(空卽是色)의 원리를 체득하려는 실천방법으로서의 참선이다. 혜사선사의 지관선은 일정한 시간을 선방에서 정진하는 참선이 아니라 평범한 일상생활 속에서 자신의 의식작용을 컨트롤하는 무시선(無時禪), 무처선(無處禪)의 선법이다. 지관수행은 이처럼 시간과 공간의 제약을 받지 않고 어느 곳, 어느 시간에도 가능하다. 조사선의 '평상심시도'나 선종 5가7종이 한결같이 강조하는 농선병행(農禪倂行)·활선(活禪)도 바로 남악혜사의 '지관선'을 그 원류로 한 것이다. 우리가 본래의 청정한 마음을 의지해 지관쌍행(止觀雙行)의 수행을 하면 사물이 가지고 있는 현상과 본질의 양면성, 곧 진리의 양면성이 눈앞에 환히 드러나 어느 한 쪽에 치우치지 않으면서 양 쪽을 다 포괄하는 경지에 이를 수 있다.

남악혜사선사는 한국의 백제 불교와도 각별한 인연이 있다. 백제 위덕왕대의 현광(玄光)스님이 그를 찾아가 천태종 소의경전인 『법화경』〈안락행문(安樂行門)〉을 공부하고 인가(印可)를 받은 후 그의 고향인 웅주(熊州 : 현 충남 공주)로 돌아와 법화(法化)를 폈다. 백제승 현광의 혜사선사 참문과 법맥 전승은 중국 위진 남북조 불교가 백제에 들어 온 예의 하나다. 현재 백제시대 불교 유적으로 추정되는 마애불의 백미인 '서산 마애삼존불'도 이 시기 남조(南朝)불교의 영향을 받은 작품이라고 볼 수 있다.

남악혜사가 창건한 복엄사는 당나라에 들어와 그 명성이 더욱 높아졌다. 당태종은 복엄사에 범어 경전 50권과 어서(御書)를 하사했다.

당 선천 2년(713) 남악회양선사가 조계 혜능조사 문하에서 깨친 후 형산으로 올라와 이 절에 주석하면서 선종 도량이 됐다. 남악이 반야사에 주석하는 동안 남긴 최대의 업적은 돈오선법을 마조도일에게 전해준 일이다(제3권 강서성 마조도일편 참조).

반야사는 북송 흥국태평연간(976~984)에 확장 중건되면서 사찰 이름이 복엄사(福嚴寺)로 개칭됐다. '복엄'은 절을 중건한 당시 주지 복엄화상(원명 남악혜조)의 법호다. 송나라 조정은 남악혜조(南嶽慧照)선사를 높이 받들었다. 복엄화상은 반야사에 9년 동안 주석했는데 신도들이 1백리까지 줄을 이었고 그 문도들은 사찰 주위에 매일 같이 송삼(松杉) 등을 심었기에 사찰 경관이 장엄했다.

청대에는 건융3년(1738) 대대적인 중수를 하고 건융5년 황제가 친히 쓴 편액과 대장경을 하사했다. 동치연간(1862~1870) 병부상서 팽옥린이 복엄사를 유람하다 절이 너무 황폐했음을 보고 돌아가서 주청, 현재 규모로 중창했다. 산문에 걸려 있는 '칙건 복엄사(敕建 福嚴寺)'라는 편액에는 "팽옥린서 동치 경오 추(彭玉潾書 同治

庚午 秋)"라는 관서(款暑)가 씌어 있다. 그러니까 복엄사는 병부상서(국방장관) 팽옥린이 황제한테 건의해 국고 지원으로 중창하고 사찰 편액도 자신이 직접 썼던 것이다. 산록에 기대 세운 복엄사의 대지는 4묘(畝)에 불과, 규모가 크지 않고 아담한 절이다.

선종 중요 성지의 하나인 3고(古)사찰 복엄사의 사찰 구조는 산문-지객청(知客廳)-악신전(岳神殿)-대웅전-조당의 순으로 수직 배치돼 있다. 이들 주전각의 좌·우 양측으로는 선방·재당(식당)·향적주(香積廚·부엌) 등이 행각 형태로 이어져 있다. 복엄사의 사찰 구조 중 특이한 점 두 가지는 산신을 모신 남악성제전이 주전각으로 배치된 점과 대웅전 안에 달마상·가람 수호신상을 모신 것이다.

산문

복엄사의 정문격인 산문은 동북향이고 여염집 대문형이다. 사찰 산문이 대개 삼문(三門)형식이거나 감실형인데 비해 복엄사 산문은 나지막한 직사각형에 두 짝의 나무 문이 있을 뿐이다. 산문의 위쪽 문틀에는 '천하법원(天下法院)'이라는 네 글자를 새겨 놓았다. 말하자면 7조 회양조사가 이곳에서 법석(法席)을 열어 중국 선종의 정통적인 법통을 확립했다는 뜻이다. 원래 선종사는 6조 혜능 이후로는 '조사'라는 칭호와 대수를 사용치 않은 것으로 돼 있지만 남악회양과 청원행사 두 선사는 그 후손들이 '7조'라는 칭호를 즐겨 붙였다. 그래서 중국 선림은 7조까지는 흔히 '조사'라는 칭호를 사용한다. 산문의 양쪽 기둥에는 좌·우로 '7조도량(七祖道場)' '6조 고찰(六朝古刹)'이라는 주련이 대련해 있다. 산문의 주련은 이 사찰의 정체성(正體性)을 한마디로 잘 요약, 남악회양선사의 주석

▲ 남종선 남악법계를 형성한 남악회양선사 도량인 복엄사 산문.

도량이며 남북조 시대에 창건된 옛절임을 알려준다. 남악회양과 청원행사가 각각 행화를 펼쳤던 2개의 7조도량(형산 복엄사와 강서성 청원산 정거사)은 이렇게 잘 보존돼 있다(제3권 청원산 정거사편 참조).

지객청

지객청(知客廳)은 말하자면 절의 손님을 맞는 응접실이다. 중국 사찰은 모두 지객당을 두고 있고 사찰 내방객의 접대·안내 등을 전담하는 소임을 맡는 스님을 '지객승'이라 한다. 지객승은 사찰에서 방장(주지)·당가(부주지) 다음 서열이다. 지객청 기둥에는 복엄사의 역사적 지위를 천명하는 영련(楹聯)이 걸려 있다. 오른쪽 영련에는 '복엄위남산제일고찰(福嚴爲南山第一古刹)', 왼쪽 영련에는 '반야시노조불이법문(般若是老祖不二法門)'이라 씌어 있다. 복엄사는 남악 형산에 처음 생긴 불교 사찰이며, 남악회양이 여기서 홍양(弘揚)한 선법은 반야지혜를 지향하는 불이법문이었다는 얘기다. 불이법문이란 상대적인 대립과 차별을 떠나 무분별의 절대평등에 이르는 이치를 밝히는 선종의 가르침이다. 선종의 교의(敎義)는 분별심을 버리고 일체 평등의 경지에서 무분별의 분별을 따라 사는 지혜인 '불이법문'으로 요약할 수 있다.

악신전

인간 모습의 거대한 산신상(山神像)을 모신 악신전에는 남악성제전(南嶽聖帝殿)이라는 편액이 걸려 있다. 일부 선종 사찰에 도교의 관우상(강서성 남창 우민사 등)이나 사찰을 크게 후원한 왕의 상(예 : 복건성 복주 용천사의 민왕상)을 모시는 경우가 있긴 하지만 이처럼 대형 산신상을 조성, 봉안한 예는 내가 답사한 86개 선종 고찰 중 복엄사가 유일했다.

『남악지』에 실려 있는 전설에 따르면 혜사선사가 복엄사를 창건할 때 산신과 바둑을 두어 이겨 절터를 얻었다고 한다. 혜사선사는 산신이 땅을 준 것을 기려 전각을 지어 산신이 내려오면 쉬게 했고 사람들이 공양하는 향화(香火)를 향수하도록 했다. 또 진(陳)나라 후주는 산신을 숭모해 제사를 지냈고 동 3천근으로 산신상을 주조해 입불(立佛) 3좌와 함께 산신전에 봉안했다. 복엄사의 산신전과 산신상이 조성된 연기(緣起)다. 송대 황정견이 남긴 『남악록(南嶽錄)』에도 "산신동상 1존이 있다"고 기록하고 있다. 따라서 진 후주가 주조, 봉안한 동(銅) 산신상은 송나라 때까지는 분명히 존재했다. 그러나 원래의 산신상은 문화혁명 때 파괴됐고 현재의 산신상은 1986년 흙으로 빚은 소상(塑像)이다. 소상이지만 금동색을 입혀 언뜻 보기에는 동상처럼 보인다. 모양은 수염이 길게 난 사람으로 인격화돼 있는데 엄청나게 커서 우선 그 위풍이 관람자들을 압도한다

복엄사에는 사찰의 일반 양식인 사천왕문과 사천왕상이 없고 이 산신상만 있다. 그러니까 악신전과 산신상이 사천왕문과 사천왕상을 대신해 복엄사라는 가람을 수호해주고 있는 것이다. 이처럼 사천왕상을 산신상으로 대신한 사찰도 복엄사뿐이었다. 이 점은 복엄사 가람 양식의 특징이다.

대웅전

금니(金泥) 소상 석가모니 3존불과 18나한을 봉안했다. 원래는 진 후주 때 조성한 동 3존불을 모셨으나 유실되고 현재의 불상은

문화혁명 후의 종교 개방정책에 따라 1984년 조성된 소상이다. 3존불 뒤편 왼쪽에 달마상과 오른쪽에 가람수호신을 봉안했는데 대웅전에 달마상을 모신 예도 답사 사찰 중 복엄사가 유일했다.

조당

조당은 조사전 · 방장 · 설법당 등 3간의 전각으로 구성돼 있다. 설법당 위에는 '오엽유방(五葉流芳)' 이라 쓴 금자 편액이 걸려 있고 조사전에는 남악회양선사와 복엄사에 주석한 거물 선사들의 위패를 모셨다. '오엽유방' 은 선종이 당말(唐末) 5대에 이르러 만개, 5가(위앙 · 임제 · 조동 · 운문 · 법안종)라는 꽃을 피운 것을 뜻한다. 『전등록』은 6조 혜능의 돈오법문이 7세기 말 돌기(突起), 남종을 창립한 후 당말오대(唐末五代)에 걸쳐 생겨난 남악-마조법계의 위앙 · 임제종과 청원-석두법계의 조동 · 운문 · 법안종 등 남종선의 5가를 일러 '일화오엽(一花五葉)' 이라 했다. 이는 5개의 꽃잎을 가진 하나의 꽃이라는 뜻으로 곧 남종선의 5가를 찬미하는 표현이다. 5가는 후일 임제종이 다시 양기파(종)와 황룡파(종)로 나뉘자 이를 합해 '5가7종(五家七宗)' 이라 불렀고 남종선의 번성을 대표하는 선림의 성어(成語)로 오늘에까지 회자되고 있다. 현재도 중국 선종 사찰들에는 방장실 · 조사당 등에 선종의 번영을 기리는 '오엽유방' 이라는 글씨나 편액이 거의 빠짐없이 있다.

남악 형산은 남종선의 양대 종파로 현재까지 지속되고 있는 임제종과 조동종, 즉 제동(濟洞)의 선법이 시원(始源)한 성지다. 왜냐하면 임제종 법맥의 원천인 남악회양선사가 주석한 복엄사와 조동종 법맥의 조원(祖源)인 석두희천선사 도량 남대사가 모두 남악에 있기 때문이다. 그래서 회양선사 도량인 복엄사 설법당은 '오엽유방' 이라는 편액을 걸어놓고 있는 것이다.

선방 · 재당 · 향적주

사원 양측에 계단식으로 고저 균형을 이루며 배치된 이들 건물 앞에 지붕을 한 행각과 보도가 이어져 회랑을 형성하고 있다. 이는 중국 불교의 전형적인 가람 배치양식이다. 선방은 아직 복원이 덜 돼 사용치 못하고 있으나 식당과 주방인 향적주는 말끔히 보수돼 사용중이다.

은행나무

사원 왼쪽 담 밖에 수령 1천4백년을 자랑하는 은행나무(둘레 5미터)가 한 그루 있다. 이 은행나무는 복엄사 창건자인 혜사화상에게서 수계(受戒)했다는 전설을 지니고 있다. 원래는 산문 안에 이런 은행나무가 3그루 있었는데 청규(淸規)를 범해 산문 밖으로 쫓겨났고 현재 한 그루만 남아 있다고 한다. 현재는 고목 밑동에서 새롭게 돋아난 가지들이 아주 왕성하게 성장을 하고 있다. 주지 대악(大嶽)화상에 따르면 이 은행나무는 문혁 때 벼락을 맞아 죽었다가 85년 승려가 입주하면서 되살아났다고 한다.

복엄사 사찰 내부는 대충 이 정도만 살펴보고 남악회양탑 · 호포천 · 일생암 등 주변 유적은 다음 장으로 넘긴다.

4) 소금과 간장이 떨어진 일이 없다(不曾少醬塩)

마조가 스승 남악회양선사에게 심인(心印)을 인가받고 강서성으로 가서 행화을 펼치고 있을 때 이야기다. 남악이 하루는

▲ 문혁 때 벼락을 맞고 죽었다가 1985년 승려들이 다시 입주하면서 살아나기 시작했다는 1천4백년 된 은행나무. 복엄사 왼쪽 담 밖에 있다.

문도들에게 "도일이 아직도 대중 설법을 하지 않는가"고 물었다. 문도들은 "이미 개당 설법을 시작했습니다"라고 아뢰었다.

"그런데 아직껏 마조도일의 소식을 상세히 전해주는 사람이 없구나."

남악은 이렇게 말하고는 제자를 하나 부르더니 다음과 같이 일러 도일에게로 보냈다.

"가서 도일을 만나거든 '무엇을 하고 있느냐'고 물어봐라. 그리고 그가 대답하는 바를 들어서 나한테 하나도 빠뜨리지 말고 그대로 보고하라."

남악은 마조라는 매실이 얼마나 익었는가를 시험해보기 위해 이처럼 제자를 멀리까지 파견했다.

묻는다 : 무엇을 하고 있습니까.

답한다 : 안록산과 사사명의 난이 일어난 후로도 30년동안 소금과 간장이 떨어진 일이 없다(安史之亂後 三十年不曾少塩醬).

남악이 파견한 제자는 돌아와서 위와 같은 도일의 대답을 그대로 전해 올렸다.

남악은 도일의 대답을 전해 듣고는 고개를 끄덕였다.

남악이 사람을 보내 도일의 견지를 검증한 이 선화(禪話)를 화두로는 '부증소염장'이라 한다.

"30년동안 소금과 간장이 떨어진 일이 없다"고 한 도일의 대답이 뜻하는 바는 무엇일까. 한마디로 수십년 동안 늘 밥을 먹고 잠을 자는, 변함 없는 평상심의 삶을 말한 것이다. '평상(平常)'은 늘 일정한 것, 곧 영원불변의 진여를 뜻한다. 흔히 말하는 부증불감,

불생불멸의 제법실상이 바로 '평상'이다. 진여당체로서의 평상심은 도(道)고, 불법이다.

안록산과 사사명의 난(755~763)은 중당(中唐)에 일어났던 민란(民亂)으로 현종의 애비(愛妃)이며 절세의 미인이었던 양귀비가 참혹한 죽음으로 일생을 마감하는 등 당나라 최대의 내란이었다. 당시 소금은 전매품이었다. 그래서 전쟁·민란이 일어나면 소금 공급이 원활할 수 없었고 암매가 성행, 값이 엄청나게 비쌀 뿐만 아니라 구하기도 어려웠다. 전쟁중에는 생활 필수품인 소금의 품귀로 장을 담그지 못하는 경우가 허다했다.

도일은 이러한 사회상을 빗대 8년여 동안 계속된 안사의 난 때문에 많은 사람들이 소금과 간장이 떨어져 먹지 못하지만 자기는 소금과 간장을 계속 먹고 있다는 말로 자신의 평상적인 삶과 평상심을 은유적으로 표현했던 것이다. 이는 늘 일정하게, 그리고 매일같이 반복되는 일상생활 속의 평상사(平常事)가 가지는 '진리성'과 그 진미를 일깨운 말후구(末后句 : 깨달음의 경지를 밝힌 언구)다. 도일의 '부증소염장'이 뜻하는 바는 후대 선사들이 거듭 강조한 '일상생활이 곧 도(平常心是道)'라는 선사상이었다.

남악은 후일 조사선의 핵심 선사상이 된 '평상심시도'라는 새로운 선리(禪理)를 깨달은 제자 도일을 긍정하는 뜻으로 고개를 끄덕였다. 남악은 여기서 도일의 견성한 경지에 매우 만족했고, 도일은 후일 남종선을 한층 심화시켜 조사선이라는 반석 위로 끌어올렸다. 마조도일이 조사선의 실질적인 창시자가 되는 데는 이처럼 남악회양이라는 사전(師傳)의 주도면밀한 가르침이 뒷받침을 해주었던 것이다.

복엄사 유적의 하이라이트인 남악회양선사 묘탑과 기타 유적들을 좀더 살펴보자.

복엄사는 앞에서도 보았듯이 6조 혜능-남악회양-마조도일-백장회해-황벽희운-임제의현으로 이어진 이른바 '임제정맥(臨濟正脈)'의 임제종 법원(法源)이다. 또 후대에는 임제종 7세인 석상(일명 자명)초원선사가 일시 주석했는데 후일 임제종 양대 문파가 된 황룡파와 양기파 중 황룡종 개산조인 황룡혜남선사가 여기서 석상을 참문하고 개오했다.

회양선사 묘탑

남악회양의 묘탑은 복엄사로부터 1킬로미터쯤 떨어진 마경대(磨鏡台) 입구 척발봉 밑에 있다. 회양의 묘탑은 절에 들어가기도 전에 우연히 발견, 답사를 했다. 남악의 첫 답사 목표였던 마경대를 찾아가는 길에 산속에서 삼거리를 만났다. 길가에 서 있는 한 청년에게 길을 좀 묻기 위해 차를 세우고 내렸다. 차문을 열고 내리면서 보니 바로 길가 야트막한 언덕에 고풍(古風)스러운 탑이 하나 서 있는데 길에서부터 돌 계단으로 이어져 있다. 혹시 뭐라도 아닐까 해서 황급히 올라가보니 그렇게도 고대하며 찾아왔던, 남악 형산 답사의 핵심 포인트인 남악회양선사 묘탑이 아닌가. 어찌나 반가운지 그리고 그리던 옛 친구를 만난 기분이었다.

마침 한 아가씨가 탑에 예배를 올리고 있어 사진 촬영에도 아주 훌륭한 그림을 제공해주었다. 흥분을 가라앉히고 탑을 차분히 살펴보았다.

2층 석탑인데 높이 2미터쯤의 아주 아담한 정육면체고 기단석에 '최승륜탑(最勝輪塔)'이라는 탑명이 음각돼 있다. 탑명 글자는 전서체인데 『남악지(南嶽志)』에 따르면 당나라 재상이었던 거사 배휴의

▲ 선종 제7대 조사 남악회양의 묘탑과 백옥 탑비

친필이라 한다.

탑 뒤로는 중앙에 '선종7조회양대혜선사탑(禪宗七祖懷讓大慧禪師

塔)'이라는 비명(碑銘)의 백옥 탑비가 석벽에 박혀 있다. '최승륜'은 회양 묘탑의 탑호이고 '대혜'는 원적 후 황실이 내린 시호다.

백옥 탑비(塔碑) 양쪽으로는 '마전작경(磨磚作鏡)'의 비유를 통해 마조도일에게 법을 전한 이야기와 청대 석정법(釋正法)화상이 읊은 「마경대(磨鏡台)」라는 시가 새겨져 있다(제3권 마경대편 참조).

정법화상의 시 「마경대」는 회양선사의 '마경전법(磨鏡傳法)' 고사를 아주 풍취(風趣)있게 읊고 있는데 전문은 다음과 같다.

老不含羞眞揑怪,
磨磚惑亂馬師機.
雲堂月上全無影,
石屋天高盡不扉.
度世千年空自轉,
傳心半偈是還非.
從玆踏殺空天下,
磨就淸光萬古輝.

늙어서 부끄러움을 품지 않으면 참으로 괴팍함을 날조하는 것이니, 회양이 벽돌을 갈아 거울을 만들겠노라고 혼란을 일으켜 마조의 기봉을 굴리었다.

구름 높이 솟은 달 위에는 전혀 그림자 없고, 하늘 높이 솟은 돌집은 문짝 하나 달지 않았다.

세상살이 천년에 텅 비어 있음(空)만 스스로 굴러가고, 마음을 전하는 반쪽 게송(시)도 도리어 아무것도 아니다.

이로부터 텅 빈 천하를 밟아 죽였으니, 벽돌을 갈아 만들어 낸 푸른빛이 만고에 빛난다.

남악회양선사의 최대 업적은 남종선의 심요(心要)인 '돈오'와 '평상심'을 마조에게 전법한 것이다. 회양은 벽돌을 갈아 거울을 만들 수 없다는 비유를 통해, 견성은 부처 흉내에 불과한 가부좌 틀고 앉아 참선정진하는 고목선(枯木禪)에 의해 이루어지는 게 아니라 시절인연을 따라 한 순간에 기존 사유체계를 뒤엎는 의식 전환을 통해 일체의 분별심을 버리는 데서 얻어진다는 '활선(活禪)'의 돈오를 마조에게 가르쳐주었다. 돈오를 가능케 하는 원천은 밥 먹고 잠자는 일상생활 속의 늘 변함 없는 평상심이다. 마조 이후의 동아시아 불교 선종은 회양이 마조에게 전법한 돈오와 평상심을 선지(禪旨) 삼아 전개돼왔다.

저 유명한 조사선의 씨앗이었던 남악회양선사가 비록 다비 후의 유골로라도 남악 형산의 최승륜탑 속에서 1천2백50여년 동안 생존해 있다고 생각하며 그의 묘탑을 대하니 정말 감격스러웠다. 회양이 전법할 당시 마조가 머물던 초암(草庵) 자리에 후일 세워진 묘탑 맞은편의 전법원(傳法院 : 현재는 남악 호텔)으로 건너가 돌기둥에 새겨진 7언2구의 영련(楹聯)을 보는 순간 시라도 한 수 읊고 싶던 나의 감회는 한 여름 얼음 녹듯이 확 풀렸다.

以樹爲屋磚作鏡

還山得旨月同心

떠풀로 집을 짓고 살며 벽돌을 갈아 거울을 만드니,

산으로 돌아와서야 달과 같은 마음에 견성을 이루는구나.

전법원 돌기둥 주련(柱聯)의 글귀가 내가 남기고 싶어하던 한마디를 대신해주었다. 주련을 대하는 순간 실력도 없으면서 공연스레 욕심만 앞세우고 감회를 남기고자 했던 경솔함에 얼굴이 붉어지는 부끄러움을 느꼈다.

척발봉

7조 남악회양의 묘탑과 복업사는 척발봉(擲鉢峰)이라는 산봉우리 아래 산록에 자리하고 있다. 따라서 척발봉은 마치 복엄사와 회양선사 묘탑을 슬하에 두고 있는 어머니 같다. 뿐만 아니라 남악 형산에 들어와 최초로 자리잡은 터이며 북종 대통신수조사하 3세로 선림 낙도가 중 불후의 명작으로 꼽히는 「남악나찬화상가」를 남긴 나찬선사와 당말 시승 남악제기선사가 살았던 곳도 척발봉 일대로 추정된다.

'척발봉(擲鉢峰)'이라는 이름은 밥그릇을 내던진 봉우리라는 뜻으로 복엄사 창건주인 천태종의 남악혜사선사가 577년 진(陳) 선제의 부름을 받아 복엄사 주석 10년을 끝내고 떠날 때 이 봉우리에 올라 자신이 쓰던 밥그릇(발우)를 내던진 데서 비롯됐다. 산 정상에는 몇십 명이 앉을 만큼 넓고 편평한 바위가 하나 있다. 전설에 따르면 양(梁)나라 때 해인화상이 이 바위에서 대중을 모아 경전을 강의하고 설법을 했다고 한다. 그래서 바위 이름이 '강경대(講經台)'다. 강경대 바위에는 고졸한 필체의 "천자만년(天子萬年)"이라는 네 글자가 새겨져 있다. 아마도 해인화상이 불교 신심이 돈독해 불심천자(佛心天子)라고도 불렸던 양 무제의 만수무강을 비는 뜻으로 각자(刻字)한 것이 아닌가 싶었다.

척발봉은 그 위에 오르면 마경대·복엄사 등의 불교 성지와 남천문(南天門)·부용봉 등 남악 일대의 명승이 한눈에 들어와 절경을 이루는 형산의 명소다. 시간을 비집기 어려운 답사 일정이었지만 척발봉에 올라 망중한의 한 때를 보내면서 강경대 옆 바위틈을 비집고 자란 진달래꽃의 만개(萬開)를 한동안 어루만져보았다.

호포천

복엄사 뒤 동쪽 바위 아래에 있는 직사각형 석정(石井)이다. 돌틈에서 수포(水泡)가 올라오고 지금도 물이 아주 깨끗해 절에서 식수로 사용한다. 샘물 위 바위에 '호포천(虎跑泉)'이라는 3글자가 예서체로 새겨져 있다. 옆에는 조그만 글자로 "진광대간 사대사주석우처 유맹호확암효천함천수출(陳光大間 思大師駐錫于處 有猛虎攫岩哮闌檻泉水出)'이라고 써놓았다. 그러니까 혜사선사가 진나라 광대연간에 이곳에 주석했을 때 사나운 호랑이가 한 마리 있었는데 바위를 두 발로 후려치며 포효하니 샘물이 솟았다는 얘기다. 심산유곡에 위치한 선종 고찰들에는 대체로 이렇게 호랑이 전설을 담은 '호포천'이라는 샘물이 하나씩 있다.

『남악지』에 따르면 혜사화상이 반야사를 창건하고 나서 수원 고갈로 심한 식수난을 겪었다. 승중(僧衆)이 몇십명씩 절 아래 산으로 내려가서 물을 길어와야만 했다. 어느 날 혜사화상이 대중을 소집, "내가 부처님의 법을 전하고자 이곳에 왔는데 물이 없어 물을 구하려는 탐심(貪心)을 필요없이 일으키고 있으니 신께서 내려와 도와주지 않겠는가"라고 설했다. 설법을 끝내고는 석장을 들어 절 아래 모래땅을 한 번 찍으니 샘물이 콸콸 솟아 부족했던 물을 해결했다. 또 어느 날 혜사가 절 밖으로 나가니 맹호가 바위 앞에 나타나 발톱으로 암벽을 후벼 파면서 3번 크게 포효하니 바위 밑에서 샘물이 솟았다. 호랑이는 곧바로 산속으로 달아났고 마침 숲속에서 불이 나 타죽고 말았다.

모두가 혜사선사의 높은 법력(法力)과 불법무변(佛法無邊)을 찬양하기 위해 꾸며낸 전설이다.

호포천 위에는 암벽에 '겁고명(极高明)'이라는 세 글자를 새긴 고명대(高明台)라는 넓은 바위가 있다. 『남악지』에 따르면 자(字)가 고양미(高兩米)였던 당나라 재상 이필(李泌)이 바로 이 바위 아래에다 '단거실(端居室)'이라는 초옥을 짓고 피난할 때 직접 썼던 글씨라고 한다. 남악에 현존하는 가장 오래된 석각(石刻)의 하나다.

일생암

호포천 바른쪽으로 조그만 언덕이 있는데 끝자락에 큰 바위가 하나 복엄사 산문과 마주해 깎아지른 듯이 서 있다. 바위 벽 한 가운데에 '일생암(一生岩)'이라는 세 글자가 큼지막하게 음각돼 있고 음각부분을 빨간 페인트로 칠해 검푸른 바위색깔과 대조를 이루며 톡톡 튄다. '일생암'이라는 글자 위로는 청대 이요연(以了然)화상이 쓴 소동파의 개오시 제목에서 유래한 화두 '계성산색(溪聲山色)'이라는 네 글자가 음각돼 있다.

일생암에는 시인묵객들이 쓴 글이 수없이 많다. 그중에서도 '계성산색'과 팽옥린의 '반벽연운(半壁烟雲)', 이열균의 '올얼영회(杌隉縈懷 : 불안 근심)'라는 각자(刻字)가 비교적 유명하다.

천태종 대석지반선사가 12년에 걸쳐 남송 함순5년(1269)에 완성한 『불조통기(佛祖統紀)』(전 54권)라는 천태종 정사(正史)에 나오는 일생암 이야기는 다음과 같다.

혜사선사가 어느 날 산신에게 "앞으로 내가 곤경에 처하더라도 네가 도망가지 말고 끝까지 나를 보살펴달라"고 부탁했다. 혜사는 이어 바위를 가리키면서 산신에게 "내 첫번째 생(生)동안은 여기서

▲ 복엄사 앞마당 가의 일생암(一生岩)에 새겨진 소동파의 화두 '계성산색(溪聲山色)'.

좌선을 할 텐데 만약 산적들에게 살해당하거든 내 시신을 저 바위 아래 묻어달라"고 했다. '일생암'이라는 이름은 혜사와 산신의 고사를 따라 후대 사람들이 붙인 이름이다.

복엄사는 선종의 많은 명승들을 배출한 선찰(禪刹)일 뿐만 아니라 남악 형산의 절경으로도 이름난 명소다. 그래서 역대의 시인묵객들이 복엄사를 찾았고 그 감회를 읊은 시들을 남겼다.

自福嚴寺回望岳市 (복엄사에서 남악시를 돌아다보다)

昨夜相携看想月,
今朝誰料起寒烟.

安知明月千峰頂,
不見人間萬里天.
어젯밤 술잔을 같이 기울이며 바라 본 달,
오늘 아침 누구에게 그 차가운 서리 연기를 이야기하리오.
밝은 달 무수한 봉우리 가득했는데,
온 세상 가득히 인적 안 보이니 어찌 하리오.

송조(宋朝) 유학의 대가 주희(朱喜 : 1130~1200)가 복엄사를 유람하고 읊은 7언 절구다. 주희는 유학자였지만 불교 선종에도 깊은 관심을 가져 복엄사·복건성 복주 용천사 등을 찾아 선리에 깊이 침잠했고 그의 성리학에는 선사상이 상당히 녹아들어 있다.

역시 송대의 저명한 시인 장식(張拭)도 같은 제목으로 다음과 같은 시를 남겼다.

回首塵寰去渺然,
山中別是一風煙.
好乘晴色上高頂,
要看淸想明月天.
머리를 돌려 내가 살던 세속 바라보니 묘연할 뿐,
산 가운데 홀로 앉아 있으니 또다른 세계다.
내 맑은 기운 타고 높은 산봉우리까지 오르니,
찬 서리 밝은 달을 벗해야 할지니라.

장식의 7언 절구 '자복엄사회망악시'는 주희에 비해 훨씬 더 선적(禪寂)에 다가서 있다. 세속 풍진을 털어버리고자 선종의 법원인 복엄사를 찾아 그곳의 자연 풍광을 함께 하는 가운데서 느끼는 시정(詩情)은 가을 물같이 맑고 맑은 선심(禪心) 바로 그 자체다.

福嚴寺 (복엄사)

諸峰翠少中峰翠,
五寺名高此寺名.
石路險般嵐靄滑,
僧窓高依穴寒明.
모든 봉우리가 푸르른데 중봉이 더욱 푸르구나,
이 절은 이름 높은 5대 명찰의 하나.
돌길 험로에 아지랑이 피어 내려 미끄러운데,
높은 곳에 자리한 복엄사 승방 창문은 밝고 환하기만 하다.

당말 시승 남악제기선사가 읊은 「복엄사」 시다. 높은 산봉우리 밑의 절간 방에서 밝은 지혜의 등불을 밝히고 있는 승려들의 정진을 그림처럼 그린 시다.

워낙 유명한 남악 형산이고 복엄사가 선종사에서 차지하는 비중 때문에 복엄사 관련 옛 선시 몇 수를 감상해보았다. 이제 복엄사 답사기를 마무리 해야겠다.

현재 임제종 소속 선찰인 복엄사는 85년부터 승려가 입주, 모두 18명의 비구가 상주한다. 문화혁명 때는 임장(林場) 사무실로 사용됐었다고 한다. 좀 아쉬운 것은 옛 선방 건물이 너무 낡아 사용치 못하고 요사채에서 아침 저녁 1시간씩 참선을 하고 있는 점이 선종 법원을 자처하는 사찰 체면을 세워주질 못하는 것 같았다.

▲ 복엄사 회랑 벽에 박혀 있는 주희의 마경대 시회(詩會) 기념비.

남악 복엄사를 답사하면서 옛 사람들이 말한 '시정'과 '화의'를 피부로나마 느껴 보았다. 그 감정을 오래도록 간직하고 싶다.

詩情秋水淨,
畵意遠山明.
시를 쓰고자 하는 정감은 가을 물같이 맑고,
그림을 그리려는 마음은 먼 산처럼 밝다.

남악 형산의 자연적 풍광과 복엄사라는 고찰에서 느끼는 시심(詩心)이고 화의였다. 그러나 시와 그림에는 문외한인지라 어찌할 수 없이 애만 태웠다. 그러다가 한 달 후 하남성 향산사를 답사하던 중 백거이 묘원 앞에서 한 노인이 위와 같은 글귀를 대련으로 써서 팔기에 남악을 회상하면서 샀다(제1권 하남성 향산사편 참조).

●메모

위치 : 호남성 형양시 남악구 형산

교통 : 장사에서 2백95킬로미터 · 포장 도로

유적 : 남악회양선사 묘탑 · 일생암 등

남악 형산 남대선사
— 석두희천선사

1) 이 석두는 원래 잃은 게 없었다(石頭不失)

묻는다 : 어디서 오는가.

답한다 : 조계에서 왔습니다.

묻는다 : 그래, 조계에서 무엇을 얻었는가.

답한다 : 조계에 가기 전에도 원래 잃은 게(부족한 게) 없었습니다.

묻는다 : 그렇다면 조계에는 무엇하러 갔었는가.

답한다 : 조계에 가지 않았더라면 어찌 잃은 게 없음(부족한 게 없음)을 알았겠습니까.

7조 청원행사는 가르침을 받고자 찾아온 석두희천에게 질문을 던져 그의 대답을 듣고는 내심 흡족해 더 이상 묻질 않았다. 그러자 이번에는 희천이 청원대사께 질문을 했다.

묻는다 : 조계의 6조 혜능대사께서도 화상을 아십니까.

답한다 : 그럼 너는 지금 나를 아느냐.

묻는다 : 알죠. 그런데 또 어찌 알아보겠습니까.

답한다 : 뿔 달린 짐승은 많지만 기린의 뿔 하나로 만족한다.

묻는다 : 화상께서는 조계를 언제 떠나 오셨습니까.

답한다 : 모르겠다. 그러나 네가 언제 조계를 떠났는지는 알 만하다.

묻는다 : 저는 조계로부터 오지 않았습니다.

답한다 : 앞으로 네가 갈 곳이 어딘지 알 만하구나.

묻는다 : 화상께서는 대덕(大德)이시긴 하지만 너무 조급히 서둘러 마구 말씀하시지 마십시오.

석두희천선사가 강서성 길안 정거사의 청원행사대사를 찾아가 처음 거량한 선문답이다. 앞부분은 청원이 묻고 희천이 답한 거량이고, 뒷부분은 반대로 희천이 묻고 청원이 대답했다.

석두희천(石頭希遷)은 마조도일대사와 함께 조사선에 우뚝한 양대 산맥을 이룬 선종사의 거목이다. 6조 혜능이 문을 연 남종선의 양대 문중인 청원행사-석두희천 법계와 남악회양-마조도일 법계에서 석두희천은 중당(中唐) 조사선에서 쌍벽을 이룬 대선장(大禪匠)이다. 호남선(湖南禪 : 일명 석두선)의 좌주인 석두와 강서선(江西禪 : 일명 마조선 · 洪州宗)의 좌주인 마조를 당시 '양대사(兩大士)'라 칭했고 천하 운수납자들은 강서의 마조와 호남의 석두를 왕래하며 참학(參學)했다.

석두희천선사는 한마디로 '대단한 인물'이다. 그가 중국 불교 선종사에서 차지하는 비중은 그의 가풍을 이은 법맥에서 선종 5가(家) 중 3개 종파(조동종 · 운문종 · 법안종)가 탄생했다는 대목에서 가장 극명하게 드러난다(도표 참조).

석두희천문하 법맥도

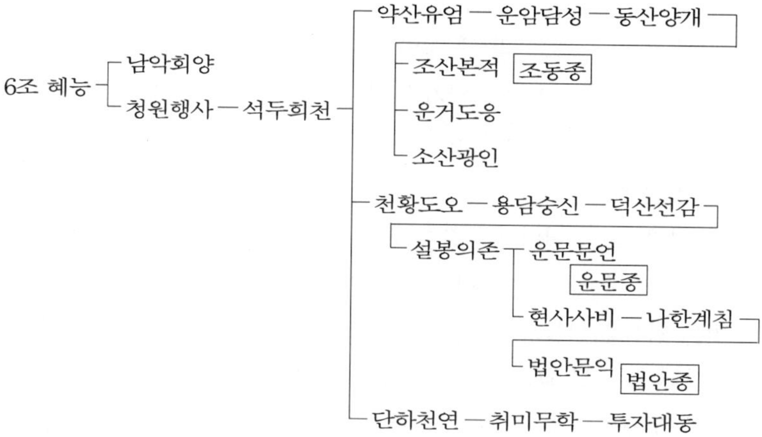

또 그가 『참동계(參同契)』라는 저술을 통해 밝힌 '회호(回互)의 논리'와 '일체 현성(일명 現成公案)'의 원리는 선학의 핵심 이론으로, 선사상의 진수로, 지금도 한·중·일 3국의 선림에서 천착하는 선철학 이론이다. 석두의 선사상에 대해서는 다음 장에서 좀더 상세히 살펴보기로 하고 우선 그의 간략한 행장과 오도 과정을 대변하는 화두 '석두불실(石頭不失)'을 음미해보자.

석두희천은 속성이 진(陳)씨로 단주 고요(현 광동성 고요현) 출신이다. 12살 때 조계(광동성 소관시 마패진) 6조 혜능 문하로 출가, 3년 동안 혜능조사를 시봉하면서 행자생활을 했다. 그는 어릴 때부터 과단성과 자신감으로 충만해 있었다. 그의 어린 시절을 전해주는 다음과 같은 일화가 있다.

마을에 온갖 귀신을 섬기는 미신 신앙 장소인 신사(神祠)가 있었다. 신사에서 정기적으로 소를 잡고 술을 빚어 제사를 올리며 갖가지 굿판을 벌였다. 석두는 신사 제사 때마다 제물로 올리기 위해 잡으려는 소를 빼앗아 잡지 못하게 하고 사당을 돌과 망치로 때려부수었다. 그가 몇 해 동안을 이렇게 하자 이윽고 마을 사람들도 말리거나 나무라지 않기에 이르렀고 귀신 섬기기를 그만두었다. 이 일화는 석두가 어려서부터 불교의 제1 계율인 '불살생(不殺生)'에 철저했음을 암시한다.

석두는 그의 어머니가 결혼 초 임신을 못해 매우 근심하다가 가까스로 그를 하나 낳아 애지중지하며 키운 외아들이었다. 그의 모친은 임신중 마늘과 파 등을 좋아하지 않았다. 석두는 아기 때에도 보모를 전혀 괴롭히지 않고 아주 순했다.

조계 보림사(현 남화선사)로 출가, 혜능조사 문하에서 사미가 됐으나 구족계를 받기 전 조사가 원적했다. 석두는 6조가 원적에 들려하자 "앞으로 어찌 하오리까"하고 자신의 장래를 여쭈었다.

6조는 사미 석두에게 "사(思)자를 찾아가거라(尋思去)"고 일렀다. 석두는 6조 입적 후 며칠 동안 정좌하고 앉아 '심사거'를 생각해 보았지만 그 뜻을 도저히 알 수가 없었다. 어느 날 선방 제1좌가 수심에 차 있는 석두를 보고 연유를 물었다. 석두는 자초지종을 상세히 말했다. 제1좌는 6조의 유언은 강서성 청원산 정거사에서 법석을 펴고 있는 사형(師兄) 청원행사(青原行思)선사를 찾아가라는 뜻이라고 알려주었다.

석두는 그 길로 사형 청원행사를 찾아가 '석두불실'이라는 선문답을 통해 깨달음의 경지에 이르렀음을 인정받았다. 그러니까 청원행사와 석두희천의 관계는 원래 6조 문하의 형제였다가 후에 사제관계로 바뀐 것이다. 청원은 석두보다 나이도 훨씬 위였고 석두가 조계 6조 문하에 출가하기 전 이미 수행과정을 졸업하고 조계를 떠나 일방의 사가(師家)로 청원산에서 설법을 하고 있었다. 조계 문중에서 보면 행사는 문중의 맏형 격이고 석두는 막내였다. 6조는 문하의 막내 사미 석두의 앞날을 맏상좌인 청원에게 부촉했던 것이다.

석두가 청원산으로 사형인 행사선사를 찾아가자 청원행사는 그의 경지를 떠보기 위해 선문답의 전형구인 "어디서 왔는가"라는 질문을 던졌다. 선에서는 이 질문이 세속의 일상적인 대화에서 말하는 공간적 거리 이동을 뜻하는 게 아니라 '너라는 존재는 어디로부터 나왔는가'라는 존재의 근원을 묻는 선지(禪旨)를 내포한다.

청원선사가 이어 "조계에서 무엇을 얻었느냐"고 묻자 석두는 "조계에 가기 전에도 잃은 게 하나도 없었다(未到曹溪亦不失)"라고 답한다. 석두의 대답은 아주 묘하고 은유적이다.

석두의 대답이 뜻하는 바는 본래부터 원만구족한 자신의 자성은 조계에 가기 전에도 있었다는 것이다. 이른바 모든 중생이 일체 평등의 불성을 가지고 있다는 '일체중생실유불성(一切衆生悉有佛性)'을 밝힌 『열반경』의 '불성 편재론'이다.

석두는 "원래 잃어버린 게 없다"는 대답을 통해 자성(불성)의 부증불감(不增不減)과 돈오법의 '불수부증(不修不證)'을 득지했음을 드러내 보였다. 이는 성불은 수행을 하고 검증을 받아서 이루는 게 아니라 한순간의 깨침을 통해, 즉 자성을 철견하는 견성(見性)에 의해 이루어진다는 남종선의 '돈오'를 뜻하는 것이다.

청원과 석두는 뒷날 또다시 이와 똑같은 내용을 담은 선문답을 거량했다. 청원이 어느 날 다시 석두에게 물었다.

묻는다 : 어디서 왔느냐.

답한다 : 조계에서 왔습니다.

묻는다 : (청원은 방장실의 불자를 들어올리면서) 조계에도 이런 것이 있더냐.

답한다 : 조계뿐만 아니라 서천(인도)에도 역시 없습니다.

묻는다 : 그렇다면 서천에를 가 보았단 말이냐.

답한다 : 만약 갔었다면 아마도 있었을 것입니다.

묻는다 : 서천을 다녀오지 않았다면 맞지 않으니 다시 말해 봐라.

답한다 : 화상께서도 말씀을 하셔야지 모든 것을 저한테로만 미루지 마십시오.

청원이 들어올린 불자는 불법 · 성(聖)을 상징한다. 불법이란 유형적인 형체로는 어디에서도 찾을 수가 없다. 그러나 무형적인 불법은 없는 곳이 없고 어디에나 있다. 서천은 선불교의 창시자인 달마가 온 곳으로 역시 불법을 상징한다. 그러니까 "아마도 서천엘 갔었다면 그것(불자)이 있었을 것입니다"라는 석두의 대답은 오도를 했다면 불법진리의 세계를 알았을 것이라는 얘기다. 청원은 네가 불법의 무형성을 알았다는 뜻으로 "조계에도, 서천에도 이런 불자는 없다"했으면 이미 깨침의 경지거늘 서천엘 가본 일이 없다는 건 모순이니 다시 이르라고 윽박지른다. 석두는 청원이 이처럼 공을 넘기자 즉각 되받아 넘겨준다. 석두는 "스님께서도 말씀을 하셔야지 왜 저한테만 모두 떠넘기시느냐"는 대응으로 공을 되넘긴다. 청원은 석두의 날카로운 기봉을 보고는 "너에게 말하기를 사양치는 않겠다만 뒷사람들이 알아듣지 못할까 걱정이다"라는 말로 석두를 긍정했다.

본래의 화두 '석두불실' 로 돌아가보자.

청원선사는 석두의 대답이 지해(知解)의 알음알이인가 아닌가를 검증하기 위해 몽둥이로 내리치는 듯 단도직입적인 질문을 던진다.

"그렇다면 조계는 무엇하러 갔었단 말이냐."

청원의 단도직입적인 이 질문에 석두는 한 단계 진전된 번뜩이는 기량으로 대응한다.

"조계에 가지 않았다면 제가 무엇하나 부족할 게 없다(잃어버린 게 없다)는 사실을 어찌 알았겠습니까."

석두의 대답은 조계에서, 자성은 얻고 잃는 게 아니며 아무리 쓰고 써도 부족함이 없는 원만구족하고 영원불멸인 존재의 근원이라는 사실과 함께 개오(開悟)가 어떤 것인가를 알았다는 얘기다. 석두는 이 대목에서 선사들이 누누이 강조해오는 선학의 기본인 자성과 개오의 밀접한 관계를 설명하고 있다. 즉 자성은 누구나 가지고 있고 본래부터 구족하다. 그러나 깨달음이라는 과정이 없이는 자성의 위대한 능력은 결코 드러나지도 않고 발휘되지도 않는다. 땅속의 진주처럼 묻혀 있는 자성은 그 위대한 광명을 발할 수 없다. 진주를 캐내는 것과 같은 자신의 지혜심을 밝히려는 노력(悟道)없이는 자성의 능력은 무명에 싸인 채 사장되고 만다. 자성은 깨달음이라는 오도의 계기를 만나야 비로소 빛을 말한다. 이래서 돈오든 점수든 깨침이라는 것이 성불의 절대 전제조건이 되는 것이다.

석두의 대답은 또 잃은 게 없다는 '부정' 에서 깨침을 얻었다는 '긍정' 으로 돌아온 부정과 긍정의 왕환적(往還的) 변증법이다. 석두는 여기서 선학적으론 '이 마음 그대로가 곧 부처(卽心是佛)'고, 그렇기에 마음이라는 것을 가지고 있는 나와 중생이 바로 부처라는 중생즉불(衆生卽佛)을 말하고 있다.

석두의 대답은 속된 표현을 빌리자면 '치고 빠지기(Hit and run)'다. 선학에서는 이처럼 앞으로 나갔다가 한 발짝 돌아서 되돌아오는 논법을 '회호의 논리' '왕환의 논리' 또는 '호환(互換)의 논리'라 하는데 선문의 종지(宗旨)에 부합하는 오도(悟道)의 경지로 인정한다. 유와 무, 긍정과 부정이 뿌리로 돌아가면 하나라는 일원론적인 통일성을 대표하는 '회호의 논리'가 추구하는 궁극적인 목표는 나와 우주(삼라만상)를 하나로 일치시키는 주체성의 확립이다. 우리는 흔히 '인체(人體)는 소우주(小宇宙)'라고 말한다. 철학에서는 물론 의학에서도 곧잘 이런 말로 인체의 신비성을 설명한다. 인간이라는 하나 하나의 개체는 이처럼 그 자체가 하나의 우주로 우뚝 섰을 때 비로소 절대자유를 누릴 수 있는 인격체가 된다. 이른바 성불이라는 것이다. 독립적이고 완성된 인격체로 존재할 때에나 인간은 존재의 본질인 절대자유를 누릴 수 있다.

기독교 『구약 성서』의 〈창세기〉에 나오는 하느님이 인간을 창조할 때 '하느님의 모습(Image Dei)'을 본떠서 만들었다는 것도 개개의 인간이 바로 하나의 우주라는 얘기다. 그래서 기독교 문명에서는 인간을 만물의 영장으로, 우주로 대하며 인간이 갖는 존엄성을 신성시한다. 동양문명에서는 이에 필적하는 인본사상으로 사람이 곧 하늘(人乃天)임을 강조한다. 기독교의 하느님은 우주를 뜻한다. 우주의 모습대로 만들어낸 인간은 우주일 수밖에 없다.

선불교는 어느 종교 못지 않게 인본주의고 개성주의다. 이러한 인간의 독립성과 개체성을 가능케 하는 철학적 밑바탕은 인간 존재의 근원인 '자성' 이다. 석두는 인간 존재를 가능케 하는 원리인 자성의 본질을 이미 깨달았음을 청원선사 앞에서 당당히 내보였다. 청원행사는 석두의 세 번째 대답에서 이미 선문 종지에 계합(契合)해 있는 석두의 견지(見地)를 보고 흐뭇해 했다.

이번에는 오히려 석두가 청원에게 질문을 던져 자신의 견지를 확실히 인가받고자 한다.

"화상께서는 조계의 6조 대사를 아십니까."

감히 대선배인 청원선사를 희롱하는 듯한 질문이다. 6조로부터 학위를 받은 청원한테 "당신의 스승을 아십니까"라고 묻는 것은 정신이상자의 잠꼬대 같은 소리다. 그러나 이 질문은 6조의 얼굴 모습이나 성격 등을 아느냐는 뜻이 아니고 6조의 사상 · 선법(禪法)을 꿰뚫고 있느냐는 물음이다.

청원은 석두의 느닷없는 질문에 대선사다운 선기(禪機)로 반격을 가한다.

"그렇다면 너는 내가 누구인지를 아는가."

이는 혜능조사와 이 청원의 선법은 다른 게 아니고 하나인데 너는 6조의 선법을 꿰뚫어 알고 있느냐는 반문이다.

석두는 청원의 반격에 다시 긍정과 부정을 막힘 없이 넘나드는 회호의 논법으로 응수한다.

"알죠. 하지만 어떻게 하는 것이 안다는 것입니까."

석두의 대답에서 "알죠"는 긍정을, 다음의 의문문은 불법이란 인간 이성으로서는 불가해(不可解)의 부정적 영역에 속하는 진리라는 인간 이성의 '부정' 을 함축하고 있다. 석두는 앞에서는 '안다' 고 이야기 해놓고 돌아서서는 '모른다' 고 부정한다. "어떻게 하는 것이 안다는 것입니까"는 모른다는 부정법을 암시하는 선적인 표현이다. 그러니까 석두의 대답 중 뒷부분은 직설적인 표현으로 하면 '모른다'는 말이다.

이는 걸음을 걸은 뒤 바로 발자국을 지워 흔적을 없애는 선학의 무종적, 몰종적(沒踪跡)이다. 선문에서는 무종적의 원리를 '설니홍조(雪泥鴻爪)'로 곧잘 비유한다. 즉 눈위를 열심히 걸어간 기러기가 자신의 발자국이 남았으리라는 생각으로 뒤를 돌아보았으나 이미 눈이 녹아 발자국은 하나도 찾을 수 없더라는 얘기다. 선은 이처럼 이것과 저것, 내것과 네것에 대한 의식(분별심)의 흔적까지도 완전히 지워버려야 비로소 해탈이라 할 수 있다고 한다. 교학에서는 이를 무주상(無住相)이라 하는데 인간의 모든 행위와 보시는 행하는 것으로 끝내지 그것을 기억해 두거나 자랑하지 말라는 가르침이다. 선은 이를 '삼세심불가득(三世心不可得)'이라고도 하는데 인간의 삶은 과거·현재·미래라는 시간 속에서 행하는 일체의 행동과 의식작용을 기억에 남겨 그것에 집착해서는 절대 자유로운 삶을 살 수 없다는 얘기다. 불교가 누누이 말하는 번뇌망상이란 바로 삼세심에서 무엇을 얻어 간직하려고 하는 데서 생겨난다. 무엇인가를 구하고자 하는 것이 바로 욕심이고 번뇌다. 또 자신의 공덕을 얼싸안고 그것을 더 빛내거나 이용해먹으려 하는 게 어리석음이다.

청원은 "어떻게 하는 것이 안다는 것이냐"는 석두의 질문에 전혀 엉뚱한(?) 대답을 한다.

"뿔 달린 짐승이 많지만 기린 하나면 족할 것이다."

기린은 원래 뿔이 없고 머리 위에 혹이 있는데 그 혹을 통칭 '뿔'이라 한다. 기린의 혹은 통상 한 쌍인데 많은 경우는 5개까지 있다. 행사는 기린이라는 동물을 등장시켜 어떻게 진리를 인식할 것이냐는 인식론을 설파하고 있다. 석두의 물음도 같은 맥락으로 진리 인식방법을 물은 것이었다. 청원의 대답은 모든 진리의 근본은 종국적으론 하나로 귀결된다는 일원론(一元論)이며 그 진리의 근원은 인간의 인식으로는 이해하기 어려운 불가해의 영역이라는 뜻을 함축하고 있다. 동물의 뿔은 여러 가지지만 뿔의 본질은 하나일 뿐이라는 얘기다. 또 청원의 대답은 앞에서 이미 "어떻게 하는 것이 안다는 것이냐"는 석두의 반문이 이미 불법의 불가해성을 밝힌데 대한 긍정이기도 하다. 아주 좁혀서 말한다면 너처럼 제대로 깨친 제자 하나면 불법을 계속 전할 수 있다는 긍정이다.

어중이 떠중이 모아서 상좌 숫자만 늘려 문중세(門中勢)나 과시하는 가풍보다는 하나라도 좋으니 올바른 제자를 양성하겠다는 정예주의 가풍이다. 후일 석두는 이와 같은 스승의 가풍을 더욱 심화시켜 그의 문풍(門風)에 '순금방' '석두로활(石頭路滑)'이라는 별칭이 붙기도 했다. 이는 석두의 가풍이 영재(英才)만을 상대로 했고 중·하근기의 학인은 그 밑에서 공부를 할 수 없을 정도로 엘리트 주의였다는 얘기다.

석두는 이어 청원에게 "화상께서는 언제 이곳에 오셨느냐"는 질문을 한다.

석두의 질문은 진리란 평범한 데서 비롯하기 때문에 성스러움은 다시 속됨 속으로 돌아와야 하는 성입범(聖入凡)의 선법(禪法) 차원을 물은 것이다. 선에서는 출가승려가 되는 것을 '범입성(凡入聖)'이라 하는데 진리를 깨닫기 위해 성계로 진입하는 과정을 뜻한다. 성계에 들어가서 깨닫는 진리는, 진리란 바로 평범한 일상생활 속에 있다는 사실이다. 조사선에서는 이러한 불법진리를 '평상심시도(平常心是道)' 또는 '도무소부재(道無所不在)' '지도무난(至道無

難)'이라는 한 마디로 압축한다. 일상생활이 곧 진리고, 도는 없는 곳이 없으며, 지극한 도에 이르는 데는 어려울 게 하나도 없다는 선문의 진리관은 그렇기 때문에 진짜로 깨달았으면 다시 속계(俗界)로 돌아와 일상생활에 내재하는 진리를 여법하게 실천해야 한다고 설파한다. 이를 '성입범'이라 한다.

청원선사는 석두의 질문이 뜻하는 바를 간파하고 석두의 경지가 무르익었음을 인정한다.

"네가 언제, 어떻게 조계를 떠났는지를 알 만하다."

청원의 대답은 "석두, 네가 '범입성'과 '성입범'이 회호하는 불법진리를 체득했구나"라는 긍정과 칭찬을 달리 말한 선적인 표현이다.

"저는 조계로부터 오지 않았습니다."

석두의 이 말은 한마디로 '겸손'을 달리 표현한 것이다. 사족을 붙인다면 "저, 석두는 아직 스스로 깨달음을 얻지 못했는데 감히 어찌 성스러움(조계)으로부터 속세로 나오는 경지를 이야기할 수 있겠습니까"로 번안할 수 있다. 맨앞에서는 "조계로부터 왔다" 했는데 여기서는 그 반대다. 앞에서의 조계는 공간적 장소고 뒤에서의 조계는 성계(聖界)·불법·출가를 상징한다.

청원은 석두의 말을 듣고 "앞으로 네가 갈 곳이 어디인지를 알겠구나"라는 말로 석두가 곧 견성, 득도하리라는 점을 지적한다.

"화상께서는 고승대덕이시지만 마구 말씀하지 마십시오."

석두는 여기서 또 한번 선문 종지에 딱 들어맞는 기봉을 발휘한다. 석두는 이 말로 스승(청원선사)의 입을 틀어막고자 한 것이다. 앞으로 '갈 곳'을 함부로 말하지 말라는 말은 말하는 행위가 이루어지면 불법이라는 참된 진리는 곧 사라지게 된다는 얘기다. 여기서 '갈 곳'은 불법진리를 상징한다. 불법진리는 언어와 문자를 초월해 있기 때문에 말이나 글자를 동원해 설명하게 되면 그 진여성(眞如性)이 곧 파괴되고 만다는 게 선문의 불법진리관이다.

노자가 말하는 '득의이망언(得意而忘言 : 뜻을 얻으면 말은 버려야 한다)'이나 흔히 말하는 '개구즉착(開口卽錯 : 입을 열면 이미 어긋난다)'이라는 동양철학의 진리관과 전적으로 동일한 맥락이다. 선은 이를 언어도단(言語道斷), 불립문자(不立文字)라고 표현, 진리의 불가해성과 신비성을 말한다.

'석두불실'이라는 화두를 낳은 위의 선문답은 석두희천의 예리한 기봉(機鋒)을 드러낸 선문 일화로 후대에 다소 미화시켰을 개연성도 전혀 없진 않다. 그러나 석두라는 거물에 어울리는 사미의 역량을 유감없이 발휘한 선문답임에는 틀림없다.

기봉이란 불법진리를 설파하는 예리한 언동, 즉 분명히 드러나는 날카로운 마음(機心)을 뜻하는 선림의 전문 용어다. 기심은 원만하고 생생히 살아있는 지혜심을 말한다. 머무르고 집착하지 않아야 이러한 마음이 솟아난다. 또 심성에 묻은 먼지를 떨어내 맑게 한 사람만이 어느 곳에도 집착하지 않을 수 있으며 쇠뿔의 끝을 파는 '겸우각첨(鉆牛角尖)'의 우를 범하지 않게 된다. 겸우각첨은 한 면에만 집착해 좁은 세계에 머무는 행태를 비유하는 성어다.

집착을 내던지고 무엇에도 머무르지 않는 경계에 들어서야 세속의 흐름을 벗어난 무애의 마음을 얻을 수 있다.

선종 5가 중 임제종과 함께 오늘날까지 가장 번성한 조동종은 말(언어문자)이 원래의 뜻을 손상시키지 않는 경계, 곧 불법진리의 진여성을 거듭 강조하고 있다. 이러한 조동종의 가풍은 바로 청원행사와 석두희천의 동문서답식 선문답이 그 선구가 됐던 것이다.

남악 형산은 명실공히 선종의 성지다. 왜냐하면 조사선의 양대 거목인 석두희천선사의 행화도량 남대선사(南台禪寺)와 마조도일의 전법도량 전법원 및 마경대(磨鏡台), 마조의 스승인 남악회양선사의 행화도량 복엄사 등이 모두 이곳에 있기 때문이다. 이들 선종 고찰은 현재 잘 보존돼 있을 뿐만 아니라 여여(如如)한 불법 도량으로 1천3백년의 법맥을 계승, 활발한 포교 활동을 전개하고 있다.

선철학의 중요 이론인 '회호의 논리'와 '일체 현성(一體現成)' 등을 설파한 남종선의 거물 석두희천선사가 48년 동안 주석하면서 행화를 펼쳤던 육조(六朝) 고찰 남대선사를 가보자.

2) 참동계(參同契)

인도 큰 성인의 마음(佛心)이,

동서에서 은밀히 주고 받으며 전해지고 있다.

사람에게는 영리하고 아둔함 있으나,

도(道)에는 남북의 조사가 없다.

마음의 근원은 본래 밝고 맑은데,

곁가지가 가닥쳐 어둡게 한다.

현실에 집착하면 원래 미혹한 것이요,

이치에 계합해도 깨달음은 아니다.

구비구비 온갖 경계 서로 얽혀서 하나가 되기도 하고 각각 있기도 하는데,

빙 둘러 돌아가서는 다시 만나고 그렇지 않으면 제자리에 머문다.

(門門一切境 回互不回互 回而更相涉 不爾依位住)

석두선(石頭禪)의 핵심 선사상으로 후일 조동종의 '편정회오(偏正回互 : 일명 曹洞五位 · 君臣五位)'로 발전한 저 유명한 선학 이론인 '회호의 논리'를 탄생시킨 석두희천선사의 『참동계』 앞구절이다. 선림 불후의 명저(名著) 중 하나로 꼽히는 『참동계』는 5언 44구로 모두 2백40자에 불과한 저술이지만 그 안에 담긴 선철학의 무게는 몇백 권의 저술을 능가한다. 석두의 게송 『참동계』는 당말오대에 걸쳐 만개한 선불교의 꽃으로 조사선을 뒤이은 5가7종(五家七宗)이라는 '월조분등선(越祖分燈禪)'에서 더욱 심화, 발전돼 선종 모든 종파가 예외없이 수용한 선철학이다. 마조법계인 위앙종 가풍의 특색인 '체용일여론(體用一如論)'이나 임제 가풍의 중요 선학이론인 '사료간(四料簡)' '사빈주(四賓主)' '사조용(四照用)' 등도 그 원류를 거슬러 올라가면 석두선법(禪法)에 가 닿는다.

중국 선종사는 7세기 중엽부터 9세기까지의 조사선은 부처도 초월하고 조사도 뛰어넘는 선이라 해서 '초불월조선(超佛越祖禪)'으로, 10세기부터 12세기까지 5가 7종이라는 선종 분파가 형성돼 각 종파의 문풍(門風)을 드날린 시기의 선은 조사도 뛰어넘어 불법을 제각기 밝힌 '월조분등선(越祖分燈禪)'으로 분류한다. 조사선 시대의 거장들로는 남악-마조법계의 남악회양 · 마조도일 · 백장회해 · 서당지장 · 남전보원 · 조주종심 · 장사경잠 · 황벽희운선사 등을 꼽을 수 있다. 청원-석두법계에서는 청원행사 · 석두희천 · 약산유엄 · 운암담성 · 도오원지 · 덕산선감 · 암두전할 · 석상경저 · 설봉의존선사 등이 조사선 시대를 주름잡은 선장들이다.

월조분등선 시기의 거물들로는 위앙종의 위산영우 · 앙산혜적 ·

향엄지한, 임제종의 임제의현, 조동종의 동산양개 · 조산본적 · 운거도응, 운문종의 운문문언, 법안종의 법안문익 · 영명연수, 양기종의 양기방회, 황룡종의 황룡혜남선사 등을 내세울 수 있다.

『참동계』는 『열선전(列仙傳)』에 나오는 오나라 도교 도사 위백양(魏伯陽)이 역학의 내용을 달이 차고 기우는 것에 비유해 저술한 『주역』 해설서 『참월계(參月契)』에서 따온 것이다. 이는 중국 선종이 전래된 인도불교를 중국 고유사상과 접목시킨 예 중의 하나다. 오늘날 우리가 말하는 선불교는 중국인들이 인도불교를 받아들인 후 자신들의 전통문화와 혼합시켜 새롭게 만들어 낸 중화사상의 산물이며 중국적인 불교고 개혁적인 불교다.

석두의 『참동계』라는 긴 게송이 설파하고자 하는 내용을 교학 이론을 빌려 말한다면 한마디로 '이사무애(理事無碍)'다. 석두는 남종과 북종에서 다같이 중요한 문제였던 '심리(心理 : 이법)와 사리(事理 : 사법) 관계'에 대해 이법(理法)이 사법(事法)의 모든 문제를 아무런 걸림 없이 원만하게 관통할 수 있음을 설파한다. 말하자면 심법(心法)과 사법이 원융무애하게 서로 교차할 수 있다는 것이다. 선종에서는 드물게 보는 논리적인 불법진리의 분석이며 설명이다.

석두의 『참동계』에 더 천착해보자.

우선 석두가 이 게송을 짓게 된 경위를 살펴볼 필요가 있다. 석두는 712년 12살의 나이에 조계 남화선사로 출가, 3년 동안 혜능조사의 막내 상좌로 사미생활을 하다가 6조가 원적하자 사형(師兄)인 청원산 정거사의 청원행사를 찾아갔다. 청원선사를 참문하고 개오의 문을 연 후 사형을 스승으로 모시고 10여년 동안 살다가 광동성 나부산(羅浮山)으로 가서 728년 구족계를 받았다. 3조 승찬조사가 한때 주석하기도 했던 나부산은 전통적인 선불교 도량이다.

구족계를 수계한 석두는 다시 청원 문하로 돌아와 10여년을 지낸 후 당 현종 천보 초년인 742년 남악 남사(南寺 : 현 남대사)로 추천돼 거처를 옮겨 절 동쪽의 좌대 같은 큰 바위 위에 초암을 짓고 정진했다.

그는 남악에 오기 전 청원 문하에 있을 때 이미 청원선사의 심부름으로 남악 형산에 갔다 온 일이 있다. 어느 날 청원은 석두의 경지를 더 단련시키고자 편지를 한 장 써서 주며 형산 반야사(현 복엄사)의 남악회양선사에게 전하라고 했다. 회양선사는 행사와 동기동창인 6조 혜능의 제자다. 행사는 희천을 남악으로 보내면서 일렀다.

"편지를 전해주고는 곧바로 돌아오너라. 나한테 무딘 도끼가 하나 있는데 너에게 주어 절을 짓고 살게 해주리라."

희천은 남악에 도착해 편지를 전하기 전 회양선사에게 물었다.

묻는다 : 모든 성인들을 사모하지 않고 자기 영혼도 소중히 여기지 않을 때는 어떠합니까.

답한다 : 네 질문이 너무 도도하구나. 어째서 아래를 향해서는 묻지 않는가.

희천이 "차라리 영겁의 생사에 헤맬지언정 성인들의 해탈을 사모하지는 않겠습니다"라고 말하자 회양선사는 더 이상 말을 하지 않았다. 희천이 정거사로 돌아오니 행사가 물었다.

묻는다 : 네가 떠난 지 얼마 되지 않았는데 그래 편지는 전했느냐.

답한다 : 글도 통하지 않고 소식도 전하지 않았습니다.

묻는다 : 왜 그랬는가.

답한다 : (회양선사를 만났던 일을 자세히 보고하고는) 화상께서 제가 떠날 때 주시겠다던 도끼를 이제 주십시오.

행사가 발 하나를 쭉 뻗으니 희천이 절을 하고는 물러나 남악으로 갔다.

희천이 스승의 문하를 떠나 남악으로 와서 일가를 이루는 과정의 일화다.

회양과 희천의 문답에서 "왜 아래의 일을 묻지 않느냐"는 회양의 질책은 진정으로 깨친 사람은 열반에도 머물지 말고 곧 세속으로 다시 돌아와야 한다는 부주공(不住空), 불락공(不落空)을 일깨우는 가르침이었다. 회양의 반문은 진짜 깨달은 자라면 성계로부터 속세로 돌아와야 한다는 '유성반속(由聖返俗)'을 강조하는 선사상의 실천윤리를 은유적으로 함축하고 있다. 희천은 이에 "결코 어떤 일이 있어도 성인들에게 의지하지 않겠다"고 응수, 자신의 철저한 독립적 인격과 정신을 다시 한번 내보였다. 선종은 본래가 자기 이외의 어떠한 신령스러운 존재도 숭배하거나 믿지 않는 종교다. 선이 추구하는 목표는 자기 자신의 절대자유다. 회양은 석두의 경계가 그만하면 '견성'이라고 인정, 더 이상 거량을 하지 않았던 것이다.

행사도 남악에서 있었던 일의 자초지종을 듣고는 회양이 희천을 인정한 것에 선뜻 동의했다. 발을 뻗은 것은 바로 도끼를 준다는 상징이었다. 이는 희천도 이제 스승으로부터 독립해 한 사람의 사가(師家)가 될 만한 실력을 갖춘 선장임을 인정한 것이다. 말하자면 박사학위 수여 같은 것으로 선림에서는 이를 '인가(認可)'라 한다. 그러니까 행사는 희천이 자타가 공인할 만한 실력인가를 검증하기 위해 도반인 남악회양에게 보내 테스트를 받게 했던 것이다.

석두희천은 이런 과정을 거쳐 남악형산의 남대사로 오게 됐다. 그에게 '석두'라는 이름이 붙게 된 것은 남대사 동편 바위 위에 띠풀집을 짓고 사는 그를 사람들이 '석두화상'이라 부른 데서 비롯됐다.

그는 남대사에 부임해 곧바로 개당설법을 하지 않고 한동안 석두 초암에서 정진만 했다. 『참동계』는 석두가 남대사에서 개당 설법을 하기 전 지은 게송이다.

저술 경위를 부연하면, 그는 어느 날 남대사 장경각에 들어가 책들을 뒤지다가 우연히 승조의 『조론(肇論)』을 뽑아 읽었다. 승조(僧肇)는 동진(東晋) 스님으로 구마라집 문하의 4대 제자 중 한 사람이다. 「물불천론(物不遷論)」「부진공론(不眞空論)」「반야무지론(般若無知論)」「열반무명론(涅槃無明論)」 등 그의 논문 4편을 묶어 펴낸 『조론』은 중국 선종을 발아시킨 씨앗이었다. 당시 정토종 개산조인 여산혜원(廬山慧遠) 화상도 그의 『조론』을 보고 크게 감탄했다고 한다.

석두는 『조론』을 읽다가 "회만물위기자 기유성인호(會萬物爲己者其唯聖人乎)"라는 대목에 이르러 '아, 이거다!' 하는 영감을 느꼈다.

만물을 자기 자신과 하나로 통일시키는 사람이 바로 성인이다. '성인회만물위기(聖人會萬物爲己)'는 이미 중국 전통사상으로 뿌리를 내린 '만물일체사상(萬物一體思想)'을 달리 표현한 말이다. 노장은 일찍이 나와 만물은 뿌리로 돌아가면 하나라는 '만물여아동근(萬物與我同根)'의 우주관을 제시한 바 있다. 그러니까 승조가 설파한 만물일체의 우주관도 이러한 일원론적인 중국인들의 오랜 세계관과 똑같은 맥락이다. 조사선문에서는 후일조주종심선사가 '만법귀일(萬法歸一)'이라는 화두로 이와 같은 만물일체의 세계관을 가장 선명하게 밝혔다.

선종 종지의 핵은 분별심 타파를 통해 자신을 완전히 비워낸 후 대상과 하나가 되는 공(空)의 변증법이다. 독자적인 개체성을 버리지 않으면서 전체와 통합을 이루어 하나가 된다. 이때 개체의 특수성이 없어짐과 동시에 전체 속에 그대로 살아 있는 '역유역공(亦有亦空)'의 곡예와 같은 변증법이 성립된다. 이를 상즉상입(相卽相入), 또는 회호·왕환·호환·상섭(相涉)이라고도 한다. 이것과 저것이 서로 자기를 버리고 상대방과 같아져 하나가 되는 게 '상즉'이다. 상즉의 대표적인 비유로는 흔히 파도이면서 물이고, 물이면서 파도인 것처럼 본질적인 면에서는 하나지만 각기 파도와 물이라는 다른 개체성을 갖는 경우를 예시한다.

이러한 특수성(개체성)과 보편성(전체성)이 서로 합쳐져 하나가 되는데 아무 걸림 없이 융합하는 것을 '상입'이라 한다. 우주 만법은 보편성으로서는 하나지만 다시 흩어져 각각의 개체로 돌아가면 각자 특수성을 갖는 두두물물(頭頭物物)이라는 진여로 존재한다. 선은 이처럼 거둬들였다 내던지고, 내던졌다 다시 거둬들이는 역유의 방행(方行 : 긍정)과 역공의 파주(把住 : 부정)를 아무런 걸림 없이 자유자재로 구사하는 변증법에 아주 능하다.

석두는 『조론』에 나와 있는 '성인회만물위기' 구절에 심취, 장경각 책상에 앉아 그 구절을 탁마하면서 마음속 깊이 생각해 보았다. 다시 『조론』을 읽어 내려가니 "법신은 자타의 간격을 인정치 않으며 둥근 거울은 만상을 두루 비치어 드러낸다(法身不隔 圓鏡體現萬象)"는 구절이 나왔다.

석두는 앞의 구절과 이 구절이 밝히고 있는 심오한 뜻을 심사숙

고한 끝에 마침내 그 뜻에 계합했다. 석두는 두 구절을 다음과 같이 이해했다.

> 성인은 능히 자기를 잊어버리기에 만물 모두가 자기 아님이 없다. 부처의 법신이 무형무상(無形無相)이라면 법신 아닌 게 없지 않은가! 둥근 영혼의 거울은 뼛속까지를 선명하게 드러내 비추어주니, 거울에 비친 만상은 진여 그대로의 벌거벗은 알몸이다. 따라서 유형적·무형적 만상은 있는 그대로가 진리 아님이 없다. 경계(境界)와 지혜는 한 물건도 아니고 오고 감도 없다. 승조가 말한 바는 참으로 묘하구나!

이렇게 생각을 가다듬고 나니 마음이 공하고 신령스러워지면서 곧장 꿈속으로 빠져들었다. 석두는 꿈속에서 자신과 6조 혜능대사가 거북 등에 함께 타고 깊은 연못 속을 헤쳐나가는 것을 보았다.

이때 석두는 홀연히 꿈을 깨고 꿈이 뜻하는 바를 자세히 음미해 보았다. 신령스러운 거북(靈龜)은 바로 인간의 '지혜' 아닌가, 그리고 연못은 '자성의 바다'가 아닌가. 아, 그렇구나! 원래 6조와 내가 이미 같기 때문에 영지(靈智)를 타고 심성이라는 큰 바다에서 유영(游泳)할 수 있었던 게 아닌가!

생각이 여기에 이르자 석두의 마음과 머리 속에는 마치 조수에 파도가 일듯이 영감으로부터 비롯한 지혜가 치솟았다. 석두는 이처럼 자신의 자성 한가운데에서 반야 지혜의 빛이 신령스럽고 환한 빛을 발하자 붓을 들어 저 유명한 『참동계』라는 긴 게송을 지었다.

여기까지가 석두희천이 선종 불후의 명저인 『참동계』를 저술하게 된 경위다.

게송의 제목인 『참동계』의 '참동'은 원래 도가(道家)에서 나온 말인데 석두는 참동에 담긴 '회호(回互)의 논리'를 빌려 높은 안목의 선법(禪法)을 개발했던 것이다. 참동의 '참(參)'은 만법이 제각기 특수한 개체성을 가지고 있으면서 서로의 독자성을 침범하지 않는 것을 뜻한다. 즉 두두물물이 모두 진여의 실상(實相)이라는 이야기다. 다른 표현을 빌린다면 '삼라만상' '많은 것(多)' '부분'을 뜻한다.

'동(同)'은 일체 만법이 가지고 있는 하나 하나의 특수성이 근본으로 돌아가면 하나고 같다는 것이다. 다시 말해 삼라만상을 하나로 통일하는 보편성, 도(道)의 근원인 하나(一)를 뜻한다. 한마디로 개개의 두두물물은 혼자 고립해 존재하는 게 아니라 상호 보완적이고 의존적이며 유기적인 관계를 가지고 있다는 얘기다.

'참'은 후일 조동종의 편정회호에서 말한 '편(偏)'으로 현상·밝음(明)·개체·긍정·만법·다(多)·특수성을 상징한다. '동'은 편정회호의 '정(正)'으로 본체·어둠(暗)·부정·일(一)·보편성을 상징한다.

우주 삼라만상의 존재는 각자가 독립적인 개체이면서도 하나로 통일되는 유기적인 전체성을 가지고 있고, 일(一)이라는 보편성 역시 하나이면서도 그 안에 들어와 있는 각기의 개체성을 무시하지 않고 인정한다. 이것이 바로 하나가 많은 것이고, 많은 것이 하나라는 '일즉다 다즉일(一卽多 多卽一)'인 호환의 논리다. 요사이 주목을 끌고 있는 '카오스 이론'이라는 것도 그 핵심 내용은 부분이 곧 전체고, 전체가 곧 부분이라는 호환의 논리와 똑같은 맥락이다.

『참동계』는 저술 내용의 핵인 회호의 논리를 "문문일체경 회호불회호, 회이경상섭 불이의위주(門門一切境 回互不回互, 回而更相涉不爾依位住)"라는 구절에서 가장 극적으로 설파하고 있다. 각기의 개성을 갖는 만유(萬有)가 전혀 충돌이나, 뒤엉킴이나, 파괴함이 없이 서로 오가며 걸림 없이 하나로 융합하기도 하는 상섭상입(相涉相入)의 관계를 석두는 '회호'라는 독창적인 용어로 표현했다. 선수행의 선학적인 최종 목표는 이러한 회호의 원리를 체득, 나와 우주가 하나 되는 만물일체의 통일을 이루는 것이다. 이렇게 돼 내가 곧 우주인 '천상천하유아독존'의 인격을 형성한 사람이 부처고, 성인이고, 도인이다.

석두의 게송으로 다시 돌아가 보자. '문문일체경'의 '문문'은 하나 하나의 개체, 만법을 뜻한다. 그러니까 매개체(每一門) 모두가 그 안에 일체의 경계를 갖추어 가지고 있다는 얘기다. 다시 말해 개체 하나 하나가 그 자체로서 충분한 진리성을 가지고 있는 독자적인 '법(法)'이고 '도'다. 이것이 바로 '다즉일'이다. 이러한 원리를 '일체현성(一切現成)', 또는 '현성공안(現成公案)'이라고도 한다. 조주선사가 말한 '정전백수자(庭前栢樹子 : 뜰앞의 측백나무)', 운문선사의 '화약난(花藥欄)' 같은 화두 등이 제법실상(諸法實相)의 두두물물이 체현(體現)하고 있는 만유 긍정을 갈파한 대표적 현성공안이다.

'회호불회호'는 이것과 저것이 서로 합섭(合攝)해 하나로 융합하는 통일성(回互)과 서로가 배타적인 독립적 지위(不回互)를 갖는 것을 말한다. 바꾸어 말한다면 '보편성'과 '특수성'인데 이 두 가지는 보편성 속의 특수성, 특수성 속의 보편성이라는 이중구조의 논리로 상호간의 충돌이나 파괴를 면한다. 실감나는 예의 하나로 카톨릭의 경우 로마 카톨릭이라는 보편교회와 각 지역의 특수한 문화나 전통을 수용하는 '지역교회'가 전혀 모순이나 충돌을 일으키지 않고 존재한다. 로마의 보편교회와 각 지역교회는 이원적인 것 같지만 보편성이라는 카톨릭 공통의 정체성에서는 언제나 하나다. 가령 아프리카 교회가 미사에서 피아노 대신 북을 친다고 해서 가톨릭이 아닌 것은 아니다. 그러니까 로마 카톨릭은 보편성과 특수성이 각기 독자적으로 존재하면서도 보편교회라는 하나로의 통일과 지역교회라는 각기의 개체로 분리, 독립돼 있는 것이다.

만법은 언제나 어린아이가 어머니 품으로 돌아가듯이 자기 본래의 고유한 성품인 자성(自性)에 스스로 복귀한다. 개체의 특수성은 전체적인 보편성과 하나가 되는 통일을 이루고자 끝까지 갔다가는 다시 자신의 독자적인 개성으로 되돌아온다. 이처럼 불법의 본체인 법체(法體)는 동태적(動態的)인 용(用)과 정태적인 체(體)를 겸비하고 있으며 체와 용은 피차가 서로 의지해 존재한다. 이른바 체용일여(體用一如)다. 촛불이 밝은 빛을 발할 수 있는 것은 어둠이라는 것이 있기 때문이다. 따라서 밝음과 어둠은 서로가 의지해 상대적으로 존재하는 '상생관계(相生關係)다. 어둠이 있기에 밝음이라는 것도 있는 것이다. 그러나 모든 우주 만물의 존재 관계는 고정된 채 머물거나 일정한 틀 속에 갇혀 불변하는 게 아니라 한시도 쉼 없이 변화를 계속한다. 이러한 견지로 일체의 세상사를 인식하면 자연스러운 일상생활 가운데 진리가 존재함을 알게 돼 다리만 들어올려도 저절로 알아서 길을 가고, 눈앞에 나타난 모든 자연사(自然事)와 일상의 삶이 그대로 진리고 불법인 '즉사이진(卽事而眞)'의 도리를 체득하게 된다. 이게 바로 평상심시도(平常心是道)고, 일체현성이고, 도통(道通)이다. 이와 같은 선법의 묘체(妙

諦)를 터득, 운용하면 무슨 일에도 걸림이 없고 원만한 원전무애(圓轉無碍)의 삶을 살 수 있다.

호남선의 종주인 석두희천과 호각지세를 이룬 강서선의 마조도일선사도 심오하고 명쾌한 희천의 선풍(禪風)을 일러 '석두로활(石頭路滑 : 석두의 길은 미끄럽다)' 이라고 평하며 찬사를 아끼지 않았다. 마조의 평은 석두선의 특징을 가장 잘 드러낸 명구로 선림에 널리 회자되고 있는 하나의 화두이기도 하다.

'회이경상섭 불이의위주' 는 앞에서 말한 현상계의 본래적인 본체계 회귀 지향에 따른 통일과 두두물물이 자기 본연의 속성을 따라 진여 당체의 개체로 존재하는 모습을 묘사한 것이다. 이해를 돕기 위해 산속 계곡 물을 예로 들어 보자. 큰 산에 있는 여러 계곡의 물은 흘러 내를 이루거나 강에서 합쳐져 하나가 된다. 그러나 강에서 하나가 된 계곡물을 각각의 계곡에서 보면 계곡마다의 생김 생김이 다르고 물이 흐르는 방향, 속도 등도 다르다. 산속의 계곡 하나 하나는 엄연한 자기 개체성을 가지고 있다. 이처럼 계곡의 물들이 제각기 다른 길을 따라 흘러내려 강에서 하나가 되면 전체성 · 보편성을 갖지만 그 강물이 수증기로 변해 비가 돼 다시 계곡에 떨어져 계곡물이 되면 각기 독자성과 개체성을 갖는 계곡물이 된다. 그러니까 계곡물은 빙 둘러 돌아가서는 서로 만나고 하나로 융합하지만 산속에서는 각 계곡이 하나가 아닌 복수로 자신의 특수성을 간직한 채 존재한다. 강에서 보면 하나인 계곡물은 산속으로 들어가면 여러 개다. 하나와 많은 것은 이처럼 서로 회호하면서, 즉 자리를 바꾸면서 오가는 것이다.

'회이경상섭' 은 현상계의 우주 삼라만상이 본체계로 회귀해 아무런 걸림 없이 하나로 통일되는 과정이고 '불이의위주' 는 하나로

▲ 조사당 기둥에 걸려 있는 석두 관련 유명 화두인 '석두로활(石頭路滑)' 영련(楹聯).

통일되기 이전, 또는 통일됐다가 다시 되돌아 나와 독자성에 바탕한 진여 당체로 존재하는 두두물물의 개체들을 말한 것이다. 계곡물이 빙 둘러 돌아가서는 서로 만나 하나가 되고 그러지 않으면 각각의 계곡에 있는 것과 똑같은 맥락이다.

선법(禪法)을 닦아 이와 같은 이치를 깨달아 매일 매일의 일상생활에서 실천해 그 이치를 경험적으로 증명하면 신성한 빛이 환히 빛나고 어리석음을 면할 수 있다. 이러한 영조불매(靈照不昧)의 경지에 이른 것을 '계(契)'라 한다. 그러니까 '참동계'란 만물(우주)과 내가 하나가 되는 진리에 계합한다는 뜻이다.

석두희천선사는 선불교 인식론에 회호의 논리를 도입, 선사상의 내용을 한층 풍부하게 만들었다. 이와 같은 석두의 선법은 종래의 선불교에 하나의 새로운 종풍(宗風)을 탄생시켜 독특한 가풍의 선종 법계를 형성했다. 석두의 『참동계』가 거듭 밝히고 있는 선사상의 핵심은 인간 존재를 가능케 하는 자성의 밑바탕인 일심(一心)과 우주 만법 사이에는 본말(本末)·은현(隱顯)이 상호 교류하면서 자재롭게 들어왔다 나갔다 하는 관계를 갖는다는 것이다. 여기서 개개의 현상(事)에도 전체적 보편성을 나타내는 본체(理)가 현현(現顯)하고 있다는 이사무애(理事無碍)의 논리가 가능해진다. 바로 분별심을 여읜 부분이 전체고, 전체가 부분이라는 '무분별'이며, 일(一)=다(多)의 등식(等式)이 성립하는 '일즉다 다즉일'의 원리다.

그래서 『참동계』는 "현상에 집착하면 원래 미혹한 것이요, 본체에 계합해도 깨침은 아니다"라고 설파했다. 다시 말해 '이'와 '사'는 서로 왕환하면서 필요에 따라 각기 작용해야지 한 쪽에만 머물러 있으면 공에 익사하고 마는 낙공(落空)의 죽은 선이다. 조사선과 분등선(分燈禪) 모두 하나같이 깨달음에조차 안주하지 않는 '부주열반(不住涅槃)' '불낙공(不落空)'의 동적인 선을 강조한다. 이것이 바로 출가 수행으로 '이(理)'나 '성(聖)'이라는 깨달음의 세계를 얻으면 그 깨침은 즉각 '사(事)'와 '속(俗)'으로 다시 돌아와 실천적 삶 속에서 여법하게 구현돼야 한다는 선종의 실천윤리다.

요사이 한국 불교 일각에서 '깨달음의 사회 환원'이라는 캐치프레이즈를 내건 신앙운동을 전개하는데 그것도 이런 선불교의 실천윤리를 시쳇말로 표현한 것이다. 깨침과 미혹, 성과 속은 늘 서로 자리를 바꾸어 호환할 수 있는 것이기 때문에 번뇌가 곧 보리(煩惱卽菩提)고, 중생이 곧 부처이며, 이 마음 그대로가 부처(卽心卽佛)라는 설법이 가능한 것이다. 모든 것을 하나로 통일한 보편성의 세계, 법의 세계, 본체계에서 개개의 사물을 보면 그 하나 하나인 개다(個多)의 개체에도 일체의 경계를 구성하는 본질인 '법(法)'이 나타나 있다. 이것이 이른바 개다 속에 나타나 있는 일체의 경계, 곧 '사' 속의 '이'다. 이처럼 부분과 전체가 아무런 마찰 없이 병존하는 게 우주의 기본 질서고 섭리다.

석두가 설파한 '참동의 원리'만 꿰뚫으면 선학 공부는 다했다고 해도 과언이 아니다. 『참동계』의 선사상에 더 깊이 천착하려면 몇 권의 저술이 필요할지도 모르니 우선 이 정도로 석두선의 핵심인 참동의 원리를 대충 살펴보고 『참동계』와 관련한 사족을 두 가지만 붙여두고자 한다.

하나는 일부 선종 어록 번역서에서 『참동계』를 "같이 공부에 동참하자는 취지"라고 주석하고 있는데 전혀 잘못된 주석이라는 점이다. 앞에서 살펴보았듯이 '참동'은 도가에서 나온 말로 석두의 선법에서는 본체와 현상의 회호, 호환, 왕환을 뜻한다. "같이 공부……" 운운은 얼토당토 않은 풀이다.

다른 하나는 일본의 세계적인 선학자 스즈키 다이세쓰(鈴木大拙)가 선학 이론의 하나로 '회호의 논리'라는 용어를 사용하기 시작했는데 그 용어의 원전이 바로 석두의 『참동계』라는 점이다. '회호'는 앞에서 본 바와 같이 석두의 게송이 설파하고 있는 선리의 핵이다. 스즈키는 바로 『참동계』에 나오는 '회호'를 인용해 회호의 논리라는 용어를 만들어냈던 것이다. 스즈키가 또 다른 선학이론으로 정립한 '즉비(卽非)의 논리'도 불교 경전에서 따온 것이다. 『금강경』에 "여래가 말하기를 반야는 반야가 아니다. 고로 반야라 한다(如來說第一婆羅蜜 卽非第一婆羅蜜 是名第一波羅蜜)", 또는 "여래가 설하기를 범부는 범부가 아니다, 고로 범부라 한다(如來說 凡夫者 卽非凡夫 是名凡夫)"라는 논법이 자주 나온다. '즉비의 논리'라는 선학 용어의 즉비는 바로 『금강경』의 이 논법에 나오는 '즉비'를 차용한 것이다.

'회호'가 중요한 현대 선학 이론의 이름으로 인용됐다는 사실 자체가 회호라는 용어를 통해 선리를 갈파한 『참동계』의 선사상이 갖는 위력을 능히 짐작할 수 있게 한다.

이제 한 발짝 더 나아가 석두의 개당설법(취임식 법어)을 들어보자.

석두는 청원산을 떠나 형산 남대사 주지로 부임해 취임 법문을 하기 전 『참동계』라는 게송을 지어 새로운 선학 이론을 개발, 선리에 이론적으로도 완전 계합했다. 이처럼 선정(禪定)과 지혜를 다 함께 수행하고 난 석두는 이론과 실수(實修)를 달통한 대덕이 돼 법상에 올라 취임 법문을 했다.

> 나의 법문은 선대 부처님께서 전해주신 바로 선정과 정진을

말하지 않으며 부처의 지견(知見)을 통달하기만 하면 마음 그대로가 부처고, 부처와 마음, 부처와 중생이 바로 하나일 뿐 서로 다른 둘이 아니다. 보리와 번뇌, 마음과 부처·중생은 이름만 다를 뿐 본체로 돌아가면 하나다. 그대들은 먼저 자기 자신의 심령(心靈)을 알아야 한다. 마음의 체(體)와 용(用)은 단상(斷常)을 떠난 것으로 본래가 깨끗함도 더러움도 없고 담연(湛然)하고 원만해서 범부와 성인이 모두 같다. 여러분의 심령은 사물을 대하면 그에 응해 즉각 나타나는데 그 활용은 미치지 않는 데가 없다. 마음에는 본체가 있는데 마음이 의식을 생성해 삼계육도(三界六道)를 만들어 낸다. 그러나 마음의 자성은 오직 스스로 나타날 뿐이니 물속의 달과 거울의 그림자가 그렇듯이 어찌 생멸이 있으랴. 그대들이 이 도리를 알기만 한다면 그대들의 심성이 갖추지 못한 바가 없으리라.

석두의 개당 설법은 한마디로 요약해 '마음이 곧 부처(心卽佛)'라는 얘기다. 이 점에서는 석두선도 분명히 심지법문(心地法門)선상에 위치하며 남악-마조법계의 선법이 설파하는 '즉심즉불'과 크게 다를 바 없다. 다만 석두선과 마조선의 차이라면 '심즉불'을 인식하는 이론적 융통성에서 석두선은 우선적으로 부처의 지견에 통달할 것을 강조하고 있다는 점이다. 그러나 마조선은 불지(佛旨)의 묘법적 우위를 범부의 심성(心性)으로 곧장 대치해버린다. 불지의 통달을 우선시하는 문풍(門風)을 지닌 석두선은 마조선과 비교되면서 청원-석두법계를 형성, 남악-마조법계의 선법과 경쟁하는 가운데 선불교 발전을 이끌었다.

하나 부연해 둘 사항은 한국 불교 선종(조계종)의 경우 이른바

'임제선'이라 해서 남악-마조법계의 선법에 기울어 있으나 실제에 있어서는 오히려 석두선의 가풍이 짙게 배어 있다는 점이다. 역사적인 전거로는 고려 광종이 36명의 승려를 중국에 국비 유학 시킬 때 모두 절강성 항주 정자사의 법안종 2세 영명연수선사 문하로 보내 염불선·천태선·화엄선 등을 수용한 법안선을 공부하도록 했다는 사실이다. 법안종은 석두법계의 선법을 가풍으로 한 중국 선종 종파다.

고려 말 태고보우국사가 중국에 건너가 임제종 양기파 법손인 석옥청공선사(1272~1352)로부터 임제법맥을 이어 왔다는 사실을 간과할 순 없지만 석두법계의 법안선풍이 광종 이후의 고려 불교는 물론 오늘에까지지도 일소됐다고 보기는 어렵다. 한국 선종의 선법에 대해서는 더 깊고 광범위한 연구가 진행돼야겠지만 우선 극히 피상적인 인상이나마 한마디 언급해 연구열을 북돋우자고 한다.

동아시아 선불교의 우뚝한 거목 석두희천선사가 48년 동안 주석하면서 석두선의 선풍을 드날렸던 남악 형산 남대사를 가보자.

1996년 5월 1일. 아침 일찍 호남성 성도 장사에서 남대사가 있는 남악 형산을 향해 출발했다. 3백킬로미터의 포장 국도인데 도로 공사중인 곳과 시내를 관통하는 곳이 있어 꽤나 시간이 걸렸다. 예부터 논농사를 많이 하는 곡창지대로 유명한 호남성의 평야를 북에서 남으로 종단하는 남악까지의 도로변에는 시골 장터, 농부들의 모심기 등 온갖 풍광이 펼쳐져 있었다. 도중에 점심까지 먹고, 길가 시골 장터들을 둘러보면서 가느라 오후 4시가 넘어서야 형양시 남악구의 한 조그만 호텔에 당도했다. 가다가 본 풍광

하나는 객담이지만 꼭 소개해 두고 싶다. 이야기는 전혀 유쾌하지 못한 '공개총살'이다. 장사를 출발, 두 시간쯤 내려가니 도로에 경찰이 늘어서서 호루라기를 불며 차들을 일방 통행시켰다. 까마득히 줄을 서 있는 차들 뒤에서 20여 분을 기다리다 내려가 경찰에게 사정을 이야기하고 좀 앞으로 나가게 해달라고 부탁했더니 쾌히 응해주었다. 비어 있는 일방 통행선으로 빠져 나가 2킬로미터쯤 전진했다.

경찰들이 오토바이 옆에 단 보조석에 죄수를 한 사람씩 싣고 열 지어 올라와서는 오른쪽 논 한가운데로 난 농로를 따라 야산으로 들어가는 것이 보였다. 동승한 중국인 가이드한테 물어보니 공개총살 현장으로 이송되는 죄수들이란다. 죄수들 중에는 여자도 꽤 있었다. 어떤 죄수는 담배를 빼끔빼끔 피우는 것이 아주 태연해 보였다.

5월 1일은 노동절 아닌가. 사회주의 국가에서는 국경일이다. 그런데 왜 하필 이런 날 공개총살형을 집행할까. 이런 의문은 가이드의 설명을 들으니 확 풀렸다. 공개총살형은 분기별로 실시되는데 명절 같은 때를 전후해 전국에서 동시에 집행한단다.

사진기자가 이야기를 듣더니 사진을 찍겠다고 카메라를 차창 밖으로 내밀자 나는 황급히 제지하면서 "공연히 문제가 돼 본래 목적인 선종 고찰 답사도 못하고 쫓겨날 수 있으니 삼가자"고 일렀다. 그러나 서울에 돌아와서 보니 AFP통신이 중국의 5월 1일 노동절 공개총살형 집행을 촬영해 세계적으로 보도했지 않은가! 너무 조심하다가 좋은 사진기사거리 하나를 놓치고 말았다.

공개총살형에 처하는 죄수들은 살인강도·마약사범 같은 흉악범들만은 아니란다. 가령 창녀 같은 풍속사범도 단속 기간 같은 때 연속 세 번만 걸리면 총살형이고 기타 시시한 잡범들도 죄질에 따라서는 총살이란다.

공개총살은 한적한 곳에 위치한 공설 운동장이나 숲속 공터등에서 초청된 지역 기관장·유지들이 지켜보는 가운데 집행된단다. 죄수는 뒷머리를 사수 쪽으로 향하고 앉은 자세를 취하게 해서 말뚝에 묶는다. 한국에서는 군에서 집행하는 총살형의 경우 눈만 가리고 사수를 정면으로 바라보는 자세를 취해 말뚝에 묶어 놓고 심장을 조준사격한다. 그러나 중국의 경우는 머리 뒷골을 조준사격한다.

더욱 으스스한 이야기는 총살형 집행 후 총알 값은 사형수측에 물린다는 것이다. 한국 돈 2백 원(96년 환율 기준)에 불과한 총알 값이지만 반드시 연고자를 찾아 값을 물린단다. 죽여주느라고 국고에서 총알 값을 썼으니 내놓으라는 얘기다. 사형에까지 적용되는 '수익자 부담원칙'이라고나 할까.

냉혹한 중국적 엄벌주의의 상징이다. 과문한 탓인지 나는 총살형을 집행하고 그 총알 값을 유족이나 연고자에게서 받는 나라가 중국 이외에도 또 있는지 모르고 있다. 어쨌든 인권문제로 많은 논란을 빚고 있기도 하지만 공개총살형이라는 엄벌주의가 12억 인구를 가진 거대한 오늘의 중국을 통치하는 비결의 하나가 아닐까 싶었다.

내친 걸음이니 남대사 답사에 앞서 에피소드 하나만 더 이야기 해보자.

남악 형산 아래에 자리한 형양시에 도착, 가장 좋다는 호텔로 들어가 여장을 풀었다. 좋다고 해야 별 2개짜리 호텔이다. 며칠 동안 바쁜 일정에 쫓기다 보니 세탁을 해야 할 팬티·셔츠 등이 서

너 벌 밀려 있었다. 체크 인을 하고 방으로 올라가 가방에서 세탁물을 꺼냈다. 피로해 도저히 빨래할 마음이 나질 않아 내 방이 있는 층에 복무하는 여자 복무원과 통역을 불러 세탁을 좀 부탁했다. 답사중 속옷은 언제나 직접 빨아서 입었지만 이 날만은 남의 손을 좀 빌리려 했는데 결과부터 말한다면 영 번지수를 잘못 짚은 실패였다.

시골 호텔들은 세탁 서비스를 전혀 하지 않는다. 이런 사정을 익히 아는지라 세탁을 부탁하면서 20달러를 줄 테니 좀 빨아달라고 했다. 20달러면 중국 시골 중학교 선생의 한달 월급이다. 딴에는 좀 한량기를 부린 '거액'이라 생각했는데…….

그러나 웬걸 내 부탁을 들은 복무원 두 사람은 한마디로 딱 잘라 거절이다. 거절하는 이유가 당당하다.

"내 팬티도 빨아 입기 귀찮아 죽겠는데 돈 아니라 금을 준다고 해도 남의 속옷은 못 빨아주겠다"

통역이 사정을 해보았지만 들은 척도 않고 뒤돌아서서 가버렸다. 혹시 무슨 이상한 '수작'이라고 오해해서 그런 게 아니냐고 중국인 가이드에게 물어보았다. 대답은 원래 중국 여자들은 빨래 같은 일에 게을러서 자신들 속옷도 자주 빨아 입지 않는단다.

그러나 복무원 아가씨의 당당함에서 만감이 교차하는 수치심(?) 같은 걸 느꼈다. 우리는 70년대까지만 해도 시골 여관이나 지방 호텔에 가서 돈 몇푼 주고 속옷 좀 세탁해달라고 하면 종업원들이 오히려 고마워했다. 곳에 따라서는 종업원들이 먼저 나서서 팁 몇 푼 받으려고 속옷 빨 것 없느냐고 챙겨갔다. 평기자 시절 지방 출장을 다니면서 겪었던 생생한 경험이다.

그런데 국민 소득이 우리의 70년대 수준이라는 오늘의 중국 현실은 어떤가.

"어렵고 못살아도 좋다. 돈이 다는 아니다."

세탁을 거절하며 돌아서는 남악호텔 복무원 아가씨의 당당함 속에 들어 있는 힐난일지도 모른다. 이런 망신을 당하고 나니 정신이 번쩍 들었다. 이를 악물고 욕조에 물을 받아 속옷을 모두 빨아 널었다.

저녁이 됐다. 호텔 주변 노래방에서 고성방가가 터져 나와 고막을 찢을 것 같다. 목소리로 가늠컨대 모두 젊은 남녀들이다. 아마도 내 세탁을 거절했던 아가씨도 지금쯤은 복무를 끝내고 저 노래방에서 춤과 노래를 즐기고 있을지도 모른다. 그러려면 돈이 필요할텐데……. 낮에 빨래 좀 해주고 20달러를 받았으면 노래방 몇 번은 갈 수 있을텐데…….

남악호텔의 첫날 밤은 편안한 잠자리도, 유쾌한 밤도 아니었지만 다음 날 아침 해는 어김없이 떠올랐다.

남악회양·마조도일·석두희천선사 등 중국 선종사에 우뚝한 봉우리들이 자리했던 남악 형산에 대한 기대를 안고 아침 일찍부터 형산으로 차를 몰아 올라갔다. 마경대·복엄사에 이어 석두 도량인 남대사로 갔다.

소속 종파는 조동종이고 상주 승려 40명, 상주 거사 10명인 남대사 방장 보담화상(72)이 친절히 맞아준다. 마당에 차를 세우고 산문을 쳐다보니 '고남대선사(古南台禪寺)'라는 편액이 걸려 있다. 남악회양선사의 도량 복엄사와 함께 '천하법원(天下法源)'이라 지칭되는 남대사는 옛날엔 일명 남사(南寺)·남산사(南山寺)라 불리기도 했다. 위진남북조시대의 양(梁)나라 천감연간에 해인(海印)화상이 이곳에 절을 짓고 수행한 것이 남대사의 최초 창건이다. 절 창건을 알려주는 기록이 바위에 새겨져 지금까지도 전해오고 있다.

남대사가 위치한 형산 안의 조그만 산을 남산이라 하는데 절 뒤 오른쪽에 방석 모양 넓은 바위가 있다. 이 바위를 '남대'라 했고 해인화상은 늘 그 바위에 앉아 참선과 독경을 했다. 남대사라는 절 이름도 바로 이 바위에서 유래했다. 현재는 남대 바로 앞에 요사채가 들어섰는데 바위벽에 가로로 '南台寺'라는 세 글자가 큰 글씨로 새겨져 있고 양 옆으로는 오른쪽에 '梁天監年建', 왼쪽에 '沙門海印'이라는 조그만 글자가 종서(從書)로 새겨져 있다. 이 글자들이 언제 새겨진 것인지는 명확지 않지만 남대사 창건주인 해인화상이 직접 새겼던 것으로 추정, 남대사 창건을 알려주는 귀중한 유적으로 전해오고 있다.

가람 배치는 산문-미타전(천왕전)-대웅전-법당 · 조당 · 운수당(雲水堂)이 일렬 종대 계단식으로 자리했고 이들 주전각 양편에는 재당(식당) · 선당 · 객방 등이 통로와 함께 회랑식으로 이어진 전형적인 중국 전통사찰의 전각 배치 양식이다.

잠시 남대사의 사찰 연혁을 살펴보면 당 · 송대까지는 몇 차례 중수를 거치면서 잘 지속해왔으나 명나라 초 사원이 황폐돼 명 홍치연간에 다시 지었고 청나라 초에도 완전 훼멸, 새로 중창했다. 이때 절을 본래의 터 아래쪽으로 옮겨 여러 개의 조그만 사찰로 중창하고는 자칭 자신들이 '남대 적손(嫡孫)'이라고 내세웠다. 청 광서연간 형양의 담운화상이 원래의 절터에 사는 승려들과 새로 지은 소사(小寺)의 승려들이 서로 자신들이 남대 정맥이라고 다투는 꼴을 보다 못해 "선림에서의 쟁리(爭利)는 불문(佛門)을 욕보이는 일"이라며 1890년 본래의 터에 남대사를 대대적으로 복원, 남대 정종(正宗)의 법통사찰임을 선언했다. 15년간 계속된 대대적인

▲ 전각이 웅장한 남대사 전경.

공사 끝에 1905년 완공된 남대사가 현재까지 존속해오고 있다. 담운화상이 복원한 남대사는 규모가 원래의 남대사보다 컸다. 따라서 현재의 남대사도 꽤나 웅장한 규모다.

남대사 답사에는 방장 보담(寶曇)화상이 직접 나서서 점심 공양까지 대접하면서 절 구석 구석을 안내해주었다.

산문

중국 불교의 가람 양식은 대체로 산문-천왕전-대웅전-장경각 등 4개 건물이 사찰의 주전각이다. 건물 배치 순서를 따라 산문부터 장경각까지를 각각 제1~4진(進)으로 구분하기도 한다.

남대사 제1진인 산문에는 '고남대사(古南台寺)' 라는 편액이, 뒷면에는 '아란야처(阿蘭若處 : 한적한 승려의 거처)' 라는 편액이 각각 걸려 있다.

미타전

제2진인 미타전은 천왕전의 별칭인데 다른 사찰들과 마찬가지로 배가 불쑥 튀어 나오고 만면에 환희의 웃음을 활짝 웃는 포대화상(布袋和尙)을 한가운데로 모시고 통로 양편에 사천왕상을 봉안했다. 흔히 배와 가슴을 활짝 열어젖힌 채 얼굴에 환한 웃음을 짓고 있는 모습으로 표현되는 포대화상(?~916)은 절강성 봉화현 장정 악림사(岳林寺)에 살았던 당말 오대의 선승인데 중국불교는 그를 '미륵불의 화신' 으로 추앙, 모든 사찰이 그의 상을 천왕전에 봉안해 놓고 있다(포대화상은 제5권 절강성 봉화 설두선사편 참조).

미타전 정문 위에는 '남대선사(南臺禪寺)' 라는 문액(門額)이 걸려 있고 문 앞에 병풍처럼 둘러 쌓은 담장에는 '옴마니팔니굼(唵嘛泥叭嘛吽)' 이라는 밀교의 6자 진언을 큰 글씨로 써놓았다. 선종 사찰에 밀교의 진언(眞言)을 써놓은 것은 남대사에서만 볼 수 있었던 특이한 예다.

법당 · 조당 · 운수당

제3진인 불전을 지나 가람 배치상 가장 높은 곳에 위치한 법당 · 조당 · 운수당은 하나의 전각이다. 법당은 선종 강의실을 말한다. 방장이 수좌들을 모아 놓고 설법을 하고 질의응답을 하는 곳이 법당이다. 원래 선종 사찰은 불전이 없고 법당만 두는 게 「백장청규」의 규정이고 전통이었으나 후대에 내려오면서 대웅전이라는

▲ '남대선사(南臺禪寺)' 라는 편액이 걸려 있는 남악 형산 남대사 미타전.

불전을 건립했다.

조당에는 역대 조사와 조동종 법맥의 선사들 위패를 나무에 금자(金字)로 써서 모셔 놓았다. 맨 윗단은 '서천동토역대조사지연좌(西天東土歷代祖師之蓮座)' 라는 용조각 패를 세워놓고 왼쪽에 남악 개법 회양조사 · 남악 중흥 복엄선사 · 남악 명진법사, 오른쪽에 남악 개산 혜사조사의 연위(蓮位) 등 좌우로 모두 8개의 위패를 봉안했다. 위패를 세워놓은 단 밑으로는 남악에 최초로 사찰을 건립, 불법을 전파한 천태종 남악혜사조사를 한가운데 두고 오른쪽에 청원행사 · 약산유엄 · 삼장현장법사, 왼쪽에 석두희천 · 운암담성 · 동산양개선사 등 모두 7명의 조사급 선사들을 간단한 행장을 기록한 초상화로 봉안했다. 석두희천선사만은 유독 컬러 초상화인 점이 특이했다. 나머지는 묵화 초상화다.

운수당(雲水堂)은 행각하는 선승들이 유숙하던 곳이다. 누더기 옷에 바랑 하나 짊어진 채 죽장(竹杖) 짚고 하늘의 구름과 계곡의 물을 벗삼아 이 절에서 저 절로 행각하면서 각지의 선장들을 순방, 참학하는 선승들을 '운수납자(雲水衲子)'라 한다. 운수당은 바로 이런 운수납자들이 와서 묵던 곳이다.

선불교의 독특한 냄새를 물씬 풍기는 '운수'라는 말이 문헌 속의 글자로서가 아니라 이렇게 구체적인 당호(堂號)로 남아있는 게 정말 놀랍고 반가웠다.

얼마나 멋진 말인가. 구름 따라, 물 따라 흘러가면서 오직 진리만 탐구하던 저 옛날 선승들의 무위법(無爲法)이 아련히나마 손에

▼ 조사당에 모셔 놓은 달마대사(가운데)와 역대 선장들의 위패 및 초상화.

▲ 남대사를 창건한 양나라 남악혜사존자(왼쪽)와 석두희천의 스승인 행사선사 존영.

잡힐 듯한 기분이었다. 답사 사찰 중 남대사에서만 '운수당'이라는 당호를 볼 수 있었다.

석두초암

남대사가 선종 사찰로 명성을 떨치게 된 것은 석두희천선사가 주석, 마조 도일과 쌍벽을 이루는 조사선 시기의 석두선풍을 드날렸기 때문이다. 그가 처음 남대사로 와서 바위 위에 초암을 짓고 참선정진했다는 그 초암 터는 보담방장에 따르면 현재 산문 왼쪽 마당가 차고 자리라고 한다. 그러나 불행히도 큰 바위는 없었다. 아마도 오랜 세월을 지나는 동안 흙 속에 묻히고 말았는지 '석두'

▲ 석두 법맥의 우뚝한 선장들로 조동종 법원(法源)인 운암담성(왼쪽)과 동산양개선사 초상.

라는 바위는 보이질 않았다.

선당

왼쪽 행각 한가운데 있는데 출입문 밑에 '선불장(選佛場)' 이라고 붓글씨로 써붙여 놓았다. '선불장' 은 부처를 뽑는 과거장이라는 뜻이다. 그 유래는 단하천연선사와 방온거사가 과거를 보러 가는 길에 찻집에 들러 차를 마시다가 한 행각승을 만나 선관장(選官場)으로 가지 말고 선불장에 가서 부처가 되는 게 몇백 배 낫다는 권유를 받고 각각 석두문하와 마조문하의 선승이 됐다는 일화에 비롯했다. 더 구체적으로 방온이 마조를 참문해 깨치고 읊은 「심공급제(心空及第 : 마음을 비워 과거에 합격하다)」라는 5언 절구의 게송에도 '선불처(장)'가 나온다.

> 시방에서 함께 모여들어,
> 각기 무위법을 공부한다.
> 여기는 바로 선불의 장소,
> 마음을 비워 급제해 돌아간다.
> (十方同一會 各各學無爲 此是選佛處 心空及第歸)

한·중·일 3국 선종 사찰들은 선방에 '선불장', 또는 '심공급제'를 붓으로 써붙여 부처와 같은 각자(覺者)를 선발하는 곳임을 과시한다. 선당의 종 아래에는 조동종임을 표시한 직사각형(□) 나무 통판이 걸려 있다. 흔히 종판(鍾板)이라 하는데 옛 문헌에는 백추(白槌)로 기록돼 있다. 남대사 방장 보담화상은 이 종판을 '호령판(號令板)'이라 했다. 호령판이란 말은 처음 들었기에 그 연유를 물었더니 남대사의 경우 중요한 불교 의식이나 불사가 있을 때 이 나무판을 친다는 것이다. 말하자면 군대의 호령과 지휘봉 역할을 한다는 얘기다. 이렇게 종판을 호령판으로 사용하는 예는 다른 선방에서는 보지 못했다. 선종 사찰의 소속 종파를 알리는 종판은 일반적으론 선방 내의 규식을 알리는 데만 사용한다. 즉 참선 시작이나 휴식 종료 등을 알릴 때 종판을 손바닥으로 가볍게 친다. 그러나 남대사에서는 이 종판이 범종 역할까지 하는 듯했다.

선방 참선정진은 일정한 시간을 정해 놓고 하는 규칙성이 없고 각자 수시로 자유롭게 들어가 한다고 한다. 이 점도 아주 특이했다. 물론 다른 사찰의 선방들도 일정한 대중정진 이외에 각자 자유롭게 참선을 하지만 전적으로 자유방임적인 경우는 없다. 석두 법맥을 대표하는 조동종의 선풍은 면벽참선인 묵조선(默照禪)이라는 게 정설이기 때문에 지나치는 얘기로 보담화상에게 "남대사도 참선 때 화두를 드느냐"고 물어 보았다. "그렇다"는 대답이다. 의외였다. 조동종에서 화두를 드는 간화선(看話禪)을 하다니…….

편협한 나의 상식으론 뜻밖이었지만 옛날 5가7종 시절 조동종은 묵조선, 임제종은 간화선이었던 구분이 오늘의 중국 선불교에서는 모두 화두선이라는 사실을 확인하는 순간 현지 답사를 통해 큰 공부를 하는구나 싶어 흐뭇했다.

석두 묘탑 · 석두 석상

절 내를 돌고 나니 점심 때가 됐다. 보담방장이 식당으로 안내, 정갈하게 차린 점심 공양을 함께 했다. 공양을 마치고 석두희천선사의 묘탑 안내를 부탁했더니 군사시설 지역이라 못 들어간단다. 실망스러웠지만 어찌 할 도리가 없었다. 문헌상으로는 석두선사가 당 정원6년(790) 원적하자 황실에서 '무제대사(無際大師)'라는 시호를, 묘탑에는 '무상(無相)'이라는 탑호를 내렸다. 그의 시신은 육신으로 탑 안에 함장(龕葬)했는데 묘탑은 남대사 아래쪽에 있다고 기록돼 있다. 석두의 묘탑은 현재도 당나라 때의 고묘(古墓)로 잘 보존돼 있으나 안타깝게도 군기지라 일반인의 출입이 불가능하다.

육신불이 된 석두의 진신상이 제2차 세계대전 때 일본으로 반출돼 현재 일본 오사카 총지사(總持寺)에 봉안돼 있다는 얘기가 동아시아 불교계의 화제였던 적이 있다. 사연인즉 일본 육군 군의관으로 중국 침략에 참가했던 와타나베 시로(渡邊四郎) 중위가 석두 묘탑을 지키는 암자의 사미를 독살하고 석두 진신상을 꺼내 상자에 넣어 일본으로 가져갔는데 와타나베 중위 사후 그의 유물을 정리하다가 발견됐다는 것이다. 그러나 보담화상에 따르면 확인 결과 사실이 아니었다고 한다.

보담화상이 이야기를 듣고 진짜라면 어떻게든 다시 모셔오려고 일본에 가보니 석두희천선사 진신상이라는 육신불은 남대사에 주석했던 석두선사가 아니라 신해혁명 때 입적한 복건성 장주의 석두선사로 동명이인이었다는 것이다. 그래서 1995년 종전 50주년을 기해 일본으로부터 돌려받으려 했던 석두 진신상은 고증도 없고 사실여부가 불확실해 포기했단다. 나는 남대사에 도착하기 전 마경대에서 석두희천선사 진신상의 일본 반출과 반환 교섭 이야기를 듣고 꽤나 흥미로워 잔뜩 벼르고 물었는데 보담화상의 이야기를 듣고 나니 너무나도 싱겁게 끝나는 것 같아 한편으론 아쉽기도 했다.

묘탑을 못 가는 대신 석두선사의 모습을 볼 수 있는 유적이 없느냐고 물었더니 보담방장은 사찰 동쪽 1백여 미터 지점에 있는 석두 석상(石像)으로 안내를 했다. 가보니 야트막한 바위에 정자를 지어 석상을 하나 봉안했는데 붉은 법의를 입혀 마치 살아 있는 사람처럼 단장을 해 놓았다. 정자 밑 안내판에는 「석두희천선사 조상출토인연기(石頭希遷禪師 造像出土因緣記)」를 붉은 글씨로 자세히 써놓았다. 연기의 핵심 내용은 1992년 현재 석상을 모신 정자 옆 산에서 흙에 묻혀 있는 이 석상을 발굴했는데 명문 기록이 없어 확실한 고증은 못하나 얼굴 생김로 보아 석두희천선사로 추정된다는 것이다. 보담화상은 석상 제작연대를 민국 초(1920년대)로 추정한다고 했다.

석두선사 석상 바로 옆에는 승려들의 공동 납골탑인 해회탑(海會塔) 1기가 서 있다. '해회'란 말은 『아미타경』의 〈연지해회찬(連池海會讚)〉에 나온다. 극락세계의 공덕장엄을 설한 것인데 죽은 후 넓은 바다와 같은 가없는 정토에서 모두 만나 성불의 기쁨을 나누자는 뜻을 담고 있는 탑이다. 석두선사의 석상 옆에 이와 같은 해회탑이 있다는 것도 예사스럽지만은 않았다. 왜냐하면 부처에 비견하는 '각자'로 추앙받는 석두희천선사가 한줌의 재로 해회탑 속에 묻힌 수많은 대중 승려들을 향해 『아미타경』을 설하는 듯한 풍광을 보여주는 한 폭의 그림 같았기 때문이다.

석두상과 해회탑을 보면서 느낀 너무나 과민한 감상이었을까.

금우석

남대사 동쪽에 남악고진(南岳古鎭)으로 통하는 좁은 오솔길이 있는데 도중에 큰 바위 언덕이 있다. 수십 개의 크고 작은 바위들이 마치 하늘을 오르는 사다리처럼 층층으로 하늘을 향해 겹쳐 있다. 그래서 이 바위 언덕을 하늘이 만들어낸 바위 비탈이라 해서 '천생등(天生磴)'이라 한다. 바위 언덕 벽면에 명나라 장원변(張元卞)이 각(刻)한 '진도파(進道坡 : 도로 나가는 언덕)'라는 글자가 있다.

바위 언덕 가장자리에 큰 바위 하나가 있는데 금우(金牛)의 발자국이 돌 윗면에 각인돼 있다는 전설을 따라 '금우석'이라 부른다. 명 정덕10년(1515) 하양용(夏良用)이 금우석 암벽에 다음의 5언 절구를 새겨놓았다.

手招黃鶴來，脚踏金牛背.

塵世無人知，白雲久相待.

손으론 황학을 부르고,

발로는 금우의 등을 밟고 있다.

그러나 속세 사람 알 리 없으니,

흰 구름만 벗하노라.

중 · 일 불교 교류

석두희천선사의 42대 법손임을 자처하는 일본 조동종 매효(梅曉)화상이 1503년 중건중인 남대사를 찾아왔다가 대규모 복원불사를 보고 크게 감동, 남대사 주지 담운화상에게 공사가 완공된 후 『대장경』 한 질을 기증하겠다고 제의했다. 매효는 약속대로 1507년 수십 명의 승려를 이끌고 일본에 여섯 질밖에 없는 장경 중 한 질을 가지고 와 증정했다. 7백여 권으로 된 이 장경은 중국 불교 4대 진품 중의 하나였으나 10년 후 화재로 불타 없어졌다. 매효화상의 장경 기증을 계기로 일본 불교 조동종 대표들이 자주 남대사를 방문, 참배한다고 한다. 그래서 남대사에는 중·일 불교 교류를 기념해 세운 비석이 많다. 일본 조동종 승려들이 남대사에 와서 예조(禮祖)하고 돌아갈 때마다 기념비를 세웠기 때문이다.

3) 석두의 길은 미끄럽다(石頭路滑)

등은봉이 마조에게 작별인사를 하러 갔다. 마조가 물었다.

묻는다 : 어디로 가려는가.

답한다 : 석두화상께 가렵니다.

▲ 화려한 바위산으로 장식한, 남대사 중문(中門) 앞의 번뇌를 씻어준다는 연못.

묻는다 : 석두의 길은 미끌미끌하다던데.

답한다 : 꼭두각시인 셈치고 한번 잘 놀아볼랍니다.

등은봉은 석두한테로 가서 선상을 한바퀴 휙 돌고는 석장을 한 번 흔든 후 물었다.

묻는다 : 이것은 어떤 도리입니까.

답한다 : 참으로 불쌍하고 슬프구나!

은봉은 아무 대꾸도 못하고 스승인 마조에게 돌아와 석두에게 갔던 일을 전해올렸다. 마조가 말했다.

"너 다시 한번 가보려무나. 그때도 '참으로 불쌍하구나!'를 연발하거든 '후우' 하고 큰 한숨을 두 번만 내뿜어 주거라."

은봉은 다시 석두에게로 가서 전과 똑같이 물었다.

묻는다 : 이것은 어떤 도리입니까.

답한다 : (석두가 느닷없이 '후우' 하고 큰 한숨을 두 번 내뿜었다.)

은봉은 또다시 아무 말도 더 못하고 마조에게 돌아와 자초지종을 고했다. 마조가 듣고 나서 말했다. "그래 내 전에도 석두의 길은 미끄럽다고 하지 않더냐."

'석두로활(石頭路滑)' 이라는 화두를 낳은 일화다. 우리는 여기서 석두선과 마조선이 가지는 가풍의 특색을 엿볼 수 있으며 과연 석두선사는 마조로부터도 당당한 평가를 받은 마조의 적수로 당시 조사선의 양대 기둥이었음을 알 수 있다. 일부 중국 선종사서에 따르면 석두희천선사의 명성은, 조동종 개산조로 이름을 떨친 동산양개선사 이후 조동선의 법원(法源)을 이었다 하여 널리 알려졌다는 설도 있다. 그러나 『마조어록』 등에 '석두로활' 이라는 선문답이 실려 있는 것으로 볼 때 이미 석두 생전에도 그의 높은 법력은 인정됐던 것으로 보는 게 옳을 것 같다.

등은봉은 일명 오대은봉(五台隱峰)이라고도 하는데 속성인 등(鄧)씨의 '등' 자를 그대로 쓰고 있는 마조의 사법 제자다. 그는 오대산 금강굴 앞에서 물구나무를 선 채 입적한 것으로도 유명한 선장이다. 당시 선승들은 마조와 석두를 오가며 참문, 조사선 선림의 양대 스승으로 받들었다. 구체적 실례로는 각각 마조·석두의 법제자가 된 방온거사와 단하천연선사도 강서의 마조, 호남의 석두를 오가며 참학했고 여기에 나온 등은봉도 마조의 제자이면서 석두를 참문했다. 이런 점으로 미루어볼 때 마조는 이미 석두를 잘 알고 있을 뿐만 아니라 경쟁적 관계로 상당히 의식하고 있었던 것 같다.

『조당집』『전등록』 등의 단하천연선사 장에도 마조가 단하에게 "어디서 오느냐"고 물었을 때 단하가 "석두화상에게서 왔습니다" 하고 대답하자 마조는 "석두의 길은 대단히 미끄럽다고 하던데 너도 혹시 거기서 곤두박질한 적은 없느냐"고 묻고 있다.

마조가 등은봉에게 말한 '석두로활'은 석두선 가풍의 천재성 · 고고함 · 범접하기 어려움 · 매끄러움 등을 뜻한다. 은봉은 마조가 석두선풍을 말해주자 인형처럼 놀아나면 될 것 아니냐고 의기양양한 태도를 보인다. 은봉이 말한 내용의 원문은 "간목수신 봉장작희(竿木隨身 逢場作戱)"다. '간목'은 나무로 만든 인형의 골격을 말하는데 후일 마조 법맥의 적손인 임제종 개산조 임제의현선사가 제시한 할(고함소리)의 4가지 용법 중 하나인 '탐간영초(探竿影草 : 물속 고기떼를 그물 속으로 끌어들이기 위해 수중 풀숲을 헤치는 막대기)에 나온다. 즉 이때의 '간목'은 견성을 열어주는 안내 역할, 반야에 도달하도록 강을 건네주는 조각배를 상징한다. 그러니까 은봉은 깨침을 이끌어 주는 석두의 간목을 얼마든지 받아넘길 실력이 있다는 자신감을 보였다.

그러나 은봉은 석두의 고고한 선풍 앞에서 한마디로 추풍낙엽이 되고 만다. 은봉이 선상을 돌고 석장을 흔든 것은 영가현각이 6조 혜능대사를 참문했을 때와 마조의 제자인 마곡보철이 남양혜충국사를 참문했을 때 각각 보였던 행동으로 선승들이 선지식을 참문할 때 자신을 과시하기 위해 곧잘 취하는 예법의 하나다.

석두는 은봉의 당돌한 도전에 "아, 슬프구나!(蒼天蒼天!)"를 되풀이해 은봉을 낙엽처럼 날려버렸다. '창천'은 글자 그대로는 '푸른 하늘'이다. 그러나 석두의 '창천'은 선의 맛도 제대로 모르는 채

연극조로만 일관하는 은봉의 태도가 한없이 불쌍하다는 연민과 멸시를 내포하고 있다.

좀더 선학적인 설명을 덧붙인다면 석두의 창천은 '유어중 무어(有語中無語)' '무어중유어(無語中有語)'다. 말하자면 유구무언의 고도한 상징이며 언중유골이라고나 할까.

일찍이 공자는 "하늘이 어찌 말을 할 수 있으랴. 그러나 사시(四時)에 늘 행하고 있으니 이것이 바로 말 없는 가운데 말이 있는 것이니라"하고 말했다. 즉 하늘의 말은 '무어'라는 얘기다. 다시 말해 푸른 하늘은 인간의 언어체계와 같은 말은 없지만 늘 말하고 살피는 언행을 하고 있다는 천리, 도(道)를 상징한다. 석두는 '창천'이라는 유어(有語)를 통해 이처럼 지극한 하늘의 도, 불법진리, 우주 섭리를 설하고 있다. 창천이라는 허공은 일체 만물을 너그러이 수용한다. 이러한 우주 대도를 말로 설명해달라는 은봉의 질문은 당초부터가 부당하다. 우주 대도를 설명하는 답은 언제나 부답(不答)일 수밖에 없고 부답이 곧 정답이 된다.

마조가 은봉의 이야기를 듣고 석두가 또 "창천, 창천"하거든 "후우(噓)"로 대응하라 한 건 무슨 뜻일까. 마조가 말하는 '허'는 허공의 허(虛)와 동일한 의미를 갖는다. 그러니까 석두가 말하는 '창천'이라는 허공은 '허공(噓)'으로밖에는 때려부술 수가 없다는 얘기다. 이에는 이, 눈에는 눈으로 대결하라는 대칭법이다.

그러나 석두는 은봉이 다시 왔을 때 이미 간파하고 먼저 "후우, 후우"하고 숨을 내쉬어 석두 뒤에 숨어 있는 마조의 선기(禪機)에 필적하는 날카로운 기봉을 발휘했다. 이로써 석두는 마조조차 당해내기가 어려운 상대였다.

마조가 은봉을 시켜 석두의 선기에 대응하고 있는 '후우'는 경우에 따라 여러 가지 의미를 함축하는 선림의 작법이다. 청원-석두법계의 암두전할선사는 한 학인이 찾아가 안부인사를 하자 '후우' 하고 숨을 내쉬었다. 그러자 학인은 이내 "안녕히 계십시오"라는 작별 인사를 하고 떠났고 암두는 "역시 분수를 알긴 아는구먼"이라고 했다. 이때의 '후우'는 "오늘은 좀 피곤하니 제발 좀 물러가라"는 의미다.

그러나 마조가 석두에게 대응한 '후우'는 "참 딱하다구, 그런데 당신이야말로 아무것도 모르는군!"이라는 일대 반격의 의미를 띠고 있다.

『송고연주통집(頌古聯珠通集)』이라는 책에도 석두의 선풍을 아주 험절하다고 다음과 같이 기록하고 있다. "석두의 길은 험난해서 가기가 어렵다. 가려는 이는 반드시 명심하라. 미끄럽기가 마치 젖은 이끼 같다는 사실을. 두번 세번 나동그라져 온몸이 진흙 투성이가 되어가지고는 끝내 다시 돌아오고 만다."

마조와 석두가 은봉을 사이에 끼고 맞섰던 것과 똑같은 구도의 선화(禪話)가 『임제록』에도 나온다. 마조법계의 임제는 석두법계의 덕산선감선사가 '몽둥이질(棒)'로 천하 선림에 회자되자 시자 낙보(落普)를 보내 덕산이 몽둥이로 치거던 몽둥이를 받아쥐고 한 번 밀쳐버리라고 했다. 그러나 낙보가 덕산에게서 깨닫지 못하고 오자 임제도 '방'을 내리쳤다.

8세기 조사선의 양대 거목인 마조와 석두의 가풍은 여러 가지로 대비되는 특징을 가지고 있다.

첫째는 석두선을 '순금방(純金房)', 마조선을 '잡화상(雜貨商)'으로 비유한 양쪽 가풍의 비교다.

둘째는 석두선의 문풍은 시적인 문학성이 강한데 비해 마조선풍은 구어체고 질박하다.

셋째는 석두 쪽이 사색적이고 고독형인데 비해 마조 가풍은 실용적인 대기대용(大機大用)과 집단적인 대중생활이다.

넷째는 석두선은 철학적이고 논리적인데 반해 마조선은 행동적이고 실천적이다.

다섯째는 석두 쪽이 개당 설법보다는 행각에 치중하는데 비해 마조쪽의 선승들은 집단 주사(住寺)와 설법 중심이었다.

여섯째는 석두선풍이 문사 기질이라면 마조선은 장군풍(군대 기질)이었다. 이 밖에도 여러가지 세세한 특징을 열거할 수 있겠으나 생략하고 몇 가지만 좀더 심층적으로 살펴보자.

> 어떤 사람이 백 가지 재물과 금·은 보화를 한 자리에 뒤섞어 놓고 찾아온 사람의 정도에 맞추어 파는 일과 같다. 그러므로 '석두는 진금점(眞金店)' 이지만 나의 가게는 잡화점이다. 찾아오는 이가 잡화를 구하면 잡화를 주고 순금을 원하면 순금을 준다.

마조법계의 위앙종 개산조인 앙산혜적선사의 상당법어다. 이는 일찍부터 마조선을 '잡화점' 과 같다고 비판한 석두선에 대한 마조법계의 반격이다. 다시 말해 순금과 같은 철저한 참선정진만 한다고 자부하는 석두선을 비판한 것이다.

마조선과 석두선의 대비는 잡화점과 진금포라는 한마디로 그 가풍을 여실히 드러내고 있다. 마조선은 비록 IQ가 좀 낮은 하근기(下根機)의 제자라도 결코 문전박대하지 않고 받아들여 여러 가지 방편으로 구도심을 북돋워주면서 향상의 길로 이끈다. 그래서 세상 사람들은 마조선을 '잡화점'이라 했다.

그러나 석두선은 상근기의 수재들만 받아들여 높은 수준의 선리 강의를 했다. 말하자면 마조선은 다양한 방편을 활용하는데 반해 석두선은 상근기(上根機)의 철학적 사고가 뒤따르지 않고는 이해할 수 없는 어려운 강의였다.

순금만 파는 가게보다는 순금도 팔고 생활용품도 파는 가게에 손님이 더 많기 마련이다. 앙산은 다양한 교육방법으로 제자들의 실력에 맞추어 지도하는 마조법계의 가르침이 훨씬 폭넓고 대중적이라는 점을 들어 석두선의 마조선 비판을 되받아치고 있다.

앙산은 일체의 언어문자를 동원한 가르침에 집착해서는 안 되고 마음을 똑바로 꿰뚫어 봐야 한다는 뜻으로 마조가 거듭 강조한 "내 말을 기억하지 말라"는 말을 그대로 계승, 상당법어에서 되풀이 했다. 또 그는 마조가 자신이 말하는 '즉심즉불(이 마음 그대로가 부처)'을 우는 아이를 달래려는 가짜 가랑잎 돈에 비유했던 '황엽전(黃葉錢)'도 자신의 법문에 그대로 인용했다. 따라서 앙산은 법계상으로도 그렇지만 그 가풍이 마조선을 그대로 빼닮았다고 해도 과언이 아니다.

어쨌든 석두선이 고고한 학자풍이라면 마조선은 현실 전부를 그대로 긍정해버리는 장대한 견지(見地) 위에 서서 일체의 일상사를 법성삼매(法性三昧)로 이어가고자 하는 대중 지향의 선이었다. 이른바 마조선의 핵심 선사상인 '평상심시도(平常心是道 : 일상생활이 곧 진리다)'다.

석두와 마조의 가풍을 가장 극명하게 대비시킨 비유가 바로 순금방과 잡화상이다. 두 사람 모두 선지(禪旨)에 있어서는 같다. 석두나 마조나 이 마음이 곧 부처라는 '즉심시불(卽心是佛)'을 선리의 핵심으로 제시한다. 다만 제자들을 가르치는 교육방법 ·수행스타일·풍류 등과 같은 가풍에 차이점이 있을 뿐이다.

5가7종이라는 월조분등선이 시작되기 전 조사선 시기의 석두법계 선승들은 깊은 산속에 유거(幽居)하면서 음풍농월의 낙도를 즐기거나 일생을 행각승으로 보내는 경우가 많았다. 그러나 마조법계에서는 개당설법을 하고 입실제자들을 모아 지도하는 개산주사(開山住寺)의 전통을 굳혔다. 석두문하의 제1좌인 약산유엄선사는 한밤중 약산 소봉령(笑峰岭)에 올라 어둠을 비집고 나오는 달빛을 보고 대소, 그 웃음소리가 90리 밖까지 들렸다는 '소문 90리(嘯聞九十里)'라는 화두를 남겼다. 석두의 손자 상좌인 도오원지선사는 호남성 유양 도오산에 살면서 유유자적하는 산거(山居)의 즐거움을 노래, 선림 3대 낙도가의 하나로 손꼽히는 「도오화상 낙도가」를 남겼다. 약산의 월량(月亮 : 밝은 달빛)이야기나 도오의 낙도가는 모두가 석두계 선사들의 산중 은거를 대표하는 구체적 사례다.

석두법계 선승들의 은둔적인 산거는 자연스럽게 시적인 풍류와 어우러지면서 많은 시승(詩僧)을 배출하기도 했다. 도오의 손자 상좌인 남악제기(南岳齊己)는 당시 선림의 대표적인 시승이었다. 그는 남악형산에 살면서 주옥 같은 시들을 많이 남겼다.

석두희천선사 자신도 「초암가(草庵歌)」라는 유명한 낙도가를 읊어 오늘에까지 전하고 있다. 석두계의 뛰어난 문학성과 산거 낙도가들은 석두의 「초암가(草菴歌)」를 시작으로 심화, 발전하면서 하나의 전통을 확립했다. 석두법계의 문학 전통은 월조분등선 시기에도 그대로 이어져 『벽암록』의 전신인 『송고백칙(頌古百則)』을 쓴 운문종의 설두중현선사나 시인 소동파와 교분이 두터웠던 불인요원선사(1033~1098) 등도 뛰어난 문학적 재능을 가진 선승들이었다.

그러나 조사선과 분등선 시기의 마조법계에는 산속 고독한 삶에서 느끼는 즐거움을 노래한 낙도가나 뛰어난 문학적 재질을 보여주는 작품을 남긴 시승들이 별로 없다. 석두계 선승들이 낙도가 등을 통해 자연을 관조하는 가운데 물아일체를 이루고 자신을 냉철히 성찰하는 '차가움'을 보여 주는데 반해 마조계 가풍에는 세태 비판과 현실 모순 타파, 대중 포교 등에 온몸을 던지는 '정열'과 펄펄 뛰는 물고기 같은 '행동성'이 흘러넘친다. 두 가풍의 차이점은 석두계가 정적이고, 사색적이고, 개인주의적인데 반해 마조는 동적이고, 행동적이고, 집단주의적이라고 요약할 수 있다. 또 몽둥이질(棒)로 유명한 덕산선감선사 같은 예외가 있긴 했지만 석두계 가풍은 대체로 온화하고, 논리적인데다, 자상했으며 이에 비해 비해 마조계는 과격하고, 단도직입적이며, 직설적이었다.

석두계의 선풍과 마조계의 선풍을 비교할 때 간과해선 안 될 중요한 사실 하나는 차이점 못지 않게 공통점도 많다는 점이다. 양대 문풍에 공통점이 많은 것은 근본적인 선지가 같기 때문에 오는 필연적인 결과다.

4) 한 개의 나무 토막(一堆柴)

묻는다 : 어디서 왔는가.

답한다 : 강서에서 왔습니다.

묻는다 : 마조대사를 보았는가.

답한다 : 예, 보았습니다.

묻는다 : (마당가 나무 토막 하나를 가리키면서)마대사와 저

나무토막이 같으냐, 다르냐.

답한다 : (석두를 참문한 마조 문하의 행각승은 석두의 물음에 아무 대답도 못한 채 마조한테로 돌아가 사실대로 고해올렸다. 중의 이야기를 듣고는 마조가 물었다.)

묻는다 : 그래, 그 나무 토막이 얼마나 커 보이더냐.

답한다 : 굉장히 크더군요.

마대사 : 너는 힘이 대단히 세구나.

행각승 : 왜 그렇습니까.

마대사 : 네가 그 큰 나무 토막을 남악에서 여기 홍주까지 지고 왔으니 힘이 세지 않은가.

남악 석두 문하와 홍주(현 강서성 남창) 마조 문하의 선승들은 서로 왕래하면서 석두·마조대사를 스스럼없이 참문하고 가르침을 받았다. 석두와 마조의 생존 당시는 두 사람의 가풍이 서로 다르긴 했지만 결코 적대적인 경쟁관계나 대립관계는 아니었다. 물론 선의의 경쟁은 있었다. 마조선을 '잡화상'이라고 비판하는 등 상호 비판적 경쟁 양상을 보인 것은 후대에 내려와서다.

'일퇴시(一堆柴)'라는 화두도 석두·마조 당시 두 문중간 교류를 보여주는 한 예다. 화두의 포인트는 마대사의 유머러스한 말후구다. 석두는 행각승을 깨우쳐주려 했는데 그만 행각승의 마음이 가르침을 받아들이지 못했다. 마조는 선적 깨달음에 이르기 위해서는 먼저 마음을 비워야 하는데 너는 아직도 그 나무 토막이 크다는 상(相)을 마음속에 가지고 있으니 어서 빨리 무거운 짐을 벗어던지라고 질타한다. "나무 토막을 남악에서 홍주까지 지고 왔으니 힘이 참으로 세구나"라는 말은 중이 나무 토막을 어깨로 지고 왔다는 게 아니라 마음속에 그 상을 버리지 않고 지고 다니고 있음을 비유한 것이다. 석두는 마조 문하의 중에게 대상을 차별적으로 구분하거나 무엇에 집착하는 일체의 마음을 털어버리고 공심(空心)으로 두두물물을 관조, 모든 것이 하나일 뿐인 '일체현성(一切現成)'의 절대평등인 경지를 보라고 일렀다.

즉 마조와 나무 토막을 비교한 석두의 질문은 바로 이와 같은 일체현성을 직지한 것이었다. 그러나 중은 비운 마음으로 석두한테 가지 않고 마조와 나무 토막이 다르다는 분별심을 안고 갔기 때문에 석두가 내려주는 감로수를 받아 먹지 못했던 것이고 그래서 마조가 마음속에 무겁디 무겁게 지고 있는 나무 토막을 내려놓으라고 가르쳤던 것이다. 그렇게 큰 나무 토막을 마음에 지고 다니는 중은 힘센 소에 불과할 뿐이다. 소는 사람에 비해 성불에서 한 걸음 더 멀리 있는 존재다.

조사선의 양대 산맥을 이룬 석두와 마조의 선풍은 5가7종의 분등선에서는 조동종과 임제종이 각각 그 가풍을 대표했다. 그리고 석두선과 마조선은 이들 선종의 양대 종파를 통해 오늘의 한·중·일 동북 아시아 선불교에 면면히 내려오고 있다. 현재 한국 선림에서 선사들이 자주 말하는 '조사 스님네들'은 모두 석두·마조 법맥의 걸출한 선승들을 지칭하는 것이다.

당나라 말 이후 석두법계를 대표해온 조동종은 '회호의 원리'를 거듭 강조하고, 친절 면밀하며, 스승과 제자가 아주 신중하게 법을 전수한다. 마조법계를 대표하는 임제 선풍은 방할(棒喝)이 준열하고, 활달하며, 거칠다.

석두선법의 또 다른 맥인 천황도오선사(748~807)의 법맥에서 당말오대에 형성된 운문종과 법안종의 종풍 역시 석두선법의 '일체현성'을 중시한다. 눈앞에 나타나 있는 사사물물 그대로가 진리라는 '즉사이진(卽事而眞)'은 바로 본체와 현상은 언제나 서로 회호하고 있으며 체(體)와 용(用)이 다르지 않고 하나라는 진리관이다.

마조법계의 위앙종도 체용일여(體用一如)의 원리를 강조한다. 그러나 일체현성을 가장 명쾌하게 밝히고 있는 건 석두선법의 '회호의 논리'와 이를 계승 발전시킨 조동종의 '편정회호론(偏正回互論)'이라 할 수 있다. 석두선법은 조동선이 일본에 전래돼 현재까지 번창하고 있고 법안선은 고려 불교에 전파돼 한국 선불교에 심대한 영향을 끼쳤다. 여기서 한 가지 제기해 둘 문제는 이른바 임제선 일색으로 단정하는 한국 선불교의 선풍이 고려조의 선불교에 막대한 영향을 준 법안선풍을 너무 가볍게 지나치고 있는 게 아닌가 하는 점이다. 이 점은 앞으로 광범한 연구가 요망되는 불교학계의 과제다.

석두 문하의 법제자들로는 약산유엄 · 천황도오 · 단하천연 · 초제혜랑 · 홍국진랑 · 담주대천 · 조주대전선사 등을 꼽을 수 있다. 석두선법의 적자라 할 수 있는 약산법맥은 운암담성-동산양개-조산본적 · 운거도응으로 이어지면서 조동법맥을 형성했다. 조동종은 조산의 법맥이 단절되고 운거도응선사의 문하만 맥을 이어 남송대에 크게 번성했는데 한국 선종 9산 선문 중 맨 마지막에 개산한 황해도 광조사의 진철이엄선사가 운거의 법을 인가받아 왔다.

천황 법맥은 용담숭신-덕산선감-설봉의존-운문문언으로 이어졌고 설봉의존선사 문하에서 또 현사사비-지장계침-법안문익의 법안종 법계가 나왔다. 선종 5가 중 가장 후발인 법안종은 제2대 영명연수선사가 『종경록(宗鏡錄)』 1백권을 저술, 정토법문과 천태 · 유식론 등을 융섭한 선리를 집대성해 선정일치(禪淨一致)의 종풍을 확립했다. 법안종의 종풍은 중국 선종 종파 중에서 유일하게 제종파를 융합한 선풍으로 선종사에 중요한 전환점이 됐다. 고려 불교 이후 한국 불교의 정체성을 대표하는 이른바 선교(禪敎) 양종 통합의 '통불교(通佛敎)'라는 말도 바로 영명연수선사의 선풍을 받아들인 데서 비롯된 것이라고 볼 수 있다.

당·송 이후 오늘에까지 동아시아 선불교의 양대 산맥을 이루고 있는 석두선(조동종)과 마조선(임제종)의 사회사적(社會史的) 배경을 잠시 살펴보자.

선종은 태동 배경부터가 양자강 이남이라는 변방의 민중을 그 기반으로 했다. 이는 장안·낙양 중심의 황실 불교, 중앙집권체제와 중원을 무대로 하는 귀족불교, 관념불교, 교학 불교에 대한 대항적 의미를 내포하고 있다. 따라서 선불교는 실천불교·생활불교·민중불교가 그 사상적 배경을 이루고 있었다.

장안과 낙양의 중심부 불교에 맞서 태동한 주변부 불교인 선종은 석두·마조의 조사선 시대에 이르러 호남성과 강서성을 주무대로 한 불교의 중심 세력으로 부상했다.

선종의 세력화를 촉진한 중요한 사회사적 배경은 다음과 같다.

첫째는 안록산과 사사명의 난을 거치면서 태동한 민권사상이다. 안·사의 난(755~763)에 의해 당 현종의 애비(愛妃) 양귀비가 죽고 전제군주적인 왕권이 흔들리면서 민중의 주체의식과 인권사상이 한층 부풀어올랐다. 안·사의 난 자체가 당 중기에 접어들어 만개한 문화의 황금기에 이미 태동안 민권사상을 배경으로 한 민중혁명적 성격을 띠고 있었고 선불교의 태동도 같은 선상에 놓여 있는 민중사상의 표출이었다. 말하자면 중국 불교의 선각자들이 당나라 중엽 문명의 개화를 따라 싹튼 자연 발생적인 민권사상의 흐름을 앞서 읽고 기성 불교를 환골탈태시켜 개혁한 불교가 선불교다.

둘째는 당 무종의 '회창법난(844~845)'이다. 무종은 3무1종(북위 무제 · 북주 무제 · 당 무종 · 후주 세종)이라는 중국 불교 탄압의 역사에서 가장 혹독한 폐불사태(廢佛沙汰)를 불러온 회창법난(會昌法難)을 일으켰다.

이때 파괴된 사찰 수는 유명 사찰 4천6백 개, 무명 사찰 4만여 개였고 환속시킨 승려는 비구 · 비구니 합해 26만5백 명이었다. 또 몰수된 사찰 전답은 수천만 경(頃)에 이르렀고 사찰 노비 15만 명을 해방시켰다. 한마디로 불교의 '전멸'이었다. 회창법난을 만나 산중으로 숨어들어갔던 선종 승려들은 본래가 불전을 두지 않고 번잡한 의식을 거행하지 않으며 단순한 법당(강의실)만 두는 선불교 전통과 종지 자체가 불립문자라서 번쇄한 경전을 갖지 않았었기 때문에 산속의 바위나 풀숲에 앉아 참선을 하는 것만으로도 법통을 이어갈 수 있었다. 그러나 교종의 경우는 불당과 경전이 없이는 존립할 수가 없었다. 무종의 뒤를 이은 선종은 즉각 불교 복원정책을 폈다. 교종은 불태워버린 경전을 다시 만드는 일이 쉽지 않아 회복이 지지부진했지만 선종은 별다른 복원불사 없이 수행과 포교활동을 할 수 있었다. 따라서 선종은 회창법난 후 결정적인 '중흥의 계기'를 맞았다. 여기서 중국 선불교는 병립하던 교종을 완전히 뒤로 제치고 독주, 천하를 완전 제패하기에 이르렀다.

결론적으로 선종은 안 · 사의 난과 회창법난이라는 정치사회사적 사건을 계기로 불교의 중심 세력이 될 수 있었던 것이다. 이제 석두의 호남선과 마조의 강서선이 강호제현을 모은 종교 · 사회세력으로 부상, 위력을 떨칠 때 호남성과 강서성이라는 지역이 중심무대가 됐던 배경을 살펴보자.

우선 석두와 마조가 법석을 열었던 호남·강서지역의 자연 환경인 온화한 기후를 들 수 있다. 다음은 이 지역이 곡창 지대로 물산이 풍부하다는 경제적 배경이다.

양자강을 끼고 있는 이들 두 성은 겨울에도 난방을 하지 않고 사는 기후다. 이는 일의일발(一衣一鉢)로 단순 소박한 삶을 사는 선승들에게 딱 들어맞는 자연이다.

뿐만 아니라 이 지역은 예부터 벼농사를 일년에 2~3모작 하는 곡창지대고 기타 물산도 아주 풍부한 곳이다. 그래서 호남·북성과 강서성에 풍년이 들면 중국 사람들이 배를 곯지 않는다는 말이 있다. 지금도 이 지역은 곡창지대다. 그러나 산업사회에 들어오면서 농업의 비중이 약해져 지금은 중국 30개 성·시 중 가난한 성에 속한다. 당·송 시기에서 본다면 호남성과 강서성은 부자 성이었다. 현실 속의 종교도 역시 경제적 뒷받침을 필요로 하기 때문에 호남성과 강서성이라는 지역의 경제력은 선종의 발전에 큰 도움이 됐다.

5가7종의 분등선 시대에도 역시 선종의 중심 무대는 호남성과 강서성이었다. 마조법계의 위산영우선사가 호남성에서 행화를 폈고 석두법계의 동산양개·조산본적선사가 강서성을 무대로 전법 활동을 폈지만 구태여 구획 정리를 한다면 석두선은 호남성, 마조선은 강서성을 주무대로 삼았다고 할 수 있다.

남종과 북종의 대립을 거쳐 남종선 6조 혜능의 제자 하택신회(670~762)와 그의 법손 규봉종밀에 이르러 완성된 초기 중국선의 선사상은 완성과 동시에 한계를 드러내면서 그 수명을 다하고 말았다. 이때 새로운 변혁의 선풍을 불러일으킨 마조의 강서선과 석두의 호남선이 그 자리를 메우면서 선불교의 전성기를 열었다. 종밀의 선사상은 형이상학적인 절대 정신을 지향하는 것으로 더 이상의 발전을 기대할 수 없었을 뿐만 아니라 당시 부상한 민중사상의 도도한 흐름과도 전혀 맞지 않았다. 초기 선사상은 종밀에 와서는 이미 넉넉한 독존자(獨存者)의 일시적 자위에 불과한 관념적 철학이 되고 말았다. 관념적 유희에서 오는 권태를 타파하고자 한 것이 바로 마조의 생활선이다. 마조는 종래의 선이 다시금 현실로 되돌아 오도록 강력한 충격을 가해 구체적이며 일상적인 생활을 철저하게 하는 것이 바로 불법의 실천이라고 설파했다. 이 점이 바로 일명 홍주종(洪州宗 : 마조가 주석한 개원사가 있었던 곳이 현재 지명으론 남창인 홍주였기 때문에 붙여진 이름)이라고도 하는 마조선의 가장 큰 특징이었다.

승조가 설파한 '즉사이진'이라는 중국적 사유를 가장 적극적으로 발전시켜 전개한 사람이 바로 마조와 석두다. 특히 마조는 석두보다 훨씬 더 철저했다. 그래서 후대의 선은 모두 마조선이고 홍주종의 발전이라고도 한다.

선종은 마조에 이르러 그 사상적 흐름의 초점을 본체로부터 작용에 맞추어 나갔다. 하택-종밀의 선이 체(體)라는 형이상학적인 근본 지혜를 중심으로 했음에 반해 마조 이후의 선은 체의 현실적 작용인 용(用)을 체와 동일선상에 놓는 체용일여의 선법이었다. 마조선의 경우 오히려 '용'에 더 비중을 두어 임제의현선사에 이르러서는 주체와 행동 사이에 분열이 없고, 정해진 틀이나 법칙성을 갖지 않는 '활발발지(活鱍鱍地)'의 행동을 요구했다. 그러니까 생사에 물들지 않고 거주에 자유로운 생사불염(生死不染), 거주자유(去住自由)의 무위진인(無位眞人)이 전개하는 절대자유로운 행동이 여여한 불법의 체현(體現)이고 선수행의 목표였다.

그래서 인도 이래 신비한 명상이나 산에 살며 도를 닦는 불교의 은둔선은 마조의 시기에 이르면 완전히 사라지고 고고한 참선수행은 소와 말의 울부짖음, 된장과 간장 냄새로 바뀐다. 따라서 이 시기의 선어록들은 어려운 철학적 용어보다는 일상의 구어가 지배한다. 이러한 선풍이 지배하는 환경에는 개에게도 불성이 있느냐, 없느냐가 문제가 됐다. 강렬한 생활의 체취를 중심으로 한 선풍에서 마조선과 석두선을 비교하면 석두선풍은 철학적·사색적이고 마조선은 전적으로 행동적이고 일상적이다.

마조선은 벌거벗은 야성적인 인간의 실력이 앞장서서 무엇인가를 말하는 시대, 즉 인본주의적이고 개성주의적인 선사상이었다. 이는 문벌 귀족을 중심으로 하는 전통문화에 대항해 상층으로부터 중·하층으로, 수도권에서 지방으로 무대가 옮겨진 민중문화를 대변하는 선불교의 일대 전환이었다. 과격한 표현을 빌린다면 '전통파괴'였고 쇠퇴하는 고전적 불교를 사람들의 생활과 밀착한 현실적인 새로운 종교로 개혁한 불교혁명이었던 것이다.

마조 이후의 선은 몰락한 중앙 문벌들의 공간을 메운 지방 토호세력의 지지를 받으면서 구체적인 현실생활을 파고들어 민중과 광범한 공감대를 형성했다. 평범한 일상생활 속에서 우주의 신비를 보는 마조선의 '평상심시도'는 대중 포교에서 무서운 위력을 발휘했다. 종래 일반이 감히 접근하기 어려웠던 불교 교리 체계 속의 신족통(神足通)이나 천안통(天眼通) 같은 기적은 이제 산중의 참선정진이나 명상에서 얻어지는 게 아니라 바로 우리가 살고 있는 누추한 거리와 일상의 삶 속에 있다는 마조선의 법문은 대중을 끌어들이는 엄청난 흡인력을 가지고 있었던 것이다.

마조의 법제자인 방온거사는 "신통 묘용이란 바로 마실 물을 긷고 땔나무를 나르는 데 있다"는 게송을 지어 선불교의 일상성을 설파했다. 현실의 장소를 떠나서 진리의 세계가 따로 있는 게 아니라 바로 우리가 밥 먹고 잠자는 지금의 이 현실이라는 장소가 그대로 진리가 구현되는 장소이며 모든 것의 주체는 '자기'라는 게 마조선의 종지다. 특별히 의식되지 않으면서도 기초가 튼튼한 채 견실한 작용을 완수하며 배고플 때 밥 먹고 졸릴 때 잠자는 행동을 가능케 하는 일상의 마음, 평상심이 곧 도라는 마조선의 사상은 평범 속에서 비범(非凡)을 찾는 전래의 중국적인 사유와 똑같은 맥락이다. 이는 불교가 중국의 전통적 사유와 접목돼 깨달음이니, 견성이니, 개안(開眼)이니 하는 불교의 이상을 철저하게 행동화하고 주체화한 것이었다.

진리는 밖에서 구해 얻어지는 것이 아니며 내부에서 이상화되는 것도 아니다. 오직 일상생활에서 그침 없이 힘있게 작용할 때 비로소 진리, 곧 불법의 생명력은 살아 있는 것이며 진리로서 가치를 갖는다. 마조선의 선리(禪理)는 체계적인 논리가 아니고 가장 일상적인 행동에 철저하라는 것뿐이다. 따라서 마조선은 행동적인 본체의 작용 이외에는 어떤 '사유의 형식'도 남기지 않는다. 본체의 작용이란 형이상학적이고 난해한 이론이 아니다. 평범한 일상생활 속에서 늘 행하고 있는 아시송뇨(屙屎送尿 : 대소변) 같은 행위도 불성의 작용이다.

"함께 도를 닦는 벗들이여! 불교의 진리는 인위적인 조작을 필요로 하지 않는다. 꾸밈 없는 평상의 자유로움, 있는 그대로의 삶, 용변을 보고, 옷을 입고 밥을 먹으며 피곤하면 쉬는 그런 것이다.

어리석은 사람은 알지 못하고 비웃겠지만 지혜 있는 사람이라면 꾸밈 없는 일상의 소중함을 안다. 옛 사람도 말하기를 '밖으로부터 무엇을 얻으려는 공부를 하는 것은 모두 어리석은 녀석들의 짓' 이라고 했다. 구도자 여러분! 그대들은 우선 어디서나 주인이 돼야 한다. 그렇게 되면 그대들이 서 있는 곳이 모두 진리가 된다. 또한 여러분은 어떠한 경계에서도 잘못 이끌리지 않을 것이며 삶은 자연히 큰 해탈의 바다로 변할 것이다.

마조선을 가장 철저하게 계승했던 임제의현선사의 상당법어다. 화두로는 '수처작주 입처개진(隨處作住 立處皆眞 : 어디서고 주인이 되면 서 있는 곳 모두가 진리다)' 이라 한다. 마조의 '평상심시도' 를 한껏 밀어 올린 조사선의 극점이다. 여기서 반드시 유의해야 할 점은 마조-임제의 전체작용설이 자유방임적 작용(행동)지상주의가 아니고 평범한 일상생활 속의 엄격한 '도덕성' 을 요구하고 있다는 사실이다. 그 도덕성이란 진리를 우리 몸에 얻는 일이며 그러기 위해 지극히 노력을 하고 나서는 그 노력마저도 잊는 일을 말한다.

마조선은 이러한 도덕성을 통해 절제된 일상의 모든 순리적인 행위를 불성의 작용으로 인정한다. 기독교적 표현을 빌린다면 '불성의 육화(肉化)' 라 할수 있다. 어쨌든 '평상심' 과 '즉심즉불' 이라는 사유는 마조선의 특색을 가장 잘 드러낸 홍주종의 종지다.

지금까지 마조선풍을 좀은 장황하게 살펴본 것은 석두선과 마조선의 가풍이 각각 가지고 있는 특징을 다시 한번 조명하기 위해서였다. 이제 우리는 마조선이 작용 중심이고 행동주의적인데 비해 석두가풍은 본체에 비중을 두고 철학적, 사색적인 적정(寂靜)속 좌선 지향이라는 결론을 내릴 수 있다.

사실상 석두·마조 이후의 선은 마조선의 '평상심시도'라는 불법진리관이 선림을 압도했다. 따라서 남송 이후의 중국선은 '임제종 천하 조동종 한구석(臨天下 洞一隅)'의 세력 분포였다.

그러나 석두선의 정맥인 조동종이 전개한 편정회호론이나 뛰어난 문학성을 결코 과소 평가해서는 안 된다. 특히 선이 시문학과 서예·그림 등에 끼친 영향은 오늘에까지도 선문학·선서화 등의 이름으로 문화예술 장르를 이루어 전승되고 있다. 자연주의 문학풍의 시문학이나 과감한 생략법과 여백의 미(美)를 강조하는 문인화의 전신인 선화의 화풍, 인위적 꾸밈 없이 물 흐르듯 이어지는 무위적인 서법(書法) 등은 선사상이 문화예술에 끼친 대표적 영향이라고 볼 수 있다. 승려가 쓰거나 그렸다고 해서 모두 선서화인 것은 아니다. 선서나 선화(禪畵)는 이미 오래 전부터 일반 서예계와 미술계의 서법·화법으로도 굳어진 것이기 때문에 속인이 쓰고 그린 서화라도 선의(禪意)가 배어 있으면 선서화다. 한국화 가운데 남종화(南宗畵)라는 화풍도 그 이름부터가 중국 선종의 '남종'에서 비롯된 것이라고 볼 수 있다.

남대사를 답사하면서 석두선이 지금도 살아 숨쉬고 있다는 생각을 가져봤다. 우선 석두의 발자국들을 다시 밟아볼 수 있는 게 기뻤고 마조선 쪽에 치우쳐 있는 한국 선림에서는 소홀히 다루는 석두희천이라는 거물 선사를 새롭게 만나는 충격도 짜릿했다. 그래서 비록 단편적이지만 나름으로 석두선풍을 조명해보았다.

남악 형산 단하사

— 단하천연선사

1) 7과 1의 선문답(七 · 一問答)

중국의 '유마거사'로 칭송되는 방온거사(740~808)가 어느 날 도반인 남악 형산의 단하천연선사를 찾아갔다. 두 사람은 아무 말 없이 침묵한 채 서로 얼굴만 쳐다봤다.

이윽고 방거사가 땅바닥에 지팡이로 일곱 칠(七)자를 썼다.

이를 물끄러미 바라보던 단하가 그 '칠(七)'자 아래에다 '일(一)'자를 그어 답했다. 방거사가 마침내 입을 열었다.

"하나를 보매 일곱을 잊는도다."

단하천연선사(738~824)와 방온거사의 유명한 '칠일문답(七一問答)' 이야기다. 단하와 방온은 과거를 보러가다가 만나 함께 출가한 막역한 친구지간이다(일설에는 출가 후 만났다고도 함).

단하는 출가승으로 법계상 석두희천선사의 제자가 됐고 방온은 재가승으로 마조도일선사의 제자가 됐다. 두 사람은 석두와 마조 두 대사를 다 참문하고 가르침을 받았기 때문에 스승도 같다. 다만 후대에 법계를 가르는 데서 양 쪽으로 갈라졌을 뿐이다.

'칠일문답'이라는 화두가 뜻하는 바를 잠시 살펴보자. 방거사의 일곱은 긍정·차별·삼라만상의 현상계를 상징하는 숫자다. 왜냐하면 7은 1에 비해 많은 숫자고 '복수'이기 때문이다.

단하의 하나는 부정·평등·만법귀일(萬法歸一)의 절대계를 상징한다. 따라서 단하의 1은 존재의 근원이며 본체계의 그림자에 불과한 현상계를 부정하고서 얻은 절대긍정이다.

그러니까 방거사는 단하에게 7이라는 숫자를 통해 현상계를 펼쳐 보였다. 이에 단하는 현상계의 모든 두두물물은 그 근원으로 돌아가면 절대평등인 1에 귀착한다고 대답한 것이다. 한자의 '一'은 하늘과 땅이 합쳐지는 지평선 모양으로 일체 평등·무한·영원 등을 상징한다. 거기에는 높고 낮음이 없고 오직 무한한 수평만 있을 뿐이다. 원래 불교는 존재의 근원을 공(空), 또는 영(零)으로 보지만 중국의 노장철학과 전통사상은 무(無), 일(一)로 보았다. 이는 당시의 숫자에는 0이라는 개념이 없고 1을 출발로 해서 수를 전개해 나갔기 때문이다. 노자는 "도는 하나를 낳고, 하나는 둘을 낳고, 둘은 셋을 낳고, 셋은 만물을 낳는다(道生一 一生二 二生三 三生萬物)"고 강조했다. 1은 노자가 말하는 '무'를 본질로 하는 모든 창조의 근원인 도가 창조 활동을 시작하는 출발점이다.

선은 이처럼 현상을 물으면 본체로, 체(體)를 물으면 용(用)으로 대답함으로써 '체용일여'의 원리를 설파한다. 이렇게 긍정에는 부정, 부정에는 긍정이라는 정반대로 대응하는 전형적인 선종 사유방식을 선학은 '이도상인(二道相因)'이라고도 한다. 먼저 한 가지

의의(意義)를 세웠다가 그것을 깨뜨려버린 후 다른 의의를 세워 앞의 것을 섭취해버리는 방법이 이도상인이다. 단하는 방온의 7이라는 현상계를 1이라는 본체계로 섭취한 것이다. 만법의 귀의처인 '하나'는 일체의 상대적 차별심이 사라진 곳, 오직 신성한 밝은 빛만 내려쬐는 절대평등의 지평선이다.

단하선사와 방온거사가 저 유명한 '칠일문답'을 했던 남악 형산의 단하사가 지금도 남아 있다. 형산 7부 능선쯤에 위치한 조그만 절이다. 절은 민국 때 중수했고 산문 · 정전(正殿) · 후전(後殿) 등 3진(進)으로 구성돼 있다. 두 전각은 모두 단층 벽돌에 기와 건물이다. 산문 돌기둥에는 다음의 7언2구가 영련(楹聯)으로 새겨져 있다.

經過都是有緣客
歸去何順別看山
지나온 모두가 인연 있는 객인데,
돌아가서 뭘 또 달리 산을 보려 하는가.

이 영련은 민국 11년 호남성 상담의 황독결이 쓴 것이다. 산문을 들어서니 노보살이 절을 지키는데 앞건물(정전)은 도교 성전이고 뒷건물(후전)은 불교 전각이다. 말하자면 도교와 불교가 공존하는 특이한 형태의 사찰이다. 원래는 불교 사찰이었으나 후대에 와서 불교와 도교가 공존하게 된 것 같다. 불교 사찰에는 한국 불교 사찰의 칠성각이나 산신각처럼 관우상 등을 모신 토착신앙의 수용은 많이 볼 수 있지만 이렇게 아예 두 종교의 성전이 정식으로 한 울타리 안에 양립하는 경우는 답사한 사찰 중 형산의 단하사뿐이었다. 단하사 전각의 특징은 지붕의 기와가 철기와(鐵瓦)라는 점이다.

▲ '7·1유지(七一遺址)' 편액이 박혀 있는 단하사 불당.

정전에는 '오악성전(五嶽聖殿)'이라는 편액이 걸려 있고 안에는 오악성제신상(五嶽聖帝神像)을 모셔놓았다.

후전은 관음보살상을 봉안한 불전이다. 바로 이 불전 정문 위의 벽에 '칠일유지(七一遺址)'라 쓴 오석(烏石) 편액이 박혀 있다. 이 돌 편액을 보는 순간 '아, 바로 여기가 단하와 방온이 칠일문답을 했던 곳이구나' 하는 현장 답사의 기쁨을 느꼈다. 칠일문답이라는 선화(禪話)는 옛 선종 어록들에서 보아 알고 있었지만 그 문답 장소에 대해서는 어디에도 기록이 없었기 때문이다. 더구나 단하가 주석했던 사찰로는 하남성 단하사가 형산 단하사보다 훨씬 더 널리 알려져 있다. 실은 형산에 단하가 일시 살았던 단하사라는 절이 있는 것도 현지에 가서 비로소 알았다.

호북성 의성 방거동(龐居洞)에 사는 방온거사가 형산의 단하선사를 방문한 시점은 당 정원 1년(785)이었다. 자신이 알고 있던 지식을 현장에서 새삼 확인하면서 미비했던 부분을 보완하는 필드 워크의 보람은 정말 소중했다. 그래서 '칠일유지'라는 오석 편액 네 글자를 여러 번 쳐다봤다.

편액 밑의 정문 양 옆으로는 돌기둥에 새긴 다음의 7언2구가 대련하고 있다.

> 或實或權皆是教
>
> 一瞻一禮總歸眞
>
> 사실대로 직지인심을 하든 방편을 쓰든 모두가 가르침이니,
>
> 한 번 쳐다보고 한 번 절하는 것이 모두 진리로 돌아감이다.

형산 단하사는 역사의 격랑 속에서도 끈질기게 남아 방온의 나이 45세, 단하 47세 때인 정원 1년 두 사람이 선리를 공부한 실력을 겨룬 '필담(筆談)'을 기념하는 '칠일유지'라는 편액과 '단하'라는 절 이름이 1천2백여 년이 지난 오늘에도 남아 선종사의 한 구석을 생생히 보여주고 있다.

단하천연선사가 석두희천선사 문하와 마조도일선사의 법석을 오가면서 공부해 견성한 후 처음으로 분가해 독자적인 법석을 열었던 곳이 형산 단하사다. 단하는 그 후 낙양으로 올라가 행각을 벌이다가 하남성 남소현 단하산으로 들어가 단하사를 창건하고 본격적인 행화를 폈다. 청원-석두법계의 선승으로는 보기 드물게 괴짜승인 단하는 방온거사와 형제간 같은 친구였고 방거사의 가족들까지도 그를 숙부처럼 생각했다. 그래서 두 사람 사이에는 우정과

불법을 나눈 남다른 일화가 많다.

단하가 입적하자 2개의 단하 도량인 단하산 단하사와 형산 단하사가 다비한 유골을 각각 나누어 묘탑을 세웠다. 그래서 단하의 묘탑은 2개다. 형산의 단하선사 묘탑은 단하사 서북 10킬로미터 지점인 형산 너머 수월사 옆에 있다고 한다. 단하사 보살에게 물으니 산으로 넘어가면 20여리밖에 안 되지만 찻길로 돌아가면 80리 정도란다. 다음 일정 때문에 시간을 낼 수 없어 묘탑 답사는 포기했다.

단하사 위로는 형산 남천문(南天門)이 있고 주위 경관이 맑고 유현해 격외의 자연 경치를 자랑한다. 명나라 시인 추선(鄒善)은 「단하사를 지나며(過丹霞寺)」라는 시에서 그 경관을 다음과 같이 읊었다.

閑步丹霞小洞天,
半空人語落飛天,
回看雲滿三千界,
疑是鴻濛未判前.

한가로이 붉은 안개(단하사) 소동천을 거니는데,
하늘 중간 높은 산곡대기에서 사람 소리(단하사 스님들 독경 소리)가 비천이라는 샘물에 와서 떨어진다.
돌아다 본즉 구름이 온 세상을 가득 덮었으니,
천지개벽 이전의 혼돈인가 하노라.

남악 형산 축성사

— 승원화상

남악 형산 입구인 형양시 남악진 동가(東街) 출입구에 위치한 축성사(祝聖寺)는 남악 최대 규모의 사찰이며 관광 명소다. 남악 시내에 있어 눈에도 잘 띄고 문혁 후 화려하게 복원돼 남악을 찾는 관광객들의 발길을 끈다. 축성사는 일부 선종관련 서적들에 남악 회양선사가 주석했던 도량으로 나오기도 하나 이는 사실이 아니고 유명 선종 사찰도 아니다. 남악의 도량으로 기록된 것은 반야사(현 복엄사)와 인접한 곳에 있기 때문에 야기된 혼란이 아닌가 싶다.

남악에 도착한 날 저녁 때 좀 시간이 나기에 축성사를 둘러 보았다. 축성사는 당 천보 초년(742) 승원(일명 미타)화상이 창건한 고찰로 창건 당시 절 이름은 성용사(聖容寺)였다. 창건 당시는 미타화상이 띠풀집을 짓고 좌선하는 정도의 초라한 암자여서 일명 미타대(彌陀台)라고도 했다.

미타화상의 제자 법조화상이 초암을 확장, 당 태종연간에 반주도량(般舟道場)으로 개칭했고 덕종연간에는 다시 미타사로 절 이름

▲ 남악의 관광 명소인 형양시내 축성사 산문

이 바뀌었다. 회창법난 때 절이 전부 파괴됐다가 당말오대에 초왕 마은(馬殷)이 중건, 절이름을 보국사(報國寺)라 했다.

송나라 초 한때 도교의 도관이 돼 신소궁(神霄宮)이라 했으나 송 태종이 불교에 환원시켜 성업사(聖業寺)라는 편액을 내리매 남악 10대 총림의 제1찰이 됐다. 청 강희황제가 1704년 남방을 순시할 때 절을 대폭 확장, 중건했고 강희황제 붕어 후인 1705년 행궁이라 해서 축성사로 개명, 현재에 이르고 있다.

가람 배치는 제1진(進) 패방식 산문, 제2진 천왕전, 제3진 대웅전, 제4진 설법당(법당) · 장경각, 제5진 방장실로 돼 있다. 산문에는 공문(空門)·무상문(無相門)·무작문(無作門) 등 3개의 해탈문이 있다. 천왕전에는 포대화상과 4천왕상을 모신 이외에 관우의 신상(神像)을 봉안한 게 특징이다.

대웅전에는 현중국불교협회장 조박초거사가 쓴 '대법왕찰(大法王刹)'이라는 금자(金字) 편액이 걸려 있다. 장경각은 4천여권의 불교 경전을 소장하고 있고 이 밖에 1백10여 간의 승방(僧房)과 당·송대 것으로 전해지는 측백나무가 몇 그루 있다.

축성사의 유물 중 가장 시선을 끄는 것은 나한당 벽에 조각된 5백 나한상이다. 청 광서 6년(1808) 심월화상이 천녕사(天寧寺) 5백 나한상을 탁본해다가 조각했다는 축성사 목각 나한상은 비록 시대는 뒤지지만 거대한 예술작품이다.

호남성 성문화재로 지정된 축성사는 문혁 후 승려들이 귀사하기

▼ 청대에 조성된 축성사 5백 나한상.

시작, 1996년 4월 현재 40여 명의 승려가 상주한다. 1949년 해방 전만 해도 2백여 명의 승려가 상주하고 향화(香火)가 번성하는 큰 절이었다고 한다. 남악불교협회 본부가 있는 사찰이기도 한 축성사는 1985년 불탄일에 불상을 조성, 봉안하고 개방 사찰로 신도와 관광객을 맞기 시작했다.

축성사가 배출한 명승으로는 승원·법조화상 사형사제(師兄師弟)가 꼽히는 정도다. 역사적으로 유명한 선종 사찰이 아니어서 거물 선사를 배출한 기록이 없고 현재도 여법한 선종 도량의 면모보다는 관광 사찰의 성격이 짙다.

이 기회에 한 가지 덧붙여 둘 것은 많은 한국인들이 중국 관광에서 보고 오는 사찰은 중국 불교에서 주류를 이루는 선종 사찰이 아니라 관광 사찰이라는 점이다. 선찰은 대부분 교통이 불편한 곳에 위치하고 주변에 유명 관광지도 없어 관광객들의 접근이 어렵기 때문이다. 그러나 분명한 사실은 현 중국 불교 주류는 선종이라는 점이다. 흔히 중국을 다녀온 스님들을 포함해 관광을 다녀온 사람들이 관광 사찰 몇 군데를 보고는 중국 불교를 얕잡아보는 듯한 이야기들을 하는 것은 숲만 보고 나무를 보지 못한 어리석음이 아닐 수 없다. 관광 사찰들에서 느끼는 중국 불교의 겉모습은 분명히 실망스럽다. 그러나 여법한 중국 불교 선종의 내면을 깊숙이 들여다보면 오히려 한국 불교의 허상과 거품을 부끄러워해야 할 지경이다.

1949년 공산화와 문화혁명 10년이라는 암울한 중국 불교의 암흑기가 끝나고 종교 자유가 허용된 지 20년에 불과한데 1990년대 들어 쏟아져 나오고 있는 선종 관련 서적들과 연구는 질량면에서 엄청나다. 선불교임을 자처하는 한국 불교가 과연 오늘의 중국 불교를 제대로 알고나 있는지…….

중국 선불교를 3개월에 걸쳐 답사하면서 거듭 느끼는 감회였다. 책방에 꽂혀 있는 갖가지 선종 서적들, 그리고 산중 선사(禪寺) 승려들의 여법한 수행 자세는 머잖아 동북 아시아 불교계 판도가 달라질 것을 예감케 한다. 나는 결코 '자기 비하'를 하고 싶진 않다. 다만 답사를 하며 느낀 현실을 직시하고자 할 뿐이다.